KB119413

상처로 숨 쉬는 법

일러두기

1. 이 책은 아트앤스터디(www.artnstudy.com)의 《미니마 모랄리아》 혹은 상처로 숨 쉬는 법 Ⅰ, Ⅱ' 강의를 풀어 정리한 것이다.
2. 책에 인용한 테오도르 W. 아도르노의 《미니마 모랄리아》의 글들은 김건우, 김현우 번역가가 새로 번역하여 실었다. 단, 새 번역이 강의의 흐름을 해치거나 저자가 임의로 편집해서 인용한 부분, 혹은 인용 부분을 찾을 수 없는 부분은 그대로 두었다.
3. 본문에서 고딕체로 표시한 부분은 아트앤스터디 강의에서 저자가 판서한 단어를 표현한 것이다.

철학자 김진영의 아도르노 강의

상처로 숨쉬는 법

한겨레출판

차례

1학기

2학기

1학기

1강

아도르노를 만나며

아도르노 강의를 하려고 합니다. 보통 제가 강의를 하면 책상이 꽉 차던데, 이번에는 아도르노에 대해서 익히 알고 계셨는지 사람이 적은 것 같아요. 아도르노에 대해 알고 오셨나요? 이 말은 배경지식이 있느냐는 질문이기도 하지만, 이 강의가 얼마나 삭막할지를 알고 왔느냐는 뜻이기도 합니다. 얼마 전에 제가 블로그에 이런 일기를 남겼어요. '아도르노 강의를 할 때면 이상하게 긴장된다.' 사실 아도르노는 제 전공이고, 오만하게 들릴지 모르지만 그래도 제가 잘 아는 분야인데 말이죠. 그런데 왜 긴장될까요?

롤랑 바르트가 세미나에 대해서 쓴 글이 있습니다.

세미나를 할 때마다 하나의 전제가 있다는 거예요. '나는 이 세미나를 어떤 판타지로 시작하는가.' 무엇을 가르칠 것인가가 아니라 내가 어떤 판타지를 가지고 이 강의를 이끌어나갈 것이냐는 얘기죠. 그러면서 무슨 일이 있어도 강의가 끝날 때까지 이 판타지를 놓치지 않겠다는 자기 다짐을 한다는 거예요.

혹시 학문을 아카데믹하게 생각하시는 분들은 강의가 판타지를 늘어놓는 장소이냐 물으실지 모르겠는데 롤랑 바르트식 학문을 이해하시는 분들은 이것이 참 바르트답다고 생각할 거예요. 저 역시 비슷한 것 같아요. 한 강의를 시작할 때마다 판타지가 있죠. 이 강의에서는 이런 원칙을 지켜나가야겠다, 이 판타지를 잊지 말 것이라는 생각이 있어요.

그런데 아도르노를 강의하자면 도대체 내가 무슨 판타지를 가져야 되는가 묻게 됩니다.

아도르노에게는 판타지를 용서하지 않으려는 지적 태도가 있습니다. 그것이 아도르노적 태도예요. 그런데 판타지 없는 강의라는 것이 얼마나 삭막할까 생각하면 걱정 근심이 들어요. 그러나 또 한번 생각해보면 삭막함이라는 이름의 판타지도 있을 수 있다는 거죠. 우리가 과연 온전하게 삭막할 수 있는가. 인간이 아무리 객관적 시선, 지성적 시선으로 대상을 바라본다 하더라도 그 안에 판타지가 개입되지 않을 수 있을까. 그렇게 보면 삭막함이라는 이름의 판타지도 있다는 생각이 들어요.

아도르노의 이중적인 지적 태도가 있죠. 한편으로는 아주 엄중하고 딱딱해요. 부정 철학이라고 하는데, 그 어떤 긍정성도 선취하지 않으려 합니다. 미리 잡아내려 하지 않는다는 거죠. 아도르노에게 변증법은 방법론만을 뜻하는 것이 아니라 지적 태도를 의미하기도 해요. 엄중한 논리, 엄중한 개념 작업의 끈을 절대 놓지 않겠다는 태도가 있어요. 그런데 그것을 뒤집어보면 아도르노는 한편으로 굉장한 낭만주의자예요. 아도르노가 즐겨 얘기하는 개념 중에 '유토피아'가 있습니다. 유토피아는 근본적으로 다른 세상에 대한 동경이에요. 낭만이죠. 또한 아도르노 철학의 가장 중심부에 있는 것이 음악입니다. 물론 아도르노는 음악에 대해 얘기할 때 고전음악이 아니라 신음악에 대해 얘기하지만요. 음악을 지적 모험의 중심 영역으로 삼는 사람이 어떻게 낭만주의자가 아닐 수 있는가 하는 질문을 해볼 수 있습니다.

그래서 아도르노는 이중적이에요. 하나는 말씀드린 것처럼 변증론자예요. 엄중한 개념 작업을 하려 하죠. 흔히 아도르노와 벤야민을 같이 얘기하는데 두 사람의 근본적인 차이는, 벤야민은 시각적 사유를 하려는 사람이었어요. 벤야민에게는 항상 이미지, 시각적 만남의 관계가 중요했다면 아도르노에게는 이미지가 아니라 이미지를 해석하는 일이 중요합니다.

흔히 아도르노를 개념적 사유를 하려 했던 사람이라 얘기하는데 개념은 추상적인 거예요. 대상에서 살과 뼈와 피를 뺐을 때 우리가 추출해낼 수 있는 증류수 같은 거죠. 냄새도 없고 감촉도 없고 감각과는 전혀 무관한, 그야말로 삭막한 것을 개념이라 부를 수 있습니다.

그러나 개념은 특별한 장점이 있습니다. 이미지는 언제나 모호해요. 하지만 개념은 또렷합니다. 우리가 '개념이 안 잡혀' 이렇게 얘기하잖아요? 아도르노에게는 분명함, 정확함, 자명함이 중요해요. 아도르노가 벤야민을 유아적 사유의 영역에 머물러 있다고 비판하는데, 지적으로 미숙한 유아기에 우리는 언제나 이미지에 도취된다는 거죠. 아이들은 개념 사유를 하지 않죠. 모든 것을 이미지로 만나요. 그런 것을 아도르노는 굉장히 경계했습니

다. 이미지성이나 감각성을 철저하게 배제한 개념 사유를
하려 했어요. 그런 점이 아도르노의 사유를 삭막하게 만
들죠.

다시 한번 강조하자면 한 방향의 극단으로 나아가려
할 때 그 뒤에 숨겨져 있는 욕망이 있습니다. 그 반대의
것을 그리워해요. 이것이 아도르노 방법론의 하나예요.
헤겔적 변증법과는 다른 부정 변증법인데, 어떤 갈등 관
계 속에 끝까지 머물러 있으려고 하는, 합의 관계로 화해
시키려 하지 않는 지적 태도가 있죠. 물론 화해를 지향하
지만 마지막에는 그것에서 돌아서게끔 하는 지점까지 가
려 하는 겁니다. 전복적 사유를 하려는 거죠.

유명한 말이 있어요. "변증법적 사유란 개념을 가지
고 개념을 넘어서는 일이다." 혹은 이렇게 얘기한단 말이
에요. "개념을 가지고 개념화할 수 없는 무엇을 포착하는
일이다." 거꾸로 얘기하면 개념을 자기 한계에 도달할 때
까지 밀고 나가야 한다는 거예요. 그 과정에서 절대 화해
나 종합을 선취하려 하지 않는다는 것입니다. 사안 자체
가 끝까지 가지도 않았는데 사유자가 미리 화해 또는 긍
정이라는 이름의 유혹에 빠져버리면 안 된다는 거예요.

이런 의미에서 철저하게 합리적인 사유를 하려 했던

사람이고, 때문에 아도르노에 접근하는 것이 상당히 어렵습니다. 특히 우리나라 사람들의 정서가 합리적인 프로세스를 따라가는 성격이 아니기 때문에 더욱 그렇습니다. 어느 문화보다 화해나 긍정을 선취하려는 특성이 있어요. 다 착해서 그러죠. 물론 이것은 중요한 장점일 수도 있어요. 문제는 어떤 진실이 너무나 교묘하게 은폐됐을 때 그것을 드러내 보이기 위해선 우리가 가진 화해나 긍정이라는 정서의 유혹으로부터 벗어날 수 있어야 한다는 것입니다.

《미니마 모랄리아》는 1940년대, 1950년대 미국 사회를 대상으로 써진 것이지만 그럼에도 21세기 오늘날의 우리 한국 사회를 진단할 수 있는 키워드가 상당 부분 있습니다. 지금 우리의 사회란 무엇이고, 문화는 무엇이며, 정치는 무엇이고, 경제란 무엇인가. 이 사회의 모든 것들이 수렴되는 장소가 여기 계시는 분들, 한 사람 한 사람입니다. 바로 나의 삶이죠. 우리가 엄중하게 이 삶의 속살을 들여다보려 할 때 필요한 것이 과연 긍정적 사유일까요? 혹은 아도르노가 얘기하는 철저한 부정적 사유일까요?
　　제가 왜 하필 아도르노를 강의하려 하는가 하면, 이

것은 제 취향의 문제라기보다는 우리가 이 사회를 살아가면서 관점을 어디에 두어야 하는가, 하는 객관성의 문제입니다. 우리를 둘러싸고 있는 오늘날 한국 사회가 얼마나 많은 문제를 은폐시키고 있습니까? 자체적으로도 도저히 인식해낼 수 없을 정도로 깊이, 교묘하게, 현혹적으로 은폐되어 있는 사회죠. 이 은폐성의 무게를 우리가 얼마나 중요한 것으로 받아들이느냐에 따라서 아도르노는 필요할 수도 있고 전혀 필요 없을 수도 있어요.

아직 살 만하다, 좋은 게 좋은 거지, 우리 사회에 잘못된 점도 있지만 또 하루하루 살다 보면 나름대로 편안한 것도 있어, 나는 나름대로 나를 실현하고 있어, 다 좋은 세상이 어디 있겠어, 이런 식으로 생각하시면 아도르노 강의를 들을 필요가 없어요. 진짜 못 살겠다, 이게 사람 사는 세상이냐, 내가 이러려고 태어났냐, 그야말로 내가 지금 살아 있는 것이냐, 이런 문제에 아주 민감해지면 그 반대 항에 있는 온전한 삶, 즉 개인의 행복과 자유를 갈구할 수밖에 없어요.

아도르노를 읽어보면 짜증만 날 수도 있어요. 사유가 왜 이렇게 못돼 먹었냐 생각하실 수도 있어요. 나쁜 것만 얘기하려 하고 잘된 것은 도저히 인정하지 않아요. 제

아내가 저에게 맨날 얘기하듯이 히스테리로 볼 수도 있어요. 나의 삶이 얼마나 고귀한 것이고, 근본적으로 훼손되어서는 안 되는 아주 자유로운 것임에도 불구하고 나의 삶은 얼마나 부자유한가 하는 문제에 민감하시다면 이 강의가 도움이 되실 거예요. 아도르노식으로 얘기하자면 나의 삶이 얼마나 상처를 받고 있는가입니다.

제가 이번 강의를 열면서 제목을 〈미니마 모랄리아, 혹은 상처로 숨 쉬는 법〉이라고 붙였습니다. 〈상처로 숨 쉬는 법〉이라는 제목을 붙이고 나서 엄청 걱정이 됐어요. 왜냐하면 요즘 대세가 힐링이라는데 이거랑 혼동하는 거 아냐, 하는 생각이 들었어요. 혹시 그런 기대를 가지고 이 강의를 들으신다면 완전히 잘못 짚으신 거예요. 요즘 예술을 통해서도 힐링, 철학을 통해서도 힐링, 온갖 것을 통해서 다 힐링, 힐링하는데 아도르노 강의는 이 개념과 정반대 의미에서 치유가 될 거예요. 요즘 우리 사회에서 얘기하는 치유는 어떤 긍정성을 내포하고 있죠. 아직 살 만하다, 우리가 몰라서 그렇지 찾아보면 좋은 것을 발견할 수 있다……. 아쉽지만 그런 치유는 이 강의와 관계가 없습니다. 아도르노의 사유는 '모든 것이 거짓말이다'라는 원칙을 전제로 하고 있습니다. 이런 총체적 부정성으로 그는 안티 아도르노들에게 엄청난 비판을 받았습니다.

아도르노의 중요한 명제들은 다음과 같습니다.

〈명제들〉
-삶은 살고 있지 못하다
-잘못된 삶 안에 올바른 삶은 존재할 수 없다
-모든 것이 거짓이다
-문화는 쓰레기다
-모든 것이 자연의 표현이다
-모든 것이 거짓인 사회에서 진실은 거짓일 수밖에 없다
-가장 자연일 때 그것은 역사적인 것이며, 가장 역사적일 때 그것은 자연적인 것이다
-되돌아가는 일은 퇴행일 뿐이다
-이론이 실천이다

'삶은 살고 있지 못하다'라는 말이 무슨 뜻이죠? 목숨이 붙어 있어서 연명만 하고 있을 뿐이라는 거예요. 산다는 것과 연명한다는 것을 구분하자는 거죠. 산다는 것은 근본적으로 무엇이죠? 행복과 자유가 관건이 되는 거예

요. 그것이 사는 것이지, 구속과 속박, 주입된 행복의 도취 속에서 살아가는 것은 살고 있지 못하다는 것입니다. 잘못된 삶 속에 올바른 삶이라는 것은 있을 수 없다는 거죠. 세상은 살 만하지 못한데 들여다보니 좋은 게 있어, 라는 말은 거짓이라는 거예요. 말하자면 잘못된 삶 속에 올바른 삶이 따로 있지 않다는 거죠. 아까 말씀드린 대로 이 모든 것이 거짓말이에요. 다 사기란 말입니다.

그다음에 '문화는 쓰레기다'라고 말합니다. 문화는 인간 공동체가 추구해나가는 자유와 행복의 영역이에요. 문화는 다른 게 아닙니다. 함께 살아가기의 오래된 결과물로 나오는 것인데 이 문화를 쓰레기라 말합니다. 쓰레기 앞에 몽땅을 붙여서 몽땅 쓰레기라고 해요.

'모든 것은 자연의 표현이다'라는 말은 무슨 뜻일까요? 우리가 문화라고 얘기하는 것, 문명이라 얘기하는 것은 자연 상태로부터 한 번도 해방되어본 적이 없다는 거죠. 헐벗었고 원시적이며 야만적이라는 거죠. 우리의 삶이 야만적이라는 뜻으로도 볼 수 있고요.

그리고 '모든 것이 거짓인 사회에서 진실은 거짓말일 수밖에 없다'라는 말이 있죠. 아도르노 사유에선 이 거짓말이라는 것이 중요합니다. 이것이 진지하게 논의되면 예

술론으로 건너가요. 예술은 거짓말이에요. 《미학 이론》
에서는 사회가 하는 거짓말과 현대 예술이 하는 거짓말
을 분리해서 얘기하죠.

　'되돌아가는 일은 퇴행일 뿐이다'라는 말에서는 진보
주의자이자 합리주의자로서의 아도르노의 모습을 확인
할 수 있습니다. 보통 현 상태가 불만스럽고 현 상태가 삶
을 가능하게 하지 않으면 대체로 '옛날이 좋았다, 에덴동
산으로 가자, 시원(始原)으로 가자' 이런 논의들이 많이 나
와요. 어떤 의미에서 보면 낭만주의죠. 사실 낭만주의는
진보적인 것입니다. 낭만주의는 절대로 뒤로 가는 게 아
니에요. 흔히 낭만주의를 잘못 생각하기 쉬운데, 그런 낭
만주의를 말할 때는 앞에 다른 말이 붙어야 되는 거죠.
퇴행적 낭만주의. 아도르노는 현 상태가 잘못되었을 때
가야 할 길은 앞이지 절대로 뒤는 아니라고 생각해요. 모
더니스트로서의 아도르노의 입지가 아주 또렷하게 드러
나는 대목이죠. 뒤로 가봤자 그곳엔 원시사회밖에 없다,
약육강식의 초원밖에 없다, 이런 식으로 아도르노는 얘
기합니다.

　이런 명제들은 아도르노의 모든 사유를 떠받치고 있
는 총체적인 부정성으로부터 출발합니다.

이런 총체적인 부정성에서 이번 강의가 진행될 텐데, 과연 견딜 수 있으시겠어요? 제가 너무 겁을 주나요? 그런데 한번 생각해봅시다. 삭막함이라는 판타지, 사막이라는 이름의 판타지를요. 사막에 있는 사람에게는 오아시스에 대한 동경이 가상적으로 일어나는 게 아니라 진지한 욕구로서 일어납니다. 피와 살과 뼈가 들어 있는 이미지로서, 절박한 이미지로서 오아시스가 떠오를 수 있는 곳은 사막밖에 없습니다.

이 강의를 어떻게 좀 가볍게 할 수 있을까 하는 것도 고민이에요. 제가 아는 대로 개념 얘기를 줄줄이 하다 보면 다 도망가실 것 같고……. 잘 풀어서 얘기할 수 있는 능력이 저에게 은총으로 주어졌으면 좋겠습니다.

아도르노의 약력에 대해서는 간단하게만 얘기하겠습니다. 사실 아도르노는 부족함 없이 살았던 사람이에요. 부유한 유대인 집안에서 태어나 어머니와 이모의 지극한 사랑을 받으면서 자랐죠. 사실 어머니가 둘이라 볼 수 있어요. 이모가 결혼을 하지 않고 계속 함께 있었죠.

어렸을 때부터 신동 소리를 듣고 자라다 커리어도 잘 풀렸어요. 벤야민과는 다르게 교수 자격 논문도 일찌감치 통과돼서 대학에 자리를 잡았어요. 이후 나치가 독일을 점령하고 유태인 박해가 일어나려 할 때는 일찍이 미국으로 건너가서 1949년에나 돌아왔고요. 미국에서 쓴 게 바로 《미니마 모랄리아》죠.

거기에 비하면 벤야민은 미국에서 오라 오라 그래도 안 갔어요. 믿을 것도 없는 사람이 끝까지 유럽에 남아 있다가 결국은 너무 늦게 미국에 망명가려다가 스페인 국경에서 죽게 되죠.

그런데 아도르노는 독일에 와서는 어떻습니까? 프랑크푸르트대학의 교수가 됐죠. 프랑크푸르트대학은 호르크하이머가 엄청난 유산을 받아서 만든 대학입니다. 아도르노는 거기에서 활동하면서 전 세계적으로 유명해졌어요. 물론 워낙 사람이 고집이 세고 타협을 안 하다 보니 여러 사람에게 왕따를 당했어요. 굉장히 고독했다고도 그러는데 그 정도 고독이야 일종의 품위 유지라고도 생각합니다. 또 어떻게 보면 엄살 같기도 해요. 풍요 계급이 가지고 있는 고통에 대한 지나친 민감함 같은 거죠. 어쨌든 지적 커리어에 있어서도, 사적 커리어에 있어서도 얻을 것은 다 얻었던 사람입니다.

아도르노가 교수로 있을 때 68학생운동이 일어났습니다. 그때 대부분의 학생들이 이론이 실천이라 하며 길거리로 막 뛰어나갔죠. 그러나 아도르노는 그것은 실천이 아니라고 얘기했어요. "강의실에서 공부 열심히 하는 것이 실천이다"라고 했죠. 다른 교수들은 강의도 중단하고 그랬는데 혼자 꿋꿋하게 강의를 했어요. 아도르노의 이론과 실천의 관계를 짚어나가다 보면 왜 이론이 실천인지 알 수 있어요.

어쨌든 학생들이 화가 날 거 아니에요? 들어와서 달걀도 던지고 그랬는데 그래도 강의를 하니까 어떤 여학생 하나가 옷을 확 열어젖혀서 가슴을 보인 적도 있어요. 여학생이 그렇게 행동한 데에는 나름대로 이유가 있습니다. 아도르노는 말씀드린 대로 개념 사유를 하는 사람이었어요. 개념 아닌 것은 육체적인 것인데 여기에 대한 굉장한 강박이 있었어요. 이론에서만 그런 게 아니라 실제 삶에서도 헐벗은 육체, 개념의 옷을 입지 않은 날것으로서의 육체, 자연에 대한 히스테리가 있었어요. 여학생이 그런 약점을 안 거예요. '너에게 충격을 주자면 이것밖에 없겠다.' 여자가 옷을 열어젖히니까 너무도 놀라서 강의를 그만두고 얼마 안 있다 스위스에 휴양을 갔어요. 그리고 심장마비로 죽게 됩니다. 그의 죽음은 어떻게 보면 낭만적 죽음이라고 볼 수 있죠. 고통 없이 한 번에 가는 게 행복이라면 그는 마지막까지 행복했던 사람이 아닐까 생각합니다.

아도르노의 철학을 총체적으로 보면 도덕철학이에요. 이 책은 특히 도덕철학적 냄새가 많이 납니다. 제목도 《미니마 모랄리아》잖아요? 아도르노는 엘리트의 모럴을 지키려 애를 썼던 사람이고, 그렇기 때문에 타자의 고통에 대해서 의무감 내지는 책임감이 있었어요. 엘리트로서 아주 성실하게 임무를 다하려 했습니다. 그리고 감수성이 엄청 예민했던 사람이었어요. 감염 노이로제라는 것이 있죠? 저도 한때 그걸 앓았었는데요. 누가 내 앞에서 팔이 아프다 그러면 내 팔도 아파 오기 시작해요. 불안증의 한 증상이에요. 병이 바이러스나 곰팡이가 아니라 말로 감염돼요. 물론 진단을 받아봤자 아무것도 안 나오죠. 그러니까 신경증이라 하는 거예요. 아도르노 역시 신경증에 가까울 만큼 감수성이 예민했을 수도 있어요.

자, 그런데 감수성이 예민한 사람들은 근본적으로 겁쟁이입니다. 왜 그렇게 겁이 많을까요? 나르시시스트들이 그래요. '나는 절대로 병이 있으면 안 되고 상처가 있으면 안 돼.' 그런 사람들은 자신이 상처받을까 봐, 때 묻을까 봐 늘 두려워해요. 한마디로 순수 강박입니다. 공격의 잠재태를 가지는 온갖 것들에 대해서 엄청나게 예민해요. 그래서 남의 문제가 나의 문제가 되어버리는 거예요. 직접적인 감응 관계가 생겨나요. 여러분도 때때로 느낄 때가 있을 거예요. 누가 하품하면 나도 하품이 나죠. 이상하죠? 인류학적인 면에서 보면 어쨌든 본능적인 감응력이라는 DNA가 종 간에 있다는 거죠. 본래 동일 종 간에는 감응력의 교환 관계가 있는데 그것이 현대사회에 오면 억압되다 보니 없는 것처럼 되어버려요. 프로이트의 논리를 따르면 억압된 것들은 되돌아오잖아요? 그런데 정상적인 관계로 되돌아오는 게 아닙니다. 말하자면 순수 강박이나 나르시시즘, 이런 것들을 통해서 오는 거예요.

요즘 우리 사회를 보면 젊은 친구들에게 순수강박이 많이 나타나요. '나는 절대로 상처 같은 거 받을 사람이 아니야.' 이런 두려움이나 순수강박 때문에 감응력은 살아나는 경우를 볼 수 있죠. 그런데 이런 감응력이 어디에서 살아날까요? 예컨대 싸이 공연 같은 데서 살아난단 말이죠. 우린 이 현상을 문화비평적으로 충분히 읽어낼 수 있어요. 엘리아스 카네티에 따르면 억압 때문에 오히려 모이게 된다는 것이거든요. 그리고 군중 속에는 언제나 폭력의 기재가 꿈틀거리고 있다고 합니다. 저도 그의 의견에 동의하는 바입니다. 오늘날 대중문화가 왜 이렇게 집단화에 성공하는가를 정신분석학적으로 읽으면 감응력이 이상한 방식으로 되돌아온다고 해석할 수도 있을 것 같아요.

대중문화를 이렇게 비판적으로 읽는 게 과연 옳은가 하고 물으실 수도 있는데요. 무엇이 옳고 그르다는 것의 문제가 아닙니다. 이런 것을 하나의 현상으로 읽어보자는 거죠. 현상은 항상 수수께끼입니다. 현상은 안에 어떤 이유가 있는지를 드러내지 않으면서 표층화되는 것이기 때문에 그 이후에 그것을 응시하면서 여러 가지 모델로 설명할 수 있어야 하는 겁니다. 그런데 그런 지적 담론의 자유가 많이 억압되어 있는 것이 지금의 현실이죠. 어떤 한 담론이 강하게 어필되면 나머지 담론들은 쓸데없는 게 되어버려요. 그리고 그 단 하나의 담론으로 모든 담론들이 빨려들어가버리는 것 같아요. 과연 이런 것이 바람직한가에 대해 한번 생각해보았으면 합니다.

아도르노는 별로 힘들게 살지 않았는데 이상하게 민감했어요. 그래서 아도르노 개인을 보면 이중적이에요. 하나는 굉장히 엘리트 의식이 강한 사람이죠. 독일말로 '트로이에(Treue)'라는 단어가 있는데 이 말과 아주 잘 어울리는 사람이에요. 성실성, 진정성이라는 뜻입니다. 모든 직업에는 도덕이 있어요. 오늘날 노동은 오로지 돈벌이의 수단이 되어버렸지만 원래 직업은 도덕과 관계되는 것입니다. 직업에 종사하는 사람들은 책무가 있어요. 그 직업 영역이 가지고 있는 도덕에 성실해야 되는 거예요. 그런 의미에서 아도르노는 철학자로서, 지적 엘리트로서의 모럴에 성실하려 했던 사람입니다. 또 하나는 앞서 얘기한 것처럼 도대체 고생을 안 해봐서 그런지 자기 순수 강박이 심해요. 나르시시즘에 매여 있었던 지식인으로도 볼 수 있다고 생각합니다.

《미니마 모랄리아》라는 제목은 두 가지 뜻으로 읽을 수 있어요. 제목 그대로 '최소한의 도덕'을 찾으려고 하는 작업이다, 일차적으로는 이렇게 생각하면 됩니다. 모럴이란 걸 어렵게 생각하실 필요 없어요. 그냥 우리 삶의 뜻, 의미예요. 우리 삶이 파괴되었음에도 삶의 의미가 다 사라져버린 것은 아니니, 그것들을 발견해내고 추출해내고 이론화하려는 안타까운 작업이다, 이런 식으로 《미니마 모랄리아》를 이해하시면 될 거 같습니다.

그런데 오히려 이 책의 제목이 가지는 본뜻이란 우리가 긍정적으로 얘기하는 최소한의 도덕도 전제하면 안 된다는 거예요. 이해하시겠습니까? 있었으면 싶은, 있을지도 모를 어떠한 것들을 전제하지 않겠다는 이론적 태도나 자세가 이 제목에서 읽힐 수 있다는 거예요. 현대사회가 가지고 있는 본질적인 문제점이 끝까지 은폐되는 근본적인 이유가 이 '미니마 모랄리아' 때문이라는 거죠. 그것들이 늘 가로막고 있다는 거예요. 그래도 '이런 게 있겠지' '이 정도는 있어'라는 것들이 마지막 은폐된 진실로 가지 못하게 만드는 유혹이라는 거죠. 그것을 넘어서야 된다는 부정적 의미에서 책의 제목이 정해졌을 수 있습니다. 물론 양쪽 다일 수도 있어요. 보통 이 제목의 의미를 수동적으로 받아들이면서 전자 쪽으로만 이해하려는 경우가 많은데 저는 오히려 '미니마 모랄리아'가 끊임없이 우리를 빠져들게 만드는 세이렌의 마지막 유혹일 수도 있다는 사실을 염두에 두고 있습니다. 그 유혹을 건너가지 않으면 궁극적으로 은폐되어 있는 삶의 진실들을 우리가 건져내지 못할 것이라는 경고가 그 안에 있다고 생각합니다.

　제가 오늘 지하철을 타려다 시를 하나 봤습니다. 여러분 스크린도어에 시 쓰여 있는 거 다들 보신 적 있죠? 보통 유치한 시도 있잖아요. 그런데 오늘 제가 본 건 정말 멋졌어요. 제목이 〈구룡폭포〉예요. 시인 이름도 외웠어요. 이명혜. 폭포는 물줄기가 꺾여서 떨어지는 거죠? 김수영 시인도 〈폭포〉라는 시에서 속도의 문제를 아주 멋있게 표현했는데 거기서 연상했을 수도 있어요. 아무튼 이렇게 얘기합니다. "넘어서는 안 되는 경계를 넘을 때 우리는 언제나 침묵한다. 되돌아올 수 없는 경계를 넘어갈 때 우리는 침묵한다." 바로 이 꺾이는 지점이 중요합니다. 물이 흐르다가 떨어지면 되돌아올 수 없어요. 그런데 이 꺾어지는 지점에서 물이 소리를 냅니까? 아니죠. 소리 없이 경계를 넘어가버려요. 그리고 이 경계를 넘어가서 바닥으로 떨어지면 이때 우리는 엄청나게 통곡한다, 이런 식으로 꺾어지는 지점과 떨어진 지점을 침묵과 통곡의 지점으로 얘기해요. 이 통곡은 왜 일어나느냐? 떨어지는 사이에 우리는 그제야 사랑이 무엇인지 알게 되기 때문이다, 이렇게 얘기합니다. 진짜 멋진 시죠! 대시인 같아요. 사물에 대한 응시력이 놀랍죠.

경계를 넘어섰을 때 알게 되는 것이 사랑이라는 겁니다. 이 사랑을 깨달았기 때문에 떨어질 때 통곡을 한다는 거죠. 이 말 속에는 무슨 뜻이 있습니까? 어떤 경계를 넘어서기 전까지는 사랑이 무엇인지 알 수 없다는 거예요. 그러나 오늘날 우리 사회엔 사랑이 범람해요. 경계를 넘어서기도 전에요. 그런데 돌아올 수 없는 경계를 넘어본 사람은 압니다. 사회에 범람하는 사랑이 아닌 다른 사랑이 있다는 걸요. 그때서야 우리는 통곡하지만 유감스럽게도 되돌릴 수 없죠.

철학적으로 얘기하면 인식의 딜레마예요. 알고 나면 이미 늦었어요. 미리 알 수 있냐고요? 안 됩니다. 아도르노가 절대로 긍정성을 선취하지 않겠다고 얘기하는 것도 같은 의미죠. 그것은 경계를 넘어가버린 쪽에 잠재태로서 있는 것을 전제로 할 때에만 가능해요.

그것이 '미니마 모랄리아'일 수 있어요. 우리의 사유가 '미니마 모랄리아'라는 도저히 걷어찰 수 없는 마지막 긍정성을 걷어차고 떨어지고 나서야 비로소 깨닫는 진리 내지는 진실이 있을 것이다, 라는 의미라고 봅니다. 그런 의미에서 마지막 경계선을 넘어서야 되는 그 무엇이 있는데 그것이 '미니마 모랄리아', 즉 도저히 버릴 수 없는 '한 줌의 도덕'이 아닐까라는 거죠.

이건 어려운 문제예요. 우리가 과연 긍정성 없이 살아갈 수 있을까요? 우리 눈에는 이미 긍정성이 내장되어 있어요. 우리는 언제나 사실을 보는 게 아니라 내가 바라는 욕망을 봐요. 라캉식으로 얘기하면 우리는 절대로 리얼(the real)을 알 수 없다고 하지 않습니까? 상징계와 상상계의 관계망 속에서 겨우 그것을 감지할 수 있다는 것이 라캉의 논리죠. 아도르노는 과감하게 이것을 넘어서야 한다고 생각하고 합리성에는 그것을 넘어설 능력이 있다고 믿어요. 아도르노가 철저한 합리주의자로서 가지고 있는 아주 강력한 포인트입니다.

아도르노가 《미학 이론》에서 이렇게 얘기하죠. "우리가 알아야 될 마지막 것을 알게 만드는 것은 절대로 무의식이 아니다. 그것은 우리의 의식이다." 프로이트와 정반대예요. 무의식은 겁으로 가득 차 있기 때문에 넘어야 될 것들 앞에서 언제나 뒷걸음친다는 거예요. 의식이 정말 의식다워지고, 합리성이 정말 합리성다워지면 무의식이 절대로 할 수 없는 바로 그것을 할 수 있다고 얘기해요. 합리성에 대한 믿음이 강해요.

요즘 외부로부터 유입된 학문적 풍토를 보면 합리성 비판이 끊임없이 일어나요. 사실 우리 사회의 현 상태를 바로 알기 위해서 필요한 것이 후기 구조주의나 포스트 모던적인 사유냐 아니면 합리성에 대한 전격적인 믿음이냐 하면 다들 생각이 다르겠지만 저는 아도르노적인 믿음이 필요하다고 봐요. 즉, 합리성에 대한, 인간의 사유에 대한, 사유의 공정성과 객관성에 대한 믿음이죠. 실현되지도 않고 지켜지지도 않을 미래 비전을 따라가는 것이 아니라 그야말로 예리하고 용서 없으며 냉철한 합리성을 기반으로 하는 사유에의 믿음 말이죠.

이런 사유를 우리가 한 번이라도 가져본 적이 있나요? 저는 이것이 우리 사회에 보편적 비판 정신을 대중화시킬 수 없을 거라는 근본적인 믿음이 있어요. 오늘날 우리 사회에 참으로 '말도 안 되는 권력'들이 횡행하는 것은 그들의 잘못이 아니에요. 그들을 그렇게 내버려두고 있는 사람들이 문제예요. 왜 그렇게 말도 안 되는 권력들이 횡행하도록 놔두고 있는 걸까요? 뭐가 부족해서 일까요? 저는 보편적 비판 정신이 부재하기 때문이라고 생각해요.

'보편적'이라 얘기했어요. 강력하고 급진적인 것이 아니라 일상적 비판 정신이 우리에게 부재하다는 거예요. 그것이 없기 때문에 오늘날처럼 말도 안 되는 권력들이 제멋대로 우리 삶을 주무르는 것이죠.

《미니마 모랄리아(Minima Moralia)》의 서문을 보면 호르크하이머라는 이름이 나옵니다. 아도르노는 그와 개인적으로 친했는데, 사실은 사상적, 학문적 동지입니다. 프랑크푸르트학파가 형성됐을 때 벤야민, 에리히 프롬 등 다수가 합류했지만 결국 다 뿔뿔이 흩어지고 마지막엔 두 사람만 남아요. 결국 호르크하이머도 지쳐서 나중엔 종교의 영역으로 건너가요. 그러나 아도르노는 마지막까지 프랑크푸르트학파의 고독한 지킴이가 됐죠. 호르크하이머와는 《계몽의 변증법》도 같이 썼어요. 참 괜찮은 사람이죠. 그의 사상이 어떻든 그는 돈 쓸 줄은 알았죠. 우리나라에도 그런 부자들이 좀 있었으면 좋겠어요. 맨날 골목마다 빵집이나 낼 생각하지 말고요. 아무튼 아도르노가 호르크하이머의 덕을 많이 봤고 그의 생일에 맞춰서 책을 하나 헌정하려 했어요. 서문에 보시면 헌정한다고 나오잖아요? 1945년에 맞춰서 이 책을 내려 했는데 완성을 못 했고 1951년에야 발표가 됩니다.

아까 '미니마 모랄리아'라는 제목의 두 가지 의미를 말씀드렸는데요, 더 중요한 것은 이 제목이 아리스토텔레스에 대한 패러디라는 겁니다. 아리스토텔레스의 저작에 '마그나 모랄리아(magna moralia)'라는 말이 나와요. '위대한 도덕'이라는 뜻이죠. 모럴은 그리스철학의 거대한 비전이었어요. 좋은 삶(The good life)이란 모럴적 존재로서 사는 것이었어요. 유교에서도 군자라고 하잖아요? 군자는 홀로 잘 사는 사람이 아니죠. 사회적 존재와 개인적 존재가 완벽한 조화를 이룬 사람, 유교에서는 이것을 군자라 불러요. 군자의 반대말인 소인은 자기 생각만 하는 사람이죠. 아리스토텔레스가 '좋은 삶(The good life)'이라고 말할 때 '좋은(good)'은 윤리이고 도덕의 개념이에요. 좋다, 훌륭하다, 선하다. 타자와의 관계를 윤리적으로 맺는 거죠. 그런 개인이 그리스인들이 바랐던 인간형이었단 말이에요. 그래서 아리스토텔레스가 윤리학 범주에서 마그나 모랄리아라는 말을 썼습니다.

아도르노가 이것을 패러디한 거예요. '마그나는 관두고 미니마, 조금의 도덕성이라도 가질 수 있으면 좋겠다'라는 거죠. 책의 맨 뒷장에 보면 이런 말이 나오죠. 철학이 절망에 빠질 수밖에 없는 상황에서도 여전히 잊어서는 안 되는 것이 있다면 그것이 무엇일까? 바로 이 '좋은 삶'이란 무엇인가에 대한 사유를 멈출 수는 없다, 이런 얘기를 하는데요. 고루하게 여겨지실지도 모르겠지만 사실 이런 말이 또 동경을 불러일으키잖아요? 현대사회에서의 개인성이나 우리에게 사회적으로 여러 가지로 강요되는 가치들은 그리스인들이 얘기한 '좋은 삶'과 얼마나 거리가 멉니까?

서구 철학은 그리스로부터 시작된 것이죠. 철학이 이것을 끊임없이 끌고 내려왔어야 했는데 그러지 못했다는 철학사 전반에 대한 멜랑콜리가 있습니다. 아도르노에게는 철학자로서의 슬픔이 깊이 내재해 있어요. 헌사를 보면 '슬픈 학문'이라는 말이 나와요. 이 말은 니체에 대한 패러디예요. 니체의 《즐거운 학문》 아시죠? 아도르노는 암묵적으로 헤겔에게 영향을 받지만 또 한편으로는 암묵적으로 니체에게도 영향을 받았습니다. 비판하면서 받아들이죠. 이것이 실제적인 비판의 의미예요. 그리고 진정한 비판은 존경할 때만 가능하죠. 아무 관심이 없는데 비판할 이유가 있겠어요? 그냥 내팽개치면 그만이잖아요.

롤랑 바르트식으로 얘기하면 '그냥 외면해버리면 끝이야'
죠. 바르트가 독서에 대해 얘기하는 대목이 있는데 그는
책 읽다가 마음에 안 들면 잘못됐다고 얘기하기를 싫어
했다고 해요. 말도 안 되는 소리를 하면 그냥 얼굴을 돌려
버린다는 거예요. 비판이라는 것은 바르트식으로 얘기하
면 일단 애정이 가기 때문에 하는 거예요. 아이들 혼내는
것도 애인하고 싸우는 것도 애정이 있어야 가능한 거잖
아요. 아도르노는 니체에 대해 이런 비판적 관계를 가지
고 있다고 얘기할 수 있어요. 바르트식으로는 사랑의 관
계죠. 보통 니체와의 관계에 대해서는 별로 얘기들을 하
지 않지만 자세히 보면 그의 영향이 많이 있다고 볼 수 있
습니다.

《미니마 모랄리아》를 얘기하자면 아도르노의 또 다
른 저작인 《계몽의 변증법》을 건드리지 않으면 안 돼요.
《계몽의 변증법》에 대해 아주 간단하게만 얘기하겠습니
다. 우선 《계몽의 변증법》이 무엇을 다룬 책이냐? 크게
두 과정을 추적해나갑니다. 하나는 문명화 과정이에요.
인간이 자연 상태에 있다가 어떻게 현 상태로 건너왔느
냐는 거죠. 즉, 자연을 문명화하는 과정입니다. 또 하나

는 인간이 주체가 되는 과정이에요. 자유인이 되는 과정입니다. 동물처럼 자연법칙에 걸려들어서 복속된 게 아니라 노예상태로부터 빠져나와서 자연을 다스리는 주인이 되는 과정을 우리는 주체화 과정이라 부르죠. 이 두 과정을 추적해나가는 거예요.

그럼 이 두 가지를 가능하게 했던 근본적인 요인이 무엇이었나? 그것이 바로 합리성입니다. 이성이라고 얘기할 수 있죠. 사유 능력이지요. 사유 능력이란 나와 대상을 분리할 줄 알고 그 관계를 추적할 줄 알고 그것들을 통해 그 의미를 발견해낼 줄 아는 거예요. 칸트식으로 얘기하면 감각으로부터 오성으로부터 이성으로 건너가는 과정을 이야기하는 거예요. 아도르노는 원시시대부터 완전히 문명화된 현대사회까지 내려오는 과정이 문명화와 주체화의 과정이라고 말해요. 말하자면 이성이 발전해 내려오는 과정이고 점점 세련화되는 과정이고 분화되는 과정이라고 그러죠. 그 과정에서 자연이 문명화되고 자연에 복속되었던 인간이 주체화, 문명화되었다라고 합니다. 그리고 문명화 과정의 끝에는 오늘날의 사회가 있습니다. 오늘날의 사회관계 속에는 정치, 경제, 문화 관계가 있죠. 예전엔 다 총체화된 것이었지만 지금은 분리되고 세분화되었죠. 그래서 하버마스는 "문명화 과정은 세분화 과정이다"라고 얘기합니다.

　현대사회, 아도르노가 살았던 1950년대를 보면 근본적으로 리버럴한 사회예요. 아도르노가 미국에 가서 특히 충격을 받거든요. 미국이 어떤 나라입니까? 당시에 유럽은 전쟁 때문에 개판이 됐는데 미국은 룰루랄라예요. 미국은 한 번도 침공당해본 적이 없는 나라예요. 유일하게 하와이 한 번 공격당하고 1, 2차 세계대전을 통해서 엄청난 경제적 부흥을 이루죠. 무기도 엄청나게 팔아먹고요. 남의 동네가 불날 때 다른 동네는 돈을 버는 거예요. 우리도 그랬어요. 베트남전쟁 때 우리도 가서 돈 벌어 오고 그랬잖아요? 지금 강대국들은 어디 전쟁 나는 데 없나 찾아다니고 전쟁을 기다리죠. 그 관계와 마찬가지입니다. 유럽에서는 파시즘이 강력해지고 전쟁이 일어나는데 미국은 엄청난 부를 누리는 거예요. 그랬기에 미국 문학에서 위대한 개츠비 같은 인물형이 나올 수 있었다고 봅니다.

　당시의 미국이 리버럴리즘의 사회였어요. 다시 말해 자유, 그 어떠한 것에도 속박받지 않으려는 삶의 태도, 개인의 개성, 물질적 풍요, 자본주의 시장, 그곳에서 이루어지는 모든 교환 관계, 이런 것들을 통해 사람들이 이제는 행복과 자유가 구가되고 있다는 믿음을 가지고 살던 사회였다는 거죠.

리버럴리즘이라는 것이 뭡니까? 부르주아 계급을 풍요하게 만들기 위해서 상거래의 자유, 기업의 자유, 시장 경쟁의 자유, 이런 가치들이 얘기됐어요. 근본적으로 리버럴리즘은 문제가 많았습니다. 왜냐하면 가진 자들이 자기의 소유를 공고히 하고, 그것들을 더 많은 것으로 만들기 위한 자유를 보장해달라는 요구였거든요. 그런데 아시겠지만 기업들, 가진 자들의 자유는 못 가진 자들에겐 부자유예요.

오늘날도 똑같잖아요? 비정규직이 그런 문제 아닙니까. 가진 자들이 노동 자유화를 통해서 부를 축적해나가고, 그것은 못 가진 자들이 일일 노동에 속박되는 부자유를 야기하죠. 모순이죠. 때문에 못 가진 자들도 경제적 자유와 향유를 누려야겠다고 해서 사회주의 운동 영역에 들어가 있는 뉴리버럴리즘이 나와요. 이후엔 또 네오리버럴리즘이다, 국가의 통제를 벗어나야 한다 어쩌고저쩌고 말들이 많았는데, 지금 다 드러났잖아요? 몽땅 거짓말이었어요. 거품경제를 만들어내고 말이에요. 어떻게 보면 리버럴리즘이 계속 연계되고 있는 거예요.

이 자유주의는 늘 이데올로기를 제공해요. 자유주의가 개인의 행복을 보장해준다는 식으로요. 아도르노가 볼 때 이 사회는 겉보기엔 자유와 행복을 구가하는 것처럼 보이지만 정치적 영역에서는 파시즘으로 건너가는 과정이에요. 파시즘이 다른 게 아니죠. 약자는 누르고 강자는 승하는 약육강식의 정치제도예요. 또한 경제는 가진 자들의 생산력에 완전히 종속되어버려요. 독점 같은 방법을 통해서 가진 자들의 생산력에 종속되어버리는 것이 후기 자본주의 사회예요.

또 문화는 어떠냐? 문화에 대한 비판이 가장 심하다고 볼 수 있는데, 미국 사회에서 팝송이니 로큰롤이니 자유롭게 나오는 것 같아 보여도 아도르노가 볼 때는 문화가 전부 산업이 되어버렸다는 거죠. 원래 문화란 인간이 공동체 생활을 하면서 부족한 것들을 암묵적인 합의에 의해 더 좋은 것으로 만들기 위해 자율적으로 이루어지는 행위인데, 이것이 산업이 됐다는 건 무엇을 의미합니까? 돈벌이를 하려 든다는 거죠. 문화 장사가 됐다는 말이에요. 요새 케이팝이니 한류니 하는 것도 마찬가지죠. 문화가 산업이고 돈벌이지 딴 거냐, 지금은 다들 이렇게 생각하잖아요?

아도르노는 이것을 철저하게 비판합니다. 결국 자본주의 사회에서 문화라는 건 무엇일까요? 인간적인 욕구를 시장으로 끌어들여서 돈벌이를 위해 조작하는 게 문화예요. 우리는 잊고 있지만 문화에서 중요한 것은 '인간적인 욕구'입니다. 인간은 근본적으로 결핍이 있어요. 온전하게 모든 걸 가지고 있는 존재가 아닙니다. 이 결핍은 채워지기 위해 무언가를 요청해요. 그게 인간적인 욕구예요. 어떤 것을 만들어서 채우려고 한다는 것 자체가 잘못된 건 아니에요. 그건 필연적인 거예요. 문제는 이 욕구가 인간적인 것이라는 사실을 잊으면 안 된다는 거죠.

우리가 무엇을 필요로 하나요? 예를 들면 사랑을 필요로 하지만 또 우리는 죽어가는 존재로서 고독을 참을 수 없기 때문에 함께 살기에 대한 결핍이 있어요. 이 결핍을 채우려 한다는 거죠. 이런 것들이 인간적인 욕구입니다. 생리적인 욕구도 있지만 정신적이고 정서적인 욕구도 있어요. 이 욕구들은 굉장히 숭고한 거예요.

이 인간적인 욕구가 현대사회로 들어오면 어떻게 될

까요? 조작되고 가짜로 채워줬다가 다시 빼앗는단 말입니다. 빼앗아야 또 욕구가 생길 테니까요. 인간적 욕구에 대한 영원한 시시포스 신화적 조작 행위가 이뤄지는 거죠. 줬다가 빼앗았다가. 빼앗는다는 건 내가 냉장고를 샀는데 그걸 다시 가져간다는 얘기가 아니에요. 거짓 보상이라는 말이죠. 상품경제가 이루어지면서 이 상품이 약속하는 가상 행복에 의해서 인간의 본질적이고 숭고한 결핍이 농락당하고 있다는 거예요. 이런 문화가 팽배해 있습니다.

인간이 그 어려운 과정을 거쳐서, 자연과 투쟁하면서 문명화를 이루었더니 결국 정치는 이 꼴이고 경제는 이 꼴이고 문화도 이 꼴이에요. 이게 지금 사회예요. 주체는 주인이 되는 과정을 걸어왔는데 마지막에 가보면 주인이 아니라 노예가 됐어요. 우리는 이 사회 속에 완전히 갇혀서 빠져나갈 수 없게 돼 있어요. 오늘날의 사회를 리버럴한 사회라 하면서 개성 주장하고 자유 주장하고 다들 부족한 게 없다고 떠들고 있지만 알고 보면 누구도 이 사회라는 약육강식, 거짓 문화, 불평등 경제의 굴레에서 자유롭지 못하다는 거죠. 그저 누가 조금 더 낫거나 못할 뿐이에요.

　그래서 루카치의 말을 빌려서 '두 번째 자연(second nature)'이라는 말을 합니다. 첫 번째 본래의 자연 상태에서 빠져나오려고 했었는데 이것이 계속 진행되다 보니까 문명 상태가 아니라 또 다른 의미의 자연 상태가 되어 있다는 거예요. 자연 상태가 뭐죠? 빠져나올 수 없는 삶의 속박 관계예요. 무엇이 달라졌나요? 이것이 '계몽의 변증법'이죠. 계몽을 했는데 왜 거꾸로 돌아갔는지에 대한 얘기를 하고 있는 거거든요.

　이 모든 것들이 총체적으로 담겨 있고 또한 드러나는 것이 무엇일까요? 바로 한 개인의 삶입니다. 이 삶을 들여다보겠다는 거예요. 1950년대 미국 사회 또는 독일 사회 속에서 살아가는 사람들의 일상을요. 우리 삶은 일상으로 만들어져 있잖아요? 결혼도 하고 사랑도 하고 물건도 사러 가고요. 그런 일상의 백그라운드가 뭘까요? '계몽의 변증법'이라는 관계예요. 사람들이 사회 속에서 개인성을 구가하고, 자유를 보장받고, 경제적 향락을 누리는 것 같지만 그 표층 아래 은폐되어 있는 게 뭘까요? 실제 우리 삶의 풍경은 어떨까요? 상처투성이라는 거죠. 상처의 정의가 무엇이죠? 패어 있음이에요. 있어야 할 것이 없으면 그것이 상처가 되는 거예요. 자유와 행복이 있어야 할 장소가 움푹 패어 있다는 거죠.

《미니마 모랄리아》의 부제가 '상처받은 삶에서 나온 성찰'입니다. 이 말은 쉽게 생각하실 게 아니고요, 엄청난 고통의 발설이라는 것을 우리가 알아야 합니다. 웅덩이처럼 파인, 사실 겉껍질에 지나지 않는 이러한 나의 삶에 대해서 한번 생각해보겠다는 거예요. 이 생각이 얼마나 아프고 슬프고 두려운 것인지를요. 우리가 자신의 상처를 가감 없이 들여다보는 일은 굉장히 두려운 거예요. 다들 안 보려고 하잖아요? 무의식은 도망가요. 자기도 모르게 얼굴을 돌려버려요. 그래도 살 만하지 뭐, 나는 남보다는 낫잖아, 이런 쪽으로 슬쩍 건너가는데 이 상처를 마치 지진계처럼 들여다보면서 그 안의 풍경을 꼼꼼하게 읽어낼 수 있는 능력이 어디에 있을까요? 그것이 아도르노에게는 합리성이라는 것이죠.

아도르노를 너무 강력한 합리주의자라고 비판할 수 있어요. 그러나 또 한편으로 보면 인간이 가지고 있는 사유의 능력, 의식의 강렬함에 대해서 거의 신앙적인 믿음을 가졌던 사람이에요.

사유란 굉장한 거예요. 생각한다는 것은 놀라운 능력이에요. 우리의 생각이 도대체 어디까지 갈 수 있을까요? 우리의 사유가 방해받지 않고 가고 싶은 지점까지 간다면 어디에 도달할 수 있을지는 정말 모르는 겁니다. 사유는 그렇게 무섭고 강력한 거예요. 그런데 정치가, 경제가, 문화가 끊임없이 중간에서 사유를 차단시켜버리죠. 아도르노가 《미니마 모랄리아》를 쓰면서 유일하게 가지고 있었던 믿음이 사유에 대한 믿음입니다. 오로지 그 믿음만으로 밀고 나가겠다는 거죠. 그것을 통해 우리 삶의 진면목이 무엇인지를 읽어보겠다는 것이 이 책입니다.

여담으로 말씀드리면 이 책이 독일에서 처음 나왔을 때 10여 년 사이에 10만 부가 팔렸어요. 사실 독일 사람들도 이런 책 잘 안 읽거든요. 이론서 이런 거 잘 안 읽어요. 그래도 출판사가 살아남는 건 도서관에서 다 사 주기 때문이에요. 초판은 거의 다 소화가 돼요. 그래서 맘 놓고 좋은 책을 내죠. 그래도 10만 부가 팔렸다는 사실은 참으로 놀라워요. 도대체 10만 명이 이걸 왜 읽었을까요. 재미있는 것은 신문 서평을 보면 이 책이 10만 부나 팔린 이유가 있다고 해요. 그래도 자기들 사는 문제에 대해서 굉장히 진솔하고 평이하게 썼다는 거예요. 읽을 만했기 때문에 사람들이 많이 봤다는 거죠. 참 대단해요. 이게 읽을 만한 책이라니.

　책은 전부 153개의 장으로 되어 있는데 이번 학기에는 여기서 50개 정도만 뽑아서 얘기하겠습니다. 기준이 있다면 너무 지나치게 철학적인 문제, 헤겔 비판 같은 것들은 뺐어요. 대신 현재 우리의 일상에서 점검해볼 수 있는 문제를 다루는 장들을 나름대로 추렸습니다. 제 나름의 생각을 세상의 풍경이나 이리저리 굴러가고 있는 우리 사회의 문제와 연결해서 나아가보겠습니다.

　다음 시간에 〈헌사〉부터 들어가게 되면 상당히 까다로운 얘기가 될 거예요. 많이 낯설 수도 있어요. 어떤 경우에는 한두 번이 아니라 서너 번 꼬이는 식으로 논증이 진행되기 때문에 그것을 따라가는 일이 쉽지 않습니다. 하지만 공부에 필요한 덕목 중 하나가 인내예요. 어떤 경우에는 자발적 인내가 필요하죠. 인간이 가지고 있는 아주 좋은 능력 중 하나가 무언가를 참을 줄 안다는 겁니다. 그런 인내의 능력이 필요해지지 않을까 하는 생각이 들어요. 그야말로 성찰입니다. 되돌려 보고 또 돌려 보고 또 돌려 보는 방식이 취해질 것이기 때문에 그것에 대해 미리 알고 우리가 함께 좋은 시간을 가졌으면 합니다.

철학 같은 걸 안 하면 좋을 텐데, 하시는 분도 있나요? 그러나 이 시대가 요구합니다. 지식인은 자기가 원하지 않아도 시대가 요청하는 것에 귀를 기울이고 그것에 자기를 줘야 하는 책무가 있다고 생각해요. 교양은 나만 좋으라고 쌓는 것이 아니라 내 주변을 위해서도 쌓아야 한다는 의미에서 말씀드립니다. 오늘은 여기까지만 하겠습니다.

2강

사유의 첫걸음

저는 독서를 할 때 계속 메모하는 것을 원칙으로 삼아요. 내가 읽은 텍스트의 내용만 메모하는 것이 아니라 그 문장들이 불러내는 생각들 있죠? 저는 그런 생각들을 적어나가면서 독서를 하는데요, 이번 《미니마 모랄리아》 강의에서는 그것을 하나의 중요한 내용으로 삼아야겠다는 생각을 하고 있습니다. 제가 포착한 하나의 문장, 하나의 어구들 밑에 제 생각이 들어가게 될 겁니다.

크게 두 영역이 얘기될 거예요. 하나는 보다 심층적으로 아도르노를 이해하는 데 도움이 되는 글들이에요. 또 하나는 그러한 문장들에 의해서 촉발되었던 제 자신의 독서 순간에 대한 기록일 거예요. 독서의 순간에 대한 기록은 사적 감정을 얘기하는 것이 아니라 우리가 정치, 사회, 경제, 문화의 영역에서 겪는 보편적 사건들, 누구나 한번쯤 생각해봐야 하는 지점들에 대한 저의 생각이 될 거예요. 물론 사적 영역에서 출발하는 글도 있지만 최대한 공공성과 객관성을 담보하려 합니다. 아도르노의 사유를 이해하는 것도 중요하지만 또한 우리 삶의 조건들, 속살들을 냉엄한 시선으로 돌아보자는 것이 이번 강의에서 제가 의도한 바입니다.

본격적으로 들어가기 전에 저의 걱정 근심에서 오는 중언일 수 있겠지만 차츰 이 강의에 사람이 빠지지 않을까 우려가 돼요. 요즘 대중 인문학이다 뭐다 그러는데 저는 그 말을 싫어해요. 물론 저도 그 영역에서 밥벌이를 하고 있지만 오늘날 대중 인문학이라는 것도 시장 영역이라고 생각합니다. 시장들이 분화되면서 자신의 전문성을 가지고 새로운 상품을 개발해내는데 그중에 하나가 대중 인문학일 수 있죠. 강의가 재미있다거나 독특하다는 말 속에는 인문학이라는 것이 삶에 위안을 줄 수 있다는 오해가 들어 있어요. 강의를 하는 사람이나 듣는 사람들이 이미 어떤 공유된 목적을 무의도적으로 따라가고 있을지 모른다는 생각이 들어요. 보아야 하는 진실을 감추고 슬 그머니 지나가는 방식으로 인문학을 할지도 모르겠어요.

저는 대중 인문학 속에 깊은 절망이 뿌리내리고 있는 것이 아닌가 하는 생각도 듭니다. 진실 앞에서의 절망이 죠. 우리는 진실을 보려고 인문학을 필요로 하는 것이 아 니라 진실로부터 외면할 수 있는 기술, '마야의 베일' 같은 것을 가지고 싶어 하는지 모른다는 거죠.

어떤 진실 앞에 '마야의 베일'을 치게 되면 그것을 보 는 것 같은데 사실은 보지 않는 효과를 가져와요. 그래서 이상한 양가적 충족이 일어나죠. 하나는 정직성에 대한 만족을 얻을 수 있어요. 나는 보았다고 하는 거죠. 그러 나 동시에 그것은 상처를 받지 않겠다는 목적을 수행하 죠. 베일이 있기 때문에 직접적 접촉이 일어나지 않아요. 나는 언제나 구경꾼의 자리에 있을 수 있어요. 구경꾼이 제일 행복하죠. 우리 사회가 점점 구경꾼의 사회가 되어 가고 있지 않습니까? 뭐든지 구경거리로 만들려 하죠. 그 러한 입장에서 보면 얻고 싶은 것은 다 얻어낼 수 있는 이 상한 기술을 습득할 수 있는 곳이 인문학 시장일지도 모 르겠다는 생각이 듭니다.

이전에 소설 강의를 하면서도 저는 진실의 문제를 우직한 보수주의자 입장에서 견지하려 애를 썼어요. 유희가 아닌 진실의 문제로 보고 싶어 했죠. 아도르노 강의에 들어오면 더 이상 유희가 가능하지 않습니다. 아도르노의 우직함이 있어요. 오늘 읽게 될 〈헌사〉를 보시면 아시겠지만 아도르노는 모두가 포기해버린 보수성을 지키는 사람이에요. 지난 강의에 말했듯이 '트로이에(Treue)'가 있습니다. 나쁜 뜻으로 얘기하면 조건 없이 주인을 모시는 하인 근성이에요. 외부에서 볼 때는 하인 근성을 비웃을지 몰라도 하인은 주인을 섬기는 것이 자기 삶의 도덕이죠. 이 성실성, 충실성이라는 것이 있습니다.

트로이에는 아도르노에게 하나의 강력한 도덕의식이에요. 결코 타협하지 않겠다는 도덕적 자세를 얘기합니다. 교양을 쌓는 것은 많은 지식을 배우는 게 아니라 하나의 태도를 배우는 거예요. 어떤 자세 하나를 배우는 겁니다. 그런 의미에서 아도르노가 끝까지 충실하려는 주인은 이제는 그 누구도 따지지 않는 진리라는 개념이죠. 이것이 아도르노의 사유를 힘들게 만들고 지루하게 만들고 때로는 짜증 나게 만들어요. 인문학을 진리 개념과 무관하게, 오히려 진리를 피하는 고급한 기술을 얻는 수단으로 사용하고자 했던 풍토에서 본다면 어렵게 여겨질 거예요. 아도르노는 고루해요. 골동품 수집가의 자세가 있습니다. 진실, 진리가 상품이 되고 장사의 영역이 되어버린 이 시대에 하나의 코미디를 하고 있는지도 몰라요. 고루함, 보수성, 끊임없이 진리가 무엇인지 물어보고 있어요. 이 트로이에를 기억하시기 바랍니다.

또 하나 말씀드릴 것은 이 진리는 언제나 은폐되어 있습니다. 현대사회는 진실을 너무도 완벽하게 은폐시키기 때문에 이것을 찾아가는 길 자체가 봉쇄돼 있어요. 우리의 생각이 이미 진리를 위장하거나 차폐시키는 방식으로 흘러가요. '진리를 생각한다'라는 말이 '진리를 생각하지 않겠다'라는 말과 동일한 말이 되어버렸단 말이죠. 그랬을 때 우리의 사유가 무엇을 할 수 있겠는가? 진리에 대해서 생각한다는 것 자체가 무엇인가에 대해 질문을 하게 됩니다. 아도르노에게는 이 불가능성 앞에서 사유를 시작해야 된다는 전제가 있습니다.

그렇다면 불가능한 것을 어떻게 사유의 대상으로 드러나게 할 수 있을까요? 아도르노에게는 특이한 하나의 의도적 사유 방식이 있습니다. 그것은 다름 아닌 **과장**이라는 것입니다. 혹은 **급진화**시킨다고 얘기하죠. 아도르노의 책을 읽다 보면 이렇게까지 말할 필요가 있을까 하는 생각이 수시로 들 거예요. '세상이 이렇게까지 나쁘지는 않은데, 이렇게까지 엉망은 아니야, 주변을 둘러보면 예쁜 것들도 많고 착한 사람도 있고 여기저기 봉사하는 사람도 있잖아, 평생 모은 재산을 사회에 다 기부하는 사람들도 있고 말이지, 왜 아도르노는 세상을 이렇게 부정적으로만 보는 거야' 하면서 짜증스러운 분노가 일어날 수도 있어요. 그러나 이런 것은 아도르노가 세상을 정말 부정적으로만 보았는가 하는 문제와는 다른 문제예요.

부정성을 통하지 않으면 도저히 드러날 수 없는 진실을 밖으로 불러내자면 특이한 주문이 필요한데, 그 주문 중에 하나가 사안을 급진화시킨다는 거예요. 과장하는 거죠. 어떤 의미에서 보면 드라마로 만드는 거예요. 드라마에서 왜 그렇게 극적인 상황을 만들어냅니까? 극적인 상황이 아니면 드러날 수 없는 것을 드러나게 만들기 위한 하나의 테크닉이에요. 소설이든 희곡이든 드라마를 쓰는 것이죠. 우리는 재미있다고 얘기하지만 사실 드라마는 절박한 심정에서 찾아낸 고충 어린 진리 탐구의 테크닉입니다.

아도르노의 사유 자체가 아주 엄격하고 엄중하고 냉혹하리만큼 객관적이고 합리적이지만 가만히 들여다보면 아주 심미적이기도 해요. 그의 이론에는 항상 심미적 기제가 작동하고 있습니다. 그 심미적 기제 중의 하나가 과장이라는 이름의 드라마 테크닉이에요.

아도르노가 세상을 얘기할 때 전면적인 부정의 형식으로 나오는 몇 개의 명제들을 지난 시간에 말씀드렸습니다. '모든 것이 거짓이다' '문화는 모두가 쓰레기다' '삶은 살고 있지 못하다' 이런 말들이죠. 삶이 살아 있지 않은 게 오늘날 우리의 삶이라는 거죠. '현대인들은 모두 강시다.' 그러니까 활력, 활기, 기쁨 이런 것들은 철저하게 배제돼요. 모든 것이 거짓인 사회 속에서는 진실마저 거짓으로 통하죠. 진실을 얘기하는 자신의 얘기가 결코 진실로 받아들여지지 않을 것을 예고하고 있어요. '모든 사람들이 내가 하는 얘기를 거짓말로 여길 것이다'라는 이 말은 '너희들이 뭘 알겠느냐' 하는 오만함으로 들리지만 또 한편으로는 아주 고통스러운 정언이에요. 내가 얘기해봤자 무슨 소용이 있겠느냐는 것이죠. 그래서 철학을 '슬픈 학문'이라고 얘기하죠.

우리의 삶을 조건 짓는 중요한 몇 개의 요소들이 있습니다. 예컨대 정신이 있어요. 그러나 아도르노에게 오늘날의 정신은 물질 관계, 즉 돈에 속박된 노예예요. 그래서 오늘날 사회에는 정신이라는 것이 없습니다. 그런데 우리가 삶을 살아가려면 정신적인 것이 있어야 해요. 삶이 있으려면 육체가 있어야 하고요. 이 책을 읽다 보면 건강에 대한 비판이 나오는데 아도르노에게는 건강한 육체도 존재하지 않습니다. 오늘날 현대인의 육체는 전부 상처 덩어리다, 그런 식으로 육체 부정이 일어나요. 완전히 왜곡돼 있다는 거죠.

우리 삶의 요소 중 욕망이라는 것도 있습니다. 삶은 욕망의 세계예요. 그런데 이 욕망도 문화산업이 돼버렸어요. 아도르노에게 문화는 절대로 산업이 아니거든요. 요즘 이런 말 하면 이상하게 들릴 수 있어요. 누가 요즘 문화산업을 비판합니까?

'문화는 더 이상 산업이 아니다'라고 얘기하는 사람 있습니까? 여러분, 제가 문화가 산업이 아니라고 하면 충격받으세요? 안 받으시죠. 그건 이미 문화가 산업이 되어서 구분할 수 없기 때문이에요. 그러나 본래 문화는 절대 산업이 될 수 없는 겁니다. 문화는 인간이 인간답지 못하도록 만드는 환경 속에서 인간다운 삶을 희구할 때 꾸며 나가고 싶어 하는 삶의 형태예요. 그래서 인간의 삶은 문화적 삶일 수밖에 없죠. 왜냐하면 언제나 인간의 삶은 육체적으로든 물질적으로든 정신적으로든 제한을 받을 수밖에 없기 때문이에요.

그러나 동시에 그 제한성 때문에 행복이라는 궁극적 목적이 생겨요. 이 제한성에서 행복으로 건너가려는 것이 인간의 본질적 욕망이고 삶의 운동성이에요. 이 운동성이 제대로 되었을 때 나올 수 있는 게 문화고요. 때문에 문화가 산업이 되어버렸다는 것은 삶이 돈벌이의 대상이 되어도 되느냐라는 본질적인 삶의 도덕성 문제와 만나요. 다시 말하자면 문화가 산업이 될 수 있느냐 안 되느냐라는 문제는 딴 게 아니라 문화는 삶이기 때문에 삶이 산업이 되어도 되느냐 안 되느냐라는 문제와 똑같은 거예요.

현대인의 욕망, 즉 문화라는 건 전부 문화산업에 종속되어버렸기 때문에 문화가 없는 것과 마찬가지입니다. 문화가 없다는 건 삶의 행복의 가능성을 찾아가는 길이 더 이상 존재하지 않는다는 얘기와 똑같은 거예요. 그래서 아도르노가 문화는 쓰레기다라고 얘기하는 겁니다.

용서가 없어요. 일말의 희망, 일말의 가능성을 절대 담보하려 하지 않아요.

우리의 일상적 삶이라는 건 뭘까요? 나의 자유와 개인성이 구현되는 것이 아니라 사회 권력과 문화 권력, 경제 권력이 미성숙한 형태로 만들어버린 꼭두각시들의 만화경 속이다, 아도르노는 이렇게 얘기합니다. 우리는 다 미성숙한 꼭두각시예요. 즉, 현대인은 역사적으로 보면 가장 고도의 지성을 가지고 있고, 가장 진보적인 합리성을 가지고 있지만, 그럼에도 불구하고 아도르노가 볼 때는 미성숙의 극치예요. 이런 식의 극단적인 명제들을 얘기한다는 것을 전제로 삼고 우리는 사유를 시작해야 합니다. 아도르노가 노이로제 걸린 거 아니야? 하실 수 있는데요, 여러분 위악이라는 말 아시죠? 일부러 악동 노릇을 한다는 뜻이죠. 위악의 테크닉으로 받아들일 필요가 있어요. 과장이라는 사유의 한 방법론으로서 아도르노의 이 듣기 거북하고 극단적인 발언들을 이해하실 필요가 있다는 것입니다.

또 하나 기억하실 것은 아도르노는 논증을 하려 하지 않습니다. 논증은 옳다 그르다 판단하는 것을 목적으로 하죠? 아도르노는 주장을 하지 않아요. 겸손해서가 아니라 옳다 그르다를 분간할 수 없도록 되어 있는 것이 지금 우리의 상황이라는 거죠.

그러면 아도르노의 비판적 사유는 뭘 하겠다는 걸까요? 옳고 그름을 얘기하지 않는 사유가 할 수 있는 것이 뭘까요? 독일어로 얘기하면 'so-ist-es'예요. '사안은 이렇다'라는 것. 예컨대 외과의사가 환자 배를 가르는 것처럼 아도르노는 삶의 속살 풍경을 열어 보이는 거예요. 어떤 주관적인 판단, 논리적인 판단, 도덕적인 판단을 전부 제거하려 하죠. 사유가 불가능한 상황에서 그럼에도 사유가 할 수 있는 것이 있다면, 논증이 아니라 세상은 이렇다는 발언밖에 없다는 거죠.

이 책에 실린 153개의 장들은 그냥 배 속 풍경이에요. 우리는 이 글을 읽으면서 옳다 그르다 판단을 내리면 안 돼요. 왜냐하면 아도르노는 다만 보여줬을 뿐이기 때문이에요. 아도르노가 요청하는 것이 바로 그것인지도 모르죠. 사유가 할 수 있는 한 극단적인 상황까지 갔을 때 보여지는 풍경을 얘기해서, 그걸 듣는 사람이 옳다 그르다, 뭔가 판단을 내리지 않을 수 없는 상황으로 몰고 가려는 것이 이 아포리즘의 최종적 의미일 수 있어요.

아도르노는 이렇게 얘기하죠. "우리의 사유 시스템은 너무나 견고해서 극단적 충격이 오지 않으면 절대 흔들리지 않는다." 너무 견고해서 웬만한 충격은 다 막아낸다고 해요. 그럼에도 시스템에 갇혀 있는 사유의 가능성을 열어주려면 충격이 필요한데, 이 충격의 강도가 도대체 어느 정도여야 하느냐, 이것이 사유가 시험대에 오르는 일이다, 이렇게 얘기하죠.

막스 베버(Max Weber)식으로 얘기하자면 우리는 긍정적인 것이든 부정적인 것이든 전부 자기 이익으로 수렴하려는 자기 보전의 탱크가 되어버렸어요. 그 탱크를 폭파시키기 위해선 어떤 폭탄이 필요할까요. 사유는 그 폭탄을 구하러 나가는 작업이기도 하다는 거죠. 그것이 또한 이 텍스트일 수 있고요.

우리는 이 책을 읽고 엄청 충격을 받아야 해요. 그런데 참 재미있죠. 충격을 주려면 쉽게 써야 할 거 아닙니까? 충격을 받아야 하는 건지 안 받아야 하는 건지 알 수 없는 방식으로 글을 써놓고 말이죠.

앞으로 얘기하겠지만 아도르노에게는 강력한 엘리트 의식이 있어요. 엄중한 지식인으로서의 책임감이 있지만 또 한편으로 보면 결코 읽혀지지 않으려는 오만함이 있습니다. 왜냐하면 읽힌다는 것 자체가 이미 오해이기에 오해의 희생물이 되지 않겠다는 거예요.

《계몽의 변증법》맨 마지막에 가면 이런 말을 하죠. "나는 유리병 속에 SOS 편지를 넣어 바다에 던진다." 이 사회에서 자기는 위기에 처해 있다는 거예요. 그래서 누군가에게 SOS를 보낸다⋯⋯. 항해하다가 파선하면 유리병에 SOS 편지를 넣어 바다에 내던지잖아요? 단말마적인 구조 신청이죠. "나는 그런 심정으로 이 책을 세상으로 던진다." 그러면서 이렇게 얘기합니다. "혹자는 그것을 받고 지금 누군가가 SOS를 치고 있구나 이해할지 모르겠다. 그런데 그 사람은 굉장히 상상력이 풍부한 사람이다." 이렇게 얘기해요. 무슨 뜻입니까? 결코 구조의 가능성이 없다는 거예요. 엄청난 오만함일 수 있어요. 동시에 참담함의 표현일 수 있고요. 그러한 전제를 두고 우리가 아도르노를 이해해보겠습니다.

○

책을 보시면 첫 장인 〈헌사〉는 서문에 해당하는 장이라서 중요합니다. 책을 쓰게 된 배경이나 책의 목적이 전체적으로 얘기되고 있거든요. 책을 보면 아도르노의 사진이 몇 개 나와 있어요. 그런데 좀 옹고집쟁이 노인네 같은 느낌이 들잖아요? 어렸을 때 사진 보면 너무 예쁘게 생겼어요. 그렇게 예쁜 사람이 나이 들어서는 왜 이렇게 보일까 하는 좀 안타까운 마음이 있어요.

〈헌사〉에 들어가기에 앞서 아도르노 글쓰기 스타일에 대한 얘기를 잠깐 할게요. 원래 아도르노의 글은 본질적으로 단락이 거의 없습니다. 단락 나누기 자체가 이미 거짓 사유의 시스템에 속한다고 생각했어요. 그래서 글이 시작되면 끝까지 단락을 나누지 않아요. 아도르노는 글을 쓴 게 아니라 어쩌면 작곡을 한 거예요. 악보를 그린 거예요. 음악에 무슨 단락 나누기가 있습니까? 하나의 사유는 완전성을 지녀야 된다고 생각했기 때문에 단락이라는 단절점을 용서하지 않으려 했습니다. 원전을 보면 서문에만 단락이 좀 나누어져 있지 나머지는 별로 없어요.
또 하나는 중요한 개념에 따옴표를 붙이지 않아요. 따옴표를 붙이는 게 무슨 뜻입니까? 그것이 중요하다는 뜻이죠. 그것을 강조하는 것은 동시에 무엇을 의미합니까? 다른 것은 비교적 덜 중요하다는 얘기죠. 이게 바로 권력적 사유예요.

　음악으로 얘기하면 삼화음법에서 주요삼화음이 있고 부삼화음이 있죠? 아도르노는 전통음악은 권력적인 형식이라고 비판하면서 쇤베르크의 12음계법을 거론하는데요. 12음계법은 기존의 7개 온음과 반음을 동등하게 배치하는 거죠. 하나의 음이 사용되면 나머지 11개 음들이 전부 사용될 때까지 그 음이 나오면 안 돼요. 무엇이 중요하고 중요하지 않다는 가치판단이 이미 권력적이라고 아도르노는 생각하기 때문에 그걸 해체시키려 하는 거예요. 그래서 따옴표를 안 붙여요.

　아포리즘 속에서 중요하지 않은 개념은 하나도 없다는 거예요. 권력 해체적인 글쓰기를 하는 겁니다. 예를 들어 미술 전시에서 작품만이 아니라 전시 방식이나 전시 공간이 중요한 것처럼요. 그런 것이 다 전시에 포함되는 거잖아요. 글쓰기도 마찬가지예요. 전체적인 공간도 중요하다고 생각합니다. 무엇이 중요하다거나 중요하지 않다라는 건 다 작품 이데올로기에서 나오는 거예요. 다 권력적 사유라는 것이죠. 아무도 의심하지 않고 전승되어서 자연스럽게 되어버린 것이죠. 여러분, 이런 것 한 번이라도 생각해보셨어요? 사유 자체가 이미 권력적이라는 걸요.

논증은 중요한 것과 중요하지 않은 것을 나눌 때만 가능해요. 옳고 그른 것이 나누어지는 거죠. 이런 시스템을 버리고 모든 것들을 똑같이 중요하게 여기면서 사유를 진행하면 결론이 안 나옵니다. 다만 무엇만 있습니까? 아도르노가 말했듯이 '사실은 이렇다'밖에 없습니다. 그런 식으로 한번 사유를 시도해보세요. '나에게 더 중요한 건 없어. 떠오르는 모든 것들은 중요한 거야.' 그럼 글쓰기가 될 것 같으세요? 안 돼요. 아무것도 못 해요. 그런데 아도르노는 이런 방식으로 써낸 거죠. 그래서 읽기가 어려워요.

이해할 수 있는 텍스트의 구조는 어떻습니까? 설명을 하는 거죠. 앞에 어떤 얘기가 나오면 뒤에 내가 왜 이야기를 했는지가 붙고, 또 그것에 대한 설명이 뒤따르죠. 설명이 가능하도록 쓰면 우린 잘 썼다고 그래요. 아주 분명하게 잘 썼다고요. 그리고 논술 시험 보면 점수를 잘 받겠죠. 그러나 사유가 이미 불가능해졌다는 전제에서 글쓰기를 시작하면 사유가 뭘 설명할 수 있습니까? 그러니까 보이는 대로 늘어놓을 뿐이에요. 그러니까 힘들어요.

이게 심미적 글쓰기예요.

　미술 분야에서 보면 인스톨레이션(installation)이라는 방식이 있죠? 작가가 체제를 만들지 않고 사물들 각각의 독자성을 인정하면서 늘어놓죠. 그런데 이것도 곤란해요. 어떻게 늘어놓느냐가 이미 권력적이에요. 우리가 무엇인가를 하겠다는 의도를 가질 때는 의도 자체가 권력으로부터 해방될 수 있는가 하는 문제의식을 가져야 해요. 그럼 도대체 뭘 하자는 걸까요? 아도르노는 그래요. 나도 모른다는 거죠. 그래도 일단 해보기는 해봐야 하지 않겠냐는 거예요.

　《미니마 모랄리아》만의 독특한 글쓰기 방식이 있습니다. 병렬 방식, 파라탁시스(parataxis)라고 하죠? 텍스트는 짜인 거예요. 우리가 그것을 하나의 완결체로서 받아들일 수 있도록 짜인 것인데, 그런 폼(form)을 포기하지는 않지만 그것과 유사한 것이 되려고 해요. 말하자면 가짜 텍스트죠. 개념들 늘어놓기예요.

　이 책을 가만히 읽어가다 보면 문장과 문장이 연관 관계가 없다는 걸 알 수 있습니다. 아도르노가 이 책을 어떻게 썼을까 한번 상상해보면 아마 이럴지도 몰라요. 저도 한번 이렇게 쓰고 싶은데요. 먼저 자신이 얘기해야 할 개념들을 표로 만들었을 거예요. A부터 Z까지. 나는 이 개념들, 단어들을 얘기할 거야, 하면서요. 그리고 한 문장에 하나씩 얘기해요. A 얘기했으면 B, B 다음에는 C. A와 B가 왜 붙어야 되는지는 전혀 고려하지 않아요. 그러면 우리가 읽고 이해할 것 같아요? 이해할 수 없습니다. 대신 그야말로 탈권력적 글쓰기가 가능해요. A는 A대로, B는 B대로 온전하게 인정을 받습니다. 둘 사이에 비교가치가 없어요. A와 B를 이어서 관계를 맺으려 하면 이미 비교가치가 행사되는 거예요. 어떻게 철저하게 탈권력적 글쓰기를 할 수 있을까라는 고심 속에서 나온 방식입니다.

파라탁시스적인 어법을 사용하는 특별한 사람들이 있어요. 애들이 그래요. 아직 문법을 모를 때 이상한 어법을 사용하잖아요? 또 하나는, 언어상실증을 앓는 사람들이 있죠. 문장을 잇지 못하거나 단어를 잘못 쓰고 학교와 집이라는 단어를 구분 못 하는 식으로요. 우리가 말을 한다는 건 올바른 단어를 뽑아 쓰고 그 말들을 문장으로 잇는 거예요. 그래서 소통이 되는 거예요. 그걸 모르는 사람들이 있어요, 병적으로요. 야콥슨이 그것을 연구해서 언어학의 기반을 놓잖아요.

그리고 또 하나가 있습니다. 미친 사람들인데요, 그들은 파라탁시스적으로 말을 해요. 자기에게 중요한 것만 그냥 이어버려요. 대표적인 예가 횔덜린이에요. 유명한 시인이죠. 횔덜린이 마지막에 광기에 빠지잖아요. 그때 쓴 시는 횔덜린이 전반기에 썼던 시와는 완전히 달라요. 그런데 우리가 문학적으로 읽어보면 광기에 빠져서 횔덜린이 썼던 시가 정상적이었던 시절의 횔덜린이 쓰고 싶었으나 쓸 수 없었던 바로 그 시예요. 이해하시겠어요? 미쳐서 자기가 하고 싶었던 글쓰기를 실현시켜요. 맨정신일 때는 그렇게 하고 싶었는데 안 됐죠. 될 수가 없었던 거죠. 우리가 걷기를 배우고 나면 걸음마 흉내를 낼 수가 없어요. 미쳐서 다시 아이같이 되면 걸음걸이를 잊어버리고 자연스럽게 걸음마를 하겠죠. 그게 횔덜린의 상황이에요. 아도르노의 글쓰기는 그런 의미에서 유아적 글쓰기이며 실어증 환자의 글쓰기이며 미친 사람의 글쓰기입니다. 니체도 나중에 책이라는 형태로 글을 쓰지 못했어요. 완전히 파편적인 글을 씁니다. 특히 후기로 가면 완전히 파편적인 글쓰기를 보여줍니다.

○

책으로 들어가보겠습니다. 오래 기다리셨어요. 〈헌
사〉에 보면 먼저 이런 말이 나오죠.

내가 나의 친구에게 몇몇 단편들을 내미는 슬픈 학문
은 아주 오랜 시간 동안 철학에 고유한 것으로 간주되었지
만, 방법론으로의 변화 이래로 지적으로 무시되고, 격언의
간결한 자의로 몰락하다 결국 잊혀지게 된 영역과 관계된
다. 올바른 삶에 관한 학이 그것이다.

벌써 여기서부터 비판적이에요. 철학은 사유입니다.
사유는 방법론이 아니에요. 혹은 방법론이 필요하지만
그것이 사유의 목적은 아니에요. 그런데 목적과 수단이
어느 사이엔가 뒤집어졌어요. 마치 정확하게 방법론적으
로 맞는 것이 옳은 사유가 되어버렸어요. 이것이 변질이
에요. 한탄하는 거죠. 그러면서 이렇게 얘기합니다.

한때 철학자들이 삶이라고 한 것은 자율성과 고유한
본질 없이 물질적인 생산 과정의 부속물처럼 되어버린 사

적이면서 단순히 소비의 영역이 되어버렸다.

즉, 사유라는 것은 옛날 그리스 사람들에게 무엇을 위한 것이었냐? '올바른 삶이란 뭘까'를 생각하는 것이었어요. 윤리적 사유죠. 그래서 철학, 즉 필로소피(philosophy)를 보통 지식에 대한 사랑이라고 얘기해요. 여러분도 아시죠? 뭔가를 사랑하기 시작하면 알고 싶어져요. 지식은 사랑으로부터 나오는 거예요. 알고 싶다는 것은 무언가를 사랑했기 때문입니다. 그런데 오늘날 지식과 사랑은 완전히 분리되어버렸습니다. 그 이유 중에 하나가 사유가 방법론이 되어버렸기 때문이죠. 니체식으로 얘기하면 그리스 사람들은 삶을 지극히 사랑했던 사람들이에요. 그랬기 때문에 자기가 사랑하는 것을 알고 싶어서 시작된 것이 철학이고, 사유의 궁극적 목적은 '올바른 삶이란 뭘까'라는 것이었어요.

그런 올바른 삶은 오늘날 어떤 삶으로 변했나요? 물질적 생산과정의 부속물이 되었습니다. 물질 관계 속에 완전히 종속되어버렸고 결국 사적 영역, 단순한 소비 영역으로 변했죠. 개인이 밀폐된 사적 영역이라 믿는 고유한 자기만의 세계도 알고 보면 소비 영역이라는 거예요.

무엇을 소비하는가가 내가 누구인가를 보여주는 것처럼 되어버렸어요. 여러분은 소비와 무관한 자기 삶의 영역을 가지고 계세요?

그래서 아도르노가 묻는 겁니다. 이것이 올바른 삶인가? 그리스 사람들이 사랑하고 알고 싶어 했던 삶이 이런 삶인가라는 거예요. 그래서 철학이 '슬픈 학문'으로 얘기되죠. 여러분 공부하는 거 싫어하시죠? 공부하는 건 힘들고 괴롭죠. 그런데 원래 공부는 그리스 사람들에게 굉장히 즐거운 일이었습니다. 그래서 니체가 '즐거운 학문'이라고 얘기하는 거예요.

왜 공부하는 게 즐거울까요? 공부라는 수고를 거쳐서 가다 보면 정말 좋은 게 있는 거예요. 바로 올바른 삶이죠. 그럴 때 공부는 마치 흥분으로 가득 찬 보물찾기와 똑같은 거예요. 아이들이 보물찾기를 얼마나 좋아합니까. 아이들의 즐거움은 어떤 믿음에서 오는 거죠? 보물이 있다는 것입니다. 그리고 실제로도 있죠.

여러분, 수고가 즐거울 때가 있습니다. 왜냐하면 이 수고를 넘어서기만 하면 내가 가지고 싶었던 것을 가질 수 있었죠. 공부는 그래서 즐거운 거였어요. 그런데 오늘날 공부는 괴로워요. 왜 그렇습니까? 수고를 거쳐서 가봤자 보물이 아니라 쓰레기를 만나게 된다는 거예요. 누가 쓰레기를 찾아가면서 공부를 열심히 해야겠다고 생각하겠어요? 그래서 아도르노는 '슬픈 학문'이라 얘기하죠.

더 강렬하게 얘기하면 **애도**예요. 슬픔에도 여러 가지가 있는데 사랑하는 사람이 떠나갔기 때문에 슬픈 경우가 있어요. 그런데 사랑하는 사람이 죽었다면 어때요? 내가 사랑하는 사람이 이제 없어요. 이 슬픔은 완전히 다른 거예요. '슬픈 학문'이라 그럴 때, 이 슬픔의 본질적 의미는 애도입니다. 왜냐하면 과거에 공부의 약속으로 있었던 '올바른 삶'은 지금 찾아봐도 없다는 거예요. 죽었다라는 거예요. 찾아봤자 없다라는 겁니다. 그만큼 오늘날 우리의 삶은 진리나 진실과 무관한 게 되어버렸다는 거예요. 아주 절망적이죠.

저는 이렇게 썼습니다.

"아무도 공부하려 하지 않을 때, 거짓된 학자들이 여전히 거짓 진실의 기쁨을 이야기할 때, 슬픈 학문은 거짓 진실들과 타협하지 않은 채, 괴로운 진실과 직접 만나기 위해서 밤새워 공부를 한다. 그것이 기쁜 것이든 괴로운 것이든, 공부는 진실을 피할 수 없는 것이기에."

카프카 소설에 보면 한 대학생이 나오죠. 대학생이 옆방에 이사를 왔는데 도대체 밖으로 나오지를 않아요. 옆방에 사는 사람은 너무 궁금해요, 저 안에서 뭐 하나. 하루는 몰래 열쇠 구멍으로 들여다보죠. 보니까 열심히 공부하고 있어요. 카프카 소설의 주인공들은 다 그렇잖아요? 아무리 찾아도 찾을 수 없는 것들을 찾으려 돌아다니잖아요. 나중에 보면 찾는 게 있어요? 없어요. 그래도 찾기를 멈추지 않아요.

오늘날 공부한다는 게 뭘까요? 왜 공부하는 걸까요? 그 대학생처럼 보물이 있어서 하는 게 아니라는 거죠. 그렇기 때문에 지식인이란 누구인가 하는 문제가 나와요. 진실이 없어졌을 때 지식인이 되기를 그만두는 게 지식인인가? 요즈음 그런 지식인들 투성이예요.

아도르노가 생각할 때 지식인은 어떤 방식으로든지 진리를 놓치지 않으려는 사람들이에요. 진리를 발견하든 안 하든 그건 둘째 문제라는 거죠. 중요한 건 지식인이기 때문에 공부하는 거예요. 말하자면 우리의 꿈이 실현되느냐 안 되느냐는 상관없어요. 중요한 건 꿈을 놓치지 않는 거예요. 비록 얻을 것이 없어도요. 이것이 아까 말씀드린 트로이에(Treue)입니다. 성실성, 바꿔 말하면 직업의 윤리예요. 직업은 소명입니다. 내가 선택하는 것이 아니라 그냥 할 수밖에 없는 것이 있어요. 그게 원래 직업의 뜻이에요.

독일 말로 직업은 베루프(Beruf)라고 합니다. 성경에 보면 사도들이 누구예요? 신에 의해서 부름을 받은 사람들이죠. 그때 베루펜(berufen)됐다는 말을 쓰는데, 그 의미가 지상에서는 직업으로 수용된 거예요. 직업은 아무 때나 막 바꾸는 게 아닙니다. 그런 의미에서 본다면 비정규직 같은 거 진짜 웃기는 거예요. 비정규직을 통해 우리는 직업이란 무엇인가에 대해 정말 심각하게 생각하게 되잖아요? 비정규직이라는 것은 직업을 완전히 모욕하는 행위예요. 직업을 삶과 전혀 무관한 것으로 만들어버리는 거예요.

그러나 직업이 삶과 무관합니까? 우리의 삶은 우리가 하고 있는 일을 떠나서는 존재할 수 없습니다. 그것이 노동의 의미입니다. 노동은 동시에 우리의 삶을 떠나서는 존재할 필요가 없어요. 그런데도 연명하려면 노동을 해야 돼요. 비정규직의 근본적인 목적이 뭘까요? 사람들을 그저 연명하는 존재로 만들려는 거죠. 이걸 참으시겠습니까? 우리는 이런 문제들을 하나씩 추궁해 들어가야 해요. 아도르노는 이 책을 통해 왜 이렇게 됐을까를 물어보죠.

직접적인 삶에 대한 진실을 마주하고자 하는 사람이라면 삶의 소외된 형태와 개별 실존의 가장 내밀한 곳까지 규정짓는 객관적 힘들을 면밀히 살펴보아야 한다.

왜 이런 상태가 되었을까를 물어보기 위해서는 '다 내 잘못이다' 그래서는 안 된다는 거예요. 이 무력한 저항의 모습이 우리 모두의 모습이 아닙니까? '다 내 잘못이야, 내가 이 꼴이 된 건 다 내 잘못이지, 다 팔자소관이야.' 이 말 속에서 우리가 읽어낼 게 있습니다. 잘못의 이유를 찾으려 했지만 얼마나 그것에 실패했기에 결국은 자기에게로 되돌아온 걸까라는 거죠. 그 사이에는 단말마적 노력이 있어요. 절망의 표현이죠. 또는 엉뚱한 희망이 있습니다. '지금은 이렇지만 앞으로는 다 잘될 거야'라는 식이죠. 이건 두 가지 다 똑같은 거예요. 진실을 안 보려 하는 거죠. 진실은 뭘까요? 우리의 삶을 이런 식으로 만들어놓은 객관적 힘, 객관적 권력이 있다는 거예요.

'객관적'이라는 건 힘든 말이에요. 객관적이라는 것은 나의 이해관계를 떠나서만 발견될 수 있는 것이에요. 이것은 '우리가 과연 나를 떠나서 작동할 수 있는 사유를 아는가'라는 문제와 부딪쳐요. 그렇게 되면 객관적 권력이 있음을 우리가 감지한다 해도 잡아낼 수가 없어요. 어려운 문제입니다. 이러한 어려움을 통찰하지 못한 채 많은 사람들은 희망적 사유를 하거나 거짓 사유를 하는데, 그 거짓 사유의 한 예가 엉뚱한 소설가들이에요. 아도르노는 이렇게 얘기하죠.

직접적인 것에 대해 직접적으로 말할 때면, 열정의 모방을 갖고서 값싼 장식처럼 이전부터 자신의 인형들을 치장하고 기계장치의 부속품과 다를 바 없는 인물들을 마치 주체로서 행위할 수 있고, 마치 무엇인가가 그 행위에 의존하고 있는 것처럼 행위하게 하는 여느 소설가와 다르지 않다.

엉뚱한 소설가들, 세상에 대해서는 실제로 관심이 없고 자기 재능이나 재미있는 발상 능력에 도취되어 있는 소설가들은 현실을 모르기 때문에 자기의 낭만성에 대해서만 얘기할 수 있어요. 그 낭만성이 무엇입니까? 세상은 다 엉망이어도 어떤 특별한 주인공이 있다는 거죠. 이 주인공은 너희들과는 다른 식으로 살거든, 이럽니다. 그러면서 그 주인공을 통해서 진실이란 이런 거라고 얘기해요.

그런데 이 주인공이 도대체 어디서 나오는 거예요? 마치 이런 거죠. 온 세상이 검은 잉크로 가득 찼고 모두가 그 안에 살면서 검은 잉크를 쓰고 앉아 있는데 웬 한 놈이 나와서 나는 잉크는 안 묻었거든, 세상은 온통 검은 잉크야, 그런데 진실은 하얀 잉크거든, 이러면서 자신의 삶을 닮으라고 그래요. 이건 무지의 소산입니다. 미성숙의 소산이에요. 애들이나 하는 짓이에요.

그런데 많은 지식인들이 이런 사유를 한다는 거예요. 자기 희망을 투사해놓고 그 희망이 존재한다고 주장해요. '아직 살 만한 세상이야, 이렇게 착한 사람도 있어'라며 희망에 가득 찬 얘기를 하죠. 여러분들은 그런 소리 들으면 위안을 받으시잖아요? 우리를 위안해주고 상처가 아무는 것 같은 느낌, 내일 또 살아야지 이런 생각이 들게 만드는 것이 실제로 무엇인가요? 상처들을 끊임없이 확대 재생산하고 상처들을 절대로 보여주지 않으려 하는 객관적 권력을 더 공고히 할 뿐이라는 거죠.

지금 출판계든 어디든 희망의 철학들이 범람해요. 긍

정의 철학들, 낭만의 철학들. 실제 우리가 적으로 삼아야할 건 누구일까요? 바로 이들입니다. 맨날 힐링, 힐링 해요. 또 청춘을 위로하는 콘서트를 한다 뭘를 한다 그럽니다. 또 사람들을 찾아가서 상담까지 해요. 제가 볼 때는정말 이상해요. 그래서 낫게 된 사람 있으세요? 가서 치유의 경험을 하신 분 있으세요? 이 개명한 사회에서 철학이 종교가 되어갑니다. 우리의 엄중한 현실 세계가 점점종교화되어가요. 그래서 종교가 범람해요. 이것을 신화시대라고 부르죠.

바르트도, 아도르노도 지금 우리 시대가 계몽된 시대가 아니라고 얘기합니다. 우리가 중세로부터 탈출했습니까? 천만에, 그렇지 않습니다. 예를 들면 철학자들이 전도사가 됐어요. 근거도 없는 희망을 믿으라고 이러면서요.
제가 종교를 비판만 하는 건 아닙니다. 종교는 종교의 특별한 영역이 있고, 그 영역에는 특별한 진실이 있으며, 그 특별한 진실에 다가가는 방식이 있습니다. 중요한것은 그 종교가 자기의 특별함을 수긍할 수 있어야 해요.그런데 그것들이 현실 속으로 들어와서 종교를 배반해버리면 종교에도 도움이 안 되고 현실에도 도움이 안 돼요.

현실과 종교가 완전히 분리되어 있을 때만 상호 간에 도움이 될 수 있습니다. 종교가 왜 태어났나요? 바로 그러려고 태어난 겁니다.

아시겠지만 지금 종교는 정치이고 돈입니다. 완전히 착종이 됐어요. 일요일에 교회를 가보면 도대체 여기가 교회인지 시장인지 알 수가 없어요. 거기서 이득을 취하려고 진리 장사를 하는 사람들이 있습니다. 이 부분에 대해서 얘기를 좀 해봐야 해요. 여러분들, 종교의 진리가 뭡니까? '이런 세상도 있다'입니다. 우리가 알고 있는 모든 고통이 없는 세상. 어떠한 박해도, 차별도, 모순도, 억울함도, 울분도 우리가 가질 필요가 없는 세상이 있다는 것입니다. 모든 종교는 그런 세계를 얘기해요.

그런데 한번 생각해보세요. 우리가 이 세계를 왜 사유하게 됐는가, 왜 상상하게 됐는가. 정말 살 만하지 못한 세상, 아무리 노력해도 돌아오는 게 없는 세상, 더 이상 빠져나갈 길이 안 보이는 암흑 같은 세상, 삶을 삶답게 살 수 없는 조건으로만 되어 있는 세상, 이것을 체험하기 때문에 상상력이 나오는 거예요.

그런데 천국이든 열반의 세계든 그 세계가 어떤 개인이 창출해낸 겁니까? 그건 아닙니다. 집단 상상력이 만들어낸 거예요. 잘못된 역사, 잘못된 삶의 조건들에 다 같이 시달리고 있었기 때문에요. 이것이 바로 문화죠. 문화의 놀라운 힘입니다. 내 것도 아니고 네 것도 아닌, 그러나 동시에 모두의 것이죠.

우리는 이것을 절대로 사유화하면 안 돼요. 모두의 것을 가지고 혹자들은 이것을 사유화해요. 이건 나만 알고 있는 거야, 너희들은 모르는데 나만 특별히 알게 되었다는 둥, 나를 통해서만 이것에 이를 수 있다는 둥 이렇게 주장하면서요. 교회를 크게 짓고 헌금 받아서 사유재산을 늘리고 또 자기 자식에게 세습도 합니다. 이건 시장원칙이잖아요? 교환이라는 이름의 공정치 못한 사기가 일어나는 곳이 시장이잖아요.

시장은 상품 장사를 해요. 그런데 종교 영역이 하는 장사는 진리 장사입니다. 장사에도 '미니마 모랄리아'가 있어요. '최소한의 도덕'이 있습니다. 우리가 아무리 개판으로 살아도 정말 어떤 건 건드리면 안 되는 영역이 있습니다. 모욕해서도 안 되고요. 그런 것이 집단 상상력이 만들어낸 희구이며 동경이며 욕망인 진리입니다. 그걸 사유화해서 그걸로 돈을 모아서 자기 자식한테 넘기는 게 말이 됩니까? 진리에 대해서는 상속 개념이 해당될 수 없어요. 진리를 누가 누구에게 넘겨줍니까? 상속은 사유화되었을 때만 가능한 거예요. 내 것이었기 때문에 누구에게 줄 수 있는 거죠.

종교적 진리는 그런 것이 아닙니다. 이런 것에 엄청난 분노를 가져야 해요. 나하고는 상관없어 그러시면 안 됩니다. 바로 이런 진리 장사가 여러 군데에서 일어나고 있습니다. 그중엔 철학도 있고 예술도 있죠.

객관적 힘들을 면밀히 통찰해야 된다고 아도르노가 얘기할 때, 이 객관적 힘을 포착하는 데 얼마만 한 비판 정신이 필요한지 짐작이 가세요? 객관적 권력은 이를테면 귀신이나 마찬가지예요. 있기는 있는데 볼 수가 없는 건 귀신이거든요.

푸코식으로 얘기해도 마찬가지입니다. 권력은 편재하는 것이기 때문에 붙잡을 수 없어요. 옛날에는 권력자가 따로 있었고 권력의 은신처가 따로 있었어요. 베르사유궁전이라는 게 있었단 말이에요. 그걸 공격하면 된다고 그랬는데 지금은 어떻습니까? 절대로 그렇지 않아요. 그래서 구조라는 말이 나오죠. 이걸 어떻게 붙잡을 거예요? 나도 구조에 엉켜 있는데요. 적과 내가 분리되어 있지 않고 융화되어 있는데 어떻게 가르겠냐는 거죠. 검은 물과 파란 물을 섞어놓고 지금 와서 어떻게 그걸 분리해내겠어요. 그런데 이걸 할 수 있어야지만 오늘날 삶이 왜 이럴 수밖에 없는가를 우리가 알게 될 것이라는 거죠. 또 이런 말이 있습니다.

삶을 향한 시선은 더 이상 삶이 존재하지 않는다는 것을 기만하는 이데올로기로 넘어가버렸다.

더 이상 삶이 불가능한 조건 속에서 마치 삶이 있는 것처럼 얘기된다는 건 무슨 의미죠? 삶이 존재할 수 없도록 되어 있는 상황을 무의도적으로 은폐할 뿐이라는 거죠. 그래서 좋은 게 좋은 게 아닙니다. 사람들이 그러죠. '좋은 게 좋은 거야.' 그건 살 만한 세상이에요. 나쁜 게 나쁜 거고, 좋은 게 좋은 거면 괜찮은 세상입니다. 걱정 근심이 없어요. 그런데 이상하게 엉켜 있어요. 이상하게 좋은 일인데 결과를 보면 악을 불러들이고, 이상하게 악을 불러들이면 우리가 선을 통해서는 알 수 없었던 진실에 도달하게 만들어요.

그럼 어떻게 해야 돼요? 어쨌든 '분명한 건 좋은 게 좋

은 거다, 나쁜 게 나쁜 거다'라는 이분법을 떠나자는 거
죠. 그게 변증법적 사유예요. 변증법이란 좋은 것 따로 있
고 나쁜 것 따로 있는 것이 아니라 좋은 것은 좋은 것과
나쁜 게 함께 들어 있으며 나쁜 것에도 좋은 것과 나쁜
게 들어 있다, 즉 하나의 사안의 운동법칙은 두 방향으로
움직이고 있다는 전제에서 출발하죠. 하나의 힘과 그 힘
이 대치되는 다른 힘이 함께 작동하고 있다는 것이 변증
법의 제1원칙이에요. 그래서 아도르노는 변증법적 사유
를 하려 해요.

그래서 삶을 긍정적으로 인정하려는 모든 이론과 철
학, 전도와 희망, 이것들은 오히려 진실을 더 깊이 은폐시
키는 데 사용되고 있다는 거죠. '올바른 삶이란 뭘까'라
는 사유를 시작할 때 제일 먼저 접고 들어가야 하는 것은
'올바른 삶은 없다'는 사실입니다. 어디에도 기댈 수 없다
는 거예요. 이제부터는 올바른 삶을 알고자 한다면 혼자
떠나야 한다, 지금까지 올바른 삶에 대해서 얘기했던 모
든 것들과 투쟁해야 된다는 거예요. 그것들의 거짓됨을
간파해내야 된다는 거예요. 비판 이론이 이렇습니다. 무
엇이 잘된 거다를 얘기하려는 게 아니에요. 뭐가 잘못되
었다는 것을 얘기하려 하죠.

그러나 우리가 앞으로 나아간다면, 좋은 것이 있어서 그것으로 향해 간다면, 진보가 있다면, 그 나아가게 만드는 가능성은 어디서 올까요? 우리에게 좋은 것이 있어서 그걸 의지로 삼아 나아가는 게 아니라, 우리를 막고 있는 것들을 하나씩 쓰러뜨릴 때 우리는 앞으로 나아갈 수 있다는 얘기예요. 이게 비판 이론이에요. 그래서 좋은 소리를 전혀 안 해요. 물론 때때로 하지만 또 변증법적으로 뒤집죠. 그래서 저는 여러분이 이 강의를 끝까지 견딜 수 있을지 염려도 돼요.

그런데 한국 사람들은 어찌 보면 삶에서 역설을 잘 터득한 사람들 같아요. 우리는 역설을 알잖아요? 뜨거운 걸 먹고는 시원하다 그러죠. 삶이 워낙 지난해서 그 안에서 꿈틀거리며 살다 보니까 나중엔 기댈 게 역설밖에 없도록 돼버린 것 같아요. 역설이 거기서 오는 거예요. 뭐가 제대로 안 되는데 그렇다고 죽으실 거예요? 살아야 하잖아요. 그러니까 비틀어야죠. 그러한 삶의 역사가 우리 문화에 내재되어 있고 과감하게 얘기한다면 우리 감각의 DNA로 전승돼요. 우리는 부모 세대처럼 그런 역설을 필요로 하지 않아도 그런 역설에 굉장히 친숙해요.

제가 유학 갔을 때 뜨거운 걸 먹다가 시원하다 그러

면 거기 친구들이 이상하게 봤어요. 걔네들은 뜨거움과 차가움이 분명히 구분돼 있으니까요. 구분되어 있는 것을 믿을 수 있으면 살 만한 거예요. 우리가 원하는 살 만한 세상은 그런 겁니다. 배운 대로 살았으면 좋겠다고 그러잖아요? 그게 안 통하면 힘든 거죠. 그래서 역설이 나오는 거예요.

젊은 세대들은 예전 세대에 비하면 풍요의 세대들이죠. 비틀려 있지 않아요. 그런데 옛날 세대들은 노인네들이 되면 다 좀 이상해져요. 워낙 비틀려서 살다 보니까 망령이 옵니다. 망령은 오래된 상처에서 오는 거죠. 치매를 의학적으로 얘기하면 뇌구조의 문제겠지만 다른 식으로도 읽을 수 있어요. 모든 병에는 역사적 유래가 있죠. 병에 대한 인식도 그렇습니다. 역사적 과정을 통해서 보면 우리가 알고 있는 병에 대한 개념을 바꿀 수도 있어요. 병도 완전히 전문화되어서 병은 역사와 관계가 없다, 병은 우리의 삶의 조건들이 아니라 과학적 영역일 뿐이다, 약을 투여하면 된다고들 하지만 정말 그렇습니까?

사유가 건조해지고 고집스러워지는 것은 이것이 상상력과 분리되면서부터예요. 사유가 전문화되면서부터요. 철학 하는 사람들이 이상하게 우직하잖아요? 감각이 별로 없어요. 특히 정통 철학 하는 사람들요. 저도 철학을 하니깐 예외가 될 수 없지요. 그런데 아무것도 느끼지 않으면 사유의 대상으로부터 자극을 받을 수 없어요.

새로운 사유를, 생각을 촉발시키는 것은 어떤 자극이 왔을 때예요. 그런데 사유 체계가 감각 체계를 밀어내고 나면 남는 게 뭡니까? 개념들밖에 없어요. 그러니까 개념 가지고 계속 싸우는 거예요. 추상적이라고 얘기하잖아요. 그러면서 역설이 일어나죠. 육체를 하위개념, 정신을 상위개념으로 취급해오는 사이에 분업이 일어나죠. 정신노동과 육체노동이라는 식으로요.

세상에 정신노동, 육체노동 따로 있는 게 어디 있어요? 그럼 무엇 때문에 공부를 열심히 하면 때때로 육체가 피로하죠? 어떤 노동이라도 열심히 하다 보면 세상의 이치를 깨닫게 돼요. 이것이 노동의 놀라운 점입니다. 농사꾼들이 지혜롭잖아요? 아들 놈은 유학 갔다 학위까지 따서 돌아왔는데, 지식은 많은데 뭘 모르는 것 같아요. 이 차이가 어디서 옵니까? 농부는 공부를 안 했지만 끊임없이 땅을 파고 구체적인 것들과 만나면서 자연의 이치, 자연의 변주를 체험하게 된 거죠. 예를 들면 이런 거예요.

이 흙을 만지면 느낌이 이런데 저 흙을 만지면 왜 다를까? 당연히 생각이 시작돼요. 그것들은 어떤 지식을 만들어내지 않지만 이해력을 만들어내죠. 그리고 그것이 지혜라는 이름으로 옛날부터 얘기됐어요.

그런데 이런 감각 체계와 완전히 분리되어서 오로지 개념만, 화학식만 외우다 보면 그런 것들이 삶과 전혀 무관한 게 되어버려요. 그리고 편협한 고집이 되어버리죠. 이상하게 공부 많이 했다는 사람일수록 편협한 경우가 많아요. 자기 아는 것만 얘기하려 그래요. 남이 얘기하는 건 다 틀렸다 그러고요. 제 주변에도 그런 사람들이 종종 있어요. 공부를 하는 것은 꽃처럼 만개하려는 건데 이상하게 석화가 돼요. 갈수록 딱딱해져요. 돌덩이가 돼요. 참 재미있는 현상이죠. 감각을 내치다 보니까 나중에 자기가 감각 없는 존재가 되어버립니다. 떼어낼 수 없는 것들을 떼어내면 그것이 병들거든요.

자기는 안전하냐 하면 천만의 말씀, 자기가 떼어낸 것과 마찬가지로 자기 역시 병들어요. 나중엔 불구가 돼요. 부메랑 논리죠. 이런 논리가 꼭 학문 영역에만 있나요? 우리의 일상이 이러한 이분법을 통해서 살지 않으면 그나마 가진 것도 지킬 수 없기 때문에 거기에 맞춰 성실하게 살다 보면 다 이상한 질병에 걸려요. 부메랑의 운명에 걸려들게 돼 있어요. 저 역시 그래요. 저도 이상해졌어요. 어렸을 때와 지금을 비교하면 되게 이상해졌어요. 특히 나이를 더 먹다 보니까요. 호르몬 작용도 있다고 그러더라고요. 저도 저희 애들한테 이상해졌다고 자꾸 질타받고 그래서 조심해야 되겠다 생각을 하죠. 그런데 꼭 그게 나이하고만 상관있겠어요? 뭔가 살아오면서 문제가 있었다는 거죠.

그러나 실제로는 삶이 생산의 덧없는 현상으로 격하된 삶과 생산의 관계는 철저하게 부조리하다. 수단과 목적이 뒤바뀌었다.

제 식으로 옮기면 삶이 존재하기는커녕, 삶은 생산에 부수된 하루살이 현상으로 격하되었고 삶과 생산과의 관계도 완전히 부조리해졌다는 얘기죠. 근본적인 이유가 뭘까요? 수단과 목적이 전도된 데 있어요. 저는 이렇게 풀어서 얘기하지만 아도르노는 그렇게 쓰지 않습니다. 무엇의 이유가 무엇이냐? 그건 이것 때문이라는 식으로 쓰면 이미 권력적이에요. 다른 사유를 막아요. 문장과 문장 사이의 빈자리에서 사유는 자유롭게 이루어질 수 있어요. 그런데 뭐 했을까, 이런 건 아닐까라는 식으로 쓰게 되면 다른 사유 하지 말라는 얘기와 똑같은 거예요. 그래서 아도르노가 '그러나' '그럼에도' 이런 말을 되도록 쓰지 않고 문장과 문장을 접속시키려 하죠.

수단과 목적이 전도되었다는 것은 무슨 말입니까? 결국 사유의 목적은 무엇이었나? 올바른 삶을 알고 싶었는데 어느 사이엔가 사유가 목적이 되고 올바른 삶은 없어져버렸어요. 우리가 왜 그렇게 테크놀로지를 발달시키려 했나요? 다 삶을 위한 거예요. 그런데 어느 사이엔가 삶 따위는 어디로 가버리고 테크놀로지만 남았어요. 우리가 시장을 왜 만들었나요? 필요한 건 많은데 혼자 다 만들 수는 없어요. 그래서 교환하기 위해 시장을 만들었죠. 왜 시장이 생기고 교환이 생겼을까 생각해보면 그것도 삶을 위한 거예요. 그런데 어느 사이엔가 삶은 어디로 도망가고 이익 추구만 남았어요. 역사의 모든 과정에서 수단과 목적이 뒤집어졌다고 아도르노는 진단하는 거죠. 거짓 사유는 뭐냐? 수단과 목적이 뒤집어진 것을 인정하지 않고 출발하는 사유예요. 아도르노가 얘기하는 올바른 사유는 뭐냐? 이걸 다시 전복하려는 것입니다.

그런데 수단과 목적이 너무도 완벽하게 뒤집어져 있기 때문에 수단이 목적을 잃어버렸다는 사실을 아무도 기억할 수 없게 되었다는 거죠. 사는 건 원래 이런 것이라고 받아들이게 되었다는 거죠. 삶이란 무엇인가 하고 물어보는 사유조차도 이 지점부터 시작한다는 거예요. 사유가 불가능할 정도로 세상이 거짓말의 영역이 되었다면, 도대체 진실을 어떻게 추적해내야 될까요? 사유 내에서 긍정적 영역은 없어요. 그러면 무엇만 남아 있어요? 아주 희미하지만 결코 사라지지 않는 어떤 것이 있어요. 지금까지는 사유의 영역에 들어와서는 안 된다고 하면서 쫓아버렸던 이상한 사유가 있는데, 그것이 바로 '예감'이에요.

철학 얘기 하는데 예감 같은 말이 나와서 이상하죠? 그리스 철학의 중요한 주제 중 하나가 모호함이었습니다. 어느 사이엔가 철학은 또렷함이 아니면 인정을 하지 않으려 해요. 자기 삶에 대해서 또렷한 것을 가지고 계시는 분 있으세요? 이 세상에 또렷한 게 있어요? 이것도 수단과 목적이 바뀐 거예요. 철학이 방법론이 되다 보니 모호하면 되겠습니까? 그 방법론으로 완전하게 설명될 수 있는 것만이 진리가 되어버리면, 진리는 원래 또렷한 거야, 이렇게 되어버려요.

예감이 뭡니까? 이것이 바로 모호함이라는 이름의 지적 능력입니다. 예감은 그런 것 같기도 한데 아닌 것 같기도 하고 이런 거죠. '어쩐지'가 있잖아요. '어쩐지 그래.' 심증은 있는데 물증이 없다는 것과도 비슷하죠. 예감은 원래 아주 중요한 사유의 능력인데 억압을 받다 보니 좀 이상해진 사유의 방식입니다. 억압이 없으면, 모든 게 투명하면 우리가 예감을 가질 필요가 없어요.

예감이 왜 태어났을까? 올바로 살면 상처를 입다 보니까 생겨난 것이 예감일 수도 있어요. 제대로 무언가 알아보려 하는데 매만 맞게 되더라, 올바른 생각이라 해서 따라갔더니 거기에 보물이 있어야 되는데 쓰레기만 있더라, 이렇게 되면 올바른 생각을 믿지 않게 되죠. 그러면서도 살려면 진실을 알아야 하니까 사유는 하게 되죠. 그렇게 생기게 된 올바르지 않은, 이상하게 뒤틀어진 사유 능력이 예감입니다. 물길이 흘러야 하는 곳으로 못 흐르면 이상하게 뒤틀려서 흐르잖아요? 그런 거죠. 우리에게 오감만 있는 게 아니라 육감도 있다 그러죠. 인간이 무엇 때문에 육감을 가져야 합니까? 태어날 때부터 육감이 있었을까요? 그렇지 않습니다. 우리가 위기에 처하다 보니까, 끊임없이 관찰하다 보니까 이상한 능력이 생긴 거예요. 사실 다 역사적이에요.

예감이라는 건 사라지지 않습니다. 예컨대 '나는 열심히 살아야지, 내 목적이 있으니까 영어 공부도 열심히 하고 스펙도 쌓아야지' 그렇게 살다 보면 이럴 때가 있을 거예요. 어느 날 잠에서 깼는데 갑자기 뭔가 좀 이상해요. 그런 거 혹시 안 느끼세요? 내가 이렇게 살아도 되는 건가, 이게 사는 거냐고 묻게 되는 것 말이에요. 이게 예감이에요. 그런 것마저 없앨 수는 없다는 거죠. 그래서 사유가 아무것도 할 수 없게 된 상황이더라도 마지막 근거로 붙잡을 수 있는 한 가지가 예감의 능력이에요. 객관적 권력이 무엇인지 온통 알 수 없는 세상이지만 분명히 이런 건 있다는 거죠. 어느 날 갑자기 이게 사는 거야? 묻게 되는 것. 이 질문은 피할 수가 없어요. 사유는 여기서, 이것을 붙잡고 시작된다는 거죠.

그러나 어처구니 없는 착오(quid pro quo)에 대한 예감이 삶에서 완전히 근절된 것은 아니다. 축소되고 퇴화된 본질은 그 주술화에 반하여 집요하게 정면으로 맞선다.

결국 진실은 우리가 아무리 밖으로 나오라고 불러도 나올 수 없는 성격을 가지고 있다는 뜻입니다. 예를 들면 긍정적 철학자들, 혹자들은 쉽게 쉽게 진실에 대해서 얘기한다는 거죠. 아도르노가 볼 때 진실은 워낙 완벽하게 은폐되어 있고 이데올로기화되어 있기 때문에 우리가 아무리 나와줘 나와줘 두껍아 나와줘라고 사유라는 이름의 주문을 걸어도 나오지 않으려 한다는 것이죠.

생산관계 자체의 변화는 개인의 의식과 무의식에서의 생산의 단순한 반영 형식이자 진정한 삶의 왜곡된 상인 '소비 영역'에서 일어나는 것에 전체적으로 달려 있다.

결국은 이런 말입니다. 우리의 잘못된 삶의 조건들에 변화를 일으키려면 생산 영역에서 그 가능성을 찾아야 될까요? 생산 영역은 테크놀로지의 영역이에요. 거기서 찾아야 할 거냐, 아니면 상품을 소비하는 소비의 영역에서 찾아낼 거냐는 거죠. 마르크스만 해도 생산력의 변화에서 찾으려 했어요. 그런데 아도르노는 다릅니다. 마르크스가 살았던 시대는 초기 자본주의 시대이고, 후기 자본주의로 건너오면 모든 생산의 영역은 생산력을 가진 이들에게 완전히 장악당하죠.

삼성이 대표적이죠. 어떤 대통령이 당선된다고 해도 이제는 기업의 권력이 더 커요. 변화가 불가능해요. 지금 기업가들이, 이익을 추구하는 생산 체제가 알아서 변화를 일으켜줄 거라고 생각하세요? 동반 성장이니 뭐니 하지만 제가 볼 때는 다 거짓말이에요. 있을 수가 없습니다. 그렇지 않습니까? 많은 사람들이 경제민주화다 뭐다 하지만 근본 모순을 해결하지 않으려는 낯가림이죠.

근본적으로는 생산력을 장악한 쪽에서 변화가 일어나야 하는 겁니다. 마르크스식으로 얘기하면 생산력은 모두의 것이 되어야 해요. 그런데 그것이 일군의 사람들이나 권력에 의해서 너무도 완벽하게 장악되어 있기 때문에, 생산의 영역에서 자발적인 변화의 계기를 잡을 수 있다는 희망은 이제 버리자는 거죠.

그렇다면 희망은 없을까요? 마르크스가 전혀 응시하지 않았던 소비의 영역이 있습니다. 소비 영역이란 뭔가요? 첫째, 소비 영역은 무력하기 짝이 없는 영역이에요. 생산 영역에 그림자처럼 붙어 있는 종속된 영역에 지나지 않아요. 우리 사는 게 그렇잖아요? 우리는 생산력에서 주는 대로 받아 쓸 뿐이에요. 우리는 생산 영역에서 열어놓

91

은 소비의 회로를 따라서만 소비하도록 되어 있어요. 이해하시겠어요? 그런데 생산 영역에서 상품을 만들어서 시장으로 내보낼 때 그 회로가 무엇입니까? 자기들에게 더 많은 이익이 창출될 수 있는 방식으로 흘려보내요. 그러면 우리가 다른 회로로 상품을 소비할 수 있다고 보세요? 불가능합니다.

요즘 보시면 재벌들이 유통산업을 장악하고 있어요. 이건 굉장히 위험해요. 그나마 변화가 일어날 수 있는 영역이 유통 영역입니다. 유통 영역이 뭡니까? 중간 단계예요. 중간 단계는 언제나 중립성을 지니고 있어요. 이쪽과 저쪽이 만나려면 접속이 일어나야 하거든요. 접속이 일어나는 중간 지점은 엄중한 의미에서 누구의 것도 아니에요. 그런데 이것이 장악당해요.

유통의 의미를 시장의 개념으로만 생각하실 필요는 없어요. 우리의 삶도 중간 영역을 가질 때에만 가능해요. 이 생각에서 저 생각으로 넘어갈 때 중간 영역이 있으며, 한 문장에서 다음 문장으로 건너갈 때 중간 영역이 있습니다. 그것을 아도르노는 건드리지 않으려는 거죠. 제가 아도르노의 글쓰기에서 말했잖아요. 왜죠? 거기에서만 새로운 영역이 열릴 수 있다는 거예요. 그것을 장악해버리면, '이것은 이런 식으로 읽어라' 회로를 만들어버리면, 이미 변화의 가능성이 없어져버리죠.

시장도 마찬가지입니다. 유통 영역이 생산 영역에 장악되어 있을 때 소비 영역은 생산이 소비하라는 대로만 소비할 수 있어요. 그 매개를 장악하고 있는 것 중 하나가 '광고'죠.

우리가 소비 영역에서 무엇을 기대하는 것도 사실은 불가능해요. 그런데 소비 영역을 보면 생산 영역에서는 도저히 일어날 수 없는 어떤 일들이 일어납니다. 그게 뭡니까? 예컨대 쇼핑중독 같은 현상이죠. 거기까지 갈 필요도 없습니다. 생산 영역에서 상품을 만들어서 시장으로 보낼 때는 오로지 하나의 원칙만 있습니다. 교환을 통해서 더 많은 잉여가치를 얻어낼 수 있도록, 즉 상품이 비경제적인 원칙을 따라서 사용되는 이상한 결과를 가져오지 않도록 만드는 거죠.

다시 말해 생산 영역에서는 투자를 하고 얻어낼 수 있는 잉여가치만을 생각해요. 이것이 경제적 원칙이죠? 재테크라고 그러잖아요. 이것이 소비 영역에서도 똑같은 원칙으로 작동되고 있습니다. 어떻게 적은 투자를 통해서 많은 걸 얻어낼 수 있을까라는 거죠. 생산 영역이나 소비 영역 양쪽에 똑같이 통하는 경제원칙입니다. 그런데 소비 영역을 들여다보면 이상한 현상들이 있어요. 과잉 소비를 하는 경우가 있죠. 그건 경제원칙에 안 맞아요.

예를 들면 직장에 다니는 부모가 있습니다. 언제나 죄의식에 차 있어요. 내 새끼한테 가서 요리도 해주고 싶고 뭐도 해주고 싶어요. 그런데 맨날 그게 잘 안 돼요. 그러다가 주말이 되면 야채도 사고 고기도 삽니다. 사면서 이건 야채야, 이건 고기야, 이런 생각만 하고 살 것 같아요? 절대로 그렇지 않죠. 우리는 상품을 사면서 언제나 그 상품을 주물로 산다는 거예요. 다시 말하자면 이런 거죠. 내가 이 상품을 사서 음식을 만들어서 아이에게 주면 그 아이는 얼마나 행복해할까? 자기 물건을 사도 마찬가지예요. 구두 한 켤레를 사더라도 구두가 낡았으니까 바꿔야겠다는 생각만이 아니라, 이걸 신으면 얼마나 유행에 민감해 보일까, 이런 생각이 있죠.

즉, 소비는 철저하게 절약의 원칙을 따르지만 한편으로는 늘상 가상을 동반해요. 생산 영역에서는 도저히 기대할 수 없는 또 다른 삶의 영역, 그것을 함께 생각하게 돼 있다는 거예요. 우리는 상품을 사면서 절대로 실용적으로만 생각하지 않아요. 상품에 꿈을 투여해요. '현실에서는 이룰 수 없는 꿈이 어쩌면 상품을 통해 이루어질지도 모른다'는 소망이 투여되고 있는 거예요.

소비 영역은 이상한 영역입니다. 철저하게 경제적 영역이면서 동시에 비경제적인 영역이에요. 비경제적인 영역이 경제적인 영역을 완전히 뒤집을 때 나타나는 이상한 현상이 쇼핑중독이에요. 쓸 것도 아니면서 필요도 없는 걸 막 사요. 나는 시장이나 백화점에 안 가면 미치겠어, 이런 사람들 있잖아요? 그 사람들은 어떻게 보면 정상적인 사람이라 볼 수 있어요. 행복에 대한 갈구가 아주 강한 사람들이에요. 시장에 가서 이런 것은 사면 안 된다 생각하는 사람은 행복에 대한 갈구가 없어요. 오로지 경제원칙만 있어요.

그래서 아도르노가 이렇게 얘기하는 거죠. 소비의 영역에 들어가면 생산 영역에서는 도저히 발견할 수 없는 또 하나의 비합리적인 요소를 만나게 되는데, 그것은 여전히 삶이 불가능한 삶을 살면서도 사람들이 삶에 대한 어떠한 소망이 있다는 걸 확인할 수 있다라고요. 이해하시겠습니까? 이상한 사유죠. 그런데 사유는 이런 겁니다.

정상적인 사유가 안 될 때는 돌아서 가는 거예요. 이게 비판적 사유고 비평적인 시선이에요.

그래서 생산 영역을 들여다보면 행복의 가상을 불가능하게 만드는 조건만이 보이지만, 소비 영역으로 들어오면 변증법적이라는 거예요. 이상하게 자기를 부정하는 어떤 요소가 동시에 들어 있는데, 이 이상한 현상을 붙잡자는 것이죠. 모두가 삶을 기대하지 않는 것 같지만, 행복하고 살 만한 삶을 망각해버린 것 같지만, 살 만한 삶이라는 사유의 근거를 찾을 수 없는 상황 같지만, 백화점이나 마트에 가보면 확인할 수 있다는 거예요. 아, 사람들은 여전히 살 만한 삶에 대한 욕망을 잊지 않고 있구나. 이것을 붙잡고 사유는 시작되어야 된다는 거죠.

사유가 불가능한 세상에서 올바른 삶을 사유하려는 이유가 무엇이냐고 물어보면 아도르노는 이런 식으로 대답해요. 물론 살 만한 삶, 올바른 삶이라는 것을 생각할 수 없도록 되어 있다고 인정해요. 그런데 소비 영역 같은 데 들어가면 아주 희미한 가능성, 오로지 예감의 시선만이 포착해낼 수 있는 현상들을 발견하죠. 아주 사라진 건 아니다, 할 수 있다는 거죠. 그걸 붙잡아야겠다. 그리고 거기서부터 불가능한 사유는 가능한 사유로 건너가려는 시도를 비로소 할 수 있다고 얘기해요.

이 논의는 모스의 증여론과 조금 틀이 다르긴 해도 얼마든지 연결시킬 수 있어요. 그리고 우직한 시장 비판주의자들은 상품 주물주의에 대해서 소외 현상이다 뭐다라고만 얘기하지만 절대 그렇지 않습니다. 상품 주물주의라는 것이 바로 가능성이에요.

미디어에서는 사람들이 명품 사는 걸 비판해요. 자기들은 사면서, 혹은 자기도 사고 싶으면서요. 역설적으로 얘기하면 명품이란 무엇인가 다시 물어봐야 되는 거예요. 물론 명품에 대한 선호는 이데올로기에 속은 것이긴 해요. 그렇지만 바로 이 속아 넘어가는 현상 속에 어떤 진실이 내포되어 있죠.

그런 것들을 보는 시선이 비평적 시선입니다. 그런 것들을 돌파해내는 시선이에요. 명품을 사는 게 옳다는 얘기가 아니에요. 경제원칙을 벗어나는 이질적 현상이 숨기고 있는 것, 우리가 거기서 반드시 읽어내야 하는 요소가 무엇이냐 질문하는 겁니다. 그렇게 질문하면 명품의 소비에 대해 우리는 전혀 다른 방식으로 접근해서 얘기할 수 있어요. 절약 정신에 가득 찬 사람들이 명품 사는 사람들을 비판하는 경우가 많아요. 혹은 사고는 싶은데 돈이 없는 사람들이 그러는 경우도 있어요. 그게 다 주관성에서 출발하는 거예요. 그러나 그런 주관성으로부터 출발해서는 객관적 권력을 발견할 수 없습니다.

객관적 권력은 절대로 자기를 드러내지 않지만 또한 드러내지 않을 수가 없도록 되어 있어요. 왜냐하면 자연스러운 것이 아니라 억지로 만들어진 것은 언제나 만들어진 흔적을 숨길 수가 없거든요. 그걸 포착해야 되는 거죠. 우리 사회에 이상한 현상들 많잖아요? 사생팬 이런 것도 좀 이상하잖아요? 연예인들 사생활까지 침입하는 애들이 있다면서요? '걔네들 부모는 도대체 애를 어떻게 키웠어'라고 말하면 안 돼요. 거기에 어떤 진리가 있을지도 모르는 거예요.

돌아보면 온통 이상하고 수상한 현상들이 널려 있어요. 바로 그런 것들과 직접 대결할 수 있어야 하죠. 이것이 오늘날 가능한 사유의 첫걸음이라고 아도르노는 얘기합니다. 오늘은 여기까지만 얘기하고 다음 시간에 이어서 해보도록 하겠습니다. 수고하셨습니다.

3강

—

상처 안에 머물기

지난 시간에는 〈헌사〉 부분 중에서 '슬픈 학문'에 대해서 얘기를 했습니다. 그다음에 오늘날의 삶은 물질, 즉 돈에 의해서 완전히 종속된 삶이기 때문에, 삶은 살아 있지 못하다는 얘기를 했고요. 조금 있다 프루스트 얘기를 할 때 정신과 육체의 관계를 함께 다뤄볼 건데요, 아도르노는 이미 《계몽의 변증법》에서 현대사회의 모순 관계, 폭력 관계는 근본적으로 정신과 육체의 분화로부터 시작되었다고 말한 바 있습니다. 그 결과 오늘날 삶은 돈에 종속되죠. 말하자면 삶은 단순한 소비의 영역으로 되어버리거나 사적 영역으로 변했죠.

아도르노에게 올바른 삶이란 사적인 삶이면서 동시

에 공적인 삶을 얘기합니다. 우리는 개인이면서 또한 사회적 존재예요. 나의 사적인 삶의 영역과 공적인 삶의 영역이 올바르게 관계 맺어질 때 개인적 삶도 삶다워지는 것이고 공적인 삶, 즉 사회도 올바른 사회가 될 수 있죠. 아도르노는 도덕적이며 윤리적인 삶을 얘기합니다. 이러한 삶이 현대사회에 오면서 단순한 소비적인 관계 속에 종속되어버리고, 공공성에서 완전히 소외된 개인적 삶으로 왜소화되었다는 거죠. 그런 의미에서 이것은 삶이 아니라고 아도르노는 얘기합니다.

그렇다면 물질적 풍요와 정신적 자유를 얻은 것 같은 우리는 왜 뒤틀린 삶, 삶도 아닌 삶, 연명뿐인 삶을 살도록 변해버렸을까요? 거기에는 객관적 권력이 작동하고 있다고 아도르노는 얘기하죠. 우리는 앞으로 이 객관적 권력을 추적해내야 해요. 객관적 권력들을 면밀히 포착할 수 있을 때에만 다시 한번 삶다운 삶이란 무엇인가라는 문제와 만날 수 있고, 나아가서는 어쩌면 삶다운 삶을 발견할 수 있을지 모릅니다. 아도르노는 미래에 대해서 늘 가정법으로 얘기해요. 선취하지 않으려 하죠. 희망이든 올바른 삶이든 유토피아든, 현실 속에 없는데 선취해서 마치 그것이 있는 것처럼 얘기하는 것은 행복과 자유의 삶을 오히려 불가능한 것으로 만드는 객관적 권력의 작동 방식이라고 얘기합니다. 그래서 제가 부정적 사유라고 말씀드렸어요. 많은 사람들이 이러한 삶을 삶답다고 착각하는 것이 오늘날 삶의 현혹 관계라고 말하죠. 사실 삶은 실종되었는데, 물질적 풍요나 자유주의가 가상으로 주어지면서 이것을 마치 행복한 삶, 자유의 삶인 것처럼 받아들인다는 거예요. 한마디로 허위의식이죠.

이 허위의식이 너무도 완벽하게 자연화되어버렸어요. 즉, 더 이상 물어볼 수 없도록 정당화되어서 아무도 거기에 대해서 성찰하지 않고 의문을 제기하지 않죠. 이 삶을 자신이 원하던 삶으로 받아들이고 나아가서는 주장하고, 누군가 거기에 대해 비판하면 분노하죠.

서문에 보시면 대자적 삶과 즉자적 삶이라는 말이 나오는데요, 헤겔의 변증법적 용어예요. 대자적이라는 건 내가 생각하는 나예요. 내가 나를 생각할 때 떠오르는 나, 자유롭고 행복하고 그 무엇에 의해서도 억압받지 않으며 정체성을 갖고 있고, 그 누구와 비교해도 꿀릴 것 없는 나, 나아가서는 나의 목적을 실현해가고 있는 꽤 괜찮은 나를 얘기합니다. 라캉식으로 얘기하면 상상적 자아예요.

즉자적 자아도 있어요. 즉자적 삶은 그것 자체를 보았을 때 말할 수 있는 삶이에요. 그런데 대자적 삶이 즉자적 삶처럼 여겨지는 상황에서는 더 이상 즉자적 삶에 대한 질문 자체가 불가능해요. 뭘 더 물어봐, 바로 이게 나야, 이런 식으로 모든 것을 긍정하게 만들고 수긍하게 만들고, 나아가서는 허위의식으로 가득 찬 삶을 행복으로 받아들이게 만드는 것이 현대사회의 시스템이죠.

아도르노는 마르크시즘의 용어를 빌려서 이것을 이데올로기 시스템이라 얘기하죠. 롤랑 바르트식으로 얘기하면 판톰(phantom) 시스템이라 할 수 있습니다. 보통 신화라고 부르죠. 신화는 완벽한 시스템이고 외부가 없는 절대적 권력관계입니다. 이런 신화적 세계가 다름 아닌 현대사회라고 얘기하거든요.

이러한 상황에서 우리가 올바른 삶을 성찰하려면 성찰의 계기가 있어야 되는데 본질적으로 그런 계기가 있을 수 없다는 거예요. 왜냐하면 우리의 삶은 완벽한 허위의식으로 만들어져 있기 때문이죠. 그래서 아도르노는 이렇게 얘기하지 않습니까? 그래도 성찰이 시작되려면 계기가 마련되어야 하는데, 정상적 영역에서는 없고 비정상적 영역에서야 비로소 아주 희미하게나마 그것과 만날 수 있다는 거죠.

비정상적 영역이 소비 영역이라고 지난 시간에 말씀 드렸습니다. 과잉 소비나 쇼핑중독을 예로 들었죠. 우리 삶은 철저하게 경제원칙에 의해서 구성돼요. 쓸데없는 것에는 그 무엇도 투자하지 않는 것이 경제원칙이죠. 더 많은 것을 얻을 수 있을 때에만 교환을 한다는 거죠. 사랑도 마찬가지라고 아도르노는 얘기합니다. 그런데 소비 영역에 들어가면 경제원칙에 어긋나는 이상한 일이 일어난다는 거죠. 과잉 소비나 충동 소비를 한다든지, 상품의 질을 따지는 게 아니라 포장이 예쁘다고 산다든지. 경제원칙으로 보자면 일어날 수 없는 일이에요.

아도르노는 소비 영역에서 일어나는 이러한 비정상적 행위들을 포착해내면서 결국은 우리가 왜 상품에 매혹되는가 하는 문제를 얘기하죠. 우리는 상품을 단순히 상품으로 받아들이는 것이 아니라, 현실에서는 불가능하지만 이루고 싶은 행복에 대한 소망을 투사해서 본다는 거예요. 내가 이 상품을 사면 내 현실은 그렇지 않지만 내가 원하는 삶을 가질 수 있는 것처럼요. 이게 바로 주물주의예요. 페티시죠. 목에 무엇을 걸면 떠나간 사람이 돌아올지 몰라, 그러는 거요. 떠나간 사람은 안 돌아와요. 합리적으로 생각하면 올 리가 없어요. 그래도 소망은 사라지지 않죠. 행복에 대한 소망 혹은 상처로부터 치유받고 싶은 소망이죠. 이것이 투사된 특정한 물건을 가지려는 것이 주물입니다. 우리식으로 얘기하면 부적이죠. 주머니에 부적 가지고 다니시는 분들도 있잖아요.

다시 말해 과잉 소비 현상을 부정 변증법적으로 혹은 정신분석학적으로 읽으면, 그 이질적 행위가 정상적인 영역에서는 포착할 수 없는 것, 사람들이 여전히 행복이라는 것을 기억하고 있다는 사실을 포착해낼 수 있다는 거예요. 바꿔 말하면 불행을 의식하고 있다는 것이죠. 우리가 상품을 살 때 그 상품에 나의 소망을 투사하는 행위는 현실에 대한 비판 의식에서 출발한다는 거예요. 헤겔식으로 얘기하면 모든 진정한 사유는 불행하다는 의식이 생기면서 시작돼요. 행복하다는 의식에 종속되어 있는 한 사유는 발동되지 않습니다. 그런 의미에서 아도르노는 소비 영역을 중요한 모티브로 받아들이고 있어요. 그러면서 나오는 개념이 **'삶의 가상'**이죠.

아도르노의 사유에서 '가상(Schein)'이라는 개념은 핵심적인 포인트입니다. 이 가상은 행복한 삶에 대한 가상을 의미해요. 아도르노는 '삶의 가상'과 **'가상의 삶'**을 대극적인 개념으로 사용합니다. '삶의 가상'은 예컨대 우리가 탈경제적 소비 행위를 할 때 알게 모르게 기억하고 있는 행복한 삶에 대한 이미지예요. 이것이 올바른 삶에 대한 성찰의 단초가 되지만 또한 상당히 어렵다는 겁니다. 왜냐하면 우리의 삶은 이미 '가상의 삶'이 되었기 때문이에요. 이데올로기화되고 허위의식적이며, 즉자적 관계를 대자적 관계 속에 포함해버린, 제 식으로 얘기하면 나르시시즘에 빠진 삶이에요. 이처럼 삶이 가상이 되어버린 상황에서 삶이 원하는 행복을 가상한다는 일은 사실상 불가능하다고 아도르노는 전제합니다. 이해하시겠습니까?

아도르노는 가능성과 불가능의 사유를 이렇게 얘기하죠. 결국은 누군가가 시장이나 백화점에 가서 삶의 가상을 기억하는 행복의 현상을 만났다 하더라도, 그래서 성찰이 시작된다 하더라도 그 성찰 자체가 믿을 수 없다는 거예요. 왜 그렇습니까? 이 성찰의 주체 자체가 가상의 삶으로부터 자유롭지 않기 때문이죠. 예외가 될 수 없다는 거예요. 성찰 행위 자체가 이미 가상의 삶을 만들어내는 어떤 로직을 따라갈 수밖에 없다는 거예요. 그래서 삶의 가상을 통해서 '이런 게 올바른 삶이야'라고 결론을 내었다고 한들, 그것은 결국 가상의 삶이 원하는 회로를 따라서 만들어진 결론이기 때문에, 다시 한번 삶의 가상을 가상의 삶으로 내포시키는 결과를 가져올 뿐이라는 거예요. 사유의 딜레마죠.

아도르노는 이러한 얘기를 통해서 문화비평가들이나 철학자들에게 일침을 가해요. 마치 자신이 올바른 삶에 대한 인식을 발견한 것처럼 자신만만하게 선포하고 따라오라고 하는 자화자찬자들에게요. 삶의 가상과 가상의 삶 사이의 변증법에 대해서 전혀 통찰할 줄 모르는, 사유의 근본적인 폭력 관계에 무지한, 내가 여전히 이 세상과 다른 삶을 성찰할 수 있다는 자화자찬에 빠져 있는 우스꽝스럽고 미성숙한 지식인들이 너무 많다는 거예요. 그들은 의도치 않게 거짓말쟁이가 될 뿐 아니라 결과적으로 이 가상의 삶을 옹호하게 된다는 거죠.

아도르노가 서문을 통해 물어보는 것은, 오늘날 현대

사회에서 성찰할 수 있는 개인, 즉 주체가 가능한가라는 문제죠. 아도르노는 이런 식으로 얘기합니다. 오늘날 역사적인 시선으로 현대사회를 보면 가장 뚜렷하게 나타나는 징후가 스스로 사유할 수 있는, 인식할 수 있는 주체가 이미 존재하지 않는다라고요. 그런데 이 주체가 지금도 존재하는 것처럼 성찰해봤자 나르시시스트적인 결론에 이를 뿐이라는 거죠. '대자적이기는 하지만 즉자적이지는 못한 저 주체'라는 말을 해요. 다들 자기 생각에는 주체성을 가지고 있는 것처럼 여기지만, 객관적 권력을 통찰해서 우리를 들여다보면 꼭두각시에 지나지 않는다는 거죠. 즉자적으로는 전혀 주체가 아니라는 겁니다.

누군가가 이 있지도 않은 성찰의 주체를 마치 있는 것처럼 사회 또는 정치에 대해, 오늘날 우리의 삶에 대해서 발언을 한다면, 그것은 시대착오적인 것이라고 얘기하고 있습니다. 또는 감상적이라고 얘기해요. 감상적인 주체는 있어요. '사람들의 삶이 이런 것이 아니라 다른 것이 되었으면 좋겠어.' 이런 동경으로 가득한 주체들이 있죠. 남다른 주체처럼 보이지만 근본적으로는 가엾어요. 그것은 불가능한 것이거든요. 그리고 애잔해요. 그래서 아픈 마음으로밖에 응시할 수 없다는 거예요. 아도르노는 그런 주체를 시대착오적이고 감상적이라고 얘기하죠.

아도르노에게 **주체**는 크게 두 가지로 구분할 수 있어
요. 우선 **한탄 주체**가 있는데 이 한탄 주체도 세 가지 유형
으로 구분돼요. 먼저 **불평불만 주체**예요. 보통 술집 가면
그러죠? 사는 게 왜 이러냐, 세상은 왜 이 모양이냐라고
끊임없이 세상에 대해서 불평하는 사람들이 한탄 주체예
요. 또 **행복과 미래의 전도사**들이 있어요. 술집에 가서 한
사람이 '세상이 왜 이 모양이야' 그러면, 또 한 사람은 마
주 앉아서 '꼭 그런 것만은 아니야, 앞으로 잘될 거야, 우
리가 실패할 리가 있겠어?' 이런 식으로 얘기하죠. 또 하
나는 **실천적 영웅 주체**예요. 하면 된다는 정신이죠. 그룹을
모으고 변화를 일으키려 하는 사람들이죠. 어쨌든 다 같
이 세상이 올바르지 않다는 데서 출발하는 주체예요. 부
정적 의식의 주체들이죠. 더 세밀하게 구분할 수도 있겠
지만 어쨌든 아도르노는 이 세 유형을 모두 한탄 주체라
고 부릅니다. 자기 가슴을 치는 사람들이라는 거죠.

아도르노는 이 한탄 주체로는 문제를 해결할 수 없다
고 하면서 대응하는 개념으로 진정한 성찰력을 가진 주
체를 얘기합니다. 책에서는 그렇게 부르지 않지만, 우리

는 그것을 **비판적 성찰 주체**라고 이름 붙일 수 있어요. 비판적 성찰 주체는 불평불만을 하거나 행복을 전도하거나 밖으로 나가서 싸우려는 것이 아니라, 아주 냉정하고 냉철한 비판적 성찰력을 가지고 은폐되어 있는 객관적 권력들을 통찰해내고, 동시에 그 관계 속에서 자신의 위치도 성찰하면서 사안을 선정주의적인 것으로 만들지 않는 주체죠. 한탄 주체는 선정주의적인 것이에요. 그러나 비판적 성찰 주체는 정에 호소하는 것이 아니라, 자기비판적 합리성에 의지하면서 사안의 객관적 진실을 파악해내고 인식하는 주체죠.

아도르노가 강조하는 것 중 하나가 자기 성찰력이에요. 자신이 얘기하고 생각한 것에 대해서 또 한번 생각해 보고 또 한번 부정하는 것. 예컨대 오스트리아에 한 축제가 있어요. 봄이 되면 얼른 동장군이 도망가라고 사람들이 이상한 가면을 쓰고 나와서 행진을 해요. 우리도 봄이 오면 귀신 내쫓는 축제가 있잖아요. 그 거리 행진을 보면 특이한 동작이 있는데 사람들이 두 발 앞으로 갔다 한 발 뒤로 오면서 전진해요. 무작정 앞으로만 가지 않죠. 비판적 성찰의 운동 방식이 있다면 바로 그 춤을 닮아야 한다는 거죠. 자기가 생각을 해서 두 발 나가면 자기가 생각한 걸 또 한번 성찰하기 위해 한 발 돌아오고, 그다음에 다시 두 발 나가고. 이러한 운동이 이루어져야 하는데 선정주의적인 사유 방식은 앞으로만 나간다는 겁니다.

〈헌사〉에서 아도르노는 이러한 주체의 문제를 제기하고 있습니다. 이런 말들이 앞으로 나올 글들에 대한 암시를 주죠. 《미니마 모랄리아》에서 전개될 성찰이 어떠한 방식을 취하게 될 것인가, 어떠한 목적의식을 가지고 있는가, 또한 이 성찰이 어떠한 딜레마에 빠질 수밖에 없는가라는 문제를 미리 제기하는 것입니다.

○

다음으로 넘어가서 보면 이 글의 스타일에 대한 주체적 성찰을 얘기합니다. 이 글은 아포리즘이라는 글쓰기 방식을 따르고 있어요. 아포리즘은 하나의 문제에 대해서 궁극적인 인식을 얻으려 하는 아주 짧은 글이죠. 이 아포리즘적 글쓰기, 잠언이라는 형식 자체가 많은 문제를 가지고 있다는 얘기를 합니다.

아포리즘은 근본적으로 상당히 행복한 글쓰기예요. 촌철살인이라는 말이 있죠? 말하자면 아주 짧은 글로 전체에 대한 인식을 얘기하는 글쓰기예요. 길게 논술할 필요가 없어요. 이런 글쓰기는 어떤 행복한 만남이 일어났을 때 얻어지는 인식이 있을 때에만 가능한 것입니다. 견우와 직녀가 만나듯이 생각하는 나와 생각의 대상이 한순간 딱 맞아떨어졌을 때 우리는 아포리즘적 인식을 얻어내요. '아, 세상은 이렇다. 나는 이렇다. 사람이 살아가는 건 이렇다.' 간결하면서도 정확하게, 허위가 없는 진실에 대한 인식의 순간이 짧은 글로 써지면 그것을 아포리즘이라 부르거든요.

이 글쓰기는 두 가지 전제가 있을 때에만 가능합니다. 객체를 인식할 수 있는 주체가 있어야 하고, 동시에 그 주체에 의해 인식될 수 있는 긍정적 객체성이 있을 때에만 가능한 거예요. 말하자면 주체이든 객체이든 건강한 상태에 있을 때 비로소 쓰여질 수 있는 글이에요.

그런데 이것은 현대사회에서는 사실상 불가능한 글쓰기예요. 주체는 완전히 허위의식에 빠졌고, 객체는 주체를 지배하려 하는 객관적 권력으로 변해버렸기 때문이죠. 잠언적 행복한 만남의 글쓰기, 순간적 만남의 글쓰기, 통찰적 인식의 글쓰기는 사실상 현대사회에서 있을 수가 없어요. 그래서 아포리즘은 이미 오래전에 사용된 글쓰기 방식이에요.

　이러한 잠언적 글쓰기의 위험성에 대해서 누구보다
잘 알고 있었던 사람이 누구일까요? 바로 헤겔이에요. 대
자적으로만 자신을 주체로 생각할 뿐, 실제로는 전혀 주
체성을 가지지 못한 이러한 주체를 헤겔은 위험한 것으
로 생각했어요. 잠언적 글쓰기의 자화자찬적이고, 나르
시시스트적이며, 자기도취적인 성격 역시 받아들일 수 없
는 것이었어요. 올바른 주체, 올바른 객관성을 만나서 인
식을 얻어내고자 하는 헤겔의 변증법적 사유에서 이것은
굉장히 위험한 것이죠. 즉, 헤겔은 대자적 주체를 원하지
않았다는 거예요. 사유의 주체로서 헤겔이 원했던 것은
즉자적 주체였습니다.

　그러나 우리가 주목할 것이 있습니다. 아도르노는 헤
겔이 실제로 즉자적 주체를 어떻게 다루었는가를 짚어나
가면서 비판해요. 헤겔의 변증법이 무엇입니까? **주체**와
객체, 즉 **개인**과 **사회** 사이에서는 갈등이 일어나죠. 이 갈
등의 요인을 **변증법**적으로 정반합의 관계를 통해서 하나
씩 하나씩 정화해나가면 절대정신이라는 완결된 주체성
에 도달한다는 것이 헤겔의 변증법 아닙니까? 이 **절대정**

신이 도달하는 지점이 곧 **시민사회**가 완성되는 과정이죠. **개인**과 **사회**가 총체성을 이루는 과정입니다. 살 만한 삶이 되는 거예요.

헤겔의 변증법이 도달하는 지점이 어디인가 하고 물으면 결국 주객 관계입니다. 주체라는 개인과 객체라는 사회가 상호 간에 완전한 행복과 자유의 관계를 맺는 것, 그럼으로 해서 이전에는 한 번도 있지 못했던 객체의 힘에 의해서 완성되는 시민사회, 그것이 헤겔이 정신 현상의 목적으로 삼았던 거예요.

그런데 아도르노가 볼 때는 헤겔의 이념은 훌륭하나, 결국 헤겔을 가만히 들여다보면 시민사회가 개인의 자유보다 더 우위에 있었다는 거예요. 헤겔의 변증법적 사유는 근본적으로 시민사회라는 이데올로기로부터 자유롭지 않았다는 겁니다. 다시 말해 변증법적 관계를 통해서 개인과 사회를 정당한 관계로 이끌어가는 것 같지만, 실제로 보면 사실 개인의 자유를 완전하게 성찰하거나 달성하지 않은 채 이 개인을 시민사회의 이데올로기 속에 포함시키고 있고 그런 의미에서 헤겔의 변증법은 권력적이라는 겁니다. 결국 대의에 의해 작은 개체를 희생시키는 거죠. 개인을 중요하게 생각하면서도 실제로는 개인이 전체에 의해 억압당할 수밖에 없는 논리가 드러나는 부분이 어디에요? 헤겔 변증법의 **방법론**이에요.

헤겔은 이렇게 얘기하죠. "변증법은 정과 반이 있으면 그 반, 합으로 가지 않으려는 요소 안에 오랫동안 머물면서 그것들이 어떠한 희생도 당하지 않은 채 다음 단계로 넘어갈 수 있을 때까지 사유하는 것이다." 이것을 지양(aufheben)이라 얘기해요. 정과 반이 합의 단계로 넘어갈 때 필요한 사유 과정이죠. 'aufheben'이라는 독일어는 두 가지 뜻이 있습니다. 하나는 '집어내다'라는 뜻이고, 하나는 '간직하다'라는 뜻이에요. 서로 다른 의미 2개를 가지고 있죠. 지양이라는 것은 반을 없애는 과정이기도 하지만, 그 반의 요소를 전부 내다 버리는 것이 아니라 동시에 그것을 보존하고 간직하는 것이에요. 그럼으로 해서 모순이 해결되면서도 그 해결 때문에 모순의 한 요소가 억압당하지 않는 것이죠. 그걸 껴안고 다음 단계로 넘어간다는 것입니다. 이때 이 부정적인 것, 반의 요소들이 저절로 합으로 건너갈 수 있는 단계에 이르기까지 그 부정적인 것 안에 오랫동안 머물러야 한다는 것이 헤겔 변증법의 도덕성입니다.

그러나 아도르노가 보면 헤겔은 시민사회가 개인의 자유보다 더 중요했기 때문에 자기가 내세운 규칙을 안 지키고 있다는 거예요. 그럼 '나는 어떻게 할 거냐' 그래서 자신은 헤겔이 일찍 떠났던 곳에 더 오래 머물겠다고 합니다. 아도르노의 사유는 **머무름의 사유**예요. 자기 목적 때문에 머물러야 하는 시간을 단축하고 빨리 건너가지 않는다는 거죠. 머무름의 성찰이죠. 아도르노의 사유가 부정 변증법이라면 헤겔은 긍정 변증법이에요. 헤겔은 너무 빨리 건너갔어요. 시민사회를 위해서 합으로 건너가는 과정 속에 개인이 너무 빨리 포기되었기 때문에 결과적으로 개인은 자유를 획득한 것이 아니라 오히려 시민사회에 의해 억압을 받는 상태가 되어버렸고, 이 시민사회의 모순이 지금까지 내려온 결과가 오늘날 사회예요.

다시 말하자면 이 사회의 시스템 속에서 개인은 전혀 자유롭지 못해요. 전혀 행복할 수 없어요. 스스로 자유롭고 행복하다 믿는 대자적인 허위의식은 잘못 만들어진 현대사회가 자기를 유지하기 위해서 끊임없이 주문을 건 결과에 지나지 않죠. 시민사회가 뭡니까? 자유주의 사회죠. 아도르노는 이걸 얘기하려는 거예요.

우리 모두는 리버럴 주체입니다. 나는 자유로운 존재이기 때문에 누구도 나의 자유를 억압할 수 없고, 또한 나는 그 무엇에 의해서도 훼손당하지 않을 존엄성을 가지고 있다고 생각하죠. 나는 나만의 정체성과 개성이 있다는 거예요.

개성이 뭡니까? 리버럴한 개인성을 얘기하잖아요. 그래서 다른 사람이랑 비교당하면 화가 납니다. 나는 나대로 살 거다라는 광고 문구도 있어요. 젊은 세대들이 이런 면이 더 강할 거예요. 리버럴리즘을 어렵게 생각하실 필요 없어요. 시민사회가 원했던 것이 리버럴리즘입니다. 개인이 자기의 자유와 행복을 억압 없이 구가할 수 있는 사회, 그것이 시민사회죠.

그런데 이 시민사회가 오늘날엔 전혀 시민적이지 않습니다. 권력 사회이고 지배 사회이고, 개인은 이 객관적 권력의 부속물이 되어버렸어요. 아도르노에게 개인은 자기가 생각하기에는 주체이고, 행복과 자유를 보장받고 있는 것 같지만 알고 보면 상처투성이다 이거죠. 즉, 공적인 주체성을 다 잃어버리고 사적인 영역에서만 주체임을 주장할 수 있는, 사실 주체가 될 수 없는 상처 덩어리라는 거예요.

그래서 오늘날 개인에게 주체의 자리는 텅 비어 있어요. 개인은 있지만 주체는 아니에요. 개인은 한 사람이지만, 주체는 행복과 자유에 대한 올바른 삶을 확보하고 있을 때 가능한 것이에요. 이데올로기적 담론들은 이것이 이미 하나가 되어 있다고 얘기하지만, 아도르노가 볼 때는 이 사이, 즉 개인과 주체 사이가 텅 비어 있어요. 개인에게 당연하게 주어져야 하는 장소는 부재의 장소라는 거고요. 이것을 아도르노는 부정성의 영역이라 얘기합니다.

어렵게 생각하실 필요 없어요. 더 쉽게 얘기하면 우리가 반드시 가질 수 있고 가져야만 했는데 그만 빼앗겨버렸기 때문에 텅 비어 있는 장소가 우리에게 있다는 것입니다. 자유와 행복이 있어야 하는데 그것들은 전부 어디론가 가버리고 아무것도 남아 있지 않은 곳. 오로지 환상만이 들어 있는 곳. 이데올로기에 의해 주입당하고 주문당하고 도취당하고 자시 환각만을 일으키도록 되어 있는, 알고 보면 텅 비어 있는 장소. 이것이 아도르노가 말하는 상처입니다.

여러분, 우리가 정말 자유로운가요? 행복한가요? 이 문제를 심각하게 생각해야 해요. '이만하면 자유롭지, 술

집에서 정치 비판 해도 안 잡아가고.' 이렇게 생각하면 안 되는 거죠. 민주화가 이루어졌다? 우스꽝스러운 소리예요. 우리가 확보해야 되는 자유가 겨우 이겁니까? 70년대 술자리에서 박정희 비판하면 잡혀갔는데, 지금은 그렇지 않는다는 게 그게 우리가 원하는 자유입니까? 70년대, 60년대엔 얼마나 가난했는데 이만하면 괜찮지, 지금 정치인들이 얘기하는 게 그거잖아요. 혹자는 도대체가 요즘 젊은이들은 어려움을 안 겪어서 생각이 없다고 얘기하죠. 그게 자랑이에요? 어려움 겪은 게?

그런데 문제는 또 있습니다. 오늘날 젊은 세대들은 행복하냔 말이죠. 가난에 시달리면서 굶던 시대가 지나가고 먹고 싶은 거 대충 다 먹고 사는데 그러면 행복한 거예요? 생각해보세요. 우리가 자유와 행복이라는 것을 어느 정도까지 받아들이고 살고 있습니까? 이 개념이 얼마만한 진정성을 가지고 있습니까?

19세기 사람들이 꿈꾸었던 시민사회에서 개인이 누려야 하는 자유와 행복의 함량이 어느 정도였는지 기억할 필요가 있어요. 사회 조직의 개체가, 부품이 아니라 주인이 될 수 있는 개인을 꿈꾸었죠. 그것에 비하면 지금 우리는 너무나 왜소해졌습니다. 이 정도면 됐다, 더 뭘 바라겠느냐, 체념해버렸어요. 그러나 역사가 주체에 대한 꿈을 꾸기 시작했을 때 그 주체에게 주어져야 된다고 생각했던 자유와 행복은 엄청난 것이었어요. 그걸 기억해야 된다는 거죠. 우리가 왜 그걸 기억 못 할까요?

다른 게 아니고 객관적 권력 때문이에요. 객관적 권력은 우리에게 기억을 불러들일 수 있는 성찰의 계기를 봉쇄해버렸어요. 바로 이것이 문제입니다. 그래서 우리는 자신 안에 박탈당하고 말았던, 꿈이 실종되어버린 텅 빈 자리가 가득한데도 자신을 안전하다고 생각해요. 아도르노의 사유가 머물기의 사유라면 바로 여기, 빈자리에 머무는 거예요. 제가 아도르노의 사유는 힐링 사유가 아니라고 말씀드렸습니다. 상처를 치유하거나 위안하자는 것이 아니라 상처 안에 머물자는 것이죠. 일단 머물러야 되는 거예요. 나아가서는 상처를 관통해야 돼요.

자신의 정확한 반응의 힘에서 내재적인 형식법칙을 갖는 예술작품의 규율과 그 형태의 강제에 진정으로 굴복하는 자는 누구나 빈곤한 가상처럼 자신의 경험의 단순한 주관적인 것의 주저함을 용해할 것이며, 그의 극단적으로 주관적인 혁신에 따라 사태로 진입하려는 모든 시도는 그런 경험을 비용으로 하는 학문적인 요구의 '스타일'과 같은 포괄적이며 잘 확립된 개념형성물로서 비교할 수 없게 훨씬 커다란 객관적인 폭력을 갖는다. 그것은 다른 한편으로 사회의 사회화에 의해 약화되고 공동화된 것과 같은 정도로 이중적으로 참된 것이 되었다. 지배적인 범주로서 개인이 계속해서 긍정적으로 간주되는 한, 개인이 몰락하는 시대에는 자신에 대한 그리고 자신에게 일어나는 것에 대한 개인의 경험은 단순히 은폐된 것에 대한 인식을 하게 했다. 차이의 근절을 직접적으로 의미라고 해버리는 전체주의적인 획일화에 직면해서, 해방적인 사회의 힘의 어떤 것은 일시적으로 개인들의 영역으로 모였을 수도 있다. 그 안에서 비판 이론은 나쁜 양심으로만 머무르지는 않는다.

잠언에 대한 얘기로 돌아가겠습니다. 현대사회에서 잠언은 불가능하지만 또한 오늘날이기 때문에 가능할 수도 있어요. 중세시대에는 꿈도 못 꾸었던 자유주의적인 개인들이 태어났죠. 오늘날 세계는 개인적 자유주의자들의 세계잖아요? 이렇게 자유주의적인 개인이 태어났지만 그러나 이 개인은 이중적입니다. 알고 보면 주체성을 전혀 담보하지 못한, 사회적 시스템 혹은 객관적 권력의 종속물에 불과한 상처투성이 개인이지만, 동시에 이 개인은 바로 그 상처 때문에 온갖 사회적인 이데올로기의 증거가 돼요.

개인은 부자유하지만 동시에 그 자체로는 전혀 드러나지 않는 거짓된 이데올로기들, 객관적 권력들이 흔적을 남기는 장소라는 거죠.

사회라는 공적 담론이 불가능해진 오늘날의 사회가 무엇인가를 응시할 수 있는 단 하나의 성찰 공간이 바로 개인입니다. 사회의 거짓 권력들이 자기에게 종속시키기 위해 불어넣었던 이데올로기들이 전부 개체들 속에 사실은 저장되어 있어요. 이 아무것도 아닌 게 되어버린 개인을 응시하고 상처의 자리를 응시하면, 그 자체로는 인식할 수 없었던 객관적 권력들을 포착할 수 있을지 모른다고 아도르노는 얘기합니다. 이 글들이 전부 그런 방식으로 얻어진 통찰이고 인식이라는 것을 전제로 하는 것이죠.

개인의 상처 안에서 인식의 가능성이 올 때까지 끝까지 머무는 일, 그럴 때에만 비판 이론이 가능해질 것이라는 얘기죠. 〈헌사〉라는 장을 통해서 아도르노는 자기 사유의 방법론과, 자신의 잠언적 글쓰기가 가지는 의미를 설명하고 있습니다. 막을 여는 거죠. 전체적인 문제가 다루어졌다고 볼 수 있어요.

이제부터 우리는 사안을 하나씩 짚어볼 겁니다. 우리의 상처들이죠. 지식인이라는 상처, 연애라는 상처, 결혼이라는 상처 등등. 그것을 통해서 객관적 권력을 포착하기 위한 비판적 성찰 주체의 역할이 어떻게 수행되고 있는지 확인할 수 있을 거예요.

○

〈프루스트를 위하여〉라는 장을 봅시다. 상당히 재미있습니다. 아도르노가 프루스트를 굉장히 중요하게 여겼는데, 이 장에서 보면 거의 자신과 동일시하고 있어요. 전제로 말씀드리면 아도르노가 프랑크푸르트대학에 있으면서 왕따를 많이 당했대요. 어쩌면 비성찰적 지식인들이 가득 찬 데가 대학이죠. 아카데미에 보수적인 학자들이 많잖아요? 거기서 갈등을 많이 일으켰습니다. 이 장은 그것에 대한 성찰의 결과로도 얘기할 수 있고 일종의 복수로 써졌다고 볼 수도 있어요. 프루스트는 어떤 사람입니까? 몸이 약해서 자기 나름대로는 어려운 삶을 살았다고 얘기하지만, 경제적으로 보면 고급 백수라는 누구나 살고 싶어 하는 삶을 평생 살 수 있었던 사람이죠. 그런데 또한 그러한 사람이 아도르노입니다.

이 장에서 얘기되는 큰 문제는 이렇습니다. 오늘날 현대사회란 원래 하나였던 것들이 분화되고 전문화되고 폐쇄화되는 과정인데, 학문의 영역도 마찬가지죠. 그러한 과정에서 태어난 특별한 인간군들이 지식인이라는 사람들이라는 거예요. 이 종들을 가만히 보면 크게 두 타입이 있어요. 하나는 가난한 집안에서 태어난 지식인이고 또 하나는 부자 지식인입니다. 이 두 타입의 갈등 관계를 통해서 현대사회에서 두 타입 모두 정신의 자유가 상실되는 과정을 얘기하고 있어요.

정신의 분할은 직무상(ex officio) 위탁받은 것을 하지 않는 곳에서 정신을 제거하는 수단이다.

왜 지식이라는 것이 특수화되었을까요? 혹은 왜 지식인이라는 특별한 인간군들이 태어났을까요? 아도르노는 이런 식으로 얘기해요. 정신이 전체로부터 떨어져 나와서 특수한 분야가 되었기 때문에, 그 영역에 속해 있는 지식인들의 연구 또는 비판 행위가 오히려 객관적 권력을 더 깊이 은폐시킨다는 것이죠. 이것이 지식인이라는 이름의 역할 주체를 만들어낸 사회적 시스템의 통제 방식이라는 얘기예요.

이런 것을 한번 생각해봅시다. 근대정신의 본질은 자유예요. 정신은 자유로운 것입니다. 역설적으로 얘기하면 정신은 부자유를 도저히 용납할 수 없는 것이죠. 그런데 이 정신의 자유는 사실 사회로부터 위험하게 여겨질 수밖에 없어요. 왜냐하면 정신이 자기의 자유를 추구하고자 한다면 이 은폐된 부자유의 사회와 투쟁할 수밖에 없거든요. 그래서 사회는 정신을 순화시킬 필요가 있는 거예요. 그 방법이 무엇이냐? 그것이 바로 제도화라는 것입니다.

말하자면 사회를 전부 섹션으로 나누어서 그 섹션마다 특수성을 부여하고, 그 특수성에 속하는 사람들에게 그 영역 안에서만 주체가 되게 하고 전체적인 문제는 물어보지 못하도록 만들어요. 우리는 그것을 제도화, 전문화라고 얘기해요. 물론 그것의 긍정적인 측면도 있어요.

그러나 이것이 사회적 권력과 무슨 관계가 있는지 물어볼 필요도 있다는 거예요.

세상이 분화되면 될수록 세상을 인식하는 가능성 또한 점점 작아질 수밖에 없습니다. 왜 그렇습니까? 우리는 그저 한 섹션에 포함되어 있는 역할 주체에 지나지 않거든요. 전체에 대해서 알 수가 없어요. 말하자면 전체에 대한 인식이 불가능해요. 한 분야에선 전문가인데 이상하게 바보가 되는 현상들을 볼 수 있죠. 수학 공부는 잘하는데 도대체 세상이 어떻게 돌아가고 있는지엔 관심도 없는 사람들이 있지 않습니까.

이 제도화라는 것이 은폐 구조일 수도 있다는 거예요. 그런데 이 은폐 구조가 드러나면 어떻게 됩니까? 사회의 권력관계가 유지될 수 없어요. 때문에 이 사회가 부자유를 자유로 위장하기 위해 가장 위험시해야 하는 것이 뭡니까? 그 어떠한 분류도, 섹션화도 부자유로 받아들이는 무엇입니다.

그것이 바로 정신이죠. 정신은 자유예요. 정신은 전체에 대해서 알고 싶어 해요. 정신을 그냥 놔두면 이 사회의 은폐된 권력구조를 위험하게 만들어요. 그러니까 사회는 정신을 통제할 필요가 있죠. 그 방법이 뭐냐? 정신을 특수화하는 거예요. 그것을 제도의 영역에 묶어놓는 거예요. 거기서 태어나는 사람들이 지식인이라는 사람들입니다.

　아도르노는 이 장의 첫 문장에서 유복한 부모 밑에서 자라난 아들은 재능 때문이든, 허약한 체질 때문이든 예술가나 학자 같은 지적인 직업을 가지게 되는 경우가 있다고 얘기합니다. 그런데 이들이 지식의 영역으로 들어가면 어떻게 되느냐? 동료라는 사람들에 의해서 남다른 어려움을 겪게 돼요. 왕따를 당하게 된다는 거죠. 동료라는 이들의 출생을 보면 집안이 가난했기 때문에 지식인이 된 사람들이 많아요. 그런데 프루스트나 자기는 어떠냐? 풍요한 여유가 가져다준 지적 호기심 때문에 지식인이 된 사람들도 있다는 거예요. 가난한 집안 출신 지식인과 부자 출신 지식인이 어울릴 수 있겠어요?

　이것을 우리의 상황과 한번 바꿔봅시다. 제가 관심을 가지는 문제 중 하나가 오늘날 인문학 공부를 왜 하느냐라는 거죠. 옛날에는 할 만한 이유가 있었어요. 그것이 가난한 지식인의 문제인데요. 어쨌든 오늘날 인문학 공부를 하려는 이유는 크게 두 가지인 것 같아요. 하나는 밥벌이 걱정이 없어서죠. 돈 안 벌어도 되니까 책이나 보고, 세상에서 제일 편한 거죠. 그런 방식으로 인문학에 대해 관심을 가지는 사람들이 있고요, 또 하나는 자기 착각에 빠진 사람들이 있어요. 엘리트 그룹에 속하고 싶은 소망 때문에 인문학을 공부해요. 이런 소망은 부자 출신 지식인들은 안 가져요. 가난한 집안에서 태어난 지식인들이 가지죠.

제가 대학 다닐 때를 생각해도 그렇습니다. 그때 저와 같이 문학 동아리에서 활동하던 친구들이 있었는데 묘하게도 거의가 지방에서 올라온 친구들이었어요. 저야말로 항상 왕따를 당했어요. 제가 부자는 아니었지만 아버지가 소 팔고 논 팔아서 공부시킨 건 아니라는 말이에요. 그래서 저는 문학 동인 같은 걸 하면 항상 애들한테 공격당했어요. 너는 그딴 걸 소설이라고 쓰냐 이거죠. "리얼리즘적 가치도 전혀 없고, 세상에 대한 비판 의식도 없고 그저 유미적인 낭만주의자에 지나지 않아." 그래서 술 마실 때마다 야단을 맞았어요. 그런데 참 이상해요. 그들은 왜 문학을 했을까? 내가 지금 같았으면 물어봤을 텐데 그때는 그냥 당연한 거라고 생각했어요. 원한을 풀어놓는 식으로 얘기하자면 그때 저를 공격하던 이들은 다 전향했어요. 당시에 그들이 가지고 있었던 비판적 관점들이 전부 희석되어버렸단 말이에요.

그러면 저는 안 그럴까요? 요즘 걔네들을 만나면 또 이상한 방식으로 저를 왕따 시켜요. "너를 보면 추억이 살아난다"고 해요. 나도 옛날에 이랬던 적이 있지, 그런 생각이 난대요. 나는 의도가 있어서 이러는 게 아니고 세상에서 밀려나다 보니 이렇게 된 건데요. 아, 나는 추억거리에 지나지 않는구나, 이런 생각이 들죠. 재미있는 소리처럼 들리지만 실제로는 가슴 아픈 얘기입니다. 어쨌든 제가 대학을 다닐 때만 해도 문학을 한다, 철학을 한다는 사람들, 인문학적 범주의 사람들을 보면 이상하게 집안이 가난했어요.

왜 그럴까 생각해봅시다. 제가 볼 때 이건 아버지를 배반한 거예요. 가난한 집안 지식인의 변증법에 대해서 한번 생각해보죠. 사회구조가 있는 자와 없는 자로 나누어지고, 이 체제가 공고해져서 계급 이동의 가능성이 봉쇄된 것이 양극화 사회죠. 이러한 사회 속에서 성공한 사람은 부유층이 되고 탈락한 사람은 가난한 사람들이 돼요. 나중에 이들이 각자 결혼을 해서 가난한 아버지에게 아들이 태어날 수 있죠. 그러면 가난한 아버지는 이런 소망을 품겠죠. '내 아들은 절대로 나처럼 살게 하지 않겠다.' 옛날 영화에서 다 들어보신 얘기잖아요? 그래서 소 팔고 땅 팔고 일을 두 배로 해서 아들을 서울로 공부시키려 보냅니다.

그런데 서울에 간 아들은 또 둘로 구분될 수 있어요. 하나는 아버지의 소망을 충실하게 따라가는 사람들. 대부분이 그렇겠죠. 그런데 이상한 아들들도 있어요. 그들은 무엇인가에 눈을 뜨게 돼요. 그 눈이 인문학적 관심이에요. '왜 우리 아버지는 평생을 이런 식으로만 살아야 하는가'라는 질문입니다. 왜 우리 아버지는 이토록 노동을 하면서 자기 삶을 엮어가려 하는데 끝내 실패자로 남는가. 이상하다는 거죠. 이것을 알아봐야 되겠다는 거예요.

다름이 아니라 불행의 의식입니다. 불행의 의식이 깨어나면 아들은 아버지의 소망을 배반할 수밖에 없어요. 아버지는 아들아 나처럼 살지 마라, 법관이 되고 의사가 돼라, 그럴지 모르지만 아들은 한번 알아봐야 되겠다는 거죠. 그러면서 철학과를 가든지 이러는 거예요. 옛날에 그런 친구들이 철학과로 많이 왔어요. 그래서 이 친구는 철학과에 가서 공부를 열심히 하고, 나름대로 인정을 받아서 국가나 여러 단체들이 면피하려고 만들어놓은 제도, 장학금 제도 이런 혜택을 받아 외국까지 가고, 학위를 따서 돌아와 아카데미로 진입하게 되죠. 교수가 된다, 이거예요.

자, 이제부터 가난한 지식인들은 필연적으로 어떤 길을 걸어갈 수밖에 없는가 생각해볼 필요가 있어요. 역설적인 방식으로 아들은 아버지의 소망을 이루어요. 아카데미든 엘리트 그룹이든 학계든 들어가서 보면 이미 자기와 비슷한 길을 걸어온 사람들이 자리를 차지하고 있어요. 그때 알게 되죠. 이 동네도 나름대로 게임의 법칙이 있구나. 지식과 밥벌이가 착종된 동네라는 것을 알게 되는 거예요.

지식은 더 이상 자유의 문제가 아니에요. 가장 밥벌이와 밀착되어 있는 동네가 이 동네죠. 그 안에서 빠져나오기엔 이미 늦었어요. 그래서 가난한 지식인은 차츰차츰 그 게임 법칙에 순응하게 돼요. 그 게임 법칙이 무엇이냐? 계파 만들기, 전문성 기르기 같은 거죠. 또 해서는 안 되는 말과 해도 되는 말을 잘 구분해서 하기, 써서는 안 되는 글과 써야 하는 글을 잘 구분하는 능력, 이런 겁니다. 이 게임 법칙을 잘 따라가서 살다 보면 점점 성공을 하겠죠. 아버지를 배반한 것이 역설적으로 아버지의 소망을 실현하게 되는 우스꽝스러운 패러디가 일어난다는 거예요.

소설 하나를 더 써봅시다. 만약 앞에서 말한 사람이 결혼을 해서 아들을 낳았다면, 이 아들은 아버지처럼 가난한 집안 출신이 아닌 거죠. 그런데 아버지의 유전자를 이어받았는지 인문학적 관심이 있어요. 그래서 보고 싶은 책 다 보고, 유학 가서 있을 만큼 있다가 돌아와요. 결국 그 과정을 통해서 궁극적으로 깨달은 게 뭐예요? 아, 정신은 자유구나. 이 생각을 붙들고 대학에 교수로 들어갑니다. 이런 사람이 들어오면 어떻게 될 거 같습니까? 완전 왕따입니다. 하지 말라는 강의 하려 하고, 하지 말라는 말 하려 하고, 어디에도 소속되지 않으려 하고요. 이런 부자 출신의 지식인이 들어오면 왕따당해요.

안 그럴 거 같으세요? 이 부자 지식인은 학계에서 정신의 자유를 지키기 위해 투쟁을 하게 되겠죠. 왕따시키는 사람들과 투쟁하고 자유를 지키기 위해서 싸울 거예요. 싸우다 보면 원한이 생기고 고집이 생기고 그러다 보면 이상하게 비틀리게 됩니다.

이 결과가 무엇입니까? 결국은 가난한 집안의 지식인도, 부자 집안의 지식인도 마지막에 가면 전부 정신의 근원인 자유를 포기하거나 상실하게 될 수밖에 없다는 거예요. 이상한 논리죠. 그래서 아도르노가 이렇게 얘기하죠. "이렇게 지식계의 질서는 잘 유지되도록 되어 있다." 무서운 겁니다. 제가 지금 권력자를 얘기하고 있는 게 아니에요. 이것이 객관적 권력이에요. 누가 인위적으로 만드는 게 아니에요. 하다 보면 그렇게 돼요.

지식이 밥벌이와 하나가 된 사람들은, 지식이 밥벌이와 무관하기 때문에 정신의 자유를 구사하려는 지식인들을 결국은 외부로 내친다는 거예요. 그런데 이런 문제를 우리가 생각해봐야 합니다. 이 부자 출신 지식인은 그저 희생자일 뿐인가요? 아도르노의 성찰은 여기서 끝나지 않습니다. 부자 출신 지식인은 가난한 집안 출신 지식인들의 공격을 당연히 받아야 되는 지점이 있다는 거예요. 가난한 지식인들은 부자 지식인들에게 너는 돈 많은 집안 자식이 아니냐고 비난할 수밖에 없어요. '쟤는 세상을 몰라. 세상이 얼마나 밥벌이의 투쟁 장소인지 몰라. 쟤가 말하는 정신의 자유가 무슨 정신의 자유겠어.' 억울하게 왕따를 당하는 것 같지만 사실 이 말이 틀립니까? 맞아요. 부자 출신의 지식인은 자신의 정신의 자유가 어떻게 주어질 수 있었는지 묻지 않는다는 거예요. 무엇이 그에게 정신의 자유를 마음껏 구가할 수 있는 배경이 됩니까? 아버지의 경제력이죠. 풍요라는 거예요. 이 풍요가 어디서 오는가 묻지 않고, 그 풍요의 덕으로 얻어진 정신의 자유를 구사하려 할 때 그것이 정당한가라는 문제입니다.

결국 가난한 집안의 지식인이나 부자 집안의 지식인이나 다 같이 저마다의 이유에 의해서, 미성숙에 의해서, 부족한 성찰력에 의해서 빼앗기고 마는 것이 무엇입니까? 그것이 '정신의 자유'라는 얘기입니다. 부자 지식인은 자신이 부를 통해서 정신의 자유를 구가하게 되었던 과정을 성찰해야 해요. 그럴 때 비로소 진정한 의미에서의 정신의 자유를 배울 수 있어요. 오로지 도서관에서만 배웠던 정신의 자유를 현실에서 구사하려 하는 것은 문제가 많다는 거죠. 결과적으로 보면 양자 모두 패배자가 될 수밖에 없습니다.

그럼 마지막으로 누가 승리하는가? 다름 아닌 객관적 권력들이 승리합니다. 왜? 그 양자가 정신의 자유를 놓치면서 온전하게 보호받게 되는 것은 무엇일까요? 객관적 권력이 지배하는 현실이죠. 동시에 그런 객관적 권력에 의해서 사회가 양극화되고 그로 인해 삶의 밑바닥으로 끌려갈 수밖에 없는 수많은 사람들에 대한 지적 책임감도 사라져버려요. 마지막으로 승리하는 건 객관적 권력이에요.

그러나 우리는 또 한번 나아가봅시다. 저는 이렇게 생각해요. 적어도 이런 담론이 가능하자면 지식계에서 가난한 집안의 지식인과 부자 집안의 지식인의 길항작용이 있어야 해요. 길항작용이 일어나고, 왕따 현상이 나타나고, 내부적으로 갈등이 있을 때에는 아직 상처가 드러나 있다는 겁니다. 부자 지식인과 가난한 지식인의 갈등관계가 첨예하게 드러날 때에는 아직 인식의 가능성이 있어요. 읽혀질 수 있는 현상이 있으니까요.

그런데 오늘날은 어떠냐? 이건 아도르노와는 전혀 상관이 없는 이야기입니다. 얼마 전에 우리 사회에서 강남 좌파 얘기가 나오다가 흐지부지 없어졌습니다. 제가 볼 때는 이런 맥락에서 논의해봐야 하는 문제예요. 좌파가 뭡니까? 비판적 지식인입니다. 오늘날 비판적 지식인의 임무를 자임하면서 활동하고 있는 사람들이 누구냐는 거죠. 그들이 가난한 집안의 지식인이냐, 부자 집안의 지식인이냐. 얼마든지 거론할 수 있어요.

대표적인 예가 우리를 새로운 세상으로 데려가주겠다고 하는 대통령 후보가 있어요. 또는 그 옆에서 참모 역할을 하는 사람들도 있어요. 비난하는 의미는 아니고요. 그런 부류의 사람들이 있습니다.

오늘날 올바른 삶에 대한 책임을 느끼고 그것을 의무로 삼으면서 세상을 끌고 나가는 대표자들이 있어요. 이들이 그 지식을 어떤 배경에서 얻었냐는 것입니다. 제가 볼 때 오늘날은 더 양극화가 심해져서 인문학적 교양을 전문으로 하겠다는 사람들은 그래도 돈 있는 사람들이에요. 돈 없는 사람은 못 합니다. 예술도 마찬가지예요. 다 부르주아라는 배경이 있을 때 가능한 거예요.

옛날에는 가난한 지식인들이 독학을 하면서 나름대로 길을 걸어갈 수 있는, 개천에서 용이 나올 가능성이 있었어요. 왜? 아직 분화 과정이 그렇게까지 철저하지 않았거든요. 그러나 지금은 비판적 지식인이 되려면 계속 돈을 뿌리면서 회로를 다 넘어가야 해요. 그건 있는 자들만 가능해요.

제가 볼 때 오늘날 지식계에는 두 가지 이유에서 더
이상 부자 지식인과 가난한 지식인의 갈등이 없습니다.
하나는 전부다 밥벌이에 치중하느라 정신의 자유 이런
것은 깨끗하게 물리쳤기 때문이고, 또 하나는 밥벌이 걱
정을 하지 않아도 되는 사람들로 가득 차 있기 때문에 그
래요. 참 이상하죠. 이상하게 밥벌이 걱정이 없는 사람들
이 더 밥벌이에 치중해요. 정치도 한다 그러고 사회 인사
가 되려 하고 프로젝트 따러 돌아다니고. 나랏돈 흘러들
어오는 단체 기웃거리고 그렇지 않습니까? 오늘날 한국
사회 속에서 지식인의 역할을 한다는 것은 굉장히 어려
운 문제입니다.

　하나 더 나가면 이런 것도 있습니다. 똑같이 인문학
적 지식인의 길을 걸었으나 거기서도 진입자와 탈락자가
생기죠. 대학으로 가는 사람들이 있고 대학으로 못 가는
사람들이 있어요. 대학으로 못 가는 사람들이 대체로 뭐
하느냐? 저처럼 강의하러 여기저기 다니죠. 그러면서 대
중 인문학이다 뭐다 이래요. 진입에 성공한 지식인들이
정신의 자유를 완전히 밥벌이로 변질시켰다면 대중 인문
학은 안 그런가요? 제가 볼 때는 마찬가지예요.

　혹자들은 대중 인문학을 지식의 야권으로 여기며 상

아탑의 폐쇄성을 비판합니다. 그러면서 대중 인문학 영역에서 우리의 구체적인 삶을 직시하고, 이론화하고, 사람들에게 비판 정신을 교육하며 인문학적 지식을 만드는 행위를 한다고 하는데 정말 그런가요? 이쪽은 끊임없이 재미있는 강의를 개발해야 되고, 강의가 있을 때마다 몇 명이나 오는지 강박에 시달려요. 그러다 보니까 대중 인문학이라는 이름으로 정신의 자유가 아니라 정신의 부자유를 구사하기 시작해요. 그야말로 다시 한번 이런 일이 일어나요. 해서는 안 되는 말과 해도 되는 말을 잘 구분하게 되고, 누구나 좋아하는 재미있는 테마와 아무도 관심 가지지 않을 테마를 잘 구분하게 돼요. 저는 이번 강의에 이렇게 많이 오실 줄은 몰랐어요. 결국은 대중 인문학이든 아카데미든 다 같이 정신의 자유 앞에서는 실패자들이 되어버립니다.

혹은 이런 사람도 있어요. 지식의 야권에서 같이 일하다가 대학으로 건너가면 강의도 안 해요. 무슨 얘기인지 아시겠습니까? 자기는 다른 데로 건너갔다고 강의도 안 하는 사람들이 있어요. 학계에만 나와요. 이것도 언제 한번 주제로 삼아서 얘기할 필요가 있어요. 그런 사람들의 퍼스낼리티가 어디로 오는가. 그리고 지식인적 정체성이 무엇인가라는 문제에 대해서요. 지식의 야권에서 강의하는 것은 호시탐탐 저쪽으로 건너가기 위한 준비 과정이라는 거죠. 일단 건너가면 돌아서요. 이런 사람들 많습니다. 이것이 오늘날 우리 지식계의 현주소라는 거예요. 정신의 자유를 거론할 수 있었을 때는 그래도 행복했다는 거죠. 오늘날은 거론조차 될 수 없습니다.

그렇기 때문에 오늘날엔 비판적 지식인과 강남 좌파라는 이름이 겹칠 수밖에 없다는 거예요. 이것은 사실 심각한 문제를 불러낼 수 있어요. 벤야민의 고민이었어요. 과연 강남에서 좌파가 나올 수 있는가라는 문제. 좌파 이론은 나올 수 있을지 모르지만, 강남에서 과연 좌파가 나올 수 있는가. 이 문제는 심각한 문제입니다. 이 문제는 분명히 오래 머물면서 따져봐야 하는 문제입니다. 오래 머물면서요. 좌파는 아도르노적 의미에서 보면 정신의 자유를 포기하지 않으려는 사람들이거든요. 정신의 자유를 포기하지 않으려는 사람들은 필연적으로 총체적인 부의 관계, 총체적인 권력관계, 사회적인 객관적 권력들의 문제를 건드려야 해요. 그런데 과연 오늘날 강남 좌파들이 이것을 건드리나요? 혹은 건드릴 가능성이 있나요?

아도르노가 가장 경계하는 지식인은 자기 정신의 자

유를 향유할 수 있는 배경이 어떻게 만들어졌나 묻지 않고 시작한 지식인들입니다. 이런 지식인은 나중에 보면 이상한 방식으로 자신이 비판한 사람들과 동조할 수도 있어요. 그들을 허물어뜨리려면 근본적으로 물어야 되는 것이 자신들의 뿌리인데, 그것을 묻지 않고 시작하겠다? 이런 지식인의 태도를 가장 반기는 사람은 바로 적들입니다.

이것이 아도르노가 얘기하는 비판적 성찰의 주체성입니다. 근원적인 상처에 머물기예요. '저 사람 훌륭한 사람이야, 잘살면서도 가난한 사람들을 잘 이해하나 봐.' 이러지 말고요.

〈프루스트를 위하여〉라는 장에서 제기된 문제들은 오늘날 우리 사회에서 벌어지는 일들과 결코 무관하지 않습니다. 말하자면 지식이 시장이 된 거죠. 지식계는 더 이상 엘리트라는 이름의 영역이 아니라 이제는 사회적인 모순들이 가장 집결되어 있는 곳이고, 이 동네에서 무슨 일이 일어나는지 가만히 보면 총체적인 사회가 어떻게 돌아가고 있고 자유가 어떻게 관리 통제되는지 이해할 수 있지 않겠나 하는 관점에서 쓰인 아포리즘이 바로 〈프루스트를 위하여〉입니다.

여담으로 얘기를 해보면 이렇습니다. 누군가 학위를 받고 들어와서 강사 생활을 해요. 오랫동안 관리를 잘해온 사람들도 있어요. 저 교수가 은퇴 언제 하나 계산을 해서 빨리빨리 조교 들어가고 이런 식으로요. 그런데 다 그렇게까지 명민하진 않아요. 근본적으로 공부를 하고자 하는 것은 어리석음에서 비롯되기 때문에 그래요.

여러분도 공부를 하다 보면 배우게 됩니다. 여러분도 알 만큼 아실 거예요. 누군가 공부를 하고 학위를 따서 꿈을 가지고 들어오면 웬만한 배경이 있지 않은 다음에야 강사 생활을 계속하게 되어 있습니다. 그런데 이 강사 생활이 3년이 되고 5년이 되면 그 과정에서 무슨 일이 일어납니까? 뭘 배웁니다. 아니면 훈련당해요. 여기에 들어오면 어떻게 지내야 하며 여기에 어떠한 게임 법칙이 있는가. 이런 것들이 모르는 사이에 육화됩니다. 그렇게 해서 대학에 들어가면 온순한 지식인이 되죠. 이것도 암묵적 제도예요.

배운 대로 하겠다는 우직하고 순박한 지식인의 열정이 밥벌이와 연결되는 과정에서 어떻게 순화되고 통제되고 관리되며, 그럼으로 해서 어떻게 지금까지 있어왔던 지식인들의 무리에 잘 포함되는가, 이런 문제입니다. 지식인들을 훈련시키고 순종적으로 만드는 체제, 시스템, 제도가 이런 것이죠.

이 과정을 보면 정신의 자유가 어떻게 상처받는가, 소위 지식인들 속에 얼마나 거대한 상처가 있을 수밖에 없는가를 알게 됩니다. 여기에 머물자는 거예요. 아도르노는 아픈 성찰을 하고 있어요. 자기 상처 안에 머물면서 자기라는 개인을 응시하고 읽어내죠. 절대로 자신을 예외적 자리에 두지 않습니다. 되잖은 지식인들은 항상 예외적 포지션이에요. 자긴 밖에 있대요. 자기는 아니래요. 자기는 얘기할 수 있대요. 총체적 권력이 얼마나 총체적인가를 아직도 깨닫지 못한 유아적인 인식의 범주에 머물러 있기 때문에 여전히 그런 소리를 할 수 있는 거죠.

오늘은 더 빨리 진도를 나가보려 했는데 마무리를 못 했습니다. 아버지와 아들의 관계를 지나 젊은 세대 문제까지, 젊은 세대가 영악해지고 무책임해지며 폭력에 길들어가다 결국 다시 아버지처럼 되는 과정을 얘기하려 했습니다. 다들 그러죠. '나는 어머니처럼 안 살 거야. 아버지처럼 안 살 거야.' 그런데 이상하게 살다 보면 아버지와 어머니처럼 돼요. 일종의 경고예요. 아도르노는 세대를 통해서 폭력이 전승되는 과정을 아주 엄중한 시선으로 읽어냅니다. 다음 시간에 이어서 얘기해보도록 하죠. 오늘은 여기까지 하겠습니다. 수고하셨어요.

4강

사랑이라는 영역

오늘은 대체로 세대 문제를 다뤄볼 거고요, 그다음에 사랑의 문제 혹은 연애의 문제를 얘기하겠습니다. 여태까지 했던 수업의 개념을 분명히 해보면 아도르노는 철학을 '슬픈 학문'이라 명명했습니다. 니체의 '즐거운 학문'에 대한 패러디라고 말씀드렸어요. 아도르노가 지향하는 인식의 개념과 니체가 지향하는 인식의 개념은 정반대죠. 아도르노와 니체의 관계는 잘 얘기를 하지 않지만, 아도르노는 니체의 영향을 많이 받았습니다. 가상 개념 같은 것은 모두 니체에게서 왔다고 볼 수 있어요. 니체는 생은 어차피 가상이라 얘기해요. 아도르노가 얘기하는 객관적 진실 같은 것은 없다고 얘기합니다. 그리스인들이 생의 비극적 진실을 보고 과감하게 그것으로부터 돌아섰다고 할 때, 그때 보았던 생은 자연적 투쟁의 삶이 아니라, 디오니소스적인 것과 아폴론적인 것의 결합에 의해 생겨난 아름다운 가상의 세계예요. 그래서 그리스인들은 생의 비극성을 알고 있으면서도 명랑함을 잃지 않을 수 있었다는 것이죠.

니체는 이런 식으로 얘기합니다. "독사의 황금빛 뱃가죽을 본 사람은 생의 아름다움을 잊지 못한다, 그 후에는 모든 것에 'yes'라고 말하게 될 것이다, 삶에 대해 거대한 긍정을 하게 될 것이다." 그것이 그리스인이라는 얘기죠. 빠르게 지나가는 독사의 아름다운 황금빛 뱃가죽, 원래 뱀은 자신의 뱃가죽을 보여줄 수 없죠. 이것이 니체에게는 생의 진실이에요. 거기에 대해서 아도르노는 이렇게 말합니다. "니체가 봤던 황금빛 뱃가죽은 결국 한 순간일 뿐이다. 다름 아닌 자본주의 사회가 우리에게 끊임없이 제공하는 것이 황금빛 뱃가죽 같은 가상이다. 결국 그 황금빛 뱃가죽에 취하다 보면 독사에게 물린다"고 얘기합니다. 때문에 객관적 권력을 장악하고 포착해야 한다는 거예요. 결론은 완전히 다르지만 니체의 가상이라는 것을 아도르노도 비판적으로 수용하죠. 그러나 니체적인 것이 아니라 객관적 권력을 인식할 수 있는 하나의 계기로 얘기해요. 한 사람의 사상이라고 하는 건 끊임없이 이전에 있었던 것을 비판적으로 수용하면서 가능해지는거죠.

우리가 사유를 통해서 마지막으로 만나는 것은 황금빛 뱃가죽의 아름다움이 아니라 객관적 권력의 추악함이라고 얘기할 때, 공부의 즐거움은 공부의 괴로움으로 바뀔 수밖에 없습니다. 그래서 '슬픈 학문'이라 말하죠.

제가 볼 때 아도르노 아포리즘의 밑바닥에는 서러움이 있어요. 이 서러움은 생의 가장 귀중한 장소가 상처가 되었다는 사실에서 오는 거예요. 우리가 지난 시간에 지식인의 문제를 얘기했는데, 이것은 지식인이라는 이름의 상처에 대해서 얘기한 것과 다르지 않습니다. 우리가 앞으로 얘기할 여러 개념들도 이러한 논리를 따라가요. 가장 귀중한 것, 우리가 보존해야 했었던 것을 그만 박탈당하고 그 자리가 상처로 변해버렸다는 것이죠. 이 상처를 들여다보는 일의 어려움과 슬픔이 아도르노 아포리즘의 밑바닥에 흐르는 지하수입니다.

○

    오늘은 다른 상처의 장소들에 대해 몇 가지를 얘기해 보겠습니다. 〈잔디밭〉이라는 장을 함께 보시죠. 제목을 풀어서 얘기하면 '아버지의 무덤가에 앉아서'라고 할 수 있어요. 묘지가 있으면 그 옆에 잔디밭을 만들어놓고 벤치를 두잖아요? 거기에 앉아 쉬기도 하고 관조에 빠지기도 하고요. 애도 작업을 할 수 있는 공간이죠. 그것을 독일어로는 잔디 벤치(Rasenbank)라고 합니다.

    여기서 우리는 세대 관계라는 상처에 대해서 생각해 봐야 해요. 세대는 사실 아름다운 것이죠. 하나의 세대가 사랑의 관계를 통해 자연적인 종족 보존의 욕망을 실현하는 거예요. 인간에게 죽음이라는 운명과 사랑이라는 운명이 있다면, 세대라는 것은 문화의 가장 아름답고 소중한 관계성이라 볼 수 있습니다. 왜냐하면 죽음의 운명을 사랑으로 이겨내기 때문이죠. 다음 세대를 자기가 만들어낸다는 것, 이것은 귀중하고 아름다운 영역인데 객관적 권력이 지배하는 오늘날의 삶 속에서는 유감스럽게도 깊은 상처가 되어버렸어요. 아버지 세대와 아들 세대가 암묵적 폭력으로 지배당하면서 다 같이 상처받는 영역이 되어버렸다고 얘기하죠.

　나는 절대로 아버지처럼, 어머니처럼 살지 않겠다는 욕망은 언제나 젊은 세대에게 공통적으로 주어지는 욕망입니다. 아버지와 어머니가 훌륭한 사람이든 아니든 마찬가지예요. 그것도 참 재미있어요. 부모처럼 살지 않겠다는 맹렬한 삶의 욕망이 이전에는 대체로 아버지의 가난으로부터 비롯되었어요. 그런데 요즘의 풍요 세대가 아버지 세대와의 반목이 없어졌느냐 하면 그렇지도 않습니다. 오히려 더 뿌리 깊은 갈등과 반목이 세대 관계에 내재하고 있는 것 같아요. 우리 집도 마찬가지예요. 우리 아들 수능 본 다음부터 문제가 많습니다. 재수를 하느니 마느니 하는데 오늘도 싸우는 거 보고 왔어요. '내가 너한테 잘못한 게 뭐냐' 그리고 '내 삶에 관여 말아라' 그러면서 싸우더라고요. 하여튼 힘들어요.

　먼저 몇 가지 문장을 읽어봅시다.

　부모와의 관계는 슬프고 그늘진 것으로 변하기 시작한다. 부모의 경제적 무능력 때문에 자식들은 부모에 대한 공포를 상실한다. 예전에 우리는 부모가 고집하던 현실원칙에, 또한 체념하지 않으려는 자식들에 대해 언제든 분노하는 부모의 냉정함에 반역했다. 그러나 오늘날 우리는 예전의 부모들이 그랬던 것보다 그들의 흥분을 더 참을 수 없게 성장한 자칭 젊은 세대를 만나게 된다.

번역서에서는 '영악해진 젊은 세대'라고 되어 있지만, 원문을 보면 어른보다 더 어른스러운 젊은 세대라는 의미에 가까워요. 다시 얘기하면 조로증에 걸렸다는 거예요. 노화하다는 거죠. 겪어보지도 않고 인생을 다 알아버린 거죠. 영악하다는 말도 맞아요. 그들의 영악함, 노회함이 어떤 점에서 드러나느냐? 이어서 읽어보죠.

그들은 갈등에 이르기도 전에 체념하며, 이러한 체념에서 지독히도 권위적이고 흔들림 없는 자신의 힘을 이끌어낸다.

이 조로한 신세대들은 체념의 미덕, 체념의 전략을 안다는 거예요. 이러한 체념으로부터 그 어떤 외적인 충고로부터 자신을 지키려는 고집스러움, 부모 세대와 절대로 타협하지 않으려는 태도 같은 것들을 끌어낸다는 거예요. 여기서 지독하다고 번역된 말은 독일어로 '페르비

센(verbissen)'인데, 이것은 지독하다는 것보다는 이를 꽉 물고 있다는 뜻이에요. 자신만만하고 무언가 긍정적인 것을 가진 게 아니라, 당하지 않겠다는 그런 의미를 가지고 있습니다. 이 젊은 세대에 대해서 아도르노가 어떻게 정리를 하려 하는가 하면 이런 문장이 나오죠.

적대적인 사회에서는 세대 관계 또한 경쟁 관계이며, 그 뒤에는 적나라한 폭력이 도사리고 있는 것이다. 그러나 오늘날은 오이디푸스 콤플렉스를 모르지만 존속살해는 아는 상황으로 악화된다.

오늘날 우리 사회가 그렇지 않습니까? 아버지의 재산을 탈취하거나 미리 상속을 받으려다 존속살해가 일어나기도 하지만, 사랑의 관계 때문에 그런 것이 생겨나기도 해요. 얼마 전에도 어머니가 하도 공부를 시켜서 아들이 어머니를 살해한 경우가 있었죠? 죽은 어머니에게 물어보면 물론 그럴 거예요. 다 아들을 위해서였다고. 이게 더 슬프죠. 이런 의미에서 오이디푸스 콤플렉스는 더 이상 나타나지 않을지 모르지만 이 갈등이 다른 갈등으로 변했다는 거예요. 그런데 이 갈등 관계가 나중에는 화해 관계로 변합니다. 그것을 무엇이라 부릅니까? 뒤늦게 이루어지는 화해를 아도르노는 이렇게 얘기하죠. "사랑의 만남이 아니라 저주의 만남이다." 이 문장은 참 중요합니다.

이것은 저주받은 사람들 사이의 공감대로서, 예전에 부모가 무언가를 소유했을 때 자신들을 돌봐준 것처럼 그들을 보살필 수 없다는─그러도 싶어도─불안감에 의해서만 단지 교란될 뿐이다. 그들에게 가해진 폭력은 그들이 가했던 폭력을 잊게 만든다.

TV 드라마에서는 아버지와 아들, 어머니와 딸이 갈등을 일으키지만 언제나 해피 엔딩으로 끝나죠. 자식이 부모를 이해하면서 다시 핏줄로 돌아가요. 그러면 이것이 축복받은 사람들 사이의 화해여야 하는데 아도르노는 이것을 저주의 화해라고 얘기합니다. 마지막 문단이 이 세대 관계를 이해하는 데 결정적인 부분입니다.

시민적인 가정으로부터의 비정치적인 탈출 시도는 대체로 그 안에 더욱더 얽히게 되며, 종종 사회의 불행한 세포인 가정은 동시에 타자와 타협하지 않으려는 의지를 보호하는 세포처럼 보인다.

　이런 몇 개의 문장을 기억하시면서 세대 문제를 우리 자신의 경험 속에서 한번 생각해볼 필요가 있어요. 아버지 세대인 구세대와 아들 세대인 신세대의 특성이 무엇인지요. 요즘은 어머니들도 그럴지 모르지만 우리 윗세대의 아버지들이 가졌던 세대 의식이 있다면 그게 뭘까요? 희생주의예요. 그렇지 않습니까? 아버지와 어머니들은 끊임없이 말하죠. 내가 너한테 뭘 못 해줬냐, 내 인생을 전부 너에게 바쳤다, 그런데 네가 어떻게 나한테 덤빌 수 있냐고요. 이런 희생의 권위를 가지고 있습니다. 이 희생주의 세대에게 삶의 원칙은 나보다 내 자식이 더 중요하다는 거예요. 나라는 개념이 신세대보다 훨씬 약했다는 거죠. 그래서 이러한 원칙 속에는 하나의 욕망이 들어 있어요. 그것은 나를 희생해서라도 내 자식은 성공시키겠다는 거죠.

　그런데 무슨 일이 있어요. 내 자식은 성공시키겠다, 나처럼은 살지 않게 만들겠다고 할 때 필연적으로 받아들이게 되는 사회의식이 있습니다. 70년대에 깊이 뿌리박혀서 오늘날 신세대까지 전승되는 무지막지한 생의 원칙,

바로 '하면 된다'예요. 이 원칙은 사회적인 모순 관계와 결탁할 수밖에 없어요. 모순 관계를 해결하는 것이 아니라 그것과 자발적으로 결탁할 수밖에 없다는 거죠. 우리 아버지 세대들은 이 자발적 결탁에 의해서 성공하기도 했고 실패하기도 했습니다. 이것은 곧 정치의식 혹은 사회의식의 결여를 불러온다는 것이죠.

그러나 프로이트식으로 얘기하면 욕망을 억압하면 그 욕망이 사라지는 것이 아니라 반드시 왜곡된 방식으로 되돌아와요. 이게 반복 강박이에요. 아버지가 아들을 성공시키기 위해 사회적인 모순과 결탁하면서 끊임없이 억눌렀던 것이 있습니다. 바로 나 자신에 대한 욕망이죠. 희생은 근복적으로 보상을 원해요. 나를 억누른 욕망, 이 욕망이 부메랑으로 되돌아올 수밖에 없다는 거예요.

그런데 어디로 되돌아오느냐? 아들에게로 되돌아온다는 거죠. 사회에 결탁하겠다는 것은 사회로부터 억압받는 것을 참겠다는 얘기 아니겠습니까? 이 참은 것이 해소되어야 해요. 어디론가 돌아가야 해요. 그래서 아들에게로 돌아간다는 거죠.

즉, 아버지는 사회적으로 자신이 복종했던 권위를 내면화해서 그것을 가정 내에서 행사하게 되는 거예요. 욕망이 폭력화됩니다. 어머니 문제는 잠시 **빼놓을게요**. 어머니는 아버지를 닮아가니까요. 혹은 나중에는 더 권위를 가질지 모르죠. 껴안아주면서 행사하는 권위가 있어요.

저를 포함한 구세대는 대체로 사랑과 희생이 폭력화, 권위화되는 세대였다고 생각해요. 희생주의 세대가 피할 수 없는 방정식이 있습니다. 아버지의 권위는 사실 무엇입니까? 아들이 아버지로부터 탈출하고 저항하고 싶지만 한동안 그 권력에 소속될 수밖에 없는 근본적인 이유가 무엇입니까? 아도르노는 그것을 경제 권력으로 봅니다. 이 경제 권력을 탈피하려 할 때 신세대가 태어나죠. 오늘날 희생주의적 구세대로부터 태어나서 다른 삶을 살려 하는 신세대를 만날 수 있지 않습니까? 이러한 신세대들은 어떤 삶의 원칙을 가지고 있는가 보면 바로 리버럴리즘이에요. 자유주의 원칙을 가지고 있어요. 이 원칙은 아버지 같은 삶을 절대로 살지 않겠다는 원칙과 만나는 것이죠. 사실 리버럴리즘은 그런 것이 아닌데 말이죠.

며칠 전에 지방 강의를 마치고 좀 딴짓을 하고 싶어서 홍대 앞을 갔어요. 3번 출구를 쭉 따라가면 카페가 있는데 거기 천장이 높아서 되게 좋아해요. '천장이 높아서 그런지 여기 앉으면 마음도 앉는다.' 이렇게 일기에도 썼었죠. 그날은 창가에 앉았는데 우연히 이성복 시인의 산문집을 발견했어요. 대단한 산문가입니다. 오랜만에 한국어로 써진 글을 읽는 기쁨을 맛봤습니다. 진정성 있고 아름다운 글이었어요. '아 확실히 글이라고 하는 것은 그 어떤 특별한 상태로부터 나온 목소리다'라는 생각이 들었어요. 어떤 상태가 있지도 않으면서 마구 써내는 글들은 진정성을 갖지 못해요. 이성복 시인이 이 글을 쓸 때 아! 어떤 상태에 있었을까, 그 상태에 있으면 저절로 목소리가 나오는데 그 목소리가 글쓰기가 되고 읽는 사람은 사실 그 글을 읽게 되기보다는 그 목소리를 듣게 되죠. 이게 사실 독서의 대단한 기쁨이에요. 책을 보니 김현 선생에 대한 글이 있었어요. 이성복 시인이 김현 선생의 제자잖아요? 한 사람을 기억하는 애도 작업을 이성복이라는 시인이 어떻게 하나 그게 중요한 것이죠. 김현 선생이 돌아가시기 전에 이런 말을 했다고 합니다. "마지막까지 리버럴리스트로 사는 것은 참 힘든 일이네." 김현의 평론은 리버럴리즘에서 출발하죠. 무엇에도 매이지 않으려 하는, 어떤 정파에도 소속되지 않고 자기에게 머물려는 것이 김현의 문학적 테마라고 볼 수 있습니다.

우리 사회는 끊임없이 편을 들라 해요. 너는 어느 편

이냐 물으면서요. 그런 의미에서 리버럴리즘은 소중한 삶의 태도입니다. 근대성이 시작되면서 개인이 태어나고, 그 개인이 자기 권위를 지니고자 했을 때 가지게 되는 생의 태도가 리버럴리즘이에요. 그런데 유감스럽게도 신세대가 구세대의 희생주의로부터 상처를 받고 리버럴리스트가 되면 이기주의적인 리버럴리즘의 삶의 방식이 나타납니다. 즉, 무슨 일이 있어도 나를 희생하지 않겠다는 것이죠. 다른 것을 위해서 나를 포기하지 않겠다는 것입니다.

나를 중요시한다는 것은 분명히 리버럴리스트적 삶의 태도이지만, 이때의 나는 능동적으로 주어진 나가 아니라 지켜져야 하는 나예요. 상처받은 나이기 때문에 원한이 들어 있어요. 대단히 불행한 거예요. 나를 절대로 포기하지 않겠다는 것은 자신의 즐거움을 절대 포기하지 않겠다는 것이죠.

이 원칙은 제가 볼 때 상당히 문제가 많습니다. 나를 희생하지 않겠다, 아버지처럼 살지 않겠다, 나의 즐거움을 지키겠다, 이런 삶이 구가되려면 무엇이 전제되어야 합니까? 결국 아버지 세대부터 신세대로 건너오는 동안 전혀 변하지 않고 오히려 강화된 것이 있는데, 그것은 바로 경제 권력이에요. 아버지 세대와 달라지려는 삶의 태도를 지녔다 하더라도 그것 또한 경제 권력과 유착될 수밖에 없다는 거죠.

신세대들의 리버럴리스트적 욕망은 '돈을 벌어야 되겠다'라는 경제력에 대한 욕망에 매일 수밖에 없어요. 이 것은 두 가지 태도로 나타날 수 있습니다. 하나는 아버지 세대보다 훨씬 더 돈에 집착할 수 있어요. 예컨대 아버지가 성공하지 못한 사람이라면, 풍요를 자식 세대로 넘겨 주지 못한 사람이라면 이 세대는 상당히 불행해집니다. 리버럴리스트적 욕망이 있지만 그 조건을 가지고 있지 못해요. 이런 세대들이 10억 만들기, 빌딩 사기, 재테크하는 법 같은 책들을 열심히 보고 그러는 거죠. 이것이 아도르노가 읽는 노회한 젊은 세대입니다. 조로적인 사회가 된다는 거예요.

그러나 또 다른 신세대를 생각해볼 수 있어요. 나름대로 아버지가 성공한 세대예요. 크게 성공하지는 않았어도 흔히 중산층이라 얘기할 수 있는, 아들에게 가난의 고통을 주지 않을 수 있었던 아버지의 아이죠. 이 신세대들은 독특한 리버럴리즘의 태도를 지니고 있습니다. 일차적으로 경제력을 중요시해요. 돈을 벌고자 하는 욕망이 있지만 동시에 이 경제력을 획득하는 일이 자신의 즐거움을 포기하게 하고 희생을 요구한다면 난 안 하겠다는 거죠.

요즘 놀려고 하는 젊은이들 많잖아요? 아르바이트 왜 하나 물으면 여행 가려고 한다 그래요. 직장 생활도 그런 식으로 하고요. 미리 체념해요. 싸움을 싫어해요.

예전에 어른 세대들은 어땠습니까? 하면 된다는 정신이 뭐였나요? 돌파하는 거잖아요. 땅으로 돌아가기 위해 시멘트 바닥을 뚫으려 하는 지렁이의 천공력이 삶의 원칙이었어요. 요즘 신세대들은 그렇게 안 한단 말이에요. 가난하지만 즐거움을 포기하지 않겠다는 원칙이 있죠. 제가 정확하게 보고 있는지 모르겠습니다. 저도 학교에서 선생 노릇을 하다 보니까 애들하고 모이면 '얘네들이 이런 생각을 하고 사는구나' 하고 나름대로 간파한 바가 있어서 얘기하는 건데 맞는지는 모르겠네요.

그러나 중요한 것은 무엇이냐 하면 이러한 생의 태도를 가지고 있다 하더라도 이것이 구가될 수 있는 시기가 제한적이라는 거예요. 왜냐하면 한국 사회에서는 경제력이 한 개인의 삶을 크게 좌우하기 때문에 한동안은 이러한 리버럴리즘적인 태도를 자신만만하게 지켜낼 수 있을지 모르지만 곧 때가 온다는 거죠. 아버지가 늙어서 더 이상 경제력을 가지지 못하고, 자신의 청춘도 어느 정도 지나간 단계에 이르게 됩니다. 즉, 가난하면서도 즐거움을 보장받을 수 있는 시기가 지나간다는 거죠. 경제 권력에 소속되기에는 한편으로 보면 너무 늦었죠. 남는 게 뭘까요?

옛날에는 마음대로 내던질 수 있었던 비정규직 일자리가 이제는 마음대로 내던질 수 없는 굴레가 돼요. 그리고 결혼이라도 하고 애라도 낳으면 아버지를 이해하게 됩니다. '아버지가 괜히 그랬던 게 아니었구나.' 결국 깨닫죠. '아, 아버지는 나를 사랑했었구나.' 경제 권력으로 나를 억압하고 끊임없이 자기의 권위에 소속시키려 했지만, 한때는 그것이 견딜 수 없는 폭력으로 여겨졌지만 나이 들면 철든다고 이제는 이해하는 거죠.

그리고 아버지도 아들을 이해하게 되겠죠. '이제는 네가 나를 이해하는구나. 네가 드디어 나에게 돌아왔구나.' 이것이 《성경》에서 얘기하는 돌아온 탕아 아닙니까? 그래서 어느 날 그동안 만나지 않고 헤어져 있었던 아버지와 아들은 재회를 합니다.

여러분, 알베르 카뮈의 《이방인》 아시죠? 카뮈의 《이방인》을 읽으면 주인공 뫼르소가 나오죠. 이 뫼르소가 누구예요? 엄마를 안 돌보는 아이예요. 엄마를 양로원에 넣어놓고 제멋대로 사는 리버럴리스트예요. 이러저러한 일 다 겪으면서 세상을 관통할 수밖에 없었고, 마지막에 도착한 게 감옥이에요. 사형 선고를 받은 후 마지막에 이런 문장이 나오죠. 신부와 담론 투쟁을 벌이고 잠들었다가 깨어나니 조그마한 창살 사이로 밤하늘이 보여요. 여름날 초저녁의 풀 냄새가 흘러들어오고요. 그러고 나서 결정적인 문장이 나오죠. "나는 참으로 오래간만에 마마를 기억했다." 물론, 소설에서 마마가 죽기 두 달 전에 왜 또 결혼을 하려고 했었는지 나는 이제야 알겠다고 하지만 그건 이방인 얘기니 빼고요. 말하자면 아들 세대는 언젠가는 뫼르소가 된다는 거죠. 나는 참으로 오래간만에 아버지를 기억했다라는 거예요. 뫼르소에게는 어떤 해방의 의미를 갖고 있지만 오늘날 젊은 세대는 불행한 뫼르소가 되는 거죠. 기억하지 않았으면 차라리 좋았을 것을 기억하지 않으면 안 되었던 거죠. 그래서 저는 뫼르소의 패러디가 근본적으로 오늘날 신세대가 겪어야 되는 불행한 인식의 단계라고 생각합니다. 여러분, 뫼르소가 되지 마십시오.

이렇게 되면 화해가 되죠. 드라마가 대체로 이렇게 끝

나죠. 그리고 아버지가 돌아가신 다음에 무덤가에 찾아가서 잔디밭에 앉아 담배라도 한 대 피우면서 죽은 자와의 화해까지도 하지 않으면 안 되는 시기가 온다는 거죠. 우리는 많은 교훈적인 소설에서, 영화에서, 드라마에서 이런 장면을 봤어요. 우리는 이것을 화해라고 불러요. 그러나 아도르노는 그렇게 보지 않습니다. 단호하게 얘기하죠. "이것은 축복받은 화해가 아니라 저주의 화해다."

자, 아버지와 아들이 화해했어요. 아들은 아버지가 패배했었음을 그제야 이해하는 것이고, 아버지는 아들이 자기와 동일한 삶을 살 수밖에 없었음을 이해하는 겁니다. 아들은 나는 아버지처럼 살지 않겠다며 평생을 살아왔으나 결국 똑같은 생의 결과를 체득한 거죠.

리버럴리즘적 삶의 패배, 이것은 예정된 패배입니다. 이 패배의 정서가 화해라는 이름으로 얘기돼요. 그러면 아버지도 패배하고 아들도 패배했으면 마지막으로 누가 승자가 되는가? 이게 질문이에요. 아버지와 아들의 화해가 질문이 아니라 최종적으로 누가 승리했는가?

그것은 바로 객관적 권력이라는 것이죠. 이 객관적 권력이 무엇이냐? 아버지와 아들의 화해를 관찰해보면, 아버지가 받았던 상처와 아들이 받은 상처를 이 사회가

어떤 식으로 봉합하려 하는가가 바로 드러나요. 저는 그
것을 선정주의라고 불러요. 싸우던 아버지와 아들이 나
중에는 서로를 이해하고, 서로의 상처를 어루만지게 되
고, 그 어루만짐 속에서 상처는 봉합되고, 이것은 멜로드
라마예요. 우리는 이걸 보며 눈물을 찔끔 흘릴 수도 있습
니다.

그런데 이게 정말 상처의 치유인가라는 문제가 나옵
니다. 이 상처가 제3세대에 가면 달라질까요? 제3세대는
비슷하게, 또는 더 드라마틱하게 패배할 수밖에 없고, 그
패배 때문에 더 드라마틱한 화해를 이룰 수 있을 뿐입니
다. 이것이 과연 축복받은 화해인가, 저주받은 화해인가
이 문제를 기억해야 된다는 거죠.

궁극적으로 누가 승리하는가? 제가 볼 때 우리 사회
처럼 특히 전통적인 핏줄 관계가 강조되는 사회 속에서
는 두 가지 객관적 권력이 작동하고 있습니다. 하나는 자
본주의적 권력이에요. 이것은 정당하지 못한 게임 원칙이
죠. 이 근본적인 모순이 객관적 권력으로 작동하고, 또 하
나 이 객관적 권력을 직시하지 못하도록 그것을 숨기기
위한 전략이 있습니다. 그것이 제가 선정주의라고 부르는
것이에요.

이 선정주의는 효(孝)라는 개념과도 만납니다. 권력을 공고히 할수록 효가 강조되는 것을 아실 거예요. 조선 시대에 효가 강조되고 여성의 정절이 강조되었잖아요? 이때 강조된 윤리가 다 어디로 수렴됩니까? 충(忠)으로 가요. 신하는 최고 권력자에게 어떻게 해야 하는가라는 거죠. 근본적으로 복종이고 순응입니다. 남자와 여자 관계에서, 아들과 아버지 관계에서, 나이 많은 사람과 적은 사람의 관계에서 끊임없이 얘기되는 윤리가 결국 권력으로 수렴되는 거예요.

충을 강조하지 않으면 안 되는 시대일수록 효, 즉 핏줄을 강조해요. 저는 이것을 선정주의라고 부릅니다. 왜냐하면 핏줄은 세대라는 이름으로 맺어진 가장 민감한 부분이에요. 그런 의미에서 저는 오늘날 우리 사회를 야한 사회라고 불러요. 부끄러움을 모르는 야한 사회죠. 핏줄을 건드리는 것은 우리의 속살을 건드리는 거예요. 성감대를 건드린다고 볼 수 있어요. 가장 내밀한 부분, 가장 보호되어야 하는 부분. 이것들을 공공화시키죠.

공공화시킨다는 건 뭡니까? 옷 벗기기와 똑같은 거예요. 우리의 정을 끊임없이 휘저으려 하는 것. 정이라는 건 굉장히 은밀한 것이고 개인적인 것이며 언제나 숨겨

져야 하는 것인데 그것을 끊임없이 휘저으려 그래요. 이
것이 선정주의 아닙니까? 성폭력이에요. 우리가 입고 있
는 옷을 마음대로 헤치고 들어와서 우리의 은밀한 부분
들을 마음대로 주물럭거리려는 것과 똑같다는 거죠. 저
는 그런 의미에서 모든 권력은 선정주의와 맺어질 때 야
한 권력이 된다고 봐요. 권력의 대상들을 나체로 보려 한
다는 거죠. 우리 사회에서 보면 미디어 같은 데서 선정주
의 그러잖아요? 예를 들면 정치권력이 끊임없이 우리의
무엇을 건드리려고 하죠? 정치의 객관성들을 얘기하려고
하지 않죠. 그들은 끊임없이 우리의 무엇을 건드리려고
해요. 우리 안에 있는 들뜸이 있잖아요? 독일어로 하면
레궁(Regung)인데 이 들뜸의 영역을 자꾸 건드리려고 한
다는 거죠. 이것이 선정주의입니다.

　　이 선정주의가 동원되면 객관적 권력이 객관적 권력
의 모습으로 드러나지 않습니다. 아버지와 아들의 눈물
가득한 화해 같은 방식으로 은폐될 수밖에 없어요. 객관
적 권력은 실제로는 끊임없이 폭력을 가하면서 또한 그
폭력을 중화시키는 방식을 알고 있습니다. 그중 하나가
핏줄 관계를 통한 화해죠. 나중에는 아들이 아버지를 이
해하고, 아버지가 아들을 이해한다, 이런 것들이 화해라

는 이름으로 장치화되어 있습니다. 상처를 치료하는 하나의 방법론으로 우리의 문화 권력 무의식층에 스며들어서 그것이 자연스럽게 이루어지도록 해요.

그러면서 우리는 무엇을 묻지 않게 됩니까? 왜 패배하게 됐는가, 무엇이 나를 패배하게 만들었는가, 이 문제를 묻지 않아요. 정치의식 없이 시민적 가정으로부터 탈출하려는 시도는 객관적 권력으로 더 깊이 빠져들 뿐이라고 아도르노가 얘기할 때 의미하는 게 바로 이겁니다.

객관적 권력이 선정주의를 통해서 인간의 내밀한 정이라는 감정의 소통을 정치화하고, 그것을 은폐의 도구로 사용하는 근본적인 목적은 무엇입니까? 다름 아닌 자기를 기억하지 못하게 만드는 겁니다. 즉, 아버지에게도 가해졌고 또 아버지가 내 아들을 성공시킬 거라면서 스스로 가했던 것, 아들 세대는 아버지처럼 안 살겠다고 리버럴리즘의 세계로 도피하면서 당했던 것, 그것이 무엇입니까? 폭력이에요. 당하고 가하는 끊임없는 이 연계 작용. 아버지 세대도 패배하게 만들었고, 아버지 세대로부터 탈출하려 했던 신세대도 패배하게 만들었던 폭력의 전승 관계. 선정주의적인 문화 장치 혹은 문화 권력은 이것을 망각시키려 하죠.

아도르노는 이렇게 얘기합니다. 결국 아버지의 폭력을 기억하는 아들만이 자기의 폭력을 기억할 것이며, 그 과정을 통해서만 폭력을 계승하지 않은 신세대가 나올 것이고, 그것이 신세대의 의무이며 아버지와의 진정한 화해이고, 그 화해의 인식을 통해서만 아버지처럼 살지 않기라는 생의 욕망이 실현될 수 있고, 진정한 의미에서 리버럴한 세대가 태어날 수 있다는 것입니다. 이것이 신세대에게 닥친 과제라는 거예요. 더 이상은 패배하지 않기 위해서요.

그러나 오늘날 우리 사회가 신세대들을 어떻게 다루는지 다 알고 있습니다. 끊임없이 유행으로서의 리버럴리즘을 주입시키고 그 신세대들을 야하게 건드리죠. 들뜨게 만들어요. 그럼으로 해서 아버지 세대를 미워하게도 만들면서 또한 아버지 세대와 동일한 세대가 되도록 만든다는 거죠. 어떻게 생각하세요? 제가 너무 가혹하게 얘기하나요?

말하자면 신세대는 절대로 자기를 포기하지 않으려는 세대이지만 실제로는 너무 빨리 늙어버린 세대예요. 이 폭력의 관계성과 싸워보지도 않고 인식조차 하지 않는다는 거예요. 그러다 보면 묘한 자기 보호의 전략을 발견하게 되는데 그것이 체념이에요. 이 체념을 통해서 자기를 보호하려 합니다. 그러나 그 체념은 반드시 돌아오게 되어 있다는 것이 아도르노의 생각입니다.

아도르노가 얘기하려는 세대 관계는 말씀드린 것처럼 인간이 소중하고 아름다운 것으로 가꾸어나갈 수 있는 자연적 관계예요. 핏줄 관계라는 게 그렇지 않겠어요? 그런데 이 관계가 어떻게 상처가 되고, 이 상처는 어떤 방식으로 거짓 치유되며 더 깊어질까요? 이것이 상처의 전승이고 폭력의 계승이죠.

세대가 바뀐다는 건 앞으로 나아가야 하는 거예요. 진보가 되어야 하는데 그것이 아니라 객관적 권력을 더욱 공고히 하는 방식으로 진행되고 있다는 것이죠. 이 문제를 아도르노는 직시하려는 겁니다. 세대 관계라는 슬픈 상처에 대해서 우리는 냉철하게 기억해야 돼요. 객관적 권력은 우리를 끊임없이 망각시키죠. 아름다운 방식으로 망각시켜요. 이 선정주의를 조심해야 합니다.

○

〈물 만난 고기 떼〉라는 장을 함께 읽어보겠습니다.

〈물 만난 고기 떼〉, 이 제목의 뜻이 감이 잡히세요? 다시 말하면 '물속의 물고기'입니다. 물속의 물고기는 자기가 물속에 있다는 것을 모르죠.

먼저 얘기할 것은, 칸트의 미학 이론에서 '무목적적 목적성'이라는 말이 나와요. 우리에게는 그런 영역이 있습니다. 어떤 목적성을 가지지 못했다고 해서 그것이 정말 무목적성, 우연성의 영역으로 남아 있는 것이 아니라, 그 영역에서는 우리가 인식하거나 언어화할 수 없는 또 하나의 로직이 작동한다는 거예요. 이것이 무목적적 목적성이죠.

우리에게는 '좋긴 한데 왜 좋은지 모르겠다'라는 삶의 영역이 있어요. 특히 음악적 체험 같은 것이 그래요. 우리가 어떤 음악을 참 좋다고 말할 때, 왜 좋은가 물어보면 저마다 설명이 제각각이죠. 쇼펜하우어식으로 얘기하면 음악은 우리의 정서가 총체적으로 경험하는 것이기 때문이에요. 그러나 우리가 정서를 얘기하는 어법은 언제나 분류적이라는 거죠. 좋다 혹은 나쁘다, 즐겁다 혹은 우울하다, 기쁘다 혹은 슬프다, 이런 식으로 다 분류해놨어요.

우리가 회화나 문학보다 음악적 체험에 대해 얘기하기 힘든 이유는 이것이 우리의 육체적 체험이기 때문에 그래요. 육체는 총체적인 것이죠. 우리의 정서가 분류되기 이전의 상태로 우리를 끌어들이는 것이 음악이거든요. 그런데 실제로 음악은 텅 빈 것이죠. 아무것도 없어요. 추상적이죠. 이것이 음악의 가장 놀라운 점이라 얘기합니다. 음악은 가장 추상적인 것인데 또한 가장 구체적인 경험을 가져다주는 것이죠. 칸트는 이것을 무목적적 목적성이라 얘기합니다. 우리의 분류 체계로 설명할 수 없는 미적 체험이 있다는 거예요.

그런데 이 미적 체험이 혼돈 상태냐? 그렇지 않습니다. 혼돈 상태일 뿐이라면 아름다움의 체험이 일어나지 않아요. 감동이 일어나지 않아요. 그래서 이 미적 체험 안에는 다른 로직의 목적성이 있다고 얘기합니다. 이것을 아도르노는 사실 사랑의 영역이라 불러요. 이것이 무목적적 목적성의 영역이고, 쇼펜하우어식으로 얘기하면 음악적 감동의 영역이라 볼 수 있습니다.

이것이 제목에서 얘기하는 '물속의 물고기'예요. 물고기가 물속에서 움직이는 모습이 얼마나 유연하고 부드럽습니까? 제가 젊었을 때는 건물 지하에 다방이 있었죠. 지금은 다방이 우스꽝스러운 것이 되어버렸지만, 제 첫사랑도 다방에서 이루어지고 그랬습니다. 그 당시 맞은편에 있는 애랑 눈 맞추기가 있었어요. 완전히 70년대 식이죠. 다방에 가면 대체로 수족관이 있었어요. 제가 제일 좋아했던 자리가 수족관 앞이었어요. 수족관을 들여 다보면 너무 편안한데 한편으론 슬펐어요. 왜냐하면 너무 부드러워서요. 특히 열대어들의 지느러미 움직임 같은 게 참 황홀하잖아요? 벤야민식으로 얘기하면 아우라 체험이죠. 우리를 졸리게 만든다고 그러는데 따라가다 보면 정말 그래요.

또 한편으로는 바르트식으로 얘기하자면 깨어남의 체험이 있습니다. 얘들 참 안됐다는 생각이 들어요. 왜냐하면 이 좁은 수조는 감옥이잖아요? 여기서 산단 말이죠.

니체식으로 얘기할 수 있어요. 얘들은 가상 속에 살고 있구나. 그러나 물고기들은 수족관을 수족관으로 생각하지 않죠. 태평양으로 생각하죠. 니체가 말한 그리스인들이 보았던 삶은 수족관 같은 거예요. 그러나 그리스인들이 수족관에서 본 것은 태평양입니다. 이것이 가상이죠. 니체는 그 가상을 한번 본 사람은 삶에 대해서 거대하고 위대한 긍정을 하게 된다고 얘기해요. 아도르노 같으면 그 가상이 얼마나 슬픈 것인지 얘기하겠죠. 그땐 아도르노를 알기 이전인데 그런 걸 보면 저는 아도르노와 비슷한 성격이 있는 것 같아요. 아도르노가 이 장에서 얘기하는 것은 근본적으로 사랑이라는 이름의 유통 영역이라 할 수 있어요.

수많은 사람들의 사적 삶이 중개인의 삶이 되며, 심지어 사적 영역 전체가 수수께끼 같은 장사성—이것은 도대체 거래할 것이 없을 때조차 온통 장사꾼 기질을 드러내는데—에 먹혀버린다. 안정감이 없는 이 모든 인간들—실업자들뿐 아니라, 자신에게 투자한 사람들의 분노를 언제든 끓어오르게 할 수 있는 명사들까지—은 자신의 장사꾼 자질을 동원해 온갖 간계와 술책으로 살살 빌고 꾀어 온 사방에 널려 있는 사장님들께 자신을 천거할 수 있으리라 믿는데 거기에는 관계를 염두에 두지 않은 순수한 관계란 없을 뿐 아니라, 통할지 안 통할지 사전 검열하지 않은 감정의 움직임조차 존재하지 않는다. 매개와 유통의 범주인 관계라는 개념이 본래의 유통 부문인 시장에서보다는, 폐쇄적이고 독점적인 위계 구조 속에서 번창하게 되는 것이다.

이제 전체 사회가 위계적으로 되면서, 음울한 관계는 자유의 가상이 있었던 모든 곳에 흡혈귀처럼 달라붙어 있다.

아직도 자유가 있어 보이는 곳, 즉 사랑, 연애 이런 것들이 자유의 영역이잖아요? 그 영역에까지 흡혈귀처럼 달라붙어 있다, 그것을 지배해버린다고 얘기하는 거죠. 그리고 굉장히 총체적이고 비극적인 말이 있습니다.

아무것도 '원하지' 않는 사람은 의심을 산다.

추구한다는 말보다 바란다는 말이 더 이해하기 쉬울 것 같아요. 여러분들은 어떤 사람이 아무런 목적 없이 나에게 다가오면 그걸 받아들일 수 있어요? 여기서 슬픈 사랑의 두려움이 생겨요. 오히려 그런 사람을 만나면 두렵죠. 어떤 경우가 안 두려워요? 코드가 맞을 때죠. 왜 나에게 다가오는지 그 사람이 메시지를 전달하고 나는 그것을 받아들여서 이해하게 되면 안심할 수 있어요. 그런데 어떤 사람이 코드 없이 접근하게 되면 치한으로 여긴다 이거죠.

이 장에서는 슬픈 사랑 관계가 오늘날 어떤 식으로 있을 수밖에 없는가가 얘기되죠. 이것도 리버럴리즘과 관계됩니다. 리버럴리즘은 뭡니까? 근대와 더불어 태어난 자의식에서 생긴 거예요. 즉, '나'라는 존재와 나의 타자인

'너'가 생기면서 태어난 것이 리버럴리즘이거든요. 근본적으로 개인이 주축이 되는 거예요. 집단화될 수 없는 무엇이 나에게 있다는 것이죠.

그러다 보면 과거에는 백성이라는 이름이든, 하나님의 자식들이라는 이름이든 집체화되어 있던 것이 각각 고유한 입자들로 재편성되는 거예요. 나는 하나님의 자식이라는 종교적 영역에 속하기도 하지만 속하지 않는 부분도 있다 이거죠. 그렇지 않습니까?

나는 가족에 속하지만 가족에 속하지 않는 나도 있다는 걸 발견하는 거죠. 바르트식으로 얘기하면 카테고리화될 수 없는 것, 그것이 개인의식을 만들어낸 가장 위대한 발견이에요. 모든 권력들은 이 차이(difference)를 봉합하려 하죠. 다 똑같은 것으로 만들려 해요. 이게 획일성이죠. 리버럴리즘은 바로 이 나와 타자의 다름, 차이에서 출발합니다. 이 관계는 결코 좁혀질 수 없습니다. 이 전제에서 열리게 된 삶의 영역, 관계의 영역이 리버럴리즘이에요.

그런데 우린 이렇게 볼 수 있어요. 리버럴리즘은 옛날 집체적인 삶의 시스템 속에서는 있을 수 없었던 하나의

특별한 공간을 만들어요. 그게 뭐죠? 사이예요. 옛날에
는 사이가 없었습니다. 그런데 리버럴리즘의 시대가 오며
개체들이 개체의 권위를 지니게 되면서 차이가 생기고,
차이가 생기면서 또한 사이가 생겨요. 너와 나의 사이는
근본적으로 헤어짐의 공간이에요. 개인의 발생은 한편으
로는 커다란 발견이지만 동시에 이상적 관계가 상실되는
것이기도 해요. 나라고 하는 자유를 얻지만 동시에 그 자
유가 무언가의 상실이거든요. 이 사이는 이러한 성격을
가지고 있어요. 그래서 이 사이는 자꾸 이어지려 해요. 이
어지려고 하는 욕망이 무엇이냐? 이것을 아도르노는 '미
메시스적 인폴드(enfold)'라고 얘기합니다.

　미메시스는 자꾸 가까워지려는 충동이에요. 합리적
관계는 자꾸 서로를 떨어뜨리려 하는 거죠. 아도르노는
미메시스를 타자 동일성의 원칙이라 말합니다. 나와 타자
를 똑같이 만들려 하고 그쪽으로 다가가려 하는 것, 더 나
아가면 용해 판타지예요. 내가 없어지고 그 사람 속으로
들어가서 그 사람과 섞여버리고 싶은 관능의 영역이죠.

　아도르노는 별로 관능을 인정하지 않습니다. 개인이
이미 설정되면 우리가 아무리 타자와 용해되려 해도 용
해가 될 수 없다는 거죠. 왜냐하면 '나'가 있기 때문에요.

지나친 관능주의자들은 내가 허물어지는 용해가 가능한 것처럼 얘기를 해요. 예컨대 로맨스 영화에서 우리는 격렬하고 열정적이고 모든 것을 초월하는 사랑의 힘을 볼 수 있죠. 아도르노는 그런 것을 믿지 않습니다. 좁혀질 수 없는 사이, 그러나 끊임없이 좁혀지려고 하는 이 운동만이 있어요. 이게 이미 과장적이고 데리다적이에요. 아도르노식으로 얘기하면 이 사이는 미메시스적 공간이에요. 서로 하나가 되기 위해 접근하는 공간인데, 자본주의에서는 유통 공간이라 볼 수 있죠.

유통 공간이 무엇입니까? 서로 다른 생산품들이 교류하기 위해서 필요한 공간이에요. 아도르노는 이 유통 공간이 개인이 개인과 교류하려는 미메시스적 공간과 일치한다고 봅니다. 그래서 아도르노는 이렇게 얘기합니다. 이 공간은 사실 에로스의 영역이라고. 그리고 이 에로스의 영역은 은밀한 영역, 숨어서만 존재할 수 있는 영역, 공공화가 될 수 없는 영역이에요. 너와 나의 관계 속에서만 존재할 수 있는 영역이죠.

이 은밀함의 영역이 오늘날 오면 얼마나 공공화되어 있는지 아실 거예요. 어른들이 그러죠. '요즘 애들은 연애할 때 감정을 참 잘 표현해. 옛날만 해도 맨날 어두운 데 숨어서 뭐 하고 그랬는데.' 이것을 긍정적으로 볼 수도 있어요. 사실 저희 세대만 해도 맨날 어두운 데서만 뭘 했단 말이에요. 다방으로 숨어들고 구석에 앉으려 하고요. 여자분들은 그걸 음험하다고 부르잖아요?

옛날이 다 좋았다고 말하려는 게 절대 아닙니다. 그때는 그때식으로 은밀함의 영역이 왜곡된 방식으로 문화화된 거예요. 연애도 문화죠. 그렇지 않습니까? 오늘날에는 그것이 공공화되면서 또 다른 문화의 형태가 되고 있죠. 어떤 것이 옳다 그르다 얘기를 할 수가 없어요.

중요한 것은 이 은밀함의 영역은 무목적적 목적성의 영역이에요. 근본적으로 보면 왜 자꾸 가까워지려는지 몰라요. 그러나 분명한 건 가까워지려 한다는 목적성이 있습니다. 이건 제가 나름대로 칸트의 미학적 논의를 해석한 거예요. 사실 칸트는 은밀함 같은 걸 너무나 싫어했죠. 그것은 사유가 삐뚤어졌기 때문에 나오는 것이라 했어요. 사유는 언제나 직선이다라고 말했어요. 직선으로 안 가고 삐뚤어지게 가면 틀린 사유라고요.

제가 언젠가 쓴 일기가 있습니다. 제가 독일에서 대학

에 다닐 때 벤치에 앉아 있으면 낙엽이 확 떨어져요. 그리고 히피 같은 애들이 와서 구걸을 해요. 그들은 구걸이 직업 같아요. 돈 달라 담배 달라 그러고요. 안 주면 막 따져요. 왜 내가 너에게 돈을 받아야 되는지에 대해서 토론하려고 해요. 그리고 제가 담배를 줘도 그 담배를 피우지 않고 속에 있는 걸 다 털어내고 그 안에 대마초를 집어넣거든요. 그리고 그걸 한 모금 빨고 배낭에서 맥주 꺼내서 마시고, 캠퍼스 벤치에 누워 있다가 어디로 가요. 옆에 앉아서 가만히 보고 있으면 어디로 가는지 되게 궁금해져요. 쟤는 지금 어디로 갈까. 분명히 어디로 갈 거예요.

그런데 한번은 그런 걸 봤습니다. 가을이니까 나뭇잎이 하나 떨어져서 빙글빙글 돌더니 어디로 가느냐 하면 걔 배 위로 내려앉아요. 저는 그걸 보고 바로 저것이 무목적적 목적성이다 생각했어요. 그때 제가 왜 그 생각을 했냐 하면 바로 전에 칸트 수업을 듣고 나왔거든요. 칸트는 사유는 직선이고 사선으로 가는 건 전부 왜곡된 사유라 그래요. 제가 그 모습을 보면서 칸트가 틀렸다고 생각했습니다. 왜냐하면 빙글빙글 돌면서 제자리로 딱 간단 말이에요.

그때 알았어요. 저 친구가 맥주 한 잔 마시고 대마초

한 대 피우고 가는 곳이 있으면 바로 저 낙엽이 가는 곳이다. 그것이 왜 그릇된 사유예요? 그것이야말로 사유라고 저는 생각하거든요. 그것이야말로 정확하다는 거죠.

쇼팽적이에요. 여러분, 쇼팽 음악 들으면 주제부가 나온 다음에 한없이 배회해요. 끊임없이 돌아다녀요. 그러다가 마지막에 다시 후렴구로 돌아오는데 이것은 처음에 들었던 것과는 완전히 감이 다릅니다. 첫 번째 주제부가 나오면 이것이 도대체 어디로 갈 건지 몰라요. 우리는 음악을 들으면 여기저기로 따라다니죠. 그런데 마지막에 코다 부분에 와서 음악이 끝나면 그것이 정확하게 내 가슴에 꽂힌다는 사실을 알아요. 이것처럼 정확한 게 어디 있습니까? 이것이 쇼팽 음악의 특성이에요. 이 화려함. 이 화려함은 절대로 장식적인 게 아니에요. 정확하게 꽂히려고 끊임없이 배회하는 거죠. 이런 음악적 체험 같은 것도 다 사유와 관련돼요. 낙엽 떨어지는 것들 이런 것 전부요. 이것이 무목적적 목적성의 영역이란 말입니다. 목적이 없으면 배회를 하는데 결국 어떤 상태에 이르면 바로 여기가 내가 오려 했던 곳이다 알게 된단 말이죠.

사랑을 하다 보면 그런 거 알게 되잖아요. 사랑에 빠지는 순간이죠. '바로 이 사람이 내 사람이다.' 이 영역은 제 식으로 얘기하면 부드러움의 영역입니다. 여러분들 부드러운 거 다 좋아하시죠? 이 부드러움은 존재론적으로 얘기하면 헤어진 것들이 끊임없이 가까워지려는 운동입니다. 아도르노는 이것을 미메시스적 영역이라 불렀어요. 우리 개인성의 가장 내밀한 부분들이 잠재적으로 존재하는 영역이죠.

이 영역이 자본주의화되면 어떤 방식으로 왜곡되느냐? 이게 다름 아닌 시장 영역이 되는 거예요. 유통산업이 생기는 거죠. 우리나라 유통산업 엉망이잖아요? 재벌들이 다 잡아먹고 있지요. 재벌들이 유통 영역을 점거하고 있다는 사실은 경제 영역에서만 얘기될 수 있는 게 아니에요. 아도르노식으로 과장 사유를 하게 되면 그것이 어디까지 올까요? 우리의 연애 방식에 영향을 미쳐요. 말하자면 이런 현상을 통해서 우리가 이 유통 영역을 어떻게 관리 통제하는지 습득하게 돼요. 증명하기 상당히 어렵지만 분명히 영향성이 있다는 거죠. 과장 사유이지만 제가 말씀드렸잖아요? 사유가 정상적으로 우리에게 도달하지 못할 때 우리는 과장이라는 행로를 통해서 갈 수도 있다는 겁니다.

이렇게 유통 영역이 시장 영역이 된다는 것은 무엇을 의미합니까? 그 영역이 목적주의화된다는 거예요. 시장주의적인 무언가를 얻을 수 있을 때 우리는 거기에 접근한다는 거죠. 우리의 은밀함의 영역, 미메시스적 영역은 원래는 사랑의 영역이었는데 어느 사이엔가 유통산업적인 영역이 된다는 거예요.

그래서 참으로 비극적이게도 우리는 사랑에 대한 두려움을 배워요. 사랑 앞에서 두려움이라는 슬픈 상황에 빠져요.

아도르노가 이런 식으로 얘기하죠. "그 누군가가 아무것도 바라지 않으면서, 나 자체와 하나가 되고 싶어서 다가오면 우리는 그 사람을 의심하게 된다." 그렇지 않으세요? 겁내잖아요. 이것은 무엇 때문입니까? 우리가 그 어떤 목적을 가지지 않고, 무엇도 바라지 않고, 그 바람 속에서 무언가를 얻어내려는 의도가 없이는 더 이상 이 은밀함의 영역으로 들어가지 못한다고 하는 거예요.

사람들이 '첫눈에 반했다' 이런 얘기를 하지 않습니까? '그 사람을 만나자마자 빠져 들었어'라고 해요. 아마 옛날에는, 유통 영역이 시장 영역이 되지 않았을 때는 가능했을지 몰라요. 그런데 오늘날도 가능한가요? 제가 볼 때는 가능할 수도 있을 것 같아요. 다만 첫사랑의 순간만 가능할 거예요. 혹은 첫눈에 반하는 게 무목적적인 것이 아니라 너무도 내 목적에 맞아서, 예쁘고 잘생기고 딱 보니까 외제 차에서 내려요. 그런 것들이 어느 한 순간 총체적으로 정확하게 나의 목적에 맞아떨어질 때 그럴 수 있겠죠.

어떻게 생각하세요? 아주 정직하게 한번 되돌아보세요. 만일 첫눈에 누군가에게 푹 빠졌으면 무목적적으로 빠진 건지, 정확하게 내 목적에 맞았기 때문에 빠진 건지를요.

첫눈에 반했다는 건 참 아름다운 사건이에요. 일어날 수 없는 일이 일어나는 거예요. 그러나 사랑이 유통 영역이 되어버리면, 무목적적 목적의 영역에서 그야말로 목적주의적 목적의 영역이 되어버리면 어떤 사랑이 생겨날 수밖에 없을까요? 로비스트의 사랑이 태어나요. 로비스트가 누굽니까? 남자 로비스트도 있고 여자 로비스트도 있지만 다 같이 결국은 사랑에 능란한 사람들이에요. 이 유통 영역을 목적에 맞추어서 잘 조정해내는 사람이에요. 그리고 헤어져 있던 것들을 다시 하나로 묶어내는 거예요. 중매쟁이죠. 결혼정보회사 '듀오' 같은 게 로비스트들의 산업이에요. 첫눈에 반해버리는 건 아마 그런 데만 있을 것 같아요. 그 사람을 만났더니 내가 원하는 조건과 완전히 딱 맞아떨어진다는 식으로요.

아도르노는 이렇게 얘기합니다. "로비스트는 누구인가? 사랑에 능란한 사람들이다. 그러나 그 사랑은 언제나 오래가지 않는다." 연애는 부드러움을 사용하는 특별한 공간이에요. 우리의 직장 생활 혹은 다른 인간관계는 전부 딱딱해요. 연애라는 건 유일하게 부드러움이 남아 있고 존재한다고 믿어지는 영역이죠. 그런데 이 부드러움이 로비스트의 부드러움이 되었다는 거죠.

아도르노가 물 만난 고기 떼 또는 물속의 물고기라고 말했을 때 우리가 사랑에 빠진다는 건 뭡니까? 이 부드러움의 영역으로 빠진다는 것은 우리는 물속의 물고기처럼 더 이상 이유를 모르면서 그 안에서 편안해지는 거예요.

우리는 유토피아적인 동경의 영역을 가지고 있죠. 즉, 물속의 물고기처럼 살고 싶다는 것이죠. 투쟁도 없고 그어떤 딱딱함도 없고 자의식도 없는, 오로지 부드러움의 교류만이 있는 것을 아도르노는 유토피아라고 얘기해요.

물론 가상으로 얘기하죠. 있다면 그럴 것이라는 거죠. 아도르노식으로 얘기하면 오늘날 은밀함의 영역은, 너무도 소중하고 우리로 하여금 부드러움을 기억하게 만드는 이 영역은 더 이상 존재할 수 없습니다.

저는 여기서 한 발 더 가려고 해요. 정말 우리가 그것을 잊어버렸는가? 정말 사랑 속에 그런 것이 없는가? 저는 이런 생각을 해봅니다. 아도르노의 논리를 확장시켜보면 이런 거예요. 배반 속에 들어 있는 예감이 있다는 거죠. 자, 우리는 로비스트의 사랑을 하게 되죠. 그리고 로비스트적인 목적이 달성되었을 때 우리는 더 이상 그 사람과의 관계를 유지할 수 없을지도 모르죠. 그럴 때 우리는 배반을 해요. 이 배신은 어떤 의미에서 보면 당연한 거예요. 원래 사랑이 로비스트적으로 시작되었으니까 로비스트적인 관계의 목적이 달성되고 나면, 가혹하게 얘기하면 더 얻어낼 게 없으면 끝날 수밖에 없죠. 배신도 아니에요. 논리적이에요. 합리적이죠. 이 배신 내지는 배반이라는 건 정당해요.
그런데 이상한 게 있어요. 이상하게 배반을 하고 나면 마음이 아파요. 안 아프려고 해도 마음이 아파요. 왜

지 모르게 아파요. 배반을 한다는 것이 너무나 당연해서 죄의식도 없을 줄 알았는데 돌아오는 길에 이상하게 아프다는 거죠.

이 아픔이 무엇일까요? 왜 마음이 아파요? 헤어질 때는 마음이 아파요. 피할 수 없이 아파요. 아마도 사랑이란 이런 것이 아닐지 몰라, 라고 하는 이 뜻밖의 예감은 왜곡되고 시장화되고 유통산업화되고 로비스트의 영역이 되어버린 사랑에서 사라질까요? 사라지지 않는다는 거죠. 근본적으로 보면 결국 부드러움이라는 것은 사라질 수 없다는 것이죠. 로비스트의 사랑 역시 그 부드러움 위에서 이루어질 수밖에 없기 때문이에요.

한 예를 영화 〈피에타〉에서 볼 수 있습니다. 거기에 보면 인간 같지도 않은 주인공이 나오죠? 돈 받으러 다니는 남자인데, 어느 날 어머니라는 사람이 나타나 접근을 하죠. 그런데 결국 어머니라고 사칭한 여자가 왜 접근을 했습니까? 자기 아들의 복수를 하려고 접근했어요. 네가 내 아들을 죽였으니까 내가 얼마나 아픈지, 이 부드러움이 끊어질 때 얼마나 고통스러운지 너도 알아야 된다는 거죠.

그런데 접근 방식이 뭐예요? 부드러움을 통해서 접근해요. 칼로 찌르는 게 아니에요. 부드러움을 알려주고 그 부드러움을 상처 내려는 것이 복수예요. 그런데 이상한 사건이 일어나죠. 약간 멜로드라마적이지만 그렇게 목적주의적으로, 복수를 하려고 관계를 맺어서 연극을 하다 보니까 어느덧 사랑의 부드러움이 안에 잠재하게 되죠. 그래서 복수를 하려니까 어쩐지 마음이 아파요. '어쩐지 마음이 아프다.' 이것을 어떻게 할 것이냐가 제가 얘기하고 싶은 거예요.

여자가 복수라는 목적을 위해서 부드러움을 사용했지만, 부드러움이 목적주의적으로 사용되면 동시에 부드러움이 자각된다는 거예요. 왜 그러냐 하면 사랑을 이용한 모든 복수는 사랑 위에서 지어져야 되기 때문에 그래요. 은밀함의 영역에서 딱딱한 목적을 수행하려면 이 영역에만 있는 부드러움을 사용해야 되는 거예요. 그러나 이 도구화는 완전히 도구화로 그칠 수만은 없어요.

숙주 없이는 기생충의 권력이 생길 수 없습니다. 기생충은 겉보기엔 엄청난 세력을 가지고 있는 것 같지만 근본적으로 보면 아무 힘도 없어요. 그것은 숙주에 기생할 때에만 존재할 수 있어요. 외견상 보면 기생충이 숙주를 마음대로 이용하고 도구화하는 것처럼 마치 은밀함의 영역이 로비스트의 영역으로 완전히 목적주의화된 것 같지만, 로비스트의 사랑이 있는 한 이 은밀함의 부드러움은 사라지지 않는다는 거예요. 그래서 아픈 거예요. 어쩐지 아파요. 사랑할 때는 모르겠는데 배반할 때는 이상하게 아파요. 그래서 짜증이 나죠. 그러나 그것이 바로 인식의 계기예요. 지금 우리가 알고 있는 부드러움만이 아니라 이 부드러움이 있기 위해서 다른 부드러움이 있을 수밖에 없다는 것을 깨닫게 돼죠.

그러나 부드러움이 권력화가 되어버리면 이 아픔을 또한 부드럽게 넘기죠. 그게 무서워요. 아무리 권력화된 부드러움이 나에게 목소리를 전해도, 우리는 그 목소리를 또 다른 부드러움으로 덮어버립니다. 이게 사랑의 방법론이에요. 우리는 이것을 사랑이라고 불러요. 그래서 한 사람을 로비스트적으로 사랑하다가 헤어지면 마음이 지극히 아프기는 하지만 곧 다른 로비스트의 사랑으로 건너가는 거예요. 아도르노가 얘기하려는 것이 이것입니다. 이것이 사랑의 상처예요. 그리고 이것이 바로 부드러움의 정치학이죠.

우리는 기억의 부드러움을 기억하기 전에 망각의 부드러움으로 바꾸어버립니다. 이것이 우리의 사랑법이고 부드러움을 다루는 방식이에요. 이 부드러움은 여러 가지로 작동합니다. 반드시 사랑의 영역만이 아니라 이상한 부드러움, 놀라운 부드러움의 정치 영역이 있어요. 얼마나 잘 결합하고 떨어졌다가 또 얼마나 잘 만나는지요. 정치는 부드러움이 없으면 이루어지지 않는 관계죠. 헤어졌다 만났다 또 헤어졌다 만나고 그러잖아요?

그리고 거짓말의 부드러움이 있습니다. 어떤 이야기를 했다가 금방 다른 이야기로 바꾸어내는 부드러움이죠. 놀랍죠. 또는 종교적인 부드러움에 대해서도 얘기할 수 있어요. 교회 안에서는 신과의 부드러운 관계를 유지하고, 밖으로 나가면 그 부드러움을 다른 부드러움으로 이어간다는 거죠. 시장적 부드러움으로요.

우리는 놀라운 기술을 가지고 있어요. 원래 인간은 갈등이 있으면 못 살아요. 노이로제가 왜 생겨요? 갈등이 해결되지 못하면 노이로제가 생기는 거예요. 그러나 우리는 이 노이로제에 절대로 걸리지 않죠. 왜냐하면 갈등을 잘 봉합하는 법을 알고 있어요. 갈등은 헤어졌기 때문에, 틈새가 있기 때문에 생기는 거예요. 상처예요. 우리는 이 상처를 부드럽게 봉합하는 법을 너무나 잘 알고 있어요.

우리는 아파하지 않습니다. 그래서 무감각한 사회가 되어가요. 느끼지 않는 사회가 돼요. 모든 타자의 고통의 문제들, 사회 안에 범람하는 모순의 문제들이 전혀 고통스럽지 않고 전혀 아무렇지도 않게 여겨지죠.

어떻게 생각하세요? 때때로 어떤 경우를 보면 참 신기할 때가 있어요. 저는 아직까지 그렇게 부드럽지 못해서 그런지 어떤 경우에는 도저히 부드러움으로 연계가 안 돼요. 붙잡고 한동안은 아파하고 그러는데 어떤 사람들을 보면 전혀 그런 게 없어요. 그야말로 물속의 물고기처럼 유연하게 이 갈등을 넘나들고 봉합해요. 말하자면 왜 정치가 위에만 있습니까? 우리의 일상에도 있어요. 일상의 정치학이 있죠. 이건 정말 무섭습니다.

하나만 더 예를 들게요. 이런 게 있습니다. 아우슈비츠에서 일을 하던 나치들이 있었단 말이에요. 이들에게는 놀라운 부드러움이 있었다는 거예요. 아우슈비츠 내로 들어가면 비인간이 돼요. 그런데 집으로 돌아가면 너무나 부드러운 아버지가 돼요. 이 갈등을 전혀 문제시하지 않아요. 심리적으로 그것이 그냥 부드럽게 이어지는 거예요. 누군가에게 끊임없이 폭력을 가하는 일과 누군가를 내 몸보다 더 사랑하는 일, 이것이 전혀 갈등을 일으키지 않습니다. 물속의 물고기처럼, 그냥 물처럼 흘러가요.

어떻게 게슈타포는 타자에게 그토록 비인간적인 고통을 주면서도 심리적으로 안전할 수 있었을까요? 바로 이 부드러움의 정치학 때문이에요.

우리는 우리의 마음을 너무나 잘 다스리죠. 그러면서 나를 딱딱하게 만들어요. 아무것도 안 느끼게 만드는 거예요. 타자의 고통에 철저하게 무감각하게 만들어요. 그걸 뭐라고 부르죠? 사이코패스라고 불러요. 그렇지 않습니까? 자꾸 누구보고 사이코패스라 욕하지 마세요. 우리가 사이코패스적 부드러움을 안 가지면 이 사회에서 살수가 없어요.

이것도 과장 사유라고 할 수 있습니다. 지나치게 급진적일 수 있어요. 그러나 이 놀라운 부드러움의 정치학을 들춰내려면 과장이라는 매스가 필요해요. 그런 식으로 이해하세요. 알고 보니 사람이 좀 비뚤어졌다, 너무 심하게 얘기한다, 그러지 말고 우리가 상처를 확인해야 된다는 거죠. 제가 앞에서 상처로 숨 쉬는 법이라고 말씀드렸습니다. 이 상처를 보게 될 때에만 어쩌면 여기서 허파가 생길 수도 있다는 거죠. 바로 그 얘기를 하기 위해 이런 식으로 논의가 진행되고 있다는 것을 이해해주시기 바랍니다. 오늘은 여기까지 수업을 하도록 하겠습니다. 수고하셨습니다.

5강

슬픈 선행

오늘은 3개의 테마를 다루어봤으면 합니다. 먼저 얘기할 것은 '슬픈 선행'이에요. 우리가 살다 보면 '저 사람 참 좋은 사람이야, 법 없이도 살 사람이야' 얘기하게 되는 경우가 있죠. 이 선함이라는 것이 슬픈 상처가 되어버리는 과정을 얘기하고 싶어요. 그다음에 '슬픈 거짓말'이라는 것이 있습니다. 아도르노가 생각하는 거짓말은 나쁜 것이라기보다 진실을 보존하기 위해서 반드시 필요한 것인데, 그것이 오늘날엔 슬픈 것이 되어버렸어요. 그리고 이어서 결혼과 이혼, 불륜의 문제를 얘기해보겠습니다. '슬픈 사랑'이죠.

지난 시간에 이미 말씀드렸어요. 인간 사이의 에로

스가 거주하는 영역, 사랑이 싹트는 영역이 자본주의 사회로 들어오면 유통 영역으로 변해간다고요. 오늘은 〈최후의 심판대에서 맑다는 것〉, 〈박사님, 정말 감사합니다〉, 〈안티테제〉를 묶어서 진행해보겠습니다. 이 세 장을 통해 아도르노가 얘기하려는 것은 소위 말하는 '좋은 사람들'이란 누구인가입니다.

프로이트의 정신분석학에서 '말실수(Fehlleistung)'라는 개념이 있죠? 환자들은 트라우마가 있기 때문에 의사를 찾아와요. 트라우마에서 해방되려면 이것을 언어화해야 돼요. 말할 수 있어야 하는 거죠. 그런데 대체로 트라우마를 가진 사람들은 그것의 이름을 부르지 못합니다.

우리가 무엇이든 언어화를 시키면 그것이 객관화되죠. 언어는 지배력을 가지고 있기 때문에 그 대상을 지배할 수 있어요. 말하고 나면 시원하다 그러잖아요? 이렇게 쉽게 언어화될 수 있는 상처가 있고, 거의 언어화가 될 수 없는 상처가 있습니다. 우리는 후자를 트라우마라고 부르죠.

트라우마가 왜 언어화될 수 없느냐 하면 두려움 때문이에요. 웬만한 상처는 그 상처를 기억해도 거리가 있어요. 그때 거기에서 입었던 상처의 현장성이 나에게 직접적으로 오지 않아요. 그러나 트라우마는 나를 온전히 지배하는 상처이기 때문에 기억 작용이 거리를 가지지 못합니다. 우리가 그것을 기억하게 되면 그때 거기에서 받았던 충격, 거기서 받았던 공포 같은 것들이 지금 여기인 것처럼 나를 다시 습격하죠.

우리가 그런 말을 하잖아요, 한 번은 당해도 두 번은 안 당한다고. 그사이에 방어 작용이 생깁니다. 두려움은 방어기제죠. 그렇기 때문에 트라우마를 언어화하려 할수록 자꾸 그것을 피해가게 되는 거죠. 트라우마를 가진 환자들이 의사에게 와서 고백을 하려 그러잖아요? 담화를 한다는 것은 고백하는 것인데 이 고백이 사실은 불가능하다는 거죠. 환자들은 말하고자 하는 의도를 가지고 있지만 끊임없이 그것을 피해요. 거짓말을 하는 거예요.

의사의 역할은 환자의 말을 믿는 것이 아니라, 거짓말 뒤에 숨어서 작동하는 어떠한 트라우마의 강박을 찾아내는 것입니다. 듣는 기술이 있어야 되는 거죠. 감춰진 트라우마의 정체를 간파할 수 있는 순간이 있는데, 그것은 환자가 말실수를 할 때예요. 무언가를 계속 피하다가 얼핏 그것에 습격을 당하는 거죠. 자기도 모르게 말을 하게 되는데 그렇다고 해서 이름을 말하거나 사건 자체를 말하는 것이 아니라, 거짓말의 연쇄작용이 어느 순간 불연속화되죠. 삐걱하는 순간들을 포착해서 종합적으로 나중에 재구성해보면 이 사람이 가지고 있는 상처가 무엇인지 추론해낼 수 있는 거죠. 그런 의미에서 우리는 이것을 말실수라고 얘기합니다.

아도르노가 얘기하려는 것은 프로이트의 정신분석학적 범주와 밀접하게 닿아 있어요. 독일에서도 어느 정도 유명한 사람이 죽으면 신문에 부고를 냅니다. 몇 월 며칠에 죽었다 하고 그 사람에 대해 몇 줄을 쓰는 거죠. 그 중에서 아도르노는 이런 문구도 볼 수 있다고 얘기하죠. 말하자면 이 분은 평생 동안 참 고고하게 살았다는 겁니다. 나쁜 짓 하나도 안 하고 순결하고 고고하고, 나아가서는 많은 선행도 하다 돌아가셨다, 이런 식의 문구요. 이것을 두고 티 없이 깨끗한 사람이다, 얘기를 합니다.

그런데 이것을 말실수적인 분석틀을 가지고 보면 다름 아닌 거짓말이며, 이 거짓말을 통해서 진실을 드러내고 있다는 거예요. 이 진실은 개인의 진실이라기보다는 현재적 삶의 틀 안에서 우리에게 고고하게 산다는 것이 무엇인가, 또는 그렇게 고고하게 살기 위해서 반드시 치러야 하는 대가는 무엇인가 하는 것을 역설적으로 추론할 수 있게 만든다는 거죠.

이것을 통해서 아도르노가 얘기하려는 것은 도대체 좋은 사람들이란 누구인가입니다. 그 사람들은 어떻게 그렇게 좋게 살았을까? 어떻게 깨끗하게 살았을까? 그것이 여러 가지 형태로 나와요. 예컨대 봉사를 잘하는 사람, 더러운 세상에서 자기를 잘 지켜나간 사람, 마지막에 가면 비판적 지식인, 양심에 따라서 비판 행위를 했던 사람들이 있잖아요? 우리가 흔히 좋은 일 한다 할 때의 사람들을 얘기합니다.

우리는 이번 시간에 이 사람들이 누구인지 한번 알아보겠습니다. 좋은 사람들이라는 건 상처가 아니죠. 그야말로 선하고 깨끗하게 산 사람들인데, 왜 이것이 '슬픈 선행'이 되고 슬픈 좋음이 될 수밖에 없는가라는 것을 우리가 비판적으로 읽어봐야 됩니다.

○

좋은 사람들은 누구입니까? 때 묻지 않은 사람들입

니다. 나쁜 짓 안 했던 사람들, 세상이 나쁘기 때문에 그 세상에서 자기를 지키려 했던 사람들, 다시 말하자면 자기를 더럽히지 않으려 했던 사람들이죠. 이런 사람들을 우리는 좋은 사람들이라 부를 수 있어요. 그런데 아도르노의 명제 중 하나가 모든 것이 순수하지 않다는 것입니다. 모든 것이 거짓이라는 거죠. 물론 이것은 방법론으로서의 과장이 있습니다. 이 전제에서 보면 세상이 악으로 가득 차고 죄를 지을 수밖에 없도록 되어 있는데 홀로 고고하고 깨끗하게 살았던 이 사람은 누구인가라는 거죠. 이 모순을 들춰내려 하는 거죠.

이 문제를 얘기하기에 참 좋은 소설이 하나 있어요. 톨스토이의 《이반 일리치의 죽음》이라는 소설 아시죠? 아도르노가 좋은 사람들의 몇 가지 덕목을 얘기하는데, 우선 정직하고 성실한 거예요. 남을 속이지 않는 거죠. 또 하나는 침착해요. 흥분하지 않습니다. 이 사람들은 세상이 더럽다는 것을 알고, 이 세상에 가담하게 되면 결국은 때가 묻는다고 생각하기 때문이죠. 우리가 실천을 위해서든 무엇을 위해서든 이 세상에 개입하려면 흥분이 되어야 해요. 그런데 이 사람들은 흥분을 잘 다스리는 사람들이고, 우린 그 사람들을 대단히 침착한 사람이라고 얘기하죠.

또 이들은 아주 관대해요. 만일 이 사람들이 중산층이거나 나아가서는 어떤 권위나 부를 가지고 있으면, 홀로 깨끗하게 사는 것이 아니라 선행을 했기 때문에 고고한 것이죠. 이 선행의 실천을 관대함이라 부를 수 있죠.

톨스토이가 이반 일리치라는 인물을 통해 거의 비슷한 문제의식을 얘기합니다. 물론 테마는 달라요. 죽음의 문제가 중심으로 거론되죠. 그리고 죄의 문제도요. 아시겠지만 톨스토이는 기독교적 경건주의자예요. 죄, 구원, 은총 이런 문제들이 톨스토이 문학의 주제가 아닙니까? 이반 일리치는 법관입니다. 이 사람은 삶의 두 가지 원칙을 가지고 있어요. 하나는 정직함, 다른 하나는 편안함입니다. 누군가가 세상에 물들지 않고 선행도 하면서 고고하게 살려 한다면 그 이유가 뭘까요? 편하려고 하는 거죠. 마음이 편하거든요. 나쁜 짓을 하면 괴롭잖아요? 그게 싫으니까 정직하게 살려 하는 건데 이반 일리치가 꼭 그렇습니다. 정직하고 성실하고 편안하게 살려 해요. 잘못된 게 아니죠. 우리 모두 그걸 원해요. 그렇게만 될 수 있다면 얼마나 좋아요?

혹자들은 그래요. 돈 있으면 할 수 있다고요. 그런데

그렇게 살기가 힘들다는 걸 다 아시잖아요? 편하게 살려면 악다구니를 써야 하고, 성실하고 정직하게 살려면 돈은 꿈도 꾸지 말아야 하고 이런 거 아닙니까? 큰 유산을 받은 부자들이라면 몰라도요. 그런데 또 부자에 대한 아주 기묘한 논리를 나중에 아도르노가 밝혀내고 있어요.

이반 일리치는 아주 정직하고 성실한 법관입니다. 예컨대 못사는 농민들이 이러저러한 억울한 사연을 가지고 찾아와요. 당대의 법관들은 전부 부패했기 때문에 늘 뇌물을 받고 잘못된 판결을 내리죠. 그런데 이반 일리치는 절대 그렇게 하지 않아요. 법조문을 따라서 정확하게 판단을 내립니다. 성실한 사람이기 때문이죠. 뇌물도 절대로 받지 않습니다. 정직한 사람이기 때문에요. 그랬을 때 편안해요. 이 사람에게 누가 뭐라 그러겠어요?

그런데 이런 경우가 있습니다. 농민들이 와서 감사해해요. 세상에 이런 법관이 어디 있냐면서요. 당시 러시아는 부패로 가득 차 있었어요. 종교 권력과 황제 권력과 부르주아 권력이 국가 부의 99.9퍼센트를 가지고 있고 프롤레타리아나 농민들은 항상 착취당해요. 그렇게 아무런 권력도 못 가지고 있던 사람들이 정당한 판결을 받으니 얼마나 좋습니까? 그러니까 감사를 표하기 위해 조그만 선물이라도 주고 싶어서 이반 일리치를 찾아가요. 그러면 이반 일리치는 안 만나줍니다. 해야 할 일을 했으니까 감사의 선물을 받을 필요가 있나 이렇게 생각할 수도 있지만 이반 일리치는 다른 생각이 있어요.

우리가 비즈니스라 그러잖아요? 이반 일리치는 비즈니스와 자기의 삶을 완전히 구분하죠. 비즈니스에서는 그 사람들과 만나지만, 자기 삶의 영역으로 들어오면 격이 떨어지는 사람들과 만나려 하지 않습니다. 접촉을 하지 않아요. 그럼 누구와 만나려 그러느냐? 자기보다 잘나가는 사람들하고 만나려 그래요. 이것이 소위 이반 일리치의 고고함이에요. 나중에 이반 일리치가 죽어서 재판을 받게 되면 하나님도 곤란할 거예요. 왜냐하면 아무리 뒤져봐도 잘못한 게 없거든요. 뇌물을 받았어요, 뭘 나쁜 짓을 했어요? 심증은 있는데 물증은 없다 이런 거 있잖아요? 실제로 이런 사람들에게는 물증을 찾아낼 수가 없습니다.

그런데 나중에 톨스토이가 얘기하려는 것이 이것이죠. 우리는 책을 읽다 보면 톨스토이적 죄의 정의를 만나게 됩니다. 죄는 무엇을 위반했기 때문에 생기는 게 아니라는 거예요. 하지 말라는 것을 위반했기 때문에 생기는 게 죄가 아니라 당연히 해야 하는 것을 안 하면 그것도 죄예요. 당대의 종교 권력이나 부르주아 권력, 귀족 권력에 속했던 사람들이 가난하고 피폐한 사람들에 대해 아무 나쁜 짓도 하지 않았을 수 있지만 그렇다고 그들이 죄가 없는가? 아니, 오히려 죄가 많다는 고발이죠. 왜냐하면 그들은 당연히 해야 할 일들이 무엇인지 알았고, 할 수도 있었어요. 그렇지만 하지 않은 거죠.

이것이 바로 이반 일리치의 고고함입니다. 아도르노가 보는 것도 마찬가지예요. 모든 것이 더러운 세상에서 홀로 고고했던 분들은 결국은 이런 원칙을 따를 수밖에 없었을 것이라는 거죠. 그들은 무언가를 안 한 거죠. 이 정직함과 성실함이 어떻게 지켜질 수 있었을까를 물어보면 그건 근본적으로 흥분하지 않는 능력 때문이에요. 자기통제, 자기 관리의 능력이죠. 우리는 때때로 흥분하죠. 그런데 여러분 아시잖아요? 어떤 세상에서는 흥분하면 지게 돼 있어요. 싸울 때는 흥분하면 안 돼요. 특히 TV 토론 이런 데 나가서 흥분하면 절대로 안 돼요. 얼마나 침착할 수 있느냐에 따라서 승리가 결정되죠. 이 흥분하지 않음, 침착함, 그럼 이건 무엇으로부터 오는 걸까요?

이반 일리치에게서도 볼 수 있어요. 무엇이냐 하면 무관심에서 와요. 당연히 흥분해야 할 것들에 대해서 얼마나 무관심할 수 있느냐죠. 평생 침착하고 흥분하지 않는, 이런 사람을 두고 우리는 뭐라 그래요? 법 없이도 산다고 얘기하지 않습니까. 이 사람들을 두고 때 묻지 않고 고고하게 살았다고 합니다. 그렇지만 아도르노는 이렇게 얘기하죠. 이것은 소시민적 차가움 때문이라고요. 이 사람들은 무균질의 사람들, 세균에 하나도 닿지 않은 사람들이에요. 무균실에서 살았던 사람들인데 이들의 근본적인 생활 태도가 뭐냐? 혹은 생에 대한 숨겨진 원칙이 뭐냐는 거죠. 그것에 대해서 아도르노는 이렇게 얘기합니다. 썩은 사과에서 안 썩은 쪽만 잘 베어 먹은 사람들이라고요. 아니면 덜 썩은 부분들만 묘하게 기술적으로 베어 먹고 썩은 부분들은 남들이 먹으라고 주는 사람들이라는 거죠. 이것이 모든 것이 썩어 있을 수밖에 없는 세상에서 고고하게 살자면 반드시 지켜야 되는 실제적인 원칙이라는 거예요.

그다음에 이런 사람들일수록 마음이 좋아요. 잘 베풀기도 하고요. 한계가 있긴 하지만 불쌍한 사람이 도와 달라 그러면 돈도 있으니까 잘 도와주죠. 부르주아들은 관대하다고 책에도 나오죠. 우리도 보면 관대한 상류층 사람들이 있습니다.

다음 시간에 가면 수전노 얘기를 할 텐데요, 과거의 수전노들은 악바리들이었어요. 옆에서 누가 굶어 죽어도 주지 않습니다. 그러나 요즘의 수전노들, 즉 부자들은 태도가 좀 다르다는 거예요. 교양화되어 있어요. 관대하다는 거죠.

그런데 이들의 고고한 삶의 원칙을 보면 사실 이 관대함은 어디서 오느냐? 증오에서 온다고 얘기합니다. 즉, 정당한 분배 과정, 정당한 생산 관계, 정당한 세상을 주장하고 따지는 사람들에 대한 증오에서 온다는 것이죠. 그런 사람들을 미워해요. 왜냐하면 고고하게 살고 있는 사람들에게 그런 사람들은 위험인물이에요. 자기들이 차지한 안전지대가 흔들릴 수밖에 없거든요. 부르주아들은 대단히 관대하지만 이것은 알고 보면 올바른 삶, 올바른 사람, 올바른 세상에 대해서 증오를 가지기 때문에 생기는 관대함이다, 이렇게 얘기합니다.

○

우리 집은 제사를 지내요. 제사 때가 되면 사람들이 오죠. 여기서 집안 불평하고 그러면 안 되는데 나만이 아니라 우리들 대부분 다 비슷할 거 같아요. 사람들이 모이면 끊임없이 부에 대한 선망을 얘기하거나 아니면 그 핏줄 사이에서도 열등감 같은 걸 느끼게 되잖아요. 또 누구는 시집 언제 가냐는 둥 하며 사람을 가만두지를 않고요. 언젠가 집에서 제사를 지낼 때 친척 중에 한 사람이 왔는데 그 사람은 강남에 사는 사람이에요. 물론 강남에 산다고 다 부자는 아니죠. 그분도 그렇게 부자는 아닌데 지나가는 말처럼 그런 얘기를 했어요. 제 집은 강북에 있거든요. 엘리베이터를 타고 올라가는데 여기 사는 사람들은 왜 이렇게 얼굴이 딱딱하게 굳어 있냐고 그래요. 강남에서는 서로 눈이 마주치면 미소를 지으면서 인사하고 그런다고 합니다. 제가 한 소리 하려다 참았어요. 이 책에서도 나오죠. 부르주아들은 서로에게 후하다.

저는 이 부분에 이의를 제기하고 싶어요. 정말 부르주아들은 서로에게 후합니까? 그럴 수도 있겠죠. 강남의 부자 아파트 엘리베이터에서는 서로 만나면 씩 웃으면서 잘 지내십니까, 하고 인사들을 합니까? 그런데 이 관대하고 후한 미소 속에 가시가 없다고 생각하세요?

가난한 사람들은 왜 딱딱합니까? 그리고 왜 가난한 사람들은 인사도 안 하고 그럴까요? 사실 우리 사회가 그렇죠. 가난할수록 가난한 사람들을 싫어해요. 동지 의식이 없어요. 이것이 우리의 근본적인 사회문제인데, 서로 보는 것을 싫어하죠. 자기 확인이 되니까요. 이런 의미에서 보면 가난한 사람들은 가시가 밖으로 솟아 있습니다.

부르주아 계급은 가시가 없는가? 제가 볼 때 부르주아 계급에서는 그 가시가 안 보일 뿐 안으로 돋아 있습니다. 후한 미소 같지만 사실은 안에 있는 가시들이 교환되고 있다는 거예요. 왜 그렇습니까? 부르주아 계급이 되기 위해서는 끊임없는 투쟁을 거쳐야만 가능하니까요. 자기 앞에 있는 경쟁자들에게 가시를 세우고, 가시의 힘으로 그들을 넘어설 때만 부르주아 계급이 되는 거죠. 부르주아 계급이 되기 위해서는 가난한 사람들보다 더 예민한 가시를 가질 수밖에 없다는 거예요. 이 가시는 거의 삶의 방식이 되었기 때문에 자기들끼리 후한 미소를 나누는 것 같아도 내적으로는 상호 경쟁의식으로 가득 차 있다는 거죠.

그런 의미에서 하나의 사회가 경쟁을 통해서만 유지될 수 있다면, 그 경쟁의 가시는 가난한 계급이나 부자 계급이나 공히 존재할 수밖에 없다는 거예요. 가시의 교환 관계라는 것은 있는 계급과 없는 계급 사이에서만 왔다 갔다 하는 것이 아니라 각 계급 내에서도 그 가시들이 상호 돋아 있다는 거지요. 이 부르주아들의 내적 암투는 프루스트의 살롱 얘기를 들어보면 아주 현저하게 드러나요. 《잃어버린 시간을 찾아서》는 그 점에서 아주 뛰어난 사회소설이에요. 있는 자들이 모여서 서로 암투를 벌이고 서로 가시를 숨긴 채로 끊임없이 경쟁을 통해 승리하고자 하죠. 가면을 쓰고 교양 있고 예의 바르게 대화하지만 프루스트의 시선으로 들추어보면 그 안에는 고슴도치들의 세계가 있단 말이죠. 그런 것들이 프루스트를 읽으면 적나라하게 드러납니다.

○

이어서 〈박사님, 정말 감사합니다〉와 〈안티테제〉로 들어가서 좋은 사람들이란 어떤 사람들인가, 오늘날 우리들의 현실과 연계하면서 계속 얘기해보겠습니다.

우리 사회에는 좋은 사람들이 많습니다. 좋은 사람들이 누굴까요? 좋은 일을 하려는 사람들이죠. 저는 좋은 일을 하려는 사람들 중에 멘토들도 있다고 생각해요. 아픈 청춘들, 흔들리는 사람들에게 그렇게 흔들리지 말고 아프지 않아도 된다, 이런 식으로 얘기하면서 자기들의 교훈을 전달하려 하는 사람들이죠. 꼭 특정한 사람들을 얘기하는 건 아니에요. 자기 삶을 통해서 무언가 교훈을 주거나 좋은 것을 전달하고 싶어 하는 사람들을 모두 멘토라고 부르겠습니다. 그런데 어떤 사람이 멘토 역할을 한다고 했을 때는 자의식이 있죠. '나는 멘토 역할을 할 수 있고, 해도 된다.' 이 자의식은 근본적으로 어디서 올까요? 이것이 어떤 조건하에서 나오느냐는 거죠.

이 사람들은 굉장히 착한 사람들 같아요. 본질적으로 착하고 선한 사람들 같아요. 왜냐하면 이들은 아직도 본받을 만한 삶이 있고, 그런 삶이 가능하다는 믿음을 가지고 있어요. 그렇지 않습니까? 아도르노나 저처럼 그런 거 도대체 믿을 수 없다고 생각하는 나쁜 사람들과는 좀 다른 것 같아요. 좋은 것은 여전히 가능하다, 사람다운 삶은 얼마든지 가능하다, 이런 믿음을 가지고 있다는 점에서 선하고 착한 사람들임이 분명하다는 거죠.

결국 멘토의 역할을 한다는 건 뭐죠? 하나는 큰 어려움을 겪었지만 그 어려움 때문에 알 수 있었던 교훈을 전달한다는 의미에서 멘토 역할을 하는 사람이 있을 거예요. 또는 어려운 상황이 있었지만 그것을 극복했기 때문에 멘토 역할을 할 수 있다고 생각하는 사람들이 있겠죠. 이렇게 저렇게 해봐도 결국 나는 실패했다 이러는 사람들은 절대 TV에 안 나와요. 나는 결국 실패할 수밖에 없었다, 내 인생은 실패했어, 이런 사람들은 절대 멘토가 될 수 없죠.

그런 의미에서 멘토의 자의식을 가지고 있는 사람들은 한편으로는 나르시시스트예요. 나는 예외적으로 다르게 살 수 있었다는 생각에서 나오는 거거든요. 그러나 아도르노의 논리를 따르면 모든 것이 더럽고 모순투성이인 세상에서 예외는 없는 겁니다. '나는 이렇게 살 수 있었어, 너도 그럴 수 있어'라며 교훈을 주고 멘토링을 하는 사람들은 아도르노의 전제를 따르면 나르시시스트예요. 자기를 너무 훌륭하게 생각하는 거죠.

또 하나는 영웅주의자이기도 해요. '그래 나는 정말

어려웠어, 나는 예외적인 입지에 있지 않았어, 나는 너희들과 똑같이 어려운 상황에 있었고 이길 수 없는 싸움을 해야만 했었어, 그런데 난 이겼거든.' 이러는 게 영웅주의자죠. '봐, 나는 이겼어, 그러니까 내가 지금 멘토가 됐잖아.' 이렇게 얘기하죠. '너희들도 싸우면 이길 수 있어. 너희들도 영웅이 될 수 있어'라고 하는 게 영웅주의자들이죠. 성공 시대의 주인공들. '가정이 너무 어렵고 사업이 너무 어려웠는데, 보세요, 나는 지금 중견기업의 사장이 됐답니다.' 지식인도 그래요. '봐, 나는 훌륭한 인문학자가 됐거든.'

오늘날 우리의 상황에 비쳐보면 멘토의 자의식은 대체로 이 세 가지에서 나온다 할 수 있죠. 이들은 착한 사람들이고, 나르시시스트들이고, 영웅주의자들이라는 생각이 듭니다.

그리고 또 다른 부류의 착한 사람들이 있어요. 다름아닌 치유주의자들이 있습니다. 요즘 힐링이 대세라 하던데 바로 이것을 하는 사람들이죠. 이들이 내가 남을 치유할 수 있다라고 얘기할 때 어떤 전제에서 자의식을 가질까라는 것도 한번 생각해볼 수 있어요. 분명히 이 사람들

도 착한 사람들이에요. 착하니까 남의 아픔을 위안하려
하고 치유하려 하겠죠. 멘토들과 다르지 않아요. 착하고
선한 사람들이죠.

멘토들이 영웅주의적이라면 치유를 하려는 사람들
은 좀 더 민감한 것 같아요. 남을 치유하려는 사람들이
전제로 가지는 것이 무엇입니까? 그건 민감함이에요. 무
엇에 대해서요? 남의 상처에 대해서죠. 물론 이지적이고
객관적일 때 치유가 될 수도 있겠지만, 일차적으로 내가
누군가를 치유하려 할 때 반드시 필요한 전제는 동변상
련의 능력이라는 거죠. 저 사람의 아픔이 나의 아픔처럼
아플 때 치유를 하려 하죠. 그래서 그런 사람들은 저희
집사람처럼 잘 울어요. 눈물을 잘 흘려요. 힐링을 하는
사람들은 상처의 아픔에 대해서 굉장히 예민해요.

그런데 아도르노는 이렇게 얘기합니다. 상처의 아픔
에 대단히 예민하지만 그 무언가에 대해서는 둔감하다
는 거죠. 바로 상처의 이유에 대해서는 둔감하다는 거예
요. 이 상처가 본질적으로 왜 생겼는가, 그리고 이 상처가
무엇인가라는 문제. 아도르노식으로 얘기하면 사회적 상
처예요. 상처받을 수밖에 없는 삶의 조건, 이것이 상처의
본질이에요. 상처의 아픔도 중요하지만 이 상처의 본질에

대해서는 잘 묻지 않는다는 거죠. 그런 점에서 이 치유주의자들의 둔감함과 예민함의 변증법이 있다는 겁니다.

만일 상처의 본질, 상처의 이유에 대해서는 둔감하면서 오직 아픔에 대해서만 민감하게 되면 이것은 유감스럽게도 감정의 소비로 변할 수밖에 없어요. 눈물과 정으로 가득 찬 감정의 소비, 소비주의자가 됩니다. 이 문제를 좀 더 깊이 들어가서 보면, 우리는 무엇 때문에 소비를 합니까? 혹은 누구를 위해서 하죠? 타자를 위해서 하나요, 아니면 나를 위해서 합니까? 그 문제가 나옵니다.

모든 소비가 타자가 아니라 자기를 위한 것이라 한다면, 결국 이 치유하는 사람들 또한 나르시시스트예요. 그리고 굉장히 이기주의자들이에요. 더 정확하게 얘기하면 결국은 상처를 외면하려는 사람들이에요. 상처를 덮으려는, 봉합하려는 사람들, 그것을 드러내려 하지 않는 사람들이죠. 결국은 차가운 사람들이에요. 그들은 따뜻한 마음으로 상처에 접근하는 것 같지만, 그 뒤에서 우리가 읽어낼 수 있는 것은 차가움입니다.

아도르노는 그것을 시민적 차가움이라 불러요. 궁극적으로 자기를 위해서 모든 것을 다루고자 하는, 잘못된 리버럴리스트들이 가지고 있는 자의식이에요. 그런 시민적 차가움을 삶의 원칙으로 육화하고 있는 이기주의자들이라는 거죠. 이들은 다 사회에서 생산된 자아들이라는 거죠. 세상이 만들어낸 자아들이에요. 그래서 이 자아는 절대로 자발적 자아가 아닙니다. 타율적 자아예요. 다시 말하면 강요된 자아예요. 상처의 본질을 물어보는 일은 대단히 고통스럽지만, 이것을 물어볼 때에만 저 사람의 상처가 무엇을 통해서만 치유될 수 있는가도 동시에 확연해지는 거예요.

아도르노는 멘토든 치유주의자든 모두 객관적 권력을 육화하고 있는 사람들이라 얘기해요. 조금 전에 관대함에 대해 얘기를 했지만 멘토나 치유주의자들에겐 어떤 관대함이 있습니다. 선함이 있죠. 이들은 겸손함을 알고 있어요. 겸손함은 내가 저 사람보다 더 나은 것은 없다는 자세죠. 그럴 때 우리는 멘토도 하게 되고 치유도 하려 하죠. 진정한 멘토로서, 치유주의자로서 자의식이 있는 사람이라면 우월감을 가지고 시작하지는 않을 거예요.

그래서 아도르노는 얘기하죠. 우리는 멘토의 역할을 하든 힐링을 하든 아파하는 사람들에게 다가갈 때 어떤 겸손함을 가진다고 해요. 저도 가끔 얘기해요. '알고 보면

다 불쌍해. 그러니까 싸울 필요 없어.'

저는 이런 글을 읽으면서 제 자신도 시민적 차가움에 젖어 있다는 걸 알 수 있는데요. 그러면 나는 저 사람보다 나은 게 없다는 겸손함은 무엇 때문에 가능하냐는 질문을 할 수 있죠.

이런 의식이 태어나기 위해서 앞에 있는 게 있어요. 바로 그 사람의 약점을 보았기 때문이에요. 그 사람의 약점, 허약함, 치유받아야 할 점을 보았기 때문이죠. 그것을 자기와 비교해서 나도 나은 게 없다고 얘기하는데, 이미 이 비교 의식이 어떤 우월감에서 온다는 거죠. 이건 피할 수가 없어요.

그리고 하나 더 나아가면 이렇게 얘기합니다. 이게 참 무서운 건데요, 저 사람의 약점이 무엇인가를 알아보게 되면 그 사람을 지배할 수 있는 것이 무엇인지를 또한 알게 된다는 거예요. 우리는 누구의 약점을 알면 이미 승리해요. 그래서 우리는 절대로 약점을 드러내려 하지 않죠. 이 알아보기가 곧 그 사람을 내가 다룰 수 있다는 의식이 되고, 이 의식이 멘토링을 하거나 그 사람을 치유할 때 자기도 모르게 작동된다는 거죠.

세상의 원칙은 이런 식으로 사람들의 관계가 맺어지

도록 강요한다는 거예요. 세상의 원칙이 뭡니까? 타자와 관계 맺을 때 타자를 이기는 게 목적이 돼요. 무엇보다 타자의 약점에 눈뜨게 돼요. 그러면서 타자의 약점을 통해서 경쟁에서 이길 수 있다는 것을 알아보게 돼요. 그렇게 인간관계가 맺어지면, 그 관계는 자연스럽게 경쟁에서 승리할 수 있는 방식으로 흘러간다는 거죠. 우리는 이렇게 산다는 거예요. 이렇게 승리할 수밖에 없고, 이런 식으로 살 수밖에 없다고 강요당하고 있다는 거죠. 이 근본적인 작동 원칙이 치유나 멘토에서 예외적이냐? 아도르노는 아니라고 얘기합니다. 왜? 상처의 본질을 물어보려 하지 않기 때문이라는 거죠.

모든 함께함, 교류와 참여의 모든 인간성은 비인간적인 것을 암묵적으로 용인하는 가면에 지나지 않는다. 인간의 고통과 하나가 되어야 한다고 한다. 그러나 그들의 기쁨을 향한 작은 발걸음은 고통을 가중시키는 발걸음일 뿐이다.

또 다른 타입의 좋은 사람들도 있어요. 세상이 잘못되었다고 얘기하고 고치려 하는 사람들이죠. 아도르노는 사실 이런 지식인을 사회의 독버섯 같은 존재로 보고 있어요. 사회의 본질을 정확하게 물어야 됨에도 그 책임을 방기하고 있다는 것이죠. 이것은 아도르노의 근본적인 사유 방식과 관련됩니다.

아도르노는 프롤레타리아 계급, 교양으로부터 멀어져 있는 사람들에게 절대 기대를 안 가져요. 이것은 신좌파들이 가지고 있는 역사적 상처 때문에 그럴 거예요. 이들은 마르크시즘에 대한 기대가 컸던 사람들이에요. 그러나 소련의 혁명이 스탈린의 독재로 건너가고 자본주의가 범람하는 모습을 보면서 큰 좌절을 겪죠. 그렇다 해서 그들이 좌파성을 포기할 거냐? 그건 안 되니까 마르크스를 수용하면서도 거리를 두는 새로운 좌파 이론이 생겨나는데 우리는 그것을 신좌파라고 불러요. 부르주아 사회나 권력이 만만한 게 아니라는 거죠.

과거의 혁명주의자들은 이 막강한 부르주아 세력을 너무 얕봤기 때문에 패배했고, 그래서 68혁명도 패배했다고 해석합니다. 열정에 도취되어서 거리로 뛰쳐나갔을 때 그들에게 궁극적으로 주어진 운명이 무엇이었습니까? 테러리스트예요. 테러리스트는 자포자기한 사람이죠. 신좌파는 이런 데 대해서 커다란 상처를 입은 사람들입니다. 그래서 마르크시즘의 혁명주의가 가지고 있는 프롤레타리아 계급에 대한 거대한 기대를 처음부터 가지지 않으려 했고, 또한 그것이 가장 위험한 믿음이라 얘기합니다. 그래서 대신 지식인 계급에 기대를 하는 거죠.

그런데 아도르노가 볼 때 이 지식인 계급이 실제로 부르주아 사회에서 하고 있는 건 뭐냐는 거예요. 마르크스의 《포이에르바하에 관한 테제》에 이런 얘기가 나오죠. "철학은 지금까지 세상을 해석만 했다. 그러나 이제 철학은 바꿔야 된다." 거기에 대해서 아도르노는 역으로 들어갑니다. 지금까지 철학은 세상을 섣불리 바꾸려고만 했다는 거예요. 그러나 이제 철학은 세상을 통찰해야 된다고 해요. 이론과 실천의 첨예한 관계가 이루어져요. 그것 때문에 많은 공격을 당하기도 했죠. 지적 귀족주의자다, 은거주의자다, 많은 비판을 받았지만 여기에 대해서 아도르노는 아주 단호합니다. 이론이 곧 실천이지 실천이 따로 있지 않다는 것이죠. 상처의 본질, 모순의 본질을 통찰하지 않은 채 행사되는 모든 실천들은 결국 적을 더욱 공고히 할 뿐이다는 생각을 가지고 있습니다. 그래서 지식인에 대한 굉장한 애증이 있죠. 사랑하는 것에 대해서 훨씬 미움이 강하잖아요? 특히 그 사랑이 보답받지 못

하면 미움은 더 강해지죠.

비판적 지식인들은 참 좋은 사람들이죠. 세상이 잘 못됐다고 드러내려 하고, 타협하지 않으려 하고, 세상을 바꾸려 하죠. 우리 사회에도 그런 분들이 많이 계시잖아요? 많은 사람들이 지식을 소시민적 출세주의의 수단으로 사용하는 현실에서 비판적 지식인은 굉장히 귀중한 존재죠. 지식을 상품화하거나 사유화하지 않는 사람들이에요.

사실 지식은 공공재산입니다. 혼자 얻어낸 게 절대로 아니에요. 역사의 수많은 고통과 투쟁을 거쳐서 공공재산으로 만들어진 것인데 이 지식을 사유화하는 것은 우스꽝스러운 일이죠. 자기의 것도 아닌 것을 자기 것으로 사유화해요. 이건 부패랑 똑같아요. 자기 것도 아닌 세금을 자기 것으로 하면 부패라고 하잖아요.

아도르노는 애증을 가지고 이 비판적 지식인들을 두 가지 유형으로 얘기해요. 하나는 실천적 지식인들이 있어요. 뭔가 행동을 하려 해요. 세상으로 나아가서 바꾸려고 해요. 이런 사람들이 대체로 중요시하는 게 뭐죠? 연대성이죠. 근본적으로 정치적입니다. 이런 사람들은 어느 편을 지향한다는 것이죠. 아도르노는 이 실천적-비판적 지식인 유형을 또한 두 가지 시선으로 보고 있습니다.

먼저 이들은 근본적으로 영웅주의자들이라는 거죠. 연대를 통해서 무언가를 바꿀 수 있다고 믿는 사람들이라는 거예요. 아도르노가 볼 때 이들은 아직 세상을 통찰하지 못하고 있어요. 그러한 연대를 통해서 바뀔 수 있는 게 세상인 것처럼 믿고 있다는 점에서 상당히 순진한 영웅주의자들이다라고 봅니다. 또 하나는 이들이 근본적으로 우월주의자들이라는 거예요.

제가 아는 어떤 분도 대단한 지식인인데 강정마을에 가서 시위 현장에 참여를 한 다음에 말했어요. 자기가 알고 있었던 게 다 소용없었다고요. 그리고 자기가 알고 있었던 모든 것들을 내려놓을 거다, 그럴 때에만 우리는 투쟁에서 진정성을 지닐 수 있다고 했어요. 그러나 아도르노는 이런 자세를 단호하게 비판합니다. 지식인이 억압받는 계급과 자기를 동일시하는 것, 즉 거리를 없애버리는 것은 과대망상이라고 얘기하죠.

아도르노가 볼 때 이것은 두 가지 이유에서 불가능합니다. 하나는 지식인은 결코 출신 성분상 이들과 하나가 될 수 없다는 거예요. 하나가 되려 하는 것 자체가 우월감의 표현이라는 거죠. 그리고 또 하나는 억압받는 계급들, 그것을 아도르노는 육체노동자들이라 부르는데, 꼭 육체노동자에 국한시켜서 말하는 건 아니지만 충분히 교양화되지 못한 사람들과 연대를 한다는 것 자체가 이미 문제를 안고 있다고 얘기해요.

왜냐하면 희망은 거기에 있지 않다는 거예요. 그 사람들에게 있지 않다는 것입니다. 희망은 이 세상의 모순을 통찰해낼 수 있는 지적 능력을 가진 사람에게 있다는 거죠. 그렇지만 이것이 지성주의를 주장하는 것이냐면 또 그렇지는 않습니다. 그래서 '슬픈 학문'이라 말해요. 지식인은 자기가 얼마나 모순적 존재일 수밖에 없는가를 알아야 된다는 겁니다.

아도르노가 볼 때 지식인이 억압당하는 사람들과 자기를 동일시하려는 행동은, 그 안에 이미 싹터 있는 객관적 권력을 받아들이기 위한 암묵적 가면에 불과해요. 말씀드렸듯이 약자를 약자로 인식하는 순간 생기는 것이 있어요. 나는 저들보다 낫다는 거죠. 물론 겸손함도 있어요. '나는 저 사람들과 다르지 않아'라고 얘기하지만, 동시에 그들이 약자라는 의식이 있기에 나는 저 사람들에 대해서 무언가 더 나은 일을 해줄 수 있다는 생각이 드는 거죠.

이게 힐링이 될 수도 있고 멘토가 될 수도 있지만 근본적으로 세력 관계에 눈뜬다는 거예요. 무의지적으로 권력 관계가 생겨요.

우리가 정말 이길 수 없는 것이 있습니다. 자기 우월 감이에요. 특히 약자 앞에서요. 또 하나, 절대로 이길 수 없는 게 있습니다. 특히 한국 사회에서는 더 그래요. 자기 열등감이에요. 있는 자들 앞에서, 자기보다 나은 사람들에 대해서요. 다른 것 같지만 동일한 거예요. 그것은 타율적 자아들이 가지고 있는 거예요. 강요된 자아들이 가지고 있는 양가성이죠.

아도르노가 볼 때 지식인이 피지배계급과 연대하려는 것은 그 안에서 자기가 가지고 있는 권력이 행사될 수밖에 없다는 사실을 통찰하고 있지 못하기 때문이라는 거죠. 한 걸음 더 가서 보면 이렇게도 생각할 수 있습니다. 대단히 교활한 건데요, 그런 연대 행위 속에서 저 사람들은 약한 사람들이고 나는 그들보다 강한 사람이라는 것은 네거티브하게 생각하면, 이 연대의 실천이 실패한다면 그들은 갈 곳이 없지만 나는 그래도 갈 곳이 있다는 겁니다. 이해하시겠습니까? 참 힘든 문제죠.

예를 한번 들어볼게요. 제가 재수생 시절에 학원을 다닐 때 몇 개월 동안은 학원비를 받아다가 학원은 안 가고 명륜동 지하 다방에서 친구들이랑 놀고 그랬어요. 그 안에서 라면 사 먹고 소주도 마시고 그런 시절이 있었습니다. 정말 뼈아프게 후회하는 건 책을 팔아먹은 거예요. 집에 굉장히 책이 많았거든요. 그땐 전집을 월부로 사고 그랬잖아요? 제가 신청하면 뒤처리를 하는 건 집이니까 저는 보이기만 하면 신청하고 그랬거든요. 우리 어머니가 미치고 팔짝 뛰려 했죠. 그렇게 모은 책들이 굉장히 많았어요. 세계문학전집 이런 책들요.

전당포에 가서 책도 맡아주나요, 그러니까 맡아준대요. 그래서 친구 두 명을 동원해서 작은 봉고차 같은 걸 빌려서 집이 비었을 때 숨어들어가 책을 전부 실어 날랐어요. 전당포에 갖다 주니까 사실 몇 푼 주지도 않았죠. 3개월 동안 이자를 안 내면 전당포에서 물건을 처분할 수 있는데, 아주 아슬아슬하게 3개월째 될 때 아버지가 저를 찾아와서 호소했죠. 집으로 돌아가자고요. 그래서 집으로 가면서 책을 찾으러 전당포에 갔어요. 갔는데 이미 팔아버렸대요. 그게 참 뼈아파요.

　그때 제가 집을 나와서 친구들 뒷방에서 자고 그럴 때 집에서는 큰일 났다고 생각했죠. 쟤 완전히 불량아 되는 모양이다 하고요. 그런데 저는 친구들과 돌아다니면서도 이중 감정이 있었습니다. 내가 이러고 있다가 정말 폐인 되는 거 아닌가, 공부 안 하고 이러다가 말이야, 하고 불안하면서도 참으로 묘하게 자신감이 있었어요. 나는 절대로 쟤네들처럼 안 된다는 거였죠. 지금 이러고 있지만 쟤들처럼 망가지지는 않는다는 이상한 자신감이 있었어요. 한때 나한테는 그런 게 있었나 봐요. 자존감이라 부를 수 있거나 혹은 자신감이죠. 사실 다른 식으로 생각해보면 그때 같이 다니던 친구들은 정말 갈 데가 없어서 배회하던 아이들이었어요. 저는 언제라도 돌아가면 됐어요. 아마도 그 자신감은 예외 의식 때문이었겠구나 하는 생각이 들어요. 이게 다름 아닌 우월감입니다. 그래서 이런 얘길 하면 창피해요. 자기 신뢰 좋아하시고 있네, 이런 생각이 들어요. 이것은 아주 철저하게 육화되어버린 부르주아 기질이죠.

　더 나쁘게 얘기하면 유희 의식이에요. 그때도 글 쓴다 하면서 그렇게 지내는 게 나름대로 정당성이 있다고 생각했어요. '나는 글을 써야 하는 사람이거든, 그러니까 이런 거 다 알아두어야 해.' 경험을 얻어야 한다고 생각했어요. 이게 얼마나 차가운 의식인 줄 몰라요. 그들과 유희하는 거죠. 뭘 배우겠다는 거죠. 이게 얼마나 교활한 의식인지 한참 뒤에야 알았어요. 세상 살면서 고생하다 보니까 알았어요. 저도 당하다 보니까. 억울한 일들을 겪고 모순들에 눈뜨다 보니까 아, 나도 예외적 인간이 아니라는 것을 알았죠.

아도르노가 얘기하려는 것이 바로 이것입니다. 비판적 지식인이 가지고 있는 근본적인 우월감이 있다는 거죠. 타자를 대상화해요. 타자와 자신이 동일하다고 생각하지만, 이것이 진정한 의미의 대상화예요. 왜냐하면 그 동일화는 근본적으로 우월감에서 나오기 때문이죠.

복잡하게 생각되실지 모르지만, 지식인 또는 부르주아 의식의 교묘한 회로는 붙잡아내기가 엄청나게 힘들어요. 괴물이죠. 우리가 자기를 들여다보면 괴물성이 있습니다. 모든 모순들을 어쩌면 그렇게 잘 봉합하고 부드럽게 서로 융합되도록 만드는지, 그럼으로 해서 어떻게 안전의식을 가지고 있는지, 참 이상한 거예요. 이 모든 것들이 왜 이렇습니까? 강요되었기 때문이죠. 불쌍해요, 다. 상황이 그렇게 만들죠. 그런 내면세계를 구축하지 않으면 살 수가 없도록 되어 있다고 아도르노는 얘기하고 있습니다. 이 비판적 지식인들은 영웅주의자들이고, 무의식적인 우월주의자들이고, 지적 차가움을 가지고 있는 사람들이라고.

한편 일군의 다른 비판적 지식인들은 이러한 실천의 모순을 알기 때문에 다른 방식으로 비판 행위를 하려 해요. 그것이 뭐죠? 은거입니다. 실천에 안 끼려고 하는 은거주의자들이 태어난다고 얘기하죠. 고립이나 고독 속에서 칩거해요. 그러나 그들 또한 착각하고 있습니다. 그 고독은 선택한 것이 아니라 사실은 강요되었다는 것을요. 이 사회는 우리를 전부 고독한 개인으로 만들도록 작동되고 있어요. 살기 위해서는 타자와의 관계를 적대 관계로 바꿀 수밖에 없어요. 적대 관계로 바꾸게 되면 인간관계가 맺어질 수 없죠. 그러니까 다들 단자가 돼요.

사실 인간은 에로스가 없으면 못 사는 겁니다. 서로 이어지지 않으면 안 돼요. 그러니까 그것에 대한 그리움이나 욕망은 있지만 사회 속에서 그것을 실현시킬 수가 없죠. 이것이 강요된 고독이에요. 오늘날 우리들이 사는 것도 그렇고, 지식인들도 예외는 아니죠.

지식인의 세계는 어떤 의미에서 보면 사회적 객관적 권력의 구도가 가장 첨예하게 나타나는 곳입니다. 은거주의자들은 나는 쟤들하고는 달라, 쟤들처럼 어리석은 짓은 안 하겠어, 고독의 세계로 들어갈 거야, 이렇게 얘기하지만 이것은 사실 강요된 고독이라는 거예요. 동시에 이것은 실천적 지식인들에 대한 우월감에서 나오는 태도죠. 이 우월감이 사실은 강요당해서 들어갈 수밖에 없었던 고독을 귀족화해요. 알게 모르게 이 은거주의자들은 자신의 홀로 있음을 귀족성으로 받아들인다는 거예요.

여러분들도 다 아시잖아요? 때로는 귀족주의적 고독을 추구하는 지식인을 볼 수 있습니다. 열심히 공부하면서 학계 같은 학문의 상아탑에서만 사는 사람들이 있어요. 이 사회는 열심히 사회적 모순을 연구하는 사람들이 실천주의자가 되지 못하도록 만들고 있습니다. 홀로 있게 돼요. 그러나 이러한 홀로 있음이 사회적 권력과 연계되어 있다는 것을 통찰하지 못하는 한, 그러한 은거주의적 지식인들은 자신의 강요된 고독이 귀족적 고독인 줄 착각한다는 거죠. 이런 문제가 은거주의자들에게 있다고 아도르노는 얘기합니다.

결국은 비판적 지식인들이 실천주의적이든 은거주의적이든, 멘토이든 치유주의자이든 모두가 걸려드는 구조주의적 덫이 있다는 것이죠. 하나는 예외 의식이죠. 나는 다르다는 의식은 우월감에서 비롯되는 거고, 이 우월감이 작동하는 한 그것은 진정한 따듯함이 될 수 없어요. 궁극적으로 얘기하면 차가움이 있어요. 이 덫에서 빠져나오기가 너무너무 힘들다는 거예요. 또 하나는 이 파편적 이해의 전체화가 있습니다. 말하자면 자기가 알고 있는 부분적 이해나 지식이 전체를 얘기할 수 있다고 하는 나르시시즘이 있어요.

아도르노는 우리 사회가 변하지 않는 이유가 현혹 관계 때문이라 얘기합니다. 우리는 촘촘하게 짜인 사회 속에서 살고 있기 때문에, 마치 물속에 사는 물고기가 물을 알 수 없는 것처럼 결코 시스템 전체를 통찰해낼 수 없다는 거예요. 더 얘기하자면 통찰의 방식이나 통찰된 지적 세계 자체가 이미 시스템의 일부분이라는 거예요. 우리는 시스템에 현혹되어 있고, 그 안에서 뭘 알았다 하더라도 그것은 파편적일 수밖에 없으며, 파편적이라는 것은 시스템이 작동하는 하나의 논리이기도 하다고 얘기하죠.

그렇기 때문에 지식인이 진정으로 전체에 대한 통찰을 하고자 하면 먼저 자신의 파편성을 알아야 된다는 거예요. 자기가 이해하는 모든 것들에 대해서 자기 성찰을 또 한번 해야 된다는 거죠. 이럴 때에만 현대사회 속에서의 지식인은 그들이 해야만 하는 진정한 책임, 전체에 대한 통찰을 얻어낼 수 있어요. 그런데 파편적 이해만으로는 무엇이 잘못되었는지 고발만 가능하지 전체가 무엇인가에 대해서는 전혀 통찰할 수 없어요. 또한 이러한 파편적 고발 행위는 오히려 이 시스템을 착각하게 만들어요. 왜 그렇습니까? 마치 이 시스템 내에서 고발이 가능한 것처럼, 이 사회는 잘못되기는 했으나 적어도 고발할 수 있는 자유는 있는 것처럼, 그래서 가능성이 남아 있는 것처럼, 그래서 연대를 하고 싸우면 이길 수 있는 것처럼 착각을 불러일으킨다는 거죠. 이 착각이 시스템 자체를 더 공고히 한다, 아도르노는 이런 생각을 가지고 있습니다.

그렇다면 우리는 아도르노적 대안에 대해 생각해봐야 합니다. 〈박사님, 정말 감사합니다〉의 마지막에 이런 문장이 나오죠.

지식인에게 부술 수 없는 고독만이 연대감을 유지할 수 있는 유일한 형식이다. 모든 동참, 모든 인간적 교류와 참여는 암묵적으로 비인간적인 것을 받아들이기 위한 단순한 가면에 지나지 않는다. 사람들의 고통과 하나가 되어야 한다고 하지만, 기쁨을 향한 그들의 가장 작은 발걸음은 고통을 가중시킬 뿐이다.

지식인의 부술 수 없는 고독이라 얘기할 때, 이 고독을 아도르노는 두 가지로 나누고 있다는 걸 알 수 있습니다. 하나는 앞서 말씀드린 귀족적 고독이 있어요. 또 하나는 진정한 상처의 본질을 묻는 고독이죠. 그 고독은 잘난 체하지 않는 겸손함입니다. 즉, 나는 정말 아무것도 모르겠다는 것. 그리고 나의 사유 방식 자체가 음험한 시스템의 작동 논리의 일부분일지 모른다고 의심하는 행위. 이것이 지식인을 겸손하게 만드는데, 이런 의심이나 자기 성찰은 어디에서 오느냐면 수치심에서 온다는 거죠. 어떤 수치심이냐? 〈안티테제〉의 마지막에 나오죠.

책임져야 할 유일한 것은 고유한 실존의 이데올로기적인 남용을 단념하고 사적으로도 겸손하고 가식 없이 그리고 젠체하지 않고 처신하는 것이다. 이는 오래전부터 더 이상 좋은 교육 때문이 아니라, 지옥에서도 여전히 숨 쉴 공기가 남아 있다는 것에 대한 수치심이 명하는 것이다.

이건 무슨 얘기죠? 남들은 다 질식하는데 자기는 그래도 이렇게 숨 쉴 수 있는 여건에 있다는 사실에 대한 뼈아픈 수치심에서 온다, 이런 세상에서 어떻게 살아갈 수가 있을까라는 것이죠. 자기가 얼마나 자기와 타협하고, 이기적이고, 살아가기 위해서 차가움을 가동하고 있으며, 얼마나 약자에 대한 우월감을 가지고 있으며, 이런 것들 때문에 상처받은 사람들은 질식하는데 자기는 숨 쉬고 있다, 이 숨 쉬는 게 부끄럽다, 이 수치심이 곧 고통이죠. 이 고통이 고통의 본질을 묻게 만들고, 고발 행위를 멈추고 통찰하고자 하는 지식인의 임무를 깨워냈을 때 진정한 의미에서의 겸손한 지식인이 태어난다는 얘기입니다. 이것이 지식인의 조건입니다.

오늘날 지식인이 된다는 것의 가장 중요한 조건이 무엇이냐? 이 수치심이죠. 아도르노는 끊임없이 이 부끄러움, 이 수치심에 대하여 얘기합니다. 오늘날 우리 사회는 뻔뻔하잖아요? 제가 볼 때는 대기업이 골목 상권 먹어버리려는 것도 뻔뻔함이에요. 어떻게 그렇게 할 수 있는지 수치심이 없어 그래요. 그런 식으로 우리가 수치심을 얘기해보면, 살아 있는 사람들치고 수치심에서 자유로운 사람은 아무도 없어요.

아도르노는 굉장히 절대주의적이에요. 본질주의적이라고도 얘기할 수 있을까요. 아주 가열하고 격렬하게 양심선언을 하고 있죠. 이러다 보면 궁극적으로 나오는 질문이 그거예요. 그럼 뭘 할 수 있다는 거냐? 이게 참 사람을 지치게 만들어요. 그래도 그것은 나중 일이라고 아도르노는 얘기합니다. 일단 무엇이 잘못되었는지 알아야 뭘 할 건지 알 것 아니냐. 이것이 비판 이론이에요. 특히 프랑크푸르트학파의 비판 이론의 근본적 의미는 여기 있어요. 그런 점을 우리가 생각해볼 필요가 있다는 거죠.

○

마지막으로, 아도르노의 결론이 있습니다. 지금까지 좋은 사람이라 얘기됐던 사람들 있잖아요? 그 사람들은 누구냐 하면 예외주의자들이고 나르시시스트들이고 사

실 더 중요한 건 멜랑콜리커들이에요. 절망주의자들이에
요. 실제로는 절망에 빠져 있는 사람들이에요. 실제로 이
세상을 알고자 하지 않고, 이 세상이 정말 바뀔 수 있다
고 믿고 있지 않은 사람들이라는 거죠. 그렇기 때문에 자
기 안주에 계속 빠져든다는 거죠. 그런 의미에서 멜랑콜
리커들, 절망주의자들이에요.

반대로 아도르노적 지식인, 수치심을 근거로 어떻게
해서든지 이 시스템의 현혹성의 문을 열고 내부를 들여
다보고자 하고, 내부를 통해서 세상의 부당한 논리의 핵
심을 파악하기를 멈추지 않는 그런 사람들이 희망주의자
들이라 얘기하죠. 그리고 그들이 실천주의자들이라는 거
예요.

다시 이반 일리치 얘기로 돌아가면, 이반 일리치의 삶
을 총체적으로 정리할 수 있는 하나의 개념을 찾는다면
스놉이에요. 아도르노는 이런 단어를 쓰지 않지만 저는
멘토, 치유주의자, 비판적 지식인들을 전부 묶어서 스놉
으로 이름 짓고 싶어요. 속물이죠. 허위의식을 가진 사람
들. 굉장히 고급한 의식을 가지고 있는 것 같지만 사실은
아주 천해요. 천한 삶을 살아요. 제가 바로 그럴 수 있을
테죠. 그럴 수 있을 테고가 아니고 가장 그런 모델일 수도

있겠지요.

스놉(snob)이라는 개념은 프루스트를 빌려 얘기하는 건데요, 20세기 초에 스노비즘이라는 개념이 나왔을 때는 당대 사회를 진단하는 중요한 개념이었지만 지금은 이런 말을 안 쓰죠. 제가 볼 때는 오늘날 더 확실하게 맞는 단어 같아요. 우리 사회가 스노비즘의 사회 아닙니까? 우리가 물질적으로나 교양에 있어서 점점 상류사회화되잖아요? 고급화되어가고. 그런데 우리의 의식 세계를 들여다보면 허위의식으로 가득 차 있어요. 사실은 삶이 대단히 천박해요. 그 차이에서 누가 태어나느냐? 스놉들이 태어나죠. 프루스트는 당대 귀족 살롱이나 부르주아 살롱에서 만난 사람들, 겉보기에 아주 교양화되어 있지만 동시에 천박하기 짝이 없는 사람들을 스놉이라 부릅니다. 혹시 여기에 반론이 있으신가요? 그런 거보다는 다른 것 같은데요, 하실 분 있으세요? 사실 이런 토의가 이루어져야 하는데 말이죠. 여러분들 나름대로 정리를 하셔야 해요. 인문학적 교양을 갖는다는 것은 나름대로 자기 포지션을 얻어내야 하는 거예요. 말하자면 '나는 이렇게 본다'라는 자기의 관점을 갖는 거죠. 도대체 우리 사회를 무엇이라고 부를 수 있을까요? 한번 생각해보세요.

이런 걸 개념화라고 해요. 개념이 없이는 생각을 못 해요. 그래서 개념을 만들어내야 해요. 그래야 사유가 진행됩니다. 이게 철학이에요. 철학은 절대로 느낌으로 하는 것이 아니에요. 철학은 있는 개념을 사용하고 없는 개념을 만들어내고 개념들의 관계를 수정하는 작업이기도 해요. 있었던 개념들을 현재 상태와 비교해서 개념을 수정하기도 하고 개념 관계를 다르게 만들기도 하고 그걸 통해서 새로운 개념을 얻어내기도 하고 아니면 이전에 지나갔다고 하는 개념들을 끄집어내기도 하는 것이 사유예요.

분노하고 흥분하는 것이 아니라 아주 냉철해야 하는 것이 개념화 작업이에요. 그런 개념화 작업을 통해서 차츰차츰 우리는 자율적 관념들을 얻어낼 수 있는 것입니다. 이것이 아주 중요합니다. 이걸 갖게 되면 나름대로 삶의 자세를 얻을 수 있지요. '아, 이렇게 살아야 하는 거야.' 이런 걸 하려고 우리가 공부하는 것이겠고요. 아도르노가 무슨 얘기를 했는지 다만 그것만을 알려고 공부하는 것 아니잖아요.

우리는 마지막으로 이 얘기를 좀 해야 합니다. 그럼

나쁜 사람들은 누구냐? 세상에서 나쁘다고 하는 사람들은 누구냐? 아도르노는 이 나쁜 사람들을 두 부류로 나눠서 얘기합니다. 세상에 보면 나쁜 사람이라고 얘기할 수밖에 없는 사람들이 있어요. 막 욕하고 싸우고 악다구니 쓰고 이런 사람들 많죠? 지하철에서 혼자 막 소리치는 사람들, 큰 마이크를 꺼내서 불신지옥을 외치는 사람들. 저는 나쁜 사람들을 헐벗은 사람들이라 생각해요. 사람은 헐벗으면 안 됩니다. 옷을 입어야 해요. 그 사람의 존엄성을 가질 수 있는 옷을 입어야지만 사실은 인간입니다. 그런데 어떤 사람들은 옷을 안 입고 있습니다. 다 벗어 내던졌어요. 보기 싫은 사람들이 있죠? 왜 저러고 사나 싶은 사람들요. 아도르노가 그렇게 얘기하죠. 왜 그들은 헐벗은 삶을 살아갈까? 제가 아도르노의 《미니마 모랄리아》 중에서도 가장 통렬하게 받아들이는 문장을 같이 읽어보죠.

마음껏 사랑할 수 있는 대상을 찾지 못한 사랑은 그 사랑을 방해하는 것들에 대한 미움으로밖에는 달리 자신을 표현할 길이 없다. 그리하여 사랑하는 사람이 그 격렬한 미움 때문에 그가 그토록 미워하는 것들과 닮은 모습이 되고

마는 건 어떻게 피해볼 수가 없는 일이다.

이 사람들이 왜 그렇게 헐벗게 되었을까요? 그들에겐 좋은 사람들이 이미 포기해버린 사랑하고 싶어 하는 마음이 있어요. 그러나 그 사랑의 마음은 대상을 찾을 수가 없습니다. 지난 시간에 무목적적 사랑에 대해서 얘기했어요. 누군가가 아무런 목적도 없이 오로지 사랑하는 마음 때문에 나에게 다가오면 우리는 그 사람을 받아들이는가라는 거죠. 우리는 그 사람을 의심하고, 두려움을 가지고, 내치죠. 사랑의 권리를 말하려 해도 누구도 귀 기울이지 않는 세상, 사랑의 권리를 박탈당한 세상에서 이 사랑의 마음은 절망 때문에 사라지게 되는가? 그렇지 않아요. 그래도 마음을 전달하고 싶다면 그 사랑의 마음을 가진 사람은 어떤 식으로 표현할 수밖에 없는가? 그것은 미움으로밖에 표현할 수 없다는 거예요. 살다 보면 아시잖아요? 미움으로밖에 표현할 수 없어요. 나의 사랑을 받아주지 않는 대상에 대한 미움으로 표현될 수도 있고요, 또는 이러한 사랑을 전부 불가능한 것으로 만드는 객관적 권력에 대한 미움으로 나타날 수도 있어요.

그런데 사랑을 미움으로만 표현하면서 계속 살아가

면 어떻게 됩니까? 미운 사람이 돼요. 악다구니를 쓰고 욕을 하고 함부로 행동하는 사람들이 돼요. 우리말에 이런 말이 있잖아요. 사랑을 하면 예뻐진다고요. 그 말 믿으세요?

아도르노식으로 얘기하면 사랑을 하면 미워집니다. 적어도 우리가 알고 있는 사랑은요.

나중에 결혼과 이혼 문제에 들어가면 정확하게 나와요. 오히려 오늘날 사랑하는 사람은 얼굴이 찡그려지고 추해질 수밖에 없어요. 미학적 관점에서 보면 로젠베르크가 추의 미학을 얘기했을 때 그 시대에 이미 시작됐어요. 아름다움이라는 것이 얼마나 차가운 것이고, 얼마나 권력적인가를 알았을 때요. 보들레르도 마찬가지예요. 《악의 꽃》에 나오는 시들은 사랑의 욕망으로 가득 차 있습니다. 그러나 이미지와 메타포는 전부 추해요. 징그럽고 추하고 그로테스크해요. 그래서 악의 꽃이에요. 중요한 것은 그것이 꽃이라는 거죠. 현대시의 시작이죠. 오늘날 이것이 바뀌었습니까, 아니면 오히려 더 강화되었습니까? 그런데 여전히 사람들이 얘기해요. 사랑하면 예뻐진다고. 아무도 사랑하면 미워질 수밖에 없다고 얘기하지 않습니다. 결국은 사랑하는 사람의 미워진 얼굴이 그 세상의 얼굴입니다.

롤랑 바르트가 《사진론》에서 노예의 얼굴을 얘기할 때 그런 말을 했어요. 노예의 얼굴은 노예가 무엇인지 우리에게 알려준다는 거죠. 그것은 노예로 살면 이렇게 생기게 되는구나가 아니라, 사람의 얼굴을 이렇게 만드는 노예주의 얼굴이 어떤지 알 수 있다는 거예요. 그것은 노예의 얼굴이 아니라 주인의 얼굴이에요.

그래서 헐벗은 사람들의 추한 모습은 절대 이 사람들의 모습이 아닙니다. 그것은 이 사람들을 이렇게 만든 객관적 권력의 얼굴이에요. 그러니까 그런 사람들 미워하지 맙시다. 우리 다 알잖아요? 짜증이 날 때도 있지만 어떨 때 보면 애잔하고 그렇잖아요. '아휴, 안됐다.' 그걸 꼭 붙들어야 해요. 물론 이것도 우월감에서 올 수 있어요. 그렇지만 그것도 통찰하면서 이 추한 얼굴, 미운 사랑, 이것을 이해할 필요가 있다는 거예요.

아도르노는 헐벗은 사람들에 대해서 두 가지로 얘기합니다. 하나는 자기가 무엇 때문에 헐벗은 사람이 될 수밖에 없는가에 대해서 생각이 못 미치는 사람들이 있다는 거죠. 그런 사람들은 그냥 세상이 만드는 대로 만들어질 수밖에 없어요. 그러나 또 하나 아주 미운 사람이 있어요. 그 미운 사람은 지금 저처럼 말하는 통찰을 하고 있는 사람들이라는 거죠. 이 미운 얼굴이 사실은 누구의 얼굴일 수밖에 없는가를 끝까지 밝혀내려 하는 사람. 어떤 지식인의 얼굴이죠.

세상의 진실을 얘기하려는 지식인은 결코 예쁠 수가 없다는 겁니다. 미운 사람이 될 수밖에 없고, 못나질 수밖에 없어요. 그런 사람 많잖아요? 이상하게 짜증 부리고 누가 가까이 오는 거 싫어하고, 사람들에 대한 혐오감이 좀 있고 이런 사람들 있죠? 항상 히스테리에 가득 차 있고 건드리면 긁힐 것 같은 사람들. 인간이 왜 저러냐 싶은 사람들. 그런데 그런 사람 중에 한 사람이 누구인지 아세요? 다름 아닌 아도르노예요. 아도르노는 그런 식으로 동료들 사이에서 내침을 많이 당했어요.

이 시대의 진정한 지식인은 어떤 얼굴을 가질 수밖에 없을까? 세상을 닮은 얼굴을 가질 수밖에 없습니다. 밉고 추한 얼굴이 될 수밖에 없어요. 이렇게 두 부류가 얘기되죠. 둘 다 추한 얼굴이 되는 것을 피할 수 없습니다. 왜? 둘 다 사랑하고 있기 때문에.

멘토 하시는 분들, 힐링하시는 분들 보면 교양 있고

점잖습니다. 그런데 우리는 그들 앞에 있는 것을 생각해야 된다는 거예요. 그게 뭐죠? 세상입니다. 객관적 권력이라 그러잖아요? 그래서 객관적 인식이 있지 않으면 안 돼요. 진실을 사랑하려 하는 사람들은 언제나 추해질 수밖에 없도록 되어 있는 것, 아도르노는 이것이 오늘날 우리 삶의 조건이라 얘기합니다.

오늘은 좋은 사람들과 '슬픈 선행'에 대해 얘기했습니다. 왜 선행이, 부드러움이, 착한 삶이 상처가 되어야 하는지 얘기해봤어요. 오늘은 여기까지 하겠습니다. 수고하셨습니다.

6강

자본주의 시대의 결혼

오늘은 먼저 〈아이야, 이것만은 지켜다오〉를 함께 읽으며 '슬픈 거짓말'이라는 테마를 얘기해볼 거예요. 거짓말은 보통 나쁘다고 얘기하는데 거짓말의 또 다른 성격이 있어요. 그리고 왜 거짓말이 슬퍼질 수밖에 없는가라는 얘기를 해보겠습니다.

거짓말은 사실을 숨기면서 아름다운 환영을 만들어내는 본래의 명예로운 기능을 잃어버렸다.

모든 예술적 상상력이 거짓말이죠. 아도르노식으로 얘기하면 거짓말은 아주 명예로운 성격을 가지고 있다는 거예요. 보통 거짓말이라 하면 반대어로 진실을 얘기하죠. 학교에서 왜 거짓말하면 안 된다고, 거짓말은 나쁜 거라고 얘기할까요? 참 내지는 진실을 속이는 것이기 때문에 나쁘다고 얘기합니다.

그런데 아도르노가 탐색하는 또 하나의 거짓말 기능은 진실을 왜곡하거나 해치는 것이 아니라, 진실을 보존하려 할 때 필요한 것이 거짓말이라는 얘기예요. 그래서 본래의 명예로운 기능이라는 말이 사용되고 있습니다.

우리가 생각해보면 자연은 거짓말로 가득 찬 세계라는 걸 알 수 있어요. 보통 자연이라 하면 진실의 세계로 생각하는데 가만히 보면 거짓말과 거짓말의 투쟁이 벌어지고 있다는 걸 알 수 있어요. 약육강식의 세계에서 승리하거나 희생물이 되지 않기 위해 보호색을 사용한다든지요. 거짓말을 통해서 강자가 약자를 지배하고 먹어버리려 한다는 의미에서 보면, 자연의 야만성과 거짓말의 야만성이 만난다는 거죠. 이 자연세계를 보면 얼마든지 알 수 있어요. 얼마나 거짓말의 세계인지 이 거짓말은 먹고 먹히기라는 슬프고도 무서운 거짓말입니다.

쇼펜하우어가 의지의 세계라고 불렀던 것도 다름 아닌 이 약육강식의 세계예요. 산다는 것을 강자가 약자를 먹는다는 원칙으로 보게 되면, 사실 이것은 강자가 제 살을 뜯어먹는 것과 마찬가지라고 쇼펜하우어는 얘기하죠. 왜냐하면 이 원칙으로부터 자유로운 것은 아무것도 없기 때문이에요. 뜯어먹는 자가 또 다른 자에 의해서 뜯어 먹히기 때문에, 거짓말의 세계에서는 승자도 패자도 없다는 거죠.

이러한 야만적 거짓말의 세계에서 인간은 다른 거짓말을 창출해냈어요. 여기서 인간의 거짓말을 생각해볼 수 있어요. 물론 인간도 자연적 존재이긴 하지만, 동시에 자연을 대상화하고 야만적인 법칙으로부터 벗어나기 위해 이념과 상상력을 가진 존재가 인간이라면, 이 자연의 거짓말과 대비되는 인간의 거짓말을 생각해볼 수 있습니다. 이것은 니체가 말한 그리스인들의 명랑성과 관계되죠. 그리스인들은 니체식으로 얘기하면 뛰어난 거짓말쟁이들입니다.

《비극의 탄생》에서 보면 그리스인들이 어떻게 야만적 자연의 거짓말 세계로부터 인간적인 거짓말을 창출해내는가를 얘기하면서, 이 뛰어난 능력을 디오니소스적인 것과 아폴론적인 것으로 설명하죠. 이 비극은 놀라운 거짓말의 세계인데, 이때 얘기하는 디오니소스적인 것은 쇼펜하우어가 말하는 의지의 세계와 똑같은 거예요.

디오니소스적인 것은 엄청난 생산력이기도 하지만, 결국 나중에 디오니소스가 찢겨져서 죽어버리는 것처럼 도취의 세계이고 광기의 세계, 자기 파멸을 가져오는 파괴의 세계이기도 해요. 한편으로 엄청난 생명력이지만 또 한편으로는 자연 자체를 파열시켜버리는 힘으로 작동하는 것, 이것이 니체가 말하는 디오니소스적인 것이거든요.

그렇다면 아폴론적인 것은 무엇이죠? 그리스신화를 보면 디오니소스가 나중에 자신을 쫓던 무녀들에 의해서 완전히 찢겨져서 죽어버리는데, 이 찢어진 사지를 모아서 다시 디오니소스로 봉합해내는 것이 아폴론입니다. 그래서 디오니소스를 신의 세계로 승천시키죠. 그래서 디오니소스는 올림푸스 신의 계보로 보면 맨 끝에 편입돼요. 물론 이것은 그리스의 당시 정치적 상황과 연결시켜서 얘기해야 하는데 일단 그 얘기는 빼겠습니다.

아폴론적인 것은 니체식으로 얘기하면 도취력, 광기, 생명력을 인간적인 것으로 바꾸는 것이란 말입니다. 니체가 《비극의 탄생》에서 문제로 제기했던 것은 그것이죠. 이전까지는 많은 유럽 사람들이 옛날 그리스를 완성된 세계, 지혜의 세계로 보았던 것에 대해서 질문하는 겁니다.

그렇다면 그리스인들에게는 왜 비극이 있었는가. 아무런 문제도 없는 세계에서 왜 그리스인들은 그들 문화의 가장 핵심적인 것으로 비극이라는 장르를 만들었나.

니체가 볼 때 그리스인들은 쇼펜하우어적 의지의 세계, 약육강식의 세계, 자연의 파괴적인 세계를 보았기 때문에 그것이 디오니소스적인 것으로 비극에서 나타난다는 거예요. 그리스인들은 그것을 보고 하나의 거짓말, 생이라는 거짓말을 만들어냈다는 거죠. 약육강식의 세계가 아니라 인간적인 삶, 인간적인 생, 생의 아름다움이라는 거짓말을 만들어냈어요.

그리스인들은 생의 처참하고 잔인한 진실을 보았지만, 그것들로부터 도피하지 않고 그것들 속으로 뛰어들지도 않았어요. 그리스인들은 과감하게 그것으로부터 돌아서서 이것과는 전혀 다른 아름다운 생이라는 것을 상상했고, 그것을 생으로 받아들인 거죠. 그렇기 때문에 위대한 긍정이라는 생의 덕목을 창출해낼 수 있었다는 거죠. 왜냐하면 그들은 생의 진실을 알았기 때문에 그런 의미에서 그리스인들의 '오 예스'라는 거대한 긍정성이 가진 위대함은 사실은 거짓말의 위대함이란 말이죠.

니체는 이렇게 얘기하죠. 그리스인들은 생의 참혹한 진실을 보고 돌아서서 그 잔혹한 생의 진실을 볼 수 있는 열쇠를 등 뒤로 내던졌다고요. 열쇠는 더 이상 없어요. 그렇지만 그들이 열쇠를 내던지고 보았던 것은 아름다운 생, 인간적인 생, 긍정할 수 있는 생이었어요. 이것을 생으로 받아들였어요. 이건 근본적으로 거짓말이에요. 그 이후 그리스인들은 아름다운 생에 대해서 아주 거대하고도 위대한 'YES'를 말할 수 있었다, 이것이 디오니소스적인 것과 아폴론적인 것의 대립 항, 두 힘이 만들어내는 특이한 비극의 세계라고 니체는 얘기합니다.

니체가 보기에 그리스인들은 위대한 거짓말쟁이입니다. 이때의 거짓말은 아름다운 생이라는 것을 진실로 받아들이고, 이 진실을 지키기 위해서 반드시 필요했던 것이죠. 이것이 자연의 거짓말이 아니라 인간의 거짓말이에요. 인간은 서로 물고 뜯어야 하는 생의 운명 속에서 서로 사랑하면서 살 수 있다는 거짓말을 만들어냈어요. 이렇게 볼 때 인간의 거짓말은 생을 배반하거나 왜곡하거나 진실을 감추려 하는 것이 아니라, 생을 긍정하고 생을 지켜내려 하는 그러한 거짓말이라 볼 수 있다는 거죠.

니체가 거짓말은 명예로운 기능이었다고 얘기했을 때는 이런 의미를 가지고 있고요, 이 거짓말을 아도르노 식으로 좀 더 깊이 들어가면 《계몽의 변증법》에 계략에 대한 이야기가 있습니다. 인간이 아무런 무기가 없는 상태에서 자연과 투쟁하기 위해 사용한 방법이 머리를 쓰는 거예요. 거짓말하는 거예요. 사실을 다른 것으로 바꾸는 거죠. 이 거짓말을 통해서 오디세우스는 세이렌의 노래라는 치명적인 유혹을 이긴 거예요.

아도르노에게 거짓말은 계략을 얘기하고, 계략이라는 것은 사실 합리성을 얘기해요. 사유는 자연의 진실을 인간의 진실로 바꾸기 위한 거짓말의 능력이라 볼 수 있는 거죠. 원래 합리성이란 이런 것이었다는 거예요. 우리가 왜 사유를 하기 시작했냐? 결국은 자연의 거짓말을 인간의 거짓말로 바꾸기 위해서 인간은 거짓말이라는 능력을 배우게 되었다고 얘기하죠. 이것이 다름 아닌 예술이죠.

니체에게도 그렇고 아도르노에게도 그렇고, 거짓말은 진실을 해치거나 배반하는 것이 아니라 진실을 보존하려 하는 위대하고 명예로운 인간의 능력입니다. 그런데 이러한 능력이 후기 자본주의 사회로 건너오면 어떤 거짓말이 되느냐, 무엇으로 변하느냐는 거죠. 이것은 다시 자연의 거짓말, 야만의 거짓말로 변하게 된다고 책에서는 얘기하고 있죠. 오늘날은 우리가 서로의 살아가는 모습을 거짓말하지 않으면 안 되는 세계라는 거죠.

어떤 의미에서 보면 우리는 약속을 할 때 그 약속이 언젠가는 취소될 수밖에 없음을 알고 있어요. 예컨대 우리가 취직을 하려 할 때 면접관이나 구직자나 서로 당신은 우리 회사로 들어올 수 있다는 약속의 전제 내에서 면접을 보지만, 취직이 됐다 하더라도 면접관은 지금은 당신을 받아들이지만 이 약속이 취소될 수 있다는 전제를 가지고 있고, 취직이 된 사람도 그걸 알아요. 지금 나는 취직이라는 약속을 받지만 이 약속이 언젠가는 거짓말로 변할 거라는 사실을 안다는 거죠.

우리는 자본주의 사회 속에서 함께 살아가면서 끊임없이 약속을 하지만, 약속을 하는 사람이나 받는 사람이나 암묵적으로 알고 있다는 거예요. 이 약속은 언젠가는 취소될 것이며 거짓말이 될 것이라는 걸. 이게 자본주의 사회를 살아가는 기본적인 삶의 조건이라는 거죠. 이렇게 볼 때 약속은 거짓말이 되어버렸고 이 거짓말은 나중에 가면 뻔뻔한 거짓말이 되죠. 속일 필요가 없는 특별한 거짓말이 됩니다. 약속을 받는 사람들도, 약속을 하는 사람들도 이것이 언젠가는 거짓말이 될 것이라고 이미 합의하고 있어요. 원래 거짓말은 속이는 거예요. 밖으로 드러나지 않도록 하는 거예요. 그런데 이 거짓말을 주고받는 것이 삶의 조건이 되어버리면 너도 알고 나도 알아요.

이 투명한 거짓말, 뻔뻔한 거짓말을 마치 진실처럼 받아들이는 것이 오늘날 삶의 현상들이라는 거죠. 서로가 거짓말쟁이임을 알아보고 거짓말쟁이임을 인정하는 사회가 되었다는 것이죠. 아도르노가 볼 때 인간은 자연의 거짓말로부터 인간의 거짓말을 발견해내는 위대한 성과를 문명 속에서 거두었으나, 그 문명의 끝에서 자본주의 사회가 도래하자 다시 야만적 거짓말의 세계로 되돌아갔다는 거죠. 이것이 《계몽의 변증법》에서 얘기하는 문명과 야만의 관계예요.

그런데 우리는 이것을 한번 생각해볼 수 있습니다. 여러분, 거짓말을 하면 어쩐지 부끄럽지 않으세요? 저는 오래전에 그런 일이 있었어요. 고등학교 때 대단히 친했고 대학을 다니면서도 자주 만난 친구인데 살다 보면 소식이 끊어지는 경우가 있잖아요? 저 같은 경우에는 오랫동안 밖에서 공부를 하다 보니까 인적 네트워크가 상당 부분 없어졌어요. 제가 한국에 돌아와서 지내는데 어느 날 전화가 한 통 옵니다. 오랫동안 만날 수 없었던 친구의 목소리를 듣게 되죠. 그 친구가 나를 만나자고 해요. 그런데 나는 이미 그 친구 소식을 여기저기서 들어서 그 친구가 지금 상당히 어려운 상황이라는 사실을 알아요. 어쨌든 만납니다. 만나면 반갑죠. 얘기를 나누다 보면 술잔이 오고 가고 거나해집니다.

술자리가 거의 끝날 때쯤 우리는 함께 나옵니다. 나올 때쯤 그 친구가 입을 열죠. 나 요즘에 힘든데 혹시 얼마 있냐는 거죠. "좀 도와줄 수 있겠냐. 내가 나중에 꼭 갚을게." 그때 생각하면 별로 큰돈도 아니었어요. 저도 넉넉하지 않은 상황이지만 제 통장에 그만한 돈은 있었고, 물론 여기저기 들어갈 데도 있지만 당장은 있었단 말이에요. 친구가 '내가 지금 사정이 이러저러해서 안 좋은데 너에게 부탁 좀 하자' 그랬을 때 저는 속으로 잠깐 망설였겠죠. 그리고 거짓말을 합니다. 이 잠깐 망설임 속에서 참 많은 생각이 오고 가는 거죠. '맞아, 그냥 안 받는 셈 치고 줄 수도 있지, 그렇지만 나도 그렇게 여유가 있는 게 아닌데, 이게 주면 올 돈은 아니지.' 그걸 이미 알죠. 그러다 거짓말을 하는 거죠. "야, 미안하다. 나도 사정이 안 좋다." 그 친구는 이미 그 말을 예상했을지도 모르죠. 어쨌든 간에 서로 멋쩍어지게 되죠. "그래, 그럼 관두자." 친구가 얘기하고 우리는 정거장으로 갑니다. 그리고 그 앞에서 악수를 하죠. 악수하면서 그렇게 얘기하죠. "우리 또 연락하자. 다음에 보자." 그러나 그 친구도 나도 이미 알아요. 두 번 다시 연락이 안 될 것이며 두 번 다시 만나지 않게 될 것이며 이것이 마지막이라는 것을 그도 알고 나도 알죠.

그리고 헤어져서 지하철을 타고 오면서 가만히 앉아 있으면 어떻습니까? 어쩐지 부끄러워요. 끊임없이 부끄러움을 몰아내려 하지만 어쩔 수 없이 부끄러워요. 이 부끄러움이 있습니다. 아무리 사회가 거짓말 사회가 됐고, 우리는 거짓말을 통해서만 살아남을 수 있는 객관적 권력의 세계에 완전히 종속되었다 하더라도, 이 부끄러움이라는 마지막 물리칠 수 없는 요소는 남아 있다는 거죠. 이 부끄러움에 대해서 오래 생각할 필요가 있습니다. 이 부끄러움이 우리에게 뭘 얘기하고 있는지. 물론 내가 저 친구에게 거짓말을 했다는 것도 부끄럽지만, 사실 이 부끄러움은 우리에게 뭔가를 알려주려 하죠. 지금 여기의 삶이 어떠한 원칙 내에서 이루어지고 있는가를 자꾸 인식하게 만드는 요청일 수 있다는 거죠. 우리는 이 부끄러움에 대해서 대답을 해야 됩니다. 그러나 저만 해도 '할 수 없지, 잊어버리자, 관두자' 이렇게 물리치고 말죠.

거짓말의 부끄러움 안에는 자유를 탈취당한 상황 속에서 생존을 하지 않으면 안 되는 개인의 무력감이 있습니다. 그러나 동시에 무엇이 있냐 하면 이렇게 산다는 것은 삶이 아니다, 이것은 인간적인 삶이 될 수 없다는 저항의 세포도 들어가 있어요. 이 부끄러움은 무력함에 대한 인식이면서 동시에 저항의 세포라는 사실을 아도르노가 얘기하는 것입니다. 거짓말이라는 것은 인간이 인간다운 세상을 만들기 위해서 명예롭게 발견해내었던 위대한 능력인데, 이 능력이 자본주의 사회 속에서는 너무나 슬픈 것이 되어버렸다는 것이죠. 이렇게 '슬픈 거짓말'이라는 테마로 이번 장을 이해해볼 수 있을 것 같습니다.

우리는 학교에서 정직하라고 배워요. 아이들에게 거짓말을 하지 말라고 가르칩니다. 우리 집의 경우엔 우리 집사람이 어려서부터 기독교 교육을 받고 자라서 그런지 정직을 아주 중요하게 생각했어요. 만약 우리 애들이 거짓말을 하면 저는 '거짓말도 명예로운 기능을 가지고 있다'라고 생각했기 때문에 충분히 잘 넘어갔는데, 우리 집사람은 "왜 거짓말을 했냐?" 하며 아주 단호한 모습을 보였어요. 다른 것에는 아주 포용력이 많은 사람이었는데 거짓말에서 만큼은 봐주는 게 없었죠. 그런데 아이들이 실제로 세상에 나가서 거짓말이라는 객관적 권력으로부터 자유로울 수 없을 때 굉장히 힘든 딜레마에 빠지지 않겠어요? 교육 따로 생존 따로인 딜레마 사회입니다. 우리는 부끄러운 삶을 피할 수 없어요. 오늘날 우리 삶의 조건들을 생각해보면 너무도 투명한 거짓말 사회 속에서 산다는 거죠. 서로서로 다 알아요.

어쩌면 연애에 있어서도 그럴지 모르죠. 연애의 약속이 언젠가는 배반의 거짓말이 될 거라고 암묵적으로 동의하고 두려움을 가지는지 몰라요. 연애 속에는 깊은 예감이 들어가 있습니다. 합리적인 성찰이 결코 밝힐 수 없는 아주 오묘한 비밀을 예감은 정확하게 맞추죠. 젊은 친구들이 연애하면서 이 예감에 많이 시달리는 것 같아요.

○

거짓말 문제를 넘어가서 결혼 얘기를 해보도록 하겠습니다. 크게 세 가지 테마가 다루어질 수 있습니다. 결혼, 이혼, 불륜. 우리 한번 '슬픈 결혼'에 대해 생각해보죠.

먼저 결혼이란 도대체 뭘까요? 인간 문명 속에, 문화 속에는 축제라는 제도가 있어요. 추수를 했을 때든 새해가 오든 어떤 의미에서든지 항상 축제가 있습니다. 이 축제가 왜 생겼을까 보면 다른 이유도 있지만 무엇보다 공동체 자체가 억압적 구조를 가질 수밖에 없기 때문이죠. 인간은 혼자 살 수가 없습니다. 약하기 때문에 생존 관계 속에서 홀로 살아남을 수가 없어요. 공동체는 살아남기 위해서 반드시 필요한 삶의 형태죠.

그러나 공동체 속에서 개인의 삶이 유지되려면 억압 구조가 만들어질 수밖에 없어요. 그리고 공동체가 견고해지면 견고해질수록 혼자 살 때의 위험성으로부터 개체를 보호해주긴 하지만 동시에 내적으로 억압이 강해져요. 제도가 가지고 있는 이중성이에요. 억압이 점점 강해지면 이것이 해소되어야 합니다. 내포된 억압의 강도가 어느 정도까지 도달하면 공동체 자체가 와해될 위험성이 있어요. 내파를 일으키죠. 그렇기 때문에 이 공동체는 자기를 유지하는 특별한 제도를 만들어내죠.

이 제도들 중에 하나가 축제라는 제도예요. 이 축제는 한편으로는 억압된 집단 욕망들을 해소시켜주는 하나의 놀이터이고, 어떤 금기가 해소될 수 있는 특별한 무대이죠. 이 안에서는 허용된 위반이 일어납니다. 공동체에 의해서 억류되었던 금기시된 개인성들이 발현될 수 있는 장이라는 거죠. 축제는 어느 민족이나 어느 나라에나 하나의 제도로 존재합니다. 자연으로부터 문명의 관계로 건너오면서 인간이 처할 수밖에 없었던 딜레마를 해결하는 제도라 볼 수 있죠.

그런데 이 축제 중에서도 결혼이라는 것이 있습니다. 결혼은 수많은 축제들 중에서도 가장 강도가 높은, 축복받은 축제라 볼 수 있죠. 결혼이라는 제도를 생각해보면 인간이 원하기는 했으나 참으로 달성하기 힘들었던 여러 가지가 약속되고 실현되는 축제의 장소라는 것을 알 수 있습니다. 운명적으로 인간에게 주어진 개체성이 하나로 융합되는 관계예요. 또는 자연 세계 속에서는 약육강식의 원칙에 의해서 힘 있는 자와 힘없는 자로 존재했던 관계가 결혼이라는 관계로 다시 맺어지면 상호 보호의 관계, 사랑의 관계로 바뀌는 것이죠. 앞서 말했던 위대한 거짓말을 실현시킬 수 있는 제도이기도 하죠.

또 하나는 인간이 자기의 육체를 인식하면서 가지게 된 두려움이 있습니다. 그것은 죽음의 두려움이에요. 죽음에 대한 두려움 때문에 생긴 게 뭐죠? 안 죽었으면 하는, 즉 불멸의 욕망이죠. 결혼이라는 축제 안에서는 이 불멸의 욕망이 실현될 수 있어요. 왜 그렇습니까? 죽어야 하는 두 개체가 다음 세대를 만들어낸다는 것은 두 육체가 불멸의 육체로 전승되는 거예요. 그런 의미에서 봐도 이 결혼은 축제 중에서도 엄청난 강도를 지닌 것이죠.

결혼이 얼마나 흥겨운 것이며 위대한 것이며 축복받은 것인가를 얘기해주는 좋은 예가 《성경》에 나오죠. 예수가 첫 번째 기적을 일으키는 장소가 바로 어디입니까? 결혼식장이죠. 나사렛 동네에서 결혼식이 있고 포도주가 제공되잖아요? 그 자리에 있던 예수의 어머니가 보니까 포도주가 떨어져간다는 거죠. 그때 마리아는 이미 예수가 신의 아들이라는 것을 알고 있었던지 와서 얘기하지 않습니까? "얘야, 포도주가 다 비었구나." 그때 예수가 뭐라고 그럽니까? "어머니, 아직 때가 안 되었습니다."

때가 안 되었다는 것은 지금 기적을 일으킬 때가 아니라는 거죠. 예수의 삶은 이미 예정되어 있는 거죠. 예수는 자율적 인간이 아니라 이미 정해진 프로세스를 그대로 치러나가야 하는 예정된 운명을 담지한 자예요. 그 예정된 운명에 의하면 첫 번째 기적은 아마도 좀 더 뒤에, 다른 경우에 일어나게 되어 있는지 모르죠. 그래서 예수가 얘기해요. "아직 때가 안 되었습니다." 이것은 신의 계율이고 예수가 위반할 수 없어요. 위반은 자기가 신의 아들이고 신의 목적을 수행하는 적자임을 포기하는 것과 마찬가지예요. 그래서 사실 예수는 거기서 기적을 일으키면 안 되었어요. 그런데 기적을 일으킵니다. "어머니, 항아리에 물을 부으세요." 그래서 나중에 항아리를 따르니까 포도주가 나왔다 이러죠.

물론 이것은 다른 의미로도 읽을 수 있어요. 제 식으로 읽으면 예수조차도 결혼의 축제성 앞에서는 자기를 잃어버릴 정도예요. 자기의 임무를 잃어버렸어요. 그만큼 흥겨운 겁니다. 그만큼 축복받은 것이고요. 그리고 이 결혼은 공동체가 스스로 지킬 수 없는 희망이나 약속을 보장해주는 제도예요.

가족이 무엇입니까? 공동체를 떠받치고 있는 주춧돌

이라 볼 수 있어요. 여기서 새로운 세대들이 태어나고 공동체를 이끌어나갈 것이고, 이 세대들이 공동체를 전승시키는 담당자들이잖아요. 이런 의미에서 결혼은 인간이 상상해내고 만들어낸 수많은 축제들 중에 가장 위대한 것이죠. 그렇다면 이 결혼이 오늘날에는 어떻게 되었는가 하는 문제를 생각해봐야 합니다.

사회의 소속원으로 살아가고 있는 누구나 결혼에 대한 권리를 가지고 있어요. 자신의 죽음을 극복하는 불멸의 욕망을 실현시킬 수 있는 권리, 자신의 고독한 개체적 육체를 다른 육체와 사랑의 관계로 맺을 수 있는 권리예요. 그리고 동시에 무엇이죠? 약육강식의 법칙을 벗어나서 인간다워질 수 있음에 대한 권리예요. 하지만 아도르노가 볼 때 현대사회에서 결혼은 더 이상 축복의 관계가 아니라 저주와 치욕의 관계입니다.

결혼은 인간 사이의 고유한 관계에 대한 권리이다. 하지만 이 시대의 결혼은 자기를 유지하기 위한 트릭으로 존재한다. 그 트릭이 결혼을 사랑이 아니라 치욕적인 것으로 패러디한다. 경제적 이해 공동체가 되어버린 결혼은 어느 한쪽이 어느 한쪽에게 군림하고 복속당하는 지배의 구조를 피할 수 없다.

저는 이 결혼의 문제를 가난한 사람들 사이의 결혼과 부자들 사이의 결혼, 이렇게도 구분해서 볼 수 있을 것 같아요. 요새 결혼하려면 돈 많이 든다고 야단이잖아요? 젊은 친구들이 결혼을 하고 싶어도 못 하는 것은 돈이 없어서 그렇다죠. 누구나 다 아시겠지만 오늘날 결혼은 경제력과 직결되어 있는 문제이기도 하다는 거죠. 경제의 문제, 돈의 문제는 아도르노가 우리 사회를 지배하는 객관적 권력 중에서도 가장 강력한 것으로 전제하고 있다는 것을 아실 겁니다.

그런 의미에서 우리는 결혼을 둘로 나눠볼 필요가 있어요. 객관적 권력에 완전히 종속될 수밖에 없는 가난한 사람들의 결혼은 어떠하며, 나름대로 이 객관적 권력으로부터 자유로운 부자들의 결혼은 어떠한가. 차이가 있는가. 많은 사람들이 이렇게 얘기하잖아요. '애인이 있어도 결혼은 못 하겠어. 돈만 있으면 당장 할 텐데.' 정말 결혼은 돈만 있으면 할 수 있고, 돈만 있으면 행복할 수 있는 건가라는 문제입니다. 그런 문제를 부자들 사이의 결혼으로 설명해볼 수 있는 것 같아요. 결혼에 대해, 불행한 결혼은 이혼으로 끝날 수밖에 없고, 이혼이 이뤄지기 전에 불륜이 일어날 수밖에 없는데 이 문제를 한번 섞어서 얘기해보도록 하죠.

○

먼저 가난한 사람들의 결혼을 한번 생각해봅시다. 가난하다 그래서 돈이 전혀 없고 그런 게 아니라 충분하지 않은 사람들, 자산으로부터 자유롭지 못한 사람들의 결혼이죠. 아도르노는 결혼을 자기 유지를 위한 트릭이라 얘기했습니다. 사랑의 관계는 자기를 유지하기 위한 것이 아니죠. 오히려 상대를 더 중요하게 생각하면서 이루어져야 하는 것이 사랑의 관계이고 결혼의 관계라면, 오늘날 결혼의 관계는 자기를 유지하고자 하는 관계가 되어버렸다는 거예요. 즉, 그 사람을 도구화해서 나에게 부족한 것을 채워서 나를 유지하려는 관계예요.

자기 유지의 트릭은 제가 볼 때 두 가지가 겹쳐져 있어요. 하나는 이익 추구입니다. 이건 시장 원리죠. 결혼을 투자해서 거기에 나오는 잉여가치를 가지려 한다는 점에서 이익 추구의 트릭입니다. 이 이익 추구의 트릭은 묘한 방식으로 다른 트릭과 엉키게 되는데 그건 책임 전가의 트릭이에요. 내가 당연히 책임져야 할 것을 상대방에게 전가하는 거죠. 이익 추구는 경제적 영역에서 일어나는 것이고, 책임 전가는 도덕적 영역에서 일어나는 문제예요. 그래서 결혼은 경제적 영역과 도덕적 영역이 묘하게 얽혀가지요. 궁극적으로 자기 유지를 위한 트릭이 돼요. 이 두 가지가 서로 엉켜 있습니다.

그러면 경제적 트릭과 도덕적 트릭은 어떤 방식으로 전개되는가? 오늘날 집에서 남자만 돈 벌고 여자는 전업주부를 하는 경우가 있죠. 아도르노식으로 얘기하면 객관적 권력 속에서 산다는 것은 돈을 안 벌고는 살 수가 없다는 거예요. 그게 원칙이에요. 그런데 여자가 전업주부가 된다는 것은 사랑의 관계에 의해서 자기 보존을 위해 당연히 해야만 하는 경제적 행위로부터 면제받는 거예요. 이 경제적인 책임으로부터 벗어나면서 이 여자는 결혼 관계 속에서 어떤 식으로 자기합리화를 하느냐? 아도르노는 과감하게 얘기해요. '그건 당연해'라고 생각하게 된다는 거죠. 그 사람이 밖에 나가서 돈을 벌어 오고 나는 직접적인 돈벌이로부터 자유로운 건 당연해. 왜? 그가 나를 사랑하니까. 그렇다면 여기서 사랑은 뭐가 되느냐?

이것은 아도르노식으로 얘기하면 사랑의 관계를 도구화하면서 이익 추구를 하는 거예요. 자기 보존을 하는 트릭이다, 이렇게 봐요.

그러면 남자는 또 어떠냐? 돈 벌어오는 사람은 어떠냐? 아도르노는 이렇게 생각하죠. 그 누군가가 투명한, 뻔뻔한, 야만적인 거짓말의 세계에서 돈을 번다는 것은 무엇으로만 가능하냐 하면 결국 누군가에게 약속을 하고 그 약속을 거짓말로 취소하는 행위를 통해서만 가능한 거예요. 경제행위라는 게 그런 거라는 거죠. 막말로 하면 사기를 쳐야 한다는 거예요. 누군가에게 약속을 하고 그 약속을 나를 위해서 취소하는 방식, 이것이 경제행위예요. 시장 관계가 다른 게 아니잖아요? 내가 어떤 상품을 약속하고 그 상품이 누군가에게 가서 사용되면, 상대방에게는 늘 내가 약속한 것보다 못한 것이 주어져요. 교환에서 얻어지는 잉여가치는 거기서 나오는 거예요.

아도르노는 얘기하죠. "누군가가 이 사회 속에서 돈을 많이 벌게 되면 피할 수 없는 한 가지를 껴안아야 한다." 그것이 부끄러움이에요. 어쩐지 모르게 부끄럽다, 돈 버는 게 정당하지 않다는 것을 끊임없이 말해주는 목소리가 있다는 거죠. 우리는 돈을 벌면서 무의식적으로 어떤 죄의식을 가지고 있어요. 그래서 돈 버는 일이 피곤할지도 몰라요.

그러면 이 남자는 이 죄의식을 어떻게 씻느냐? 책임을 전가합니다. 즉, '내가 이렇게 돈을 버는 것은 나를 위한 것이 아니라 내가 사랑하는 사람을 위해서 하는 거야. 나는 희생하고 있어'라고요. 이것은 도덕적 책임 전가예요. 당연히 자기가 대답해야 하는 도덕적 질문의 책임을 자기가 사랑하는 여자에게로 옮겨요. '그 사람 때문에 나는 이 일을 하는 거야, 나를 위해서 하는 것이 아니야'라는 식으로요. 이것을 통해서 우리의 결혼 관계는 유지돼요. 그래서 알고 보면 남자는 여자를 도구화하고 여자는 남자를 도구화하면서, 자기가 치러야 하는 책임으로부터 자신을 용서한다는 거예요. 아도르노가 볼 때 결국 결혼은 오늘날 자기 유지를 위한 트릭으로 존재한다는 것이죠.

또는 남자와 여자 둘 다 돈을 벌 수도 있겠죠. 첫 번째 경우처럼 '저 사람이 나를 위해서 돈을 버는 건 당연해' 같은 생각은 없겠지만, 그래도 두 번째 경우는 얼마든지 있을 수 있습니다.

시장 사회 속에서, 거짓말과 약육강식 사회 속에서

돈을 버는 일은 부당한 교환 관계를 통해서만 가능한데, 그랬을 때 어쩔 수 없이 받아들이게 되는 도덕적 부끄러움을 서로에게 전가하는 거죠. 남자는 다 저 사람을 위해서 하는 일이야, 여자 역시 돈을 벌면서 내가 사랑하는 저 남자를 위해서 하는 일이야, 이런 식으로 되어갈 수 있다는 거죠. 이것이 결혼의 트릭이에요.

이런 것들은 다 돈이 없어서 그래요. 충분하지 않아서 그렇죠. 그렇다면 남을 속이지 않고 남들과 이전투구하면서 살지 않아도 되는 부잣집 아들과 딸의 결혼은 어떨 것 같으세요? 더 이상 악랄하게 돈벌이를 하지 않아도 되는 사람들을 우리가 부자라고 부른다면, 이 부자들의 결혼은 자기 보존의 트릭으로부터 자유로운가라는 거죠. 많은 사람들이 그러잖아요. '돈만 있으면 싸울 일이 뭐 있겠어. 행복하게 살겠지.'

그러나 아도르노는 이렇게 얘기하죠. 부자가 되는 게 하늘에서 뚝 떨어지는 게 아니라는 겁니다. 부자는 성공해야 되죠. 그런데 성공한다는 건 뭐예요? 바로 이 약육강식의 원칙을 그 누구보다 탁월하게 익힐 때 가능해요. 이러한 도덕적 책임 전가나 경제 행위가 가지고 있는 거짓말의 원칙을 생존 원칙으로 완벽하게 육화시켜서 시장의 이러저러한 장벽을 뚫고 나갈 수 있는 특별한 능력을 가진 사람만이 성공합니다. 그랬을 때 부자들은 누구입니까? 모든 삶의 영역에 대해서 철저하게 하나의 원칙만을 가지고 있는 사람들이에요. 다름 아닌 경제원칙입니다.

그렇다면 부자들은 결혼을 하게 되면 자기 보존의 원칙에서 벗어날 수 있을 것인가? 아도르노는 그렇지 않다고 보죠. 오히려 그들은 철저한 자기 보존의 원칙으로 성공한 사람들이기 때문에 오히려 더 상대방을 더 도구화하는 방식으로 결혼 생활이 전개된다고 생각해요. 어떻게 생각하세요? 아도르노는 얘기합니다. "가난한 사람들의 결혼과 부자들의 결혼은 큰 차이는 없다. 왜냐하면 객관적 권력이 어디에서나 작동되고 있기 때문에."

다시 한번 말씀드리지만 결혼은 고유한 인간의 권리이고, 축제 중에서도 위대한 축제인데 이 위대한 축제가 오늘날 자본주의 사회로 오게 되면서 야만적인 트릭, 자기보존의 트릭으로 변해서 여기서 얘기한 것처럼 사랑이 아니라 치욕적인 것이 되었어요. 사랑의 관계가 상호 간에 모욕하는 관계가 되죠. 이렇게 객관적 권력이 지배하는 삶의 조건 내에서 결혼이 어떤 운명을 지니는가를 생각해보면 우리는 '슬픈 결혼'이라는 말을 이해해볼 수 있어요.

그렇다면 이런 결혼이 유지될 수 있겠습니까? 타자를 자기 유지를 위한 도구로 삼으려고 할 때 이게 사랑의 이름으로든 무엇으로든 얼마간은 은폐될 수 있겠죠. 그러나 타자를 자기 유지를 위해서 도구화하는 관계로 맺어진 공동체는 언젠가 진실을 드러내게 됩니다. 그래서 이혼은 피할 수 없어요. 사실 후기 자본주의 사회에서 죽을 때까지 해로하는 건 좀 이상한 일이다, 그렇게 얘기할 수도 있습니다. 왜냐하면 이혼은 필연적인 것이기 때문에 내파가 일어날 수밖에 없다는 거죠. 그런데 참으로 이상한 것은 결혼 관계가 견고했을수록, 남들이 보기엔 참 잉꼬부부고 서로 죽고 못 사는 관계였을수록 이혼을 하게 되면 지저분한 투쟁이 일어난다는 거죠. 인용구를 함께 보시죠.

예전에는 사랑스러운 배려의 표시였고, 화해의 형상들이었던 사물들이 갑자기 가치로 자립하면서 사악하고, 차갑고 파멸적인 측면을 드러낸다. 이혼한 교수는 부인의 집에 침입하여 책상 속에 있는 물건들을 빼내 오며, 많은 위자료를 받은 부인은 남편을 탈세로 고발한다.

여기서 복수라는 문제가 나옵니다. 우리는 서로 너무나 사랑하는 사람들이야, 이랬던 사람일수록 결혼이라는 공동체는 이기주의적이 될 수밖에 없다고 얘기합니다. 이렇게도 한번 생각해볼 수 있죠. 어떤 신혼부부들은 이 세상의 모순에 대해서는 관심이 없어요. '우리들끼리 애 낳고 알콩달콩 잘 살면 되지.' 세상에서 무슨 일이 일어나는지에 등을 돌린 폐쇄적인 공동체, 결혼의 공동체가 점점 그런 방식으로 되어간다는 거죠. 그렇지 않습니까? 자기들끼리만 잘 살고, 자기들끼리만 안전하고, 자기들끼리만 결속되어서 살아가는 폐쇄적이고 이기적인 결혼 공동체가 되는 건 피할 수 없는 일이에요. 왜냐하면 결혼 관계 자체가 자기 유지의 원칙에서 출발하기 때문에 결혼 공동체 역시 이 원칙을 철저하게 수행하는 것으로 유지될 수 있을 뿐이거든요. 그렇기 때문에 사회의 다른 공동체 영역들과 경쟁 관계를 가질 수밖에 없고, 이 경쟁 관계에서 가동되는 단 하나의 원칙은 우리들의 유지라는 거죠. 반드시 결혼 관계만이 아니라 오늘날 우리 사회 속에서 가족의 속성도 그래요.

잉꼬부부들은 이렇게 생각할 수 있죠. '세상이야 어떻게 되든지 우리는 안전해. 우리는 안전지대에 있어. 세상 같은 게 우리를 건드릴 수 없지'라고 생각하면서 결혼 공동체에 대한 자신감을 가질 수 있는데 과연 우리가 사회로부터 감히 벗어날 수 있겠어요? 어떤 권력자가 있는데, 모든 것이 나의 권력 안에 있어야 하는데, 누군가 '당신의 권력과 나는 아무런 관계가 없어, 우리들끼리 잘해나갈 수 있어' 하면 가만히 내버려두겠어요? 안 내버려두죠. 언젠가 복수를 하죠.

이러한 식의 폐쇄적이고 자기 유지적인 결혼 공동체는 언젠가 사회로부터 복수를 당하게 된다는 거예요. 복수는 다른 것이 아니에요. 결국은 결혼이 잘 유지될수록 그 안에서 사회 원칙이 강화되어서 나중에 바로 그 사회적 모순에 의해서 그 결혼 관계가 내파당할 수밖에 없다는 거죠. 나중에 결국은 이혼이 닥쳤을 때 사람들이 깨닫는 것은 우리의 결혼 영역도 이 사회로부터 안전지대가 아니었다는 사실이죠. 그때 깨달았지만 너무 늦었어요. 사회로부터 복수를 당할 수밖에 없게끔 진행되어왔다는 거죠.

아도르노는 이렇게 얘기합니다. 객관적 권력에 대해서 성찰하지 않고, 문제를 의식하지 못한 상태에서 개별적인 행복은 가능하지 않다고요. 개별적 행복은 언젠가 당연히 해야만 되는 임무, 즉 전체 공동체를 문제시하거나 공동체에 대해서 성찰해야 되는 임무를 게을리 한 책임을 묻게 된다는 거예요. 그게 다름 아닌 이혼으로 빠질 수밖에 없는 결혼이죠. 그래서 '우리들끼리 잘 살 수 있어, 세상에서 무슨 일이 일어나든지 우리와는 관계없어'라고 하는 잉꼬부부들일수록 이혼을 하고 나면 더 지저분하고 천박한 객관적 권력의 모습을 보여준다는 거예요.

객관적 권력의 모습이 뭐예요? 자기 유지예요. 이혼한 남자가 전 부인의 집에 침입해서 귀금속을 들고 나온다든지 하는 이 비슷한 경우를 많이 보잖아요? 특히 남보란 듯이 화려하게 결혼을 한 사람들일수록 나중에 벌어지는 이혼의 모습은 보기가 부끄러울 정도죠. 소송이 오고 가고요. 아도르노식으로 얘기하면 그것은 사회가 복수하는 것입니다. 잉꼬부부를 유지시켰던 것이 객관적 권력이었다는 사실이 적나라하게 드러난다는 것이죠. '슬픈 결혼'의 귀결이죠.

○

자, 그리고 하나 더 얘기하겠습니다. 불륜 문제를 얘기할게요. 〈비슷한 사람들끼리〉에서 주목해서 볼 부분은 여기예요.

섹슈얼리티의 영역에서도 완전하게 질적인 변화가 일어난 것처럼 보인다. (…) 사회의 합리화와 더불어 이러한 단속받지 않는 행운의 가능성은 사라져버렸다.

오래전에 불감증에 빠진 방탕한 여성들이 사업을 대표한다면, 정숙하고 행실이 바른 여성은 동경에 차서 그리고 비낭만적으로 섹슈얼리티를 대표한다. 그래서 더 이상 어떤 사교계도 없고 어떤 부인도 없는 한에서, 바로 그 순간에 사교계의 부인들은 그녀들의 불명예라는 명예에 도달하게 된다.

이 문장이 무슨 말일까요? 이렇게 얘기할 수 있습니다. 경제적 권력이 인간의 모든 것들을 지배하는 상태에서는 과거에는 그렇지 않았던 것들도 다른 방식으로 변하게 되는데, 남녀 간의 성적인 영역도 그렇다는 거예요. 이 섹슈얼리티의 영역은 크게 2개로 볼 수 있습니다. 하나는 결혼이라는 허가된 섹슈얼리티의 영역이 있죠. 또 하나는 유곽이라는 허가되지 않은 섹슈얼리티의 영역입니다. 아도르노식으로 얘기하면 유곽이라는 영역의 섹슈얼리티가 왜 생겼냐? 결혼이라는 영역이 그 시스템을 유지하자면 억압할 수밖에 없는 것이 있고, 그러나 그것들은 해소되어야만 하기 때문에 만들어진 성적 영역이 있어요. 탈규범적 성적 영역, 우리는 보통 그것을 유곽이라 불러요. 매춘이 이루어지는 영역이죠.

아도르노가 얘기하는 건 이겁니다. 결혼 관계라는 성적 영역이 객관적 권력에 의해서 지배당하면서 변해갈 때 욕망이 자유롭게 허가되는 유곽 영역은 예외인가? 자본주의가 모든 삶의 영역들을 지배하게 되면 이 탈규범적 성적 영역마저도 객관적 권력의 원칙을 수행하게 된다는 거예요. 그래서 매춘녀는 비즈니스 우먼이 된다고 얘기하고 있습니다.

얘기할까 말까 고민했는데, 우리 사회에 룸살롱이라는 것이 있지 않습니까? 문제가 많이 되잖아요. 이런 생각이 들어요. 70년대의 룸살롱과 지금의 룸살롱은 차이가 없는가? 이것은 70년대 결혼 관계와 지금의 결혼 관계가 과연 차이가 없는가라는 문제와 동일한 질문이에요. 만일 70년대의 결혼 관계가 지금에 와서는 더 이상 수행될 수 없는 관계로 변해버렸다면, 이것은 규범적 성적 영역에서만 일어나는 변화가 아니라는 거예요. 탈규범적영역, 유곽의 영역에서도 그 변화가 일어난다는 거죠. 말하자면 룸살롱에 종사하는 여자들의 풍경이 달라져요.

여러분 60년대, 70년대에 보면 소설의 주인공이나 영화의 주인공으로 호스티스들이 등장했어요. 최인호 작가가 썼던 《별들의 고향》 아세요? 엄청난 인기를 끌었던 소설이죠. 한 남자가 우연히 룸살롱에 갔다가 한 여자를 만나고, 그 여자와 사랑에 빠지고, 그렇지만 이룰 수 없는 사랑 관계이기 때문에 경아라는 여자가 결국은 비극적인 운명을 따라서 외롭게 죽어가는 이런 얘기 아니에요? 오늘날에 똑같은 호스티스가 주인공으로 등장할 수 있을 거 같으세요? 지금 또 그런 영화를 만든다면 '유치해, 세상에 그런 여자가 어디 있어' 그럴 거예요. 아무도 믿지 않아요. 뭘 믿지 않습니까? 룸살롱에서 일을 하지만 그럼에도 사랑의 진실성을 간직한 여자, 이런 여자가 있느냐라는 거죠.

70년대 룸살롱에는 경아가 있었어요. 먹고살기 위해서 다음번 손님방에 들어가야 하니까 몰래 몰래 받은 술을 따라 버리는 기술도 다 알고, 남자들을 비즈니스 관계로 대하고자 하는 결심도 있고, 그 영역의 룰도 알고 있고요. 그러나 경아가 누구입니까? 아무리 그렇게 살려고 하고, 그렇게 행동하려 해도 피할 수 없는 게 있어요. 저는 그것이 오해의 눈빛이라고 생각해요. 이 오해의 눈빛은 뭐냐? 비즈니스 관계로 온 남자들 중에 남몰래 연정이 가게 되는 그런 오해의 눈빛, 낭만적 눈빛이죠. 이것이 《별들의 고향》을 만든 이야기의 근본 뿌리예요.

조선작이라는 작가가 쓴 《영자의 전성시대》라는 소설도 있죠. 이 여자도 경아와 다르지 않습니다. 창녀의 영역에 있지만 오해의 눈빛을 가지고 있죠. 이전에 얘기했던 인간적 거짓말의 능력을 가지고 있습니다. 그 당시에는 남자들이 도망갈 곳이 있었는지도 몰라요. 결혼의 영역이 성이 규범화되고 도덕화되는 영역이라면, 거기서 드러날 수 없었던 성적 욕망들이 해소되거나 자유를 맛볼 수 있는 영역이 있었는지도 모르죠. 일단 남자의 입장에서만 얘기하는 겁니다. 양해 부탁드려요.

　이 일탈적 성적 관계라는 것이 있을 수 있었습니다. 경아가 있고, 경아와의 연애 관계가 이루어질 수 있고, 그러면서 규범에 의해서 억압되었던 성적인 것들이 소통될 수 있는 영역이 적어도 그 당시에는 객관적 권력에 의해서 완전히 지배당하지 않고 있었다는 거예요. 그렇다면 오늘날의 룸살롱은 어떠냐? 그런 경아는 더 이상 없다, 오히려 오래된 은행원의 눈빛을 가진 여자들로 가득 차 있다는 거죠. 완전히 비즈니스 우먼이 되어 있어요. 그 눈빛은 커리어우먼이 되려는 여자들의 눈빛과 똑같다는 거죠. 일탈적 성관계, 오해의 눈빛, 낭만적 눈빛 이런 것들은 전부 없어졌어요. 거기에는 오로지 무엇만 있느냐? 경제 관계만이 있다는 거예요. 그러다 보니까 불륜의 문제가 거론됩니다. 경아는 오늘날 비즈니스 우먼으로 바뀌었지만, 결혼이라는 이름의 섹슈얼리티의 영역에서 중산층 부인들은 상황이 어떻게 달라졌을까요?

　TV 드라마를 보면 불륜이 대체로 이런 식으로 이루어집니다. 결혼한 여자가 정숙하고 규범적인 결혼 관계 속에서 자기를 잘 유지하려고 하는데 늘 남자가 문제예요. 남자가 어디 가서 다른 여자를 만난다든지, 남자가 옛날에 사귀었던 여자가 아이를 데리고 돌아온다든지 하죠. 모든 불륜 드라마는 여기서부터 시작돼요.

그랬을 때 예컨대 〈미워도 다시 한번〉 이런 영화가 나오던 시절에는 여성들이 참았어요. 남자가 애를 데리고 들어오면 길러주기도 하고 자기 애처럼 예뻐하기도 했어요. 그런데 이런 모델이 오늘날엔 더 이상 가능하지 않습니다. 어떤 모델이 가능합니까? '그래, 그렇다면 나는 왜 안 되는데.' 반동적 욕망이 이 부인을 불륜으로 건너가게 하죠. 건너갈 수 있는 요소가 된다는 거죠. 이 부인은 말이에요, 사실 전혀 불륜에 대한 욕망이 없었어요. 그런데 남자가 불륜을 일으키기 때문에 이 여자에게서 반동적인, 리액션적인 불륜에 대한 욕망이 일어나요. 과거의 여자 같으면 이 불륜의 욕망을 억누를 텐데 오늘날의 여자들은 그런 식으로 자신을 억누르지 않아요.

어쩌면 불륜의 행위로 건너가지는 않을 수도 있었는데 드라마에선 늘 제3의 남자가 나타나죠. 이웃집 남자든 오래전에 헤어졌다 우연히 만난 남자든 제3의 남자가 나와요. 그래서 이 부인은 불륜의 욕망을 그 남자에게 투사합니다. 그 남자와의 연애 관계가 이루어져요. 그러나

이 드라마가 어떤 식으로 진행되는가 보면, 1차적으로 이 부인의 욕망이 절대로 직접적인 불륜, 말하자면 가정을 버리거나 남편을 배반하거나 그 남자와 직접적인 성관계로까지는 안 간다는 거죠. 이 부인은 끝까지 정숙한 관계로 남아요. 불륜을 테마화하면서도 동시에 불륜을 진행시키지 않으려 하는 드라마의 도덕성의 영역이 있죠. 그럼으로 해서 남자를 만나서 키스까지는 하지만 절대로 모텔의 문을 두드리지는 않아요. 드라마의 주인공으로 등장하는 불륜의 부인은 비록 버림받은 여자이기는 하지만 자기가 정숙한 부인임을 결코 잊지 않아요. 성보다 성도덕을 더 중요하게 지키는 여자죠.

그래서 드라마는 항상 이런 식으로 끝나요. 부인은 남편이 다시 돌아온다 하더라도 옛날처럼 남편을 받아들이느냐? 더 이상 받아들이지는 않아요. 그 점에서 드라마 속 불륜의 부인은 현대 여성이에요. 옛날처럼 남자를 받아주는 조선 시대 여성은 아니라는 거예요. 그래서 드라마는 오늘날 여자들은 과거의 여자들처럼 남자에게 종속되지 않는다는 모델을 제공해요.

그런데 문제는 돌아온 남편을 받아들이지도 않지만, 동시에 새로 만난 남자와 관계를 갖지도 않아요. 이런 드라마는 대체로 어떤 식으로 끝나냐 하면, 여자가 이 남자도 떠나보내고 저 남자도 떠나보내고 결국 아이에게로 돌아가죠. 말하자면 드라마는 여성해방을 얘기하는 것 같지만 한편으론 도덕성을 지키고 있으며, 그래서 결국 불륜을 다시 도덕성의 영역으로 끌어들이는 신화적 시스템을 늘상 지켜나간다는 거예요. 그래서 부인은 배반당한 불명예 덕분에 더 큰 명예를 누리게 돼요. 이 여자는 결국 남자에게 버림받았지만 그럼에도 불구하고 자기를 끝까지 지켜나가는 훌륭한 여성의 모델이 된다는 거죠.

다른 식으로 얘기하면 사회의 객관적 권력 중에 섹슈얼리티를 관리하는 권력이 있습니다. 경제적 권력만이 아니에요. 성적 권력이 있어요. 인간이 가지고 있는 성적인 욕망을 철저하게 객관적으로 관리 통제하려는 권력이 사회 안에 있다는 거죠. 오늘날 성이 개방된 것 같지만 이런 객관적 권력이 없다고 생각하세요? 실제적으로 신세대들은 어떤 식으로 섹슈얼리티를 경험하고 수행해나가고 있는지는 모르지만 적어도 안방극장에서는 이렇죠. 성적인 것들이 슬쩍 해방의 모습을 보이는 것 같지만 결과적으로는 성적 규범성의 영역으로 돌아가는 모습을 볼 수 있다는 거죠.

아까 말씀드린 것처럼 경제적 객관적 권력과 성적 객관적 권력은 근본적으로 어디서 만나느냐? 결국 이 두 권력들이 통제하려 하는 것이 무엇이냐? 자유에의 권리예요. 이 자유라는 것을 잘못 생각하시면 안 돼요. 방만한 태도를 얘기하는 게 아니라 진정한 인간관계를 맺고자 하는 것에 대한 권리입니다. 이 두 권력이 다른 것이 아니라 동일한 권력의 두 얼굴이라는 거예요. 돈과 성, 이것만은 아니에요. 사회가 변화를 일으키지 않도록 통제 관리하는 객관적 권력의 모습을 우리는 도처에서 확인할 수 있죠. 앞으로 강의를 진행하면서 계속 얘기될 거예요.

마지막으로 이 얘기를 하죠. 과거의 룸살롱에서 어쩌면 있었을, 경아가 알고 있었을 오해의 눈빛은 진정한 성적 관계가 있을 수도 있다는 믿음이 사라지지 않았을 때 남아 있을 수 있다는 거죠. 오늘날 어디에 가서도 이 오해의 눈빛을 찾을 수 없다는 것은 다른 말이 아니라 이제는 우리의 성적 영역이 객관적 권력에 의해서 완전히 관리 통제되는 시대라는 것입니다. 그런데 왜 오해의 눈빛이 없어지겠어요? 없어지지는 않습니다. 어딘가에는 있을 거예요. 우리는 한번 이 사회 속에서 오해의 눈빛이 여전히 남아 있다면 어디에 있을까 생각해볼 수 있어요.

제가 불륜을 찬양하는 것은 아닌데요, 불륜은 오해의 눈빛이 마지막으로 남아 있는 영역일 수 있어요. 제가 볼 때 불륜은 단순히 탈도덕적이고 탈규범적인 것으로 받아들여야만 하는 영역이 아니라는 거죠. 그것은 우리의 성적 영역이 잃어버린 어떤 관계를 다시 찾고자 하는 하나의 제스처일 수 있다는 거죠. 이런 의미에서 보면 불륜은 진정한 인간관계, 에로스 관계, 성적 관계를 그리워하는 하나의 모습인데 TV 드라마 같은 것을 보면 드러내는 척하면서 또다시 불륜을 성적 객관적 권력에 편입시키죠. 불륜을 드러내면서 통제해요.

이런 의미에서 볼 때 불륜이 잃어버린 성적 관계에 대한 그리움이고 기억의 한 모습이라면, 오늘날 우리 사회 속에서는 불륜이 더 이상 긍정적인 것으로 이해될 수 없도록 슬픈 관계가 되어버렸다고 생각해요. 오해하시면 안 돼요. 모든 결혼 관계는 문제가 많고 불륜 관계는 정당화되어야 한다는 얘기를 하는 게 아닙니다. 우리가 성적 관계 속에서 무엇인가 잃어버린 게 있다는 거예요. 이 잃어버린 것들은 정상적인 방식으로는 기억될 수 없다는 것이죠. 언제나 그것들은 비정상적이라 얘기되는 영역을 통해서 기억될 수 있다는 거죠. 그런 의미에서 제가 불륜을 말씀드리는 거예요.

많은 소설이나 영화에서 불륜을 테마로 삼죠? 그런데 또한 이런 문제를 제기할 수 있죠. 오늘날 대중문화는 불륜을 무엇으로 이해하는가. 과연 불륜을 잃어버린 인간관계를 복원하고자 하는 영역으로서 받아들이는가. 아니면 이미 관리 통제되고 있는 성적인 영역 속에서 불륜을 다루려고 하는가. 이런 문제를 물어볼 필요가 있다는 거죠. 제가 볼 때 결혼도 중요한 테마이지만, 오늘날 사회에 와서는 불륜이라는 것을 깊이 성찰해볼 필요가 있다고 생각합니다. 그것을 무조건 폄하하고 나쁜 것이다, 배반이다 얘기하지 말고요. 슬픈 불륜이 있어요. 하고 싶지는 않은데 할 수밖에 없는 관계가 있죠. 그렇지 않습니까? 결혼 관계를 척도로 해서 우리는 그것을 불륜이라 부르잖아요. 그러나 정상적인 관계가 이미 비정상적이 되었을 때 정상은 비정상 속에서 발견될 수밖에 없어요. 아도르노가 〈비슷한 사람들끼리〉라는 장에서 했던 얘기를 이러한 관점에서 볼 수 있습니다.

오늘은 결혼과 이혼과 불륜, 섹슈얼리티의 영역에서 일어나는 문제를 다뤄봤습니다. 다음 시간에는 수전노 얘기를 할 거예요. 경제관념이라는 게 있잖아요? 절약의 문제 이런 것들. 그리고 배려의 문제를 얘기해보고, 노숙자 수용소 내지는 집 문제를 거론해보겠습니다. 오늘은 여기까지 할게요. 수고하셨습니다.

7강

선물 주기의 기쁨과 슬픔

오늘은 순서와 조금 어긋나지만 선물 얘기부터 하고 싶어요. 〈교환은 안 됩니다〉라는 장을 '슬픈 선물'이라는 주제로 읽어보려 해요. 선물을 준다는 것은 굉장히 아름다운 행위죠. 선물을 받는 것도 기쁜 일이지만 선물을 준다는 것의 기쁨을 아십니까? 요즘 보면 받는 기쁨을 원할 뿐 주는 기쁨에 대해서는 신경을 잘 안 쓰는 것 같아요.

벤야민의 《베를린의 유년시절》에는 선물에 대한 아름다운 에세이가 있습니다. 거기에 보면 두 부분이 나와요. 어릴 적 크리스마스 아침에 선물 받는 기분이 어떠했던가. 크리스마스에는 자기 전에 긴 양말을 걸어두죠? 그 안에 선물이 들어 있잖아요. 벤야민은 그것을 주목해요.

왜 양말이 그렇게 길까. 선물을 만지려면 손이 한참 들어가야 하잖아요? 선물 받는 기쁨을 그렇게 얘기하고 있습니다. 선물을 주는 기쁨에 대해서는 자기가 선물을 고를 때의 기쁨을 얘기한 바가 있습니다.

아시겠지만 아도르노와 벤야민은 많은 연관 관계를 가지고 있습니다. 물론 역사철학적 측면에서는 본질적으로 차이가 있지만, 다루고자 하는 아이템들이 연관 관계가 많습니다. 벤야민한테서는 아도르노가 가지고 있는 아이템을 발견하기가 쉽지 않아요. 그런데 아도르노는 벤야민의 사유의 아이템들을 차용하고 있습니다. 차용하는 것도 의도가 있어요.

어떤 의미에서는 벤야민이 아도르노에게 스승의 역할을 약간은 하죠. 아도르노의 사유 과정에서 벤야민과의 대화는 커다란 사건이었어요. 벤야민과 만나서 밤새워 토론을 한 이후로 많은 편지들이 오고 가죠. 그걸 한번 번역해보고 싶긴 해요. 웬 편지를 그렇게 많이 썼는지 양이 대단해요. 누군가에게 편지를 쓸 수 있다는 건 참 행복한 일인 것 같아요.

자본주의 문화 혹은 기술 문화가 없애버린 것 중 하나가 편지죠. 문자도 있고 이메일도 있지만 편지가 사라진 것은 엄청난 것이 사라진 거라고 생각해요. 편지를 가지고도 오래 얘기할 수 있어요. 편지의 실종을 생각하면 가슴이 아파요. 세상에 편지 없이 어떻게 인간성이 보호될 수 있을까 하는 생각을 많이 합니다.

저도 편지 쓰기의 충동이 강한데 쓸 사람이 없어요. 제 속사정이라든지 깊이 내재해 있는 얘기를 누가 들어줄까 하는 우려와 불안이 있어요. 가상으로 A라는 대상을 정해놓고 생각날 때마다 편지를 쓰는 프로젝트도 해봤는데 좀 쓰다 안 되더라고요. 편지 수신자가 육체적으로 있는 것과 추상적으로 있는 것이 상당히 다른 것 같아요. 소통 관계죠. 연애편지면 제일 좋겠죠.

예컨대 카프카가 밀레나에게 보내는 연애편지를 보면 카프카의 거의 모든 것이 드러납니다. 교묘한 연애 투쟁이 일어나죠. 제가 볼 때 카프카 문학의 관건은 권력인데, 항상 자기 정당화가 중요해요. 소설을 보면 주인공들이 언제나 자기를 정당화하려는 투쟁을 벌이고 있습니다. 《소송》도 그렇고 《성》도 그렇죠. 성에 들어가려는 얘기도 다른 게 아니라 '나'는 성에 들어갈 수 있는 자격을 가지고 있는데 그걸 인정받지 못하니까 끊임없이 자기 정당성을 확보하려는 노력이고요. 《소송》 같은 경우도 죄가 없

는데 죄가 있다고 판결을 받은 주인공이 자기의 무죄성
을 투쟁하는 과정이죠. 결국 실패로 끝나지만요.

카프카의 문학은 근본적으로 권력투쟁의 얘기입니
다. 아시겠지만 카프카의 전공이 법학이고, 보험 사무소
에서 평생을 일했습니다. 거기엔 맨날 억울한 사람들이
오잖아요? 요즘식으로 얘기하면 산재를 인정해줄 거냐
안 해줄 거냐, 그런 업무인데 말하자면 거대 권력과의 싸
움이에요. 우리가 카프카의 이러저러한 단편들을 읽어보
면 힘없는 자가 권력에 맞서서 어떻게 자기를 정당화시킬
건가 하는 투쟁이 끊임없이 벌어지는 것을 확인할 수 있
습니다. 그것이 카프카 문학입니다. 카프카를 자꾸 신비
화하는데 그는 아주 현실적이에요. 완전히 자본주의에
뿌리를 내리고 있고요. 카프카 얘기를 잠깐 하게 됐습니
다만 다시 벤야민과 아도르노 얘기로 돌아갑시다.

아도르노는 벤야민에게 상당히 영향을 받았지만, 자
기의 입지를 정당화하기 위해서 차용한 아이템을 다른
방식으로 얘기하는 걸 볼 수 있습니다. 《미니마 모랄리
아》의 선물 얘기도 짐작컨대 분명히 《베를린의 유년시
절》에 나오는 선물 장면을 차용해서 벤야민과는 전혀 다

른 내용으로 쓰려 했던 결과물로 보입니다. 벤야민과 아도르노의 관계는 굉장히 재미있어요. 엉켜 있으면서도 차이가 있지요. 편지를 주고받으며 끊임없이 지적 논쟁을 벌이는 과정에서 두 사람의 상호관계가 적나라하게 드러나요. 벤야민 쪽에서 보면 슬픈 모습들이 많이 나오죠. 자꾸 아도르노한테 부탁하는 얘기들요. 워낙 가난하니까요. 아도르노는 미국에서 여유 있는 호르크하이머와 활동하면서 벤야민에게 프랑크푸르트학파 잡지에 글을 보내라고 했고 벤야민은 그 원고료로 근근이 생활했지요. 아도르노가 아주 애를 쓰면서 미국으로 벤야민을 불러들이려고 했지만 그건 성사되지 못했어요. 대신 둘 사이에 많은 편지가 오고 갔지요. 편지 얘기를 하다 보니 다시 편지 충동이 일어나네요. 편지는 굉장히 아름다운 거예요.

편지의 실종을 생각하면 가슴이 찌르르하면서 아파요. 편지의 오고 감이 없이도 인간성이 보장되며 보호될 수 있을까 하는 생각이 많이 듭니다. 언제 한번 편지 문학에 대해서도 강의해보고 싶은 생각이 있어요. 세계문학에 편지 문학이 많습니다. 낭만주의 시대에는 가장 주된 글쓰기 장르가 편지였지요. 별로 알려지지 않았지만요.

우리에게도 편지 문학이 있죠. 《한중록》 같은 것은 편지는 아니지만 고백록 같은 건데 단순히 역사적 가치만이 아닌 한 여인의 애환이 적나라하게 드러나 있어요. 참 아름다운 글이죠. 어쨌든 글이 있던 시절이었어요.

다시 본론으로 돌아가면 제목에 '교환'이라는 말로 번역됐지만 원문에 보시면 'Umtausch'입니다. 교환이 서로 다른 것을 주고받는 것이라면 'Umtausch'는 뒤바꾸어버리는 걸 얘기해요. 쌀과 책상을 교환한다 해서 쌀이 책상이 되는 건 아니죠. 그런데 'Umtausch'라 하게 되면 쌀이 책상이 되고, 책상이 쌀이 되는 거예요.

책에서 아도르노는 자본주의 사회 속에서 없어진 것 혹은 망각된 것 중에 하나가 선물 주기라고 얘기해요. 선물 받기도 있지만 선물 주기를 강조합니다. 선물 주기가 없어지면서 선물 주기를 대신하는 문화가 생겨나는데 그것이 바로 자선 행위라는 거죠. 자선도 뭘 주는 거예요. 선물 주기라는 것은 일차적으로는 개인 대 개인 사이에서 오고 가는 것입니다. 선물 주기가 사라지고 그것이 공식 문화가 되면 자선 행위라는 것이 나오는데, 자선 행위는 근본적으로 비즈니스의 성격을 지니는 것이죠. 우리

흔히 자선사업이라는 말 듣잖아요?

자선 행위는 두 가지 성격을 피할 수가 없어요. 하나는 계산적 분배입니다. 누구에게 얼마를 줄 것인가라는 거죠. 또 하나는 받는 사람이 수혜자, 즉 객체가 된다는 거예요. 아도르노에게 선물은 주체와 주체 사이에서 오고 가는 것입니다. 그러나 자선 행위는 어느 주체가 객체에게 돈을 받지 않고 무언가를 주는 행위라는 거죠. 이것이 사업이에요. 언제나 계산이 앞서 있고 그 대상이 다수가 된다는 거죠. 물론 자선이 개인 대 개인으로 이루어질 수도 있지만, 자선 사업이라 하면 객체 집단이 상정되죠.

선물 주기가 자선사업으로 바뀌어갈 때 이 바뀜을 뜻하는 말이 'Umtausch'예요. 서로 다른 건데 똑같은 것이 되어버리는 거죠. 이러다 보니까 개인 대 개인 사이에서 오가는 선물 주기 행위가 오히려 자선사업 행위를 따라가요. 원래 자선사업은 선물 주기에서 나온 건데, 나중에는 선물 주기 자체가 자선사업의 모델을 따라간다는 거예요. 문화의 역전이죠.

하나의 문화는 이전에 있었던 문화를 폐기시킬 수 없습니다. 이것이 벤야민이 얘기하는 인용의 문제인데요,

말하자면 문화는 언제나 앞에 있었던 것을 불러내고 그것과 결합하면서 다른 것으로 바뀌어가요. 자선사업이 선물 주기라는 이전의 문화를 등에 업으며 선물 주기를 폐기시키고, 대신 선물 주기의 영역을 장악하는 것처럼요. 벤야민은 그것을 인용이라 얘기했어요. 과거의 무엇을 폐기시키거나 무력화시키려 할 때 그것은 언제나 그것을 인용하면서만 이루어진다는 것이죠. 그래서 묘한 결과가 나옵니다. 과거의 대상을 잊어버리도록 만드는 행위가 그것을 끊임없이 기억하게 만드는 행위가 될 수밖에 없다는 거예요. 벤야민은 이것을 역사철학적 문제로 얘기합니다. 여기서 중요한 것은 자선사업이 선물 주기를 대체하게 되면서 선물 주기가 자선사업을 모델로 삼는다는 겁니다.

아도르노는 이런 식으로 얘기합니다. "누군가에게 선물을 준다는 것은 대단히 기쁜 일인데 그 기쁨은 두 가지 조건이 있을 때에만 가능하다." 하나는 상대방이 어떤 물건을 받아야 기뻐하는가를 내가 알 수 있을 때예요. 그 사람의 내밀한 기쁨을 알고 있을 때에만 선물을 주는 행위가 기쁜 일이 된다는 거죠. 그렇다면 상대방이 무얼 받고 싶어 하는지 어떻게 아나요? 역으로 이야기하면 내가 어떤 물건을 받으면 기쁜지 알 때, 그 고유한 기쁨을 가지고 있을 때에만 가능하다는 거예요. 상호 관계죠.

우리는 요즘 기쁨이나 즐거움을 많이 얘기하는데, 이 항목에서 얘기하는 바는, 기쁨을 아는 것은 고유한 능력이라는 거예요. 자기만의 기쁨의 대상을 가지고 있는 거죠. 이런 능력을 가지고 있는 사람은 아무것에나 기뻐하지 않습니다. 세상이 아무리 어떤 걸 가져와 기쁜 거라고 주장해도 기뻐하지 않아요. 이것이 바로 기쁨의 주체입니다. 그래서 선물 주기라는 건 근본적으로 사랑 관계일 수밖에 없는 거예요. 롤랑 바르트 같으면 당장 이런 식으로 얘기했을 거예요. "사랑이란 무엇인가? 서로 무엇을 좋아하는지 아는 것이다." 선물 주기라는 것, 선물의 기쁨은 기쁨의 주체일 때만 비로소 가능한 일이라는 것이죠.

그러나 선물 주기가 자선사업의 모델을 따라가면서 불가능해지죠. 내가 무엇에 기뻐하는지 모르는 타율적 주체가 생겨나고, 그렇기 때문에 당연히 내가 무엇을 주어야 저 사람이 기뻐하는지도 모르게 되죠. 그런데도 선물 행위는 남아요. 여자 친구 생일이면 선물 주고, 부모님 생일에도 선물 주고, 또 추석이나 설날이 되면 선물들이 오고 가죠.

이럴 때 자선사업으로 변해버린 선물 주기의 상황에서, 선물을 주어야 하는 주체는 딜레마에 빠져요. 즉 무엇을 줘야 하는지 모른다는 거예요. 무엇을 주어야 저 사람이 진정으로 기뻐할까에 대해서 감이 안 잡히는 거예요. 혹시 연애하면서 그런 거 안 느끼십니까? 내가 무엇을 주어야 그 사람이 소중하게 간직할까.

선물은 이런 의미도 가지고 있을 수 있어요. 내밀성의 의미죠. 나만 알고 있는 기쁨, 남에게 알리고 싶지 않은 기쁨이 있어요. 나만 좋아하는 물건, 남에게 알려주고 싶지 않은 물건이 있죠. 이런 것이 있을 때에만 주체예요. 다 까놓고 다 들여다보자 하면 곤란해져요. 그러나 사랑의 관계는 그것을 예감하죠. 저 사람이 무엇을 사랑하는구나, 무엇을 주면 기뻐하는구나, 어떤 기쁨을 가지고자 하는구나, 이것을 알아보는 겁니다.

그럴 때 선물을 주고자 하는 사람이 곤란한 상황에 빠지면 시장이 그곳에 뿌리를 내리죠. 우리는 선물의 역사를 생각해볼 수 있어요. 처음에 선물은 아도르노가 얘기한 것처럼 내가 그 사람의 기쁨을 알고, 그것을 채워줄 수 있는 물건들이었을 거예요. 그러나 차츰차츰 자본주의 사회가 이루어지고 개체들이 소외돼요. 어쩌면 객관적 권력은 우리들을 사랑하지 못하게 하는 권력일 수 있습니다. 우리를 떼어놓는 권력이지요. 그래야지만 사회가 유지되니까요. 자꾸 우리를 파편화시킵니다. 모이면 큰일 납니다. 월드컵 때문에 모이는 건 허용하지만 진짜 많이 모이는 건 큰일 나요. 그런 건 잘못하면 혁명을 불러와요. 그래서 끊임없이 와해시키려 하죠. 이것이 객관적 권력일 수 있습니다.

이 권력들이 시장과 결부되면, 시장이 이 딜레마를 해결해주는 방법을 제시하죠. 다름 아닌 선물의 공식 리스트가 생깁니다.

명절 때 백화점에 가면 인삼이고 고급 브랜드 코냑이고 갈비짝이고 공식 선물들이 진열되어 있습니다. 선물 고르기의 어려움을 해결해줘요. 공식 리스트에는 당연하게 가치 체계가 만들어져 있죠. 얼마짜리인가에 따라서 마음도 가고 기쁨도 생긴다, 라는 공식 리스트가 생기죠.

그런데 공식 리스트가 생겨도 어려운 경우가 있습니다. 그 사람에게 선물을 하려는데 공식 리스트 말고 다른 것을 주고 싶어요. 그러나 그 사람이 뭘 받고 싶어 하는지 알 수 없어요. 그때 공식 리스트 말고 다른 게 생겨요. 뭐가 생기죠? 상품권이 생겨요. 일종의 배려예요. '나는 모르니까 당신에게 기쁨을 가져다주는 것을 직접 사세요.' 상품권도 곤란해지면 현금으로 가고요. 이건 선물 행위의 간편화, 선물 행위의 효율화라고도 볼 수 있겠지만 한편으로 보면 선물 주는 능력이 무능력해지는 결과예요. 원래 선물은 그 사람이 원하는 무엇을 내가 알고, 바로 그것을 주는 행위인데, 이때의 선물은 무엇이죠? 그 무엇으로도 대체될 수 없는 것입니다. 오직 그 사람에게만 갈 수 있는 무엇이죠. 이것이 공식 리스트가 되고, 상품권이 되고, 현금이 된다는 것은 무엇을 얘기하는 겁니까? 대체 가능성의 영역으로 바뀌어버린다는 거죠. 이렇게 되면 나중에 그 대상도 대체 가능성의 영역이 되는 것을 막을 수 없어요. 그 사람이 아니면 안 된다 했는데 나중엔 타입이 생겨서 비슷한 사람이면 된다는 식으로 교환이 돼요.

물론 새로운 연애 모델이나 새로운 선물 주기에 긍정적 성격이 전혀 없느냐? 그렇게 생각하지는 않습니다. 벤야민이 이야기하는 인용의 문제처럼 과거의 것들을 어떻게 해서든지 보존하려는 욕망이 그 안에 들어가 있다고도 볼 수 있어요.

벤야민이 선물에 대해서 두 가지 에피소드를 얘기하

는데 하나가 선물 받기의 기쁨이에요. 어린 시절 자기는 크리스마스가 다가오면 선물 받는 기쁨으로 잠도 잘 못 자고 설렜다고 얘기합니다. 지금도 산타클로스 믿는 분들 계세요? 멀쩡한 어른인데 지금도 믿더라고요. 저는 그런 사람을 몇 명 알아요. 저보고 없다는 것을 증명해보라는데 역증명이 또 안 돼요. 그걸 보면서 저는 애잔한 마음이 들었어요. 끝까지 믿으려는 노력이죠. 그것마저 없으면 도대체 세상에서 누구한테 선물을 받겠느냐 하는 마음으로도 읽어낼 수 있습니다. 슬프죠.

어린 벤야민이 아침에 일어나면 긴 양말이 문고리에 걸려 있었어요. 설렘으로 손을 양말 속으로 쑥 넣을 때의 기쁨이 있죠. 그러나 막상 선물을 꺼내 선물이 무엇인지를 알았을 때 사라지는 기쁨이 있다고 얘기해요. 선물 받기의 기쁨은 다른 게 아니라 긴 양말 속으로 손이 내려갈 때 부풀어 오르는 무수한 선물들이라는 거죠. 그 무수한 선물들은 무엇이죠? 바로 내가 가지고 싶어 하는 선물들이에요. 더 나아가서 얘기하면 나도 모르게 내가 가지고 싶어 했던 선물들이 발견되는 거예요.

여러분도 그런 체험을 하실 수 있을 거예요. 누가 선물 뭐 받고 싶냐 물으면 온갖 게 다 떠오르잖아요. 아주 진지하게 그 과정에 몰입해 들어가면 자신도 모르게 자신이 원했던 것을 발견할 수 있을지 몰라요. 처음에는 반지부터 구두까지 온갖 걸로 다 번져나가겠지만 깊이 성찰하게 되면 나중에 자기도 놀랄지 몰라요. '아, 내가 이것을 정말 가지고 싶어 했나 봐' 하고요. 그러면서 발견하는 건 뭐죠? 선물 공식 리스트와 내가 받고 싶어 했던 선물의 차이가 얼마나 큰지 알 게 됩니다. 벤야민이 얘기하는 것도 그것입니다. 손이 쭉 들어가면서 뭉게뭉게 피어오르는, 파노라마처럼 눈앞으로 지나가는 선물들의 세계, 이 세계가 나에게는 선물 받는 기쁨이었다는 거예요. 기쁨의 발견입니다.

벤야민은 이것을 어린아이만이 가지고 있는 미메시스적 능력이라 얘기를 합니다. 프루스트에게는 그것이 믿음의 능력이죠. 이성복 시인이 프루스트에 대해 쓴 산문이 있는데 믿음의 문제를 테마로 다뤘어요. 아주 정확한 시선이라고 생각합니다.

이렇게 선물 받기의 기쁨이 있으면 선물 주기의 기쁨도 있습니다. 벤야민이 이런 얘기를 하죠. 자기에게는 특이한 습관이 하나 있는데, 사랑하는 사람에게 선물을 주려 할 때 가능한 늦게까지 끈다는 거예요. 보통 선물을 주려 할 때 그렇게 오래 생각하지는 않잖아요? 귀찮고 피곤한 일이잖아요. 그러니까 '앗, 내일이잖아, 어떡하지' 그러면서 인터넷도 뒤지고 어쩌고 해서 보내는 경우가 많은데, 벤야민은 누군가에게 선물을 주려 할 때 오래전부터 시작해서 마지막 순간까지 끈다는 거죠.

왜 그럴까요? 벤야민은 이렇게 얘기합니다. 저 사람에게 어떤 선물이 맞을까, 어떤 선물을 받으면 기뻐할까 생각하며 선물을 고르는 동안 그 여인은 날이 갈수록 무한히 아름다워지고 신비해지고 사랑스러운 여인으로 변해간다는 거죠. 그 과정에서 나도 알지 못하는 그 여인의 무엇들이 발견된다는 거죠. 에로틱한 얘기라고도 볼 수 있어요.

제 생각이지만 대체로 여성의 육체에 맞춰진 선물들이 많습니다. 반지를 고르다 보면 손가락을 생각해야 하고, 화장품을 준다 하면 피부를 생각하고, 향수를 준다 그러면 그 여자의 육체가 풍겨내는 냄새를 생각해야 할 테고, 구두를 선물한다 해도 마찬가지죠.

백화점에 가보면 여자 구두가 참 대단하더라고요. 무수하게 많은데 똑같지 않은 것은 두 가지밖에 없는 것 같아요. 하나는 사람 얼굴이고 또 하나는 여자 구두예요.

어디서 그렇게 만들어내는지 모르겠어요. 피아노와 비슷하다는 생각이 들어요. 피아노 건반 몇 개 안 되잖아요? 그런데 엄청난 변주들에 의해서 음들이 탄생하잖아요? 여자의 구두 공간, 발 공간 그게 얼마나 돼요? 그런데 그것 때문에 나오고 있는 엄청난 구두들의 변주를 보게 되면 이건 정말 대단하다는 생각이 들어요. 처음엔 몰랐어요. '여자들은 왜 자꾸 구두를 사고 싶어 할까. 대강 편한 거 신고 다니면 되지.' 그런데 아니더라고요. 여자들이 구두에 매혹당하는 게 이해가 가요.

그렇게 선물을 고르는 동안 그 여인이 아름다워지고 동시에 그 여인의 새로운 점들이 발견되죠. 그럴수록 그 여인은 이해할 수 없는 여인이 될 테고 신비해지고 신비해질수록 사랑의 마음은 커지죠. 거의 종교적 감정으로 변해갈 수 있어요. 바로 이런 것이 벤야민에게는 선물 주기와 선물 받기의 기쁨입니다.

오늘날 우리의 선물 주기는 어떻게 변했는가 생각하게 됩니다. '슬픈 선물'입니다. 그런데 이렇게 한번 생각해볼 수 있죠. 문학적으로 생각해보면 이럴지도 몰라요. 나중에 그 여인이 너무 아름다워지면 말이죠, 이렇게 외칠 수밖에 없을 거라는 거죠. '세상에, 나는 당신에게 맞는 선물을 고를 수가 없어요. 선물 주기가 불가능해요.' 그렇게 아름답고 사랑스러운 여인에게 맞는 선물이 세상 어디에 있겠습니까? 그것을 대신할 수 있는 선물이 어디 있겠어요? 그래서 어쩌면 선물을 고르다가 통곡할지도 모른다는 거죠. '세상에, 나는 선물을 고를 수가 없네요'라고요. 결국 선물을 안 보내겠죠.

그 여인이 정말 사랑하는 사람에게 걸맞은 여인이라면, 그 사람이 선물을 안 주었을 때 기뻐할 거라는 생각이 들어요. 이 사람이 나에게 선물을 안 주는 것은 안 주는 게 아니라 못 주는 거구나. 나를 얼마나 아름다운 사람으로 생각했기에 선물을 고를 수가 없었을까. 정말로 그 사람이 아름다워지면 거기에 맞는 선물이 어디 있어요? 찾을 수 있습니까? 절대로 찾을 수 없습니다. '아, 나는 당신에게 선물을 줄 수가 없네요'라는 사랑의 비명, 그 체험 한번 해보면 참 좋았을 것 같아요. 겪어보질 못해서 상상으로만 말씀드리는 겁니다.

우리 또 하나 나가봅시다. 이 선물이 자선사업으로 변했다면, 오늘날 이 자선사업이라는 것이 뭐냐는 거죠.

이건 엄청나게 비판을 해야 돼요. 물론 자선 행위가 나쁘다고 얘기하는 건 아닙니다. 그렇지만 자선 행위의 음험함이 있다는 거죠. 아도르노는 두 마디로 정리합니다.

사적으로 선물 주기는 사라지고 공적인 자선 행위(사업)가 그 자리를 대신한다. 자선은 관리되는 선행이다. 한 사회가 자선을 권장하는 건 그 자선을 통해서 숨길 수 없도록 드러나버린 그 사회의 상처를 봉합하려 하기 때문이다.

살 만한 사람들의 자선이 그 자선의 경제적 근거와 그로부터 작동하는 음험한 폭력을 슬그머니 도외시하면서 이루어질 때, 그것은 선택받은 그들만의 삶을 현 상태로 유지시키면서, 그렇게 유지되는 불평등한 삶의 구조 안에서 아무런 희망도 없이 살아가는 못사는 이들도 겨우겨우 살아남게 만들려는 책략에 지나지 않는다.

자선을 왜 할까요? 두 가지예요. 하나는 현 상태를 유지하려는 거예요. 또 하나는 현 상태에서 도저히 살아갈 가능성이 없는 사람들을 겨우겨우 연명하게 하는 것이에요. 그들을 연명하게 하지 않으면 사회가 와해될 위험이 많거든요. 아주 단호히 얘기하자면 이것은 상처입니다. 사회가 끊임없이 박탈 행위를 하면 나중에 나타날 수밖에 없는 사람들이 있습니다. 헐벗은 사람들이 길거리에 돌아다니게 돼요. 이렇게 이 사회의 상처가 드러나게 됩니다. 이 상처를 숨길 수 없어요. 그러면 어떡하죠? 봉합해야 돼요. 안 보이게 만들어야 되죠. 그것이 자선 행위로 나온다는 거예요.

우리는 공식적 자선 문화들을 볼 수 있습니다. 국가에서 하는 것들이죠. 그것이 정말 이들이 잘살 수 있는 구조로 바꾸려는 건가요? 그렇지 않다는 거 아시죠? 절대로 그렇지 않아요. 이들이 왜 존재할 수밖에 없는가, 경제적 근본 구조를 묻지 않으면서 행해지는 모든 자선은 음험한 폭력입니다.

요즘도 하는지 모르겠는데 〈사랑의 리퀘스트〉라는 프로그램이 있어요. 여기저기 탐색해서 가난한 사람들을 찾아내죠. 그것도 급이 있어서, 불행 하나 가지고는 자격이 안 돼요. 적어도 불행이 둘 내지는 셋이 돼야 합니다. 엄마는 장애인이고 아버지는 암 걸리고 혹은 아버지는 집 나가고 엄마는 아프고 애들은 돌봐줄 사람이 없고. 이런 사람들을 찾아내서 ARS를 누르게 만들죠. 그러면서 누가 찾아가느냐? 대중문화 영역에서 활동하는 가수나 사회에서 선한 지식인으로 얘기되는 그런 사람들이 찾아가서 위로해줘요. 참 대단한 일이죠. 그렇게 의식이 다 끝나면 가수가 무대에 나와서 노래를 불러요. 자선하고는 아무 관계 없는 노래를 부르고 춤도 춥니다. 그리고 나중에 가족들 불러내서 1000만 원 드릴게요, 2000만 원 드릴게요, 하는 프로그램이 있단 말입니다.

제가 볼 때 이건 너무너무 잔인해요. 이런 뻔뻔한 일이 공공적으로 가능한가에 대해서 저는 정말 분노해요. 물론 저희 집사람은 저보고 그래요. 그거라도 해라, 왜 그거라도 하지 않냐 그러는데 처음엔 화를 내고 싸우기도 했어요.

이런 조합들이 있습니다. 불행의 극치에 간 사람들, 많은 사람들이 알고 있는 대중 가수들, 선한 지식인들, 돈, 눈물 짜내게 하는 최루 구조. 잘들 우시잖아요? 무대 자체도 아주 음험해요. 그것도 비판할 거리지만 진짜 나쁜 건요, 우리가 무의도적으로 악어의 눈물을 자꾸 흘리게 만들어요. 그러면서 눈물 흘리기라는 것이 자신도 모르게 자기 책임을 면제하는 수단으로 자리 잡게 돼요. 저녁 먹다가 잠깐 눈물 흘리고 그 눈물 덕에 몇 개 번호 찍

다가 누가 전화 오면 '아 그래, 아파트 당첨됐다고? 축하해' 이렇게 되는 거예요. 이런 게 습관화되는 거예요.

그러한 문화들을 정착시키는 세력들은 절대로 안 웁니다. 일반의 대중들은 선한 마음이 있습니다. 동병상련의 마음이 있고 착해요. 그걸 이용하는 겁니다. 그걸 이용하면서 동시에 딱딱하게 만들어요. 이제는 웬만한 것 앞에서는 눈물을 안 흘리게 됩니다. 불행이 3개 정도는 겹쳐야만 불쌍한 사람으로 여기게 돼요. 이게 무서운 거예요. 이러면서 사회 전체가 차가운 사회로 변해간다는 거죠. 안방극장에서, 공공의 미디어 속에서 이런 일이 이루어지고 있다는 사실에 대해서 아무도 비판하지 않습니다. 제가 볼 때는 참 무서운 일인데 말입니다.

저는 이런 걸 보면 겁이 나요. 언제 제가 그런 대상이 될 줄 누가 알겠어요? 그렇지 않습니까? 왜 두려우냐 하면 그 수치심을 내가 당할까 봐, 모욕을 당할까 봐, 그러한 대상으로 선발되어서 강요된 음험한 자선을 받으면서 수치심과 모욕감을 받아들이지 않으면 안 되는 상황, 이 상황에 내가 안 빠진다고 누가 장담하겠냐는 거죠. 무섭습니다. 저는 그런 점에서 겁쟁이에요. 겁이 나요. 이런 사회 속에서 정말 정신 똑바로 차려야겠다는 생각이 듭니다.

물론 좋은 뜻도 있겠죠. 긍정적 부분들이 분명히 있을 거예요. 아주 실용적인 면에서, 실체적인 면에서. 만원, 2만 원도 그냥 안 주는 사회에서 1000만 원, 2000만원이 어딥니까? 그야말로 하나님의 은총이 떨어진 거나 마찬가지일 텐데, 그렇게 생각하면 긍정적인 면이 많죠. 그렇지만 가난한 사람들의 존엄성 문제를 생각한다면 그 대가가 너무 크다는 거죠. 이런 문제들이 자선사업이 가지고 있는 음험한 구조적 폭력입니다. 한 개인이나 한 단체의 문제가 아닙니다. 이 구조적 폭력에 우리가 눈떠야 되지 않나 하는 생각이 듭니다.

또 하나 다른 얘기를 하겠습니다. 그렇다면 모든 것이 자선 비즈니스가 되어버린 사회 속에서 정말 선물 주기는 사라져버렸는가라는 문제입니다. 이 선물 주기의 가능성은 정말 없어졌나요? 없어졌을 수도 있어요. 그러나 그게 없어지면 어떻게 되는 거죠?

이건 어떤 지적 도덕성의 문제예요. 없어졌다는 것이 사실일 수 있으나, 지식인의 도덕성 문제로 들어가면 그것을 인정해서는 안 됩니다. 인정해서는 안 된다고 할 때는 어떻게 해서든지 팩트 속에서 그 팩트를 부정하는 요소를 찾아낼 수 있어야 되는 거예요. 이것이 지적인 작업의 어려움이에요. 그래서 성찰이 엄청난 수고를 필요로 하는 것이죠. 있을 수 없는 것을 어떻게 해서든 있는 것으로 증명해내야 합니다. 그 작업을 안 하고 눈에 보이는 현실 비판을 하려면 쉬워요. 그러나 지적 도덕성이 문제되면 굉장히 수고로워져요. 도덕성과 지적 윤리를 배반하지 않으려 할 때 지식인은 내적 고통을 겪을 수밖에 없습니다.

그 고통의 산물인지 아닌지 모르겠으나 저는 이런 생각을 해봤어요. 좋은 것은 나쁜 것 속에 있다는 거예요. 좋은 것이 따로 있지 않다는 것입니다. 그리고 나쁜 것은 그 자체로 완전하게 나쁜 것이 되고자 하지만 그렇게는 승리할 수 없도록 되어 있다고 생각해요.

그래서 우리가 파고 또 파면 나쁜 것 속에 깊이 내재해 있는 좋은 것의 기미(증거가 아닙니다)를 발견할 수 있다고 생각합니다. 저는 그 한 예로 뇌물을 생각해요. 선물이 사라지고 공식적 자선만이 남았을 때 선물의 가능성은 어디에 있을까? 선물의 가능성을 우리에게 기억시키는 영역이 그래도 여전히 있다면 뭘까 하고 물으면 뇌물일 수 있다는 거예요.

뇌물 주는 사람이 절박한 상황에 빠지면 상대방을 감동시켜야 돼요. 무엇을 주어야지 그 사람이 기쁠지 간절하게 생각하게 되겠죠. 공식 리스트의 갈비짝 이런 건 하도 많이 받아서 의미가 없고, 그 사람이 늘 가지고 싶었지만 아무도 주지 않았던 것, 늘 받고 싶었던 게 뭘까. 현금일 수도 있지만 그 사람도 모르는 늘 받고 싶었던 어떤 것이 있을 수 있어요. 이걸 찾아내야 한단 말입니다. 그렇지 않겠어요? 이 사람을 감동시키지 않으면 내 사업이 망한다든지, 기소를 당한다든지, 형무소로 끌려간다든지 이런 상황에 처할 때 그 눈은 엄청나게 예리해질 거예요. 그래서 그 사람을 연구하고 또 연구하고, 수집할 수 있는 정보는 다 수집할 테고, 그 사람들이 받아온 선물의 내력도 전부 알아볼 테죠. 그 사람의 성격, 이력, 사적인 결혼담까지도 다 알아보겠죠. 그러다 보면 발견될 수도 있죠. '아, 아마도 이 사람은 이걸 주면 꼼짝 없이 기쁨 속에 빠지겠구나.'

제가 볼 때는 '선물이 무엇인가'를 그나마 기미로라도 붙잡아내려면 뇌물을 한번 뒤져봐야 해요.

끝없이 이어지는 공식적 선물의 날들이 있잖아요? 밸런타인데이, 화이트데이, 빼빼로데이, 이것들이 얼마나 비즈니스화되었는지 아시죠? 그날 됐는데 안 주면 막 화가 나서 연애가 깨지기도 하고 그렇지 않습니까? 우리가 선물을 가운데 두고 어떤 일들이 벌어지는가 생각해보면, 우리 삶의 다양한 헐벗은 부분들을 발견해낼 수 있습니다. 여러분은 뇌물을 한번 생각해보시기 바랍니다. 진짜 뇌물을 줘야 할 때 이런 방법으로 주시면 틀림없이 성공할 겁니다. 괜히 갈비짝이나 주지 말고요.

○

〈수전노〉 장에서 중요하게 볼 것은 아도르노가 수전노를 과거의 수전노와 오늘날의 수전노, 두 타입으로 나눈다는 거예요. 수전노를 좋게 얘기하면 절약 정신이 투철한 사람인데, 먼저 과거의 수전노들에 대해서 생각해봅시다. 아도르노의 정의를 따르면 과거의 수전노들은 순박했어요. 그들은 일종의 광기를 가지고 있어요. 이 광기라는 것은 근본적으로 하나의 '열정'입니다. 이걸 우리가 얘기해봐야 해요.
과거의 수전노의 특성은 크게 두 가지예요. 하나는 현상적으로 보면 남에게 야박할 뿐만 아니라 자기에게도 야박해요. 자린고비 같은 거죠. 옛날 얘기에 보면 돈 많은 사람이 집 안에 굴비 하나 매달아놓고, 이웃 사람이 와서 자꾸 바라보니까 왜 바라보냐 그러지 않습니까? 자기도 여러 번 바라보지 않습니다. 한 숟갈 밥 먹고 한 번 바라봐요. 남에게 야박할 뿐 아니라 자기에게도 야박하죠. 원칙이 같아요. 하나의 원칙만을 가지고 있어요. 바로 이러한 맹목적 절약성, 물질 관계에 대한 맹목적 태도가 있어요. 이 태도는 뜨거운 태도예요. 광적인 태도예요. 광적이라는 것은 열정이 있다는 겁니다. 육체가 남아 있다는 거예요. 예를 들면 몰리에르의 〈수전노〉에 나오는 주인공이나 스크루지 같은 인물이죠.

조금 있다 제가 프로이트의 수전노론을 말씀드릴 텐데, 우리가 자본주의 사회로 오게 되면 다른 형태의 수전노를 만나게 돼요. 남들에게는 한없이 야박하지만 자기에게는 무한히 후해요. 자기를 위해서는 뭐든지 다 쓰지만 남을 위해서는 단 한 푼도 안 써요. 이 분리는 무엇이냐? 열정이 아니라 합리성이에요. 과거의 수전노가 뜨거운 수전노였다면, 현대의 수전노는 아주 차가운 수전노예요. 이런 차이가 있어요.

이 차가운 합리성은 근본적으로 어디서 오는 걸까요. 니체는 이것이 '복수의 정신'에서 온다라고 얘기합니다. 합리성 속에는 복수의 정신이 깊이 내재해 있어요. 현대의 수전노는 철저한 하나의 시스템을 가지고 있는데, 바로 교환 원칙이에요. 즉, 가치 없는 것에게는 아무것도 안 주고, 가치 있는 것에게는 무한히 주는 것이죠. 가치 있는 건 자기이고 가치 없는 건 타자죠. 이 교환 원칙이 완전히 생활화되면 어떤 현상들이 나타나죠? 누군가 아무 이유 없이 자신에게 무언가를 주면 의심하게 됩니다. 이걸 왜 나한테 주냐, 나한테서 더 많은 것을 원하기 때문 아닌가. 아도르노 글에서 보면 이제는 아이들마저도 아저씨가 예쁘다고 사탕이라도 하나 주면 노려보면서 '아저씨 나 납치하려 그래요?'라고 말한다고 해요.

그래서 현대의 수전노는 하나의 원칙에 묶여서 모든 경제행위를 하는데, 그것은 주면 반드시 받고, 받으면 반드시 되갚는다는 거죠. 물론 좀 더 나아가면 받을 건 다 받으면서 주지 않는 식이 되기도 하죠. 모든 교환 원칙이 언제나 잉여가치가 있을 때에만 이루어지는 것이라면, 당연히 갚을 때 덜 갚게 되지 결코 더 갚지는 않아요.

다시 말해 이들이 가진 하나의 원칙은 **교환 원칙**이며,

이 교환 원칙은 곧 **등가 원칙**입니다. 값이 똑같아야 한다는 거죠. 그러나 사실 등가 원칙은 언제나 **불공정**해요. 올 때는 많이 받지만, 갈 때는 덜 주게 되는 게 등가 원칙이에요. 진짜 똑같은 것과 교환하는 법이 없습니다. 등가성은 똑같은 가치들이라는 말이지만 자본주의 사회에서는 등가원칙을 주장할 때 절대로 공정하지 않습니다. 순 이데올로기이고 거짓말이에요.

세상에 등가가 어디 있어요? 평등 개념도 순 거짓말이죠. 경제적 근거를 묻지 않으면서 시작하자는 원칙들이 있죠? 대통령 후보들이 경제 민주화를 얘기하지만 어느 쪽이든 다 거짓말이에요. 이미 많이 따먹은 사람과 아무것도 가지지 못한 사람이 민주화를 하겠다? 도대체 뭘 하겠다는 거예요? 말도 안 되는 소리들을 하고 있어요.

어쨌든 현대의 수전노들은 등가 원칙 속에 매몰되어 있기 때문에 일종의 수형자들이에요. 시장이라는 감옥에 들어가 있어서 모든 인간관계는 등가 원칙에 맞아야 수긍이 되고, 맞지 않으면 의심스러운 게 되어버리죠. 교환 원칙의 노예가 될 수밖에 없어요. 자신은 등가 원칙에 따라서 교환을 한다고 믿기 때문에, 그것이 불공정 관계라는 것을 믿지 않기 때문에 자기가 늘 옳아요. 자기가 주고받는 관계가 늘 옳은 겁니다. 그 관계에 대해서 누군가 저처럼 불공정 관계라고 얘기하면 그것을 받아들이려 하지 않습니다.

언젠가 정운찬 전 총리가 이익공유제 얘기를 했을 때 이건희 회장의 반응이 어땠습니까? '나는 도대체 그런 말을 들어본 적이 없다'라고 했죠. 경제인 집안에서 태어나 살았는데 들어본 적이 없다고 얘기합니다. 그 얘기 속에 어떤 의미가 들어 있습니까? 나는 등가 원칙을 지키고 있다. 내가 등가 원칙에 의해서, 공정한 경쟁 관계를 통해서 얻은 이익을 무엇 때문에 공유해야 하느냐. 시장은 교환 관계이며, 교환은 등가 원칙을 따르고, 등가는 공정 관계라는 틀이 딱 잡혀버리면 그 어떠한 불공정성에 대한 문제 제기도 받아들여지지 않습니다.

어떤 의미에서 보면 정말 몰라서 그래요. 맹목성이라 얘기하죠? 눈이 멀었어요. 눈이 멀어서 오로지 하나만 보여요. 오로지 그게 원칙이고 다른 원칙들은 다 틀린 게 돼요. 이렇게 되면 진짜 고치기가 힘들어요. 신앙도 이렇게 맹목성이 되어버리면 비교가치가 있을 수 없게 돼요. 참 무서운 건데요. 이런 관계 속에 스스로 빠질 수밖에 없을 때 우리는 이것을 합리적인 수전노라 이름 붙이죠.

이런 차가운 수전노, 합리적 수전노, 자기 시스템 안에 갇혀 있는 수전노의 모습을 볼 수 있다는 것이죠.

아도르노는 적어도 과거의 수전노에게는 희망이 있었다고 얘기해요. 왜? 열정이 있었기 때문이죠. 그 열정은 어떤 식으로든지 자기반성의 결과를 불러들일 수 있었다는 거예요. 그런 분들 계시잖아요? 기부 다 하고 가시는 분들요. 이것도 어떻게 보면 이상한 현상이에요. 떡볶이 장사해서 2억이고 3억이고 벌었는데 돌아가시기 전에 대학교에 다 주고 간대요. 왜 그런지 저는 이유를 모르겠어요. 참 불행한 현상으로 읽혀요. 떡볶이 장사 하면서 돈 모았으면 좀 쓰기도 하고 주변 사람들과 나눠 가지고 그러지 왜 방 안에 쌓아놨다가 그럴까요.

이게 광기적 수전노죠. 열정 때문이에요. 제가 볼 때는 꼭 칭찬받을 일은 아닌 것 같아요. 가엾다는 생각이 들어요. 절약만 하던 사람이 갑자기 미친 것처럼 몽땅 절약을 포기해버리는 희한한 사건이 일어나는 건 무엇 때문이냐? 열정 때문에 그래요. 돈을 모으는 열정과 돈을 전부 남에게 줘버리는 열정은 사실 열정이라는 점에서는 동일해요. 그리고 열정은 아시겠지만 뒤집어져요. 사랑과 미움이 그런 것처럼요. 열정의 특성은 합리성이 아니에요. 등가 원칙이 절대 아니에요.

또는 중국에 비단 장수 왕서방도 생각해볼 수 있죠. 왕서방이 누구예요? 철저하게 돈을 모으는 사람이죠. 왕서방이 돈을 어디다 쓰죠? 기생한테 다 갖다 주죠. 제가 볼 땐 이게 열정입니다. 이런 분들 많으시잖아요. 돈을 악착같이 모아서 어디다 갖다 바치는 사람들 있잖아요? 수전노에게 열정이 있는 한 전복의 가능성은 남아 있다는 거죠.

그러나 현대적 수전노는 어떠냐? 절대 그런 일이 안 일어나요. 죽어도 안 일어나요. 더구나 스스로 이런 일이 일어날지도 모른다는 것을 이미 예감하고 나서는 보험을 들어요. 혹시 기생한테 다 갖다 줘서 파산이 일어날지 모르기 때문에 자산 보험을 들어서 그것을 보호해놓죠. 철저하게 합리적이죠. 현대적 수전노, 합리적 수전노, 차가운 수전노, 등가 원칙의 시스템에 매몰되어 있는 수전노는 우연적이라도 개과천선의 가능성이 주어져 있지 않아요. 이것이 아도르노가 얘기하는 수전노의 두 타입입니다.

합리적 수전노들을 정신분석학적으로 얘기하면서 프로이트가 재미있는 논의를 펼칩니다. 프로이트는 노이로제 중에 하나가 경제관념 때문에 생긴다는 말도 했었는데요. 현대인들은 전부 자본주의적 인간이고, 끊임없이 돈과 관계하는 사람들이죠. 그래서 욕망을 돈처럼 생각해요. 나의 욕망을 어디다 투자할까, 투자하면 얼마가 나올까, 하며 욕망을 자산화해요. 지금 우리들이 그렇지 않습니까? 욕망을 투자가치로 따져서 나의 욕망을 조종하고 있잖아요. 나의 욕망을 따라가는 일들은 거의 불가능해졌어요.

어떤 사람들은 자기를 경영해야 된다 그러는데 그 말도 저는 무섭게 들려요. 프로이트식으로 얘기하면 이렇습니다. 욕망이 형성될 때 몇 가지 단계가 있다고 하잖아요? 구강기, 항문기 이런 식으로 얘기하잖아요. 말하자면 수전노는 항문기에 문제가 있는 사람들이에요. 현대인들은 다 그렇습니다. 항문기에 문제가 있어요.

멕시코 신화까지도 연결해서 얘기해보면 재미있는 발상이 떠올라요. 자, **항문기**라는 것이 뭡니까? **배설물**에 대해서 애착을 가지는 시기예요. 이 배설물이 무슨 색깔이죠? 노란색입니다. 아즈텍 문화에 이런 얘기가 있습니다. 신들이 밤만 되면 땅으로 내려와서 배설을 하고 간다는 거죠. 그리고 이 배설물이 땅에 묻히면 황금이 된다.

황금이 왜 귀중하고 특별한 것이냐? **신**하고 관계되는 것이기 때문에 그렇다는 거예요. 그래서 황금 숭배가 일어나요.

이건 오늘날의 황금 숭배와는 다른 거예요. 매개 항이죠. 인간과 신 사이에 신의 배설물을 통해서 관계가 맺어지는 거예요. 결국 스페인이 쳐들어가서 무슨 신의 배설물이냐 그러면서 다 빼앗아 갑니다. 다른 식으로 얘기하면 배설물을 빼앗아 간 거예요. 우스꽝스럽습니다.

프로이트는 이런 식으로 얘기하지 않지만 제가 나름대로 엮어보면 이래요. 항문기에 문제가 있다는 것은 배설물에 애착을 가지는 거예요. 배설물에 애착을 갖는다는 건 다름 아닌 황금에 애착을 가지는 겁니다. 애착을 가지면 무슨 일이 생기냐 하면 배설물을 귀히 여깁니다. 그러다 보니까 밖으로 내보내는 것이 아까워요. 없애버리는 게 아까워집니다. 배설물을 안 내보내려 합니다. 그러면서 생기는 특별한 증상이 있어요. **변비**죠. 그래서 수전노들은 대체로 변비 환자예요. 막말로 얘기하면 아까워서 똥을 안 누려 한다는 것이죠.

그런데 현대적 수전노일수록 어떤 딜레마에 빠져요. 자, 화장실이 있습니다. **화장실**은 **위생 공간**이에요. 화장실이 왜 그렇게 깨끗해졌을까요? 문명화가 이루어진다는 것은 위생화 과정이 진전되는 것과 똑같아요. 더러운 것들을 발견해내고 내치며 끊임없이 깨끗한 것으로 바꾸어 나가는 과정이에요.

조선 시대부터 화장실의 변화를 훑어보세요. 조선 시대부터 지금까지 우리가 살아온 역사적 진행과 다르지 않습니다. 그 결과로 옛날에는 더럽다고 안 했던 것들이 지금은 엄청나게 더러워졌고요, 옛날에는 더럽다고 했던 것들이 묘한 방식으로 오늘날에는 깨끗한 것으로 여겨지는 경우도 많습니다.

화장실은 끊임없이 깨끗해져요. 무엇 때문에 화장실이 위생 공간이 될까요? 배설물을 전혀 가지지 않는 공간을 만들려고 그런다는 거예요. 참 재미있습니다. 수전노가 되어가는 과정과 변비 환자가 되어가는 과정과 화장실이 위생 공간화되는 과정이 이상하게 겹쳐져요. 결과적으로 현대의 수전노는 너무도 깨끗한 화장실에서는 절대로 변을 눌 수가 없습니다.

이건 무엇 때문이죠? 너무도 합리화된 사회 속에 있으면 우리는 욕망을 밖으로 내보낼 수가 없습니다. 거의 똑같아요. 정말 우리가 욕망의 대상으로 삼고 있는 것, 또 우리를 부르고 있는 욕망체들, 이것들은 더러운 것이 되어버렸어요. 이 위생 공간에 갇혀 있기 때문에 더러운 것을 내보낼 수가 없습니다.

돈은 한편으로는 숭앙되는 것 같지만 한편으로는 더러운 거예요. 이중성이 있습니다. 결과적으로 보면 돈을 아낀다는 것은 더러운 것을 껴안고 있는 행위예요. 수전노들은 항문기에 문제가 있는 사람들이라고 프로이트가 얘기할 때 정신분석학적으로 이렇게 설명했습니다.

우리도 마찬가지죠? 우리는 돈을 추구하면서 밖으로 안 내보냅니다. 돈을 추구하면서 해방되는 것이 아니라, 그 무언가 내보내야 할 것들을 안에 꽁꽁 뭉쳐놓고 있어요. 그 관계를 겨우 풀어내는 것이 뭐냐? 상품이에요. 대체상품입니다. 벤야민이 얘기한 '주물주의'예요. 말하자면 상품이 내가 내보내지 못하고 있는 것들을 대신하는 것처럼 여겨져요. 그러니까 그것을 사서는 경배하고 대리만족을 얻어요. 무슨 대리만족일까요? 배설의 대리만족이죠. 이것이 벤야민이 읽었던 페티시즘이에요.

프로이트도 마찬가지예요. 왜 우리는 어떤 물건에 대해서 그렇게 집착을 할까요? 당연히 내보내지 않으면 안 되는 어떠한 것들을 나는 내보낼 수 없기 때문에 대리만족 관계로 충족하는 거예요. 왜 상품 시장이 계속 돌아갑니까? 이것은 욕망의 대리만족 공간이죠. 그런 현상이 쇼핑 중독으로 드러나기도 하죠. 일정한 시기가 되면 돌연히 쇼핑 충동이 일어난다는 것도 마찬가지예요. 정신분석학이 전부 설명할 수 있는 것은 아니지만, 그러한 관점에서도 볼 수 있죠.

그러나 사실 우리가 무언가를 **아낀다**는 것은 어떤 감정이죠? 무언가를 **귀하게 여기는 것**이에요. 그건 참 **아름다운 거**예요. 이 아름다운 행위를 할 때 무엇이 아름다워집니까? 벤야민의 선물 얘기처럼 그것이 아름다워지면서 동시에 내가 아름다워지는 거예요. 귀히 여기고 있는 사람이 아름다워지는 거예요. 아낀다는 것은 정말 소중한 능력입니다. 동물들은 뭘 아낄 줄을 몰라요. 먹을 궁리만 하죠. 예전에 저희 할머니도 친척들이 와서 돈 주고 가면 안 쓰고 꽁꽁 묶어서 장롱 깊이 넣어놓곤 했어요. 이것이 절약 정신입니까? 수전노 기질이에요? 절대로 아니에요. 그건 귀히 여기는 거죠. 그러고 나서는 예쁜 손자들 오면 슬그머니 꺼내서 1000원도 주고 2000원도 주면서 그 기쁨을 누리죠. 아이들도 기뻐지고 동시에 할머니가 얼마나 기뻐집니까? 대단한 지혜죠.

　이 지혜는 아낀다는 것에서 옵니다. 이것이 소유 문제와 만납니다. 소유는 아끼는 마음이죠. 소유는 중요해요. 어떤 사람들은 무소유가 좋다 그러는데 우리가 사랑을 하게 되면 그걸 소유해야 됩니다. 역설적으로 얘기하면 그것을 소유하지 않으면 그것을 사랑할 수 없어요. 아낄 수가 없기 때문에 그래요. 다들 소유가 나쁘다 그러는데, 소유가 근본적으로 무엇이냐를 생각해봐야 합니다. 우리는 사랑이 있을 때에만 무엇을 가지고 싶어 하죠. 소유 자체가 문제가 아니라는 겁니다. 소유는 나와 타자, 나와 사물의 관계 맺기예요. 내 호주머니에 집어넣는 게 아닙니다. 소유는 관계를 맺는 겁니다. 어떤 관계죠? 서로 귀한 관계를 맺는 거예요. 그것이 소유의 진정한 의미예요.

　소유는 인간이 발견하고 발명한 놀라운 능력입니다. 인간이 자연과 투쟁하면서 끊임없이 자기를 개발해서 얻어낸 것이죠. 그런데 오늘날 소유는 무엇이 됐죠? 더 이상 간직하는 게 아닙니다. 쓰고 버리는 거예요. 상품들이 그렇잖아요? 쓰고 버립니다. 상품의 운명이죠. 버려지기 위해서 선택돼요. 그러나 과거의 소유는 간직되기 위해서 선택되는 겁니다. 둘은 완전히 다른 거예요. 우리가 오늘날 이런 것을 잃어버렸다는 거죠. 이런 것들을 생각하면 가슴이 아파요. 이렇게 귀중한 것들을 잃어버리면서 무엇을 더 얻으려 살고 있나, 그래서 얻어지는 게 뭔가 생각하게 됩니다.

경제 관계로 보면 우리가 투자를 잘하고 있습니까? 우리가 경제관념, 경제원칙을 따라서 살아야 한다 그러는데 정말 장사를 잘하고 있나요? 장사를 잘못하고 있을 수도 있어요. 정말 귀중한 것들은 전부 갖다 버리고 쓸데없는 쓰레기들만 사들이고 있을 수 있다는 거죠. 문명이라는 게 뭘까, 자본주의의 삶이 뭘까를 생각해보자면 소유 문제를 한번 짚고 넘어가야 합니다.

니체는 이렇게 얘기합니다. "교환관계 속에는 **복수의 정신**이 깊이 내재해 있다." 아도르노는 이렇게 얘기하죠. "우리가 어떻게 합리성을 얻었나?" **인간**이 **자연**과 투쟁을 하면서 **육체**적으로는 이길 수가 없었기 때문에 다른 무기를 발견하는데 그것이 **이성**입니다. 오디세우스가 이성을 통해서 세이렌의 노래를 이기는 것처럼요. 인간은 자연과 싸우면서 **문명**을 만들어내는데 이 문명을 만들어내는 테크닉이 뭐냐 하면 **합리성 테크닉**입니다. 그런데 이 합리성 테크닉은 어떻게 성공할 수 있었습니까? 인간은 자연을 지배하기 위해서 자기 **내부의 자연**을 동시에 억압했어야 됐다는 것이죠.

외적 자연이 있고 내적 자연이 있습니다. 외적 자연은 갖가지 자연 법칙들이죠. 인간은 이것과 끊임없이 싸워서 문명을 이룩했어요. 그런데 우리 내부의 자연이 있습니다. 욕망, 정념, 정서. 이런 것들 역시 전부 통제했다는 것이죠. 합리성은 결국 이 통제에 성공합니다. 성공하면서 자연을 이겨나가죠. 상대를 이기려면 자기부터 이겨라 그러잖아요. 좋은 얘기이기도 하지만 처참한 이야기이기도 해요. 상대를 죽이려면 자기부터 죽여야 한다는 것과 똑같은 얘기예요. 《계몽의 변증법》이 얘기하는 게 그것이죠. 인간은 자연을 죽이기 위해서 자기부터 죽여야 했었다는 거죠. 자기 안에 있는 모든 내적 자연을 몽땅 죽여야 했다는 거예요.

그래서 드디어 합리성이 승리했습니다. 인간이 자연을 지배하게 됐죠. 때문에 합리성 속에는 깊이 **공포**가 있어요. 자연이 다시 치고 들어올까 봐요. 회귀할까 봐요. 이것이 무의식이죠. 의식은 무의식이 치고 올라올까 봐 늘 불안하고 방어막을 가지고 있어요. 자신의 내부 자연,

욕망이든 정서든 정념이든 이런 것들이 합리성 안으로 들어올까 봐 끊임없이 **자기 방어**를 해요. 그러다 보니까 원한이 생겨요. 자기 원한입니다. 억압하는 것도 나고, 억압당하는 것도 나예요.

그러다 보니까 내가 나에게 원한 관계를 가져요. 상호 간에 내적 복수의 관계가 생겨요. 이 복수의 관계가 현대적 **에고**를 만듭니다. 이것이 우리라는 거예요. 자본주의적 자아, 현대적 자아라는 거죠.

그러나 이 복수의 정신이 나를 파괴할 수는 없습니다. 그러니까 어디로 가죠? 외부로 투사돼요. 이 외부로 투사되는 것이 인간관계를 만들어내고, 투사된 인간관계가 사회를 만들어내고, 그래서 이 사회에서는 끊임없이 나와 타자 간의 원한 관계가 작동할 수밖에 없다는 거예요. 그것이 경쟁 사회라는 것이죠.

내가 누군가를 이긴다는 것은 내가 나를 이기는 것과 똑같아요. 그래서 모든 시장적 합리성, 경제관념, 교환 원칙, 등가 원칙 속에는 뭐가 들어 있습니까? 복수 정신과 원한의 정신이 작동하고 있다는 거예요. 쇼펜하우어 식으로 얘기하면 이게 바로 의지의 세계예요. 자연 세계에서 서로가 서로를 뜯어먹는다는 것은 곧 내 살점을 뜯어먹는 것과 같다는 것이죠. 모든 승리는 자기 살 뜯어먹기와 관련되어 있어요. 이것이 약육강식의 세계이고, 인간이 살 수 없는 세계죠.

거의 비슷합니다. 쇼펜하우어의 의지의 세계, 니체적인 복수의 세계, 이것을 아도르노식으로 얘기하면 계몽의 변증법적 합리성의 세계입니다. 합리성의 세계가 확장되면 자본주의 사회예요. 앞서 말씀드린 것처럼 자본주의 사회는 프로이트식으로 얘기하면 항문기 노이로제와 관련이 되어 있고, 아도르노와 니체를 빌려서 얘기하면 복수의 정신과도 관련이 되어 있어요. 이것이 지금 우리가 살아가는 모습입니다.

비참하죠?

풀어야 했으나 문명사가 한 번도 풀어내지 못한 채 시달려온 기본구도가 있습니다. 그것이 운명이죠. 문명은 한 번도 운명을 이겨본 적이 없어요. 문명은 원래 운명을 이기려고 창출되었던 건데 이기기는커녕 문명이 진행될수록 운명이 더 꼬여요. 운명이 승리하죠. 자연이 승리해요. 오늘날 이렇게 살아가고 있는 자본주의적 사회가 곧 자연 세계예요. 겉보기엔 자연 세계를 이기고 문명 세계가 생긴 것 같은데, 알고 보면 문명 세계가 다시 자연 세계로 되어버렸어요. 《계몽의 변증법》 서문에 나오죠. "왜 인간은 오랜 세월 동안 문명을 가꾸어왔으나 그 끝에서 야만인이 되었나. 이 질문에 대답하고자 한다."

이렇게 수전노의 문제를 다루어봤습니다. '슬픈 절약'의 문제죠. 다음 시간에는 주거 문제를 다루어보겠습니다. 우리의 주거 문화가 참 특이하죠? 서구에 가면 빈민촌에 있는 게 아파트인데 이상하게 우리나라는 아파트가 곧 집이 됐어요. 아직 아파트를 못 가진 사람들은 집이 없다고 생각하잖아요. 자기 명의로 집이 있으면 집을 가진 것이지만, 다세대주택 같은 건 집이 아니라고 생각하고 아파트로 건너가야 집이 생겼다고 하지 않습니까? 다음 시간에는 주거의 문제를 다루면서 아파트에 대한 이야기를 해보겠습니다. 오늘은 여기까지 하죠.

8강

타자에 대한 꿈

이번 장은 〈절도의 변증법〉으로 번역되어 있는데 좀 더 정확하게 얘기하면 〈배려의 변증법(Zur Dialektik des Takts): 슬픈 톨레랑스(마음을 살피기)〉입니다. 'Takt'라는 말은 독일어로 요령이라는 의미예요. 우리말에서 요령은 나쁜 뉘앙스도 있지만 여기에서는 꼭 부정적 의미는 아니에요. 마음을 보살피는 것도 요령이죠. 섬세한 마음의 운동, 금방 지나쳐버리는 것들을 붙잡고 보살피는 것, 그 것도 아주 특별한 재주를 필요로 하죠. 다른 사람의 아픈 마음, 상처받은 마음을 보살펴주는 것도 요령입니다.

음악 용어에서 'Takt'는 박자라는 뜻이에요. 자연의 소리는 박자가 없지 않습니까? 이것을 인간화시킬 때 꼭 필요한 것이 박자예요. 우리의 언어는 음성을 분절시키죠. 높낮이도 있고요. 그러한 것들로 자연적인 것을 관리하는 것입니다. 지배하고 억압하는 것이 아니라 관리하는 거예요. 관리를 안 하면서 약육강식의 세계인 자연 속에서 어떻게 살아남겠어요? 이때의 관리는 부드러운 관리입니다. 음악적이기도 하고요. 자연적인 소리를 음악으로 바꾼다는 것은 부드럽게 바꾼다는 것입니다. 소리를 박자로 분절시키고 높낮이를 두고, 사람의 목소리나 악기를 통해서 특별한 음색을 넣어 인간적인 것을 만들어내는 것 아닙니까? 이 'Takt'는 부드러운 개념이라 할 수 있어요. 끊어질 수밖에 없는 것을 이어가는 것이죠.

이야기도 그렇습니다. 이야기를 잘한다고 하는 건 끊어지는 내러티브를 잘 이어간다는 것이죠. 바느질 하는 것처럼요. 바느질이 참 멋지잖아요? 바느질, 뜨개질, 모두 부드럽게 엮는 거잖아요. 이야기도 그렇고 음악도 그래요. 그림에서의 선도 마찬가지입니다. 심미적인 것이죠.

인간화한다는 것은 사랑의 표현이에요. 나와 다른 것을 관계 맺기. 이 관계를 비폭력으로 맺는 것. 인간은 문명을 만들어내면서 그것을 꿈꾸었다는 거죠.

오늘 테크놀로지에 대한 얘기가 나올 건데요, 이야기

도 하나의 테크놀로지죠. 다 기술이잖아요? 이 테크놀로지에는 인간의 오래된 동경과 꿈이 들어가 있습니다. 그런데 이 기술을 도구화한 결과 주인과 노예의 변증법에 의해서 오늘날엔 기술이 주인이 되어서 우리를 지배합니다. 우리가 기술을 폭력적으로 대하니까 똑같이 기술이 인간에게 폭력을 가하는 것이죠. 이 테크놀로지 속에 들어 있는 오래된 꿈과 동경을 기억하는 일이 중요합니다.

○

오늘 첫 번째 얘기하려는 것은 톨레랑스, 제 식으로 읽으면 배려라는 의미예요. 참 좋은 말이죠. 어렵게 얘기할 필요 없이 마음을 보살피는 겁니다. 들어가면 괴테 얘기가 나옵니다. 괴테가 이미 이렇게 얘기했다 하죠.

임박한 산업사회에서의 모든 인간적인 관계의 위협적인 불가능성을 명확히 인식했던 괴테는 《빌헬름 마이스터의 편력시대》에서 예절을 소외된 인간들 간의 구원책으로 제시하고자 했다.

인간적인 관계, 탁트의 관계, 부드러움의 관계가 이제는 차츰 불가능해질 거라고 예언을 했고, 그 대안으로 배려라는 이름의 타자의 마음을 보살피는 기술을 덕목으로 제안한 바 있었다는 거죠. 그리고 이런 문장도 있습니다.

예절의 전제는 그 자체로는 붕괴되었지만 여전히 현재적인 관습이다. 이는 구제할 수 없는 상태에 빠진 채 형식의 패러디로만 연명한다.

우리는 이런 것부터 생각해봐야 합니다. 배려는 나와 타자 사이의 차이를 인식하고, 그 차이를 존중하는 것이죠. 많은 사람들이 얘기해요. '차이는 차별이 아니다.' 어쩌면 이 말의 의미는 '왜 차이가 차별이 될 수밖에 없는가'라는 것이죠. 그 사이에 무엇이 있기에 차이가 차별이 될 수밖에 없도록 만드는가. 예전에는 차이를 인식하고 보살피고 존중하는 일이 가능했다면, 초기 산업주의가 들어서면서 그것이 불가능해졌다고 책에서는 얘기하죠. 차이가 더 이상 배려의 대상이 될 수 없고, 차별의 대상으로 받아들여진다는 거예요. 오늘날 우리 사회가 그렇지 않습니까? 무슨 일이 있었기에 그런 것 같으세요?

먼저 가치의 획일화라는 문제가 있습니다. 차이가 인정된다는 것은 저마다 가지고 있는 다른 가치들이 모두 인정된다는 것이죠. 그러나 이 가치가 획일화되어버리면 그 기준에서 가까운가 먼가, 그 가치를 가지고 있는가 없는가에 따라서 판단이 이루어지기 때문에 차이는 차별이 될 수밖에 없습니다. 당연한 거예요.

우리는 돈이 있느냐 없느냐, 얼마나 배웠느냐 못 배웠느냐에 따라 사람을 판단하는데 이것은 가치 획일화로 인해서 나타나는 현상이에요.

가치 획일화는 자본주의 구조와 떨어질 수 없습니다. 자본주의에서 가장 중요한 가치, 통합적 가치가 뭡니까? 그건 자산 혹은 자본입니다. 그것을 통해서 모든 차이가 차별이 될 수밖에 없는 시대가 도래했음을 괴테는 알았다는 거예요. 그러한 구조 속에서 그래도 인간적인 관계를 맺어나가려면 무엇이 필요할까요? 바로 배려라는 거죠. 배려를 통해서 차이를 인식하고, 차이를 존중해야 한다는 거예요.

그런데 오늘날 그것이 가능합니까? 우리들은 다 마음이 착해서 상처받은 사람을 보면 보살피고 싶어 해요. 그러나 획일화된 가치가 지배하는 오늘날의 사회관계 속에서 남의 마음을 보살피는 일이 과연 가능한가요?

자본주의 사회에서 획일화된 가치는, 즉 돈이에요. 객관적 권력 중에 경제적 권력이 가장 크죠. 지적 권력이라든지 아름다움의 권력도 객관적 권력의 시스템을 짜고 있지만, 그중에서 최고의 자리는 자산이라는 권력 아니겠습니까?

이전에 인간 사이에서는 유통 영역이 있어서, 우리는 그 무목적적 영역 속에서 인간관계를 새롭게 정립해나가고 만들어나갈 수 있었는데, 지금은 이것마저도 객관적 권력에 의해 장악되어버렸다고 말씀드린 바 있습니다. 무목적적 영역마저도 획일적 가치를 통해 측정되고 받아들여지는 상황이 된다는 것은 우리 삶이 빠져나갈 데가 없다는 거예요. 즉, 모든 객관적 권력이 우리의 삶을 유지하는 생존 법칙이 되어버렸다는 말이죠. 생존을 하려면 객관적 권력을 따라갈 수밖에 없는 사회, 이것을 아도르노는 현대사회라고 말합니다. 그러면 우리에게 배려가 가능한가, 타자의 아픔을 보살피고 위로할 수 있는가? 묻게 되죠. 우리는 사실 위로가 필요합니다. 위로나 위안이 없다면 살 수가 없어요. 배려의 불가능성은 곧 위안과 위로의 불가능성을 의미하죠.

요즘 아이들 대학 시험 보느라고 야단이지 않습니까? 대학 시험은 단순히 그 아이의 미래가 아니라 한 가족의 총체적인 미래가 달려 있는 것으로 얘기되죠. 예컨대 두 엄마가 있다고 합시다. 아주 친한 친구예요. 그런데 한 아이는 좋은 대학을 가고, 한 아이는 그러지 못했다 하면 어떨 것 같아요? 다른 문제에선 서로 위로를 잘했는데 이번에도 위로가 가능합니까?

또는 이럴 수도 있습니다. 나는 승진이 됐는데 친한 동료는 대기 발령을 받았다고 합시다. 술자리에서 얘기를 하면서 마음을 보살피고 싶죠. 그런데 보살피는 일이 가능합니까? 어려운 문제예요. 내가 미안하다고 말하면 그의 아픈 마음을 몰래 확인하는 것 같아요. 이 전제가 뭡니까? '너 상처받았잖아'라는 거죠. 사실 자체가 뭘 얘기해요? 내가 이겼다든지, 내가 너보다 우월하다는 마음이 원하지 않아도 드러날 수밖에 없어요. 그러니까 그렇게도 얘기를 못 합니다.

또는 '앞으로 잘되겠지' 그렇게 얘기할 수도 있어요. '너무 아파하지 마' 하고요. 그런데 또 그것은 그의 상처를 은근히 확인시키는 것 같아요. 왜냐하면 앞으로 잘될 일은 거의 없습니다. 그것을 확인시키는 것 같죠. 그럼 차라리 아무 말도 안 하는 게 낫겠다 싶어서 술이나 마시고 저녁이나 먹으면서 아무 말도 안 하면 바로 그 침묵이 나의 승리를 암묵적으로 주장하는 것 같다는 거죠. 실제로 그래요. 도대체 어떡해요? 나는 지금 배려를 해서 상대방의 아픈 마음을 만져주고 보살펴주고 싶어요. 그런데 어떻게 하면 좋습니까? 아시는 분 계세요? 차라리 네가 승진해라, 내가 대기발령할게, 그러면 좋아할 것 같으세요? 모욕감을 느끼죠. 이게 참 어려운 문제입니다. 어떻게 위안을 할 것인가. 어떻게 그 사람의 마음을 보살필 건가. 여기에는 대안이 없습니다.

그래서 두 사람 다 이상한 딜레마에 빠지게 됩니다. 내가 그 사람의 마음을 살피면 살필수록 그 사람은 자꾸 상처를 확인하고 아파해요. 나는 그것을 원한 게 아니었어도 당하는 입장에서 보면 그 사람의 보살핌을 내적으로든 외적으로든 거부하게 돼요. 아니꼽게 생각되고 피해의식을 가질 수밖에 없어요. 당하는 사람도 꼭 그럴 마음은 아닌데, 그 사람이 위안을 하면 할수록 점점 그 위안을 받아들일 줄 모르는 사람이 되어가요. 이거 어떻게 풀어야 돼요? 아무리 상황이 나쁘다 하더라도 서로의 상처받은 마음을 보살필 수 있다면 인간적 관계를 맺어나갈

수 있는 가능성이 이 사회에 있는 것이죠. 그렇지만 획일
적 가치의 수행이 개개인의 생존 가능성을 장악하고 있
는 사회에서 과연 위안과 위로가 가능합니까? 이런 문제
를 물어볼 수밖에 없다는 겁니다.

오늘날 여기저기서 톨레랑스, 배려라는 가치를 얘기
합니다. 분명히 이런 것이 필요하기 때문에 그런 거예요.
아도르노가 진단하듯이 너무 많은 사람들이 각박해지다
보니까 '이렇게 살아서야 되겠습니까' '서로 위로하고 삽시
다' '서로 배려하는 마음을 잃어버리지 맙시다' 이런 소리
들이 여기저기서 나오는 거죠. 그런데 이런 문제는 물어
보지 않죠. 배려를 통해서 배려의 대상이 되는 사람들이
상처받을지 모른다는 사실은요. 그리고 배려를 배려 자
체로 받아들일 수 있는 사회라면 이렇게 비인간적인 사회
가 되지도 않았을 거라는 사실도요.

오늘날 우리 사회는 획일적 가치가 생존의 원칙이 되
었기 때문에 상처를 피할 길이 없다는 거예요. 이런 일들
당해보지 않으셨어요? 친구가 어려운 상황에 처해요. 그
런데 내가 뭐라고 얘기를 해줘야 할지 알 수 없어요. 착한
마음으로 얘기해줘도 정말 저 친구에게 위안이 될지를

묻게 돼요. 혹시 이런 경우는 없으세요? 내가 이러저러한 일 때문에 마음이 아파서 친구가 위안해주면 집에 가는 동안 그 위안이 고마우세요? 아니면 자기는 아니니까 그런 소리 하겠지, 이런 마음이 드세요? 이 진심은 원래 위안이 되어야 하는데 상처가 된다는 거예요. 이 상황이 얼마나 가혹한 일이냐는 거죠.

아도르노는 이 진심이 허위의식의 굴레를 벗어나는 것은 개인과 개인 사이에서는 해결될 수 없다고 생각합니다. 이 전체적인, 객관적 권력의 문제를 통찰할 때에만 우리가 비판 의식을 통해서 아주 작은 구멍으로나마 위안의 가능성을 찾을 수 있다고 봐요. 그런 전제 없이 개인의 진실을 통해서 이러한 문제를 해결하려 할 때 양자 모두 피할 수 없는 객관적 권력의 딜레마 속에 빠진다는 거죠.

또 이상하게 위안을 잘하는 사람들이 있습니다. 남의 아픈 마음을 보면 너무 쉽게 위로하려 해요. 위안을 직업으로 삼는 사람들도 있어요. 위안도 상품이 됐잖아요. 종교적 영역으로 가면 무책임한 위안이 이뤄지는 경우를 종종 볼 수 있죠. 무책임해요. '아님 말고'예요. 위안을 하는데 그것이 효과를 발휘하면 좋고, 아님 말고 그런 식이죠. 이것도 슬픈 무책임성이에요. 이런 태도는 절망감에서 나오는 표현이라 볼 수 있어요. 어느 사이엔가 우리 사회는 아님 말고의 사회가 되어가는 것 같습니다. 배려의 딜레마죠.

비판적으로 보면 우리 사회에서 배려를 얘기하는 사람들은 문제가 많아요. 배려가 모자라서 우리 사회가 이 모양이라고 하는 사람들이 많단 말이에요. 배려도 하나의 권력이 될 수 있습니다. 예컨대 이런 거예요. 우리가 언제부터 잘살았다고, 외국인노동자에 대해 배려가 없다고 하면서 제3국의 사람들을 우리가 껴안아야 하고 받아줘야 된다고 얘기하는데 제가 볼 때 문제가 많습니다. 우리가 받아들여주면 그 사람들은 다 받아들여져야 돼요? 내가 그 사람들을 품으려 하면 그 사람들이 꼭 나에게 안겨야 합니까?

문제는 주관적인 태도예요. 내가 안아주면 다 괜찮은데 안 안아주니까 문제다라는 생각을 가지고 있어요. 이것은 엄청나게 권력적인 태도죠. 내가 안아주려 하는데 안 안기면 버르장머리 없다고 그래요. 같잖은 것이 품어주려고 하면 품속으로 들어와야지, 이런 태도로 금방 변해요. 이럴 때 잊어버리고 있는 것이 차이입니다. 내가 마음대로 안을 수 없는 것이 그 사람에게 있다는 거예요. 배려는 거리를 줄여서 내 안으로 들어오게 하는 것이 아니죠. 차이를 존중하고 거리를 지켜주는 겁니다. 거리를 지키면서 대화를 하고 서로를 재인식하는 과정이 배려와 위안인데 우리는 우월감이 앞서 있어요. 사회운동을 하는 사람들이 흔히 배려를 말하는데 이것은 권력적인 현상으로 넘어갈 가능성이 상당히 많습니다.

종교적인 면에서 얘기하면 짐 진 자들아 다 나에게로 와라, 이러는 것도 문제가 많아요. 짐은 저마다 다른 것이고, 그 다른 짐을 배려하는 것이 중요한 것이죠. 서로의 차이, 내 것으로 동일화시킬 수 없는 것, 그것이 있을 때에만 상대방이 아름답게 보일 수 있고 비밀스럽게 보일 수 있어요. 상대방이 알고 싶은 대상, 호기심의 대상이 되죠. 또한 그런 과정에서 내가 발견돼요. 나한테는 왜 저런 것이 없을까. 저 사람에게 없는 이것이 왜 나에게는 있지? 이러한 자기 발견이 이루어집니다. 그 안에서 배려의 영역이 생겨나는 것이죠.

가치가 획일화되어버리면 이것이 불가능해요. 왜냐하면 그 가치를 잣대로 다 측정하니까요. 차이는 차별이 될 수밖에 없어요. 획일화된 가치에 가까이 있을 때 우월감을 가질 수밖에 없습니다. 우월감이 선한 마음의 충동을 받으면 돌연히 자선의 마음이 되어버려요. 그러면서 자기 안으로 들어오라 그래요. 안 들어오면 버르장머리 없다 그러죠. 이런 것들을 우리가 곰곰이 생각해봐야 합니다.

제일 중요한 것은 상처를 아프게 하면 안 되는 거예요. 사랑을 통해서도 상처를 아프게 하면 안 됩니다. 무엇이 먼저냐 하면 그 사람의 상처를 아프지 않게 하는 것이 먼저예요. 절대로 사랑이 먼저가 아니에요. 그런데 워낙 사랑, 사랑 하다 보니까 사랑이면 다 되는 줄 아는 세상이 된 거죠.

○

그다음에 테크놀로지 문제를 다루어보도록 하겠습니다. 〈노크하지 마세요〉라는 장이 있습니다. '슬픈 테크놀로지'라고 제가 말씀드렸는데요, 도대체 테크놀로지가 어떻게 발생되었는가, 그 기원부터 생각해봅시다.

인간은 노동을 하지 않으면 살 수가 없습니다. 천국에서 태어났다면 노동을 안 해도 필요한 게 다 있겠지만, 우리가 사는 세상은 노동을 해야 살아갈 수 있잖아요. 노

동을 하려면 노동의 대상이 있죠? 노동 주체가 있고 객체
가 있어요. 우리는 그것을 사물이라 부릅니다. 그래서 **인
간**과 **대상** 사이에 **노동**이 생기죠. 노동은 인간과 대상을
관계 맺는 거예요. 관계를 맺으려니까 **사이**가 생깁니다.
인간이 아무것도 안 하면 대상과 사이가 생길 수 없습니
다. 그런데 노동을 하려다 보니까 대상과 만나요. 이 관계
는 둘 사이에 사이를 만들어내고, 이 사이가 **노동의 영역**
이 된단 말입니다.

　그런데 노동을 하다 보면 인간과 대상은 피할 수 없는
두 개의 관계로 만나게 됩니다. 하나는 **합리적 관계**예요.
우리가 농사를 지으려면 땅을 개간해야 하죠? 풀을 제거
하고 씨를 뿌리는 것들이 다 노동 대상이죠. 땅도 그렇고
풀도 그렇고 농사를 안 지으면 관계가 없어요. 풀은 풀대
로 인간은 인간대로 돌은 돌대로 있겠죠. 노동을 통해서
자연을 개간하다 보면 대상에 대해서 합리적 사유를 하
게 되는데 그것이 **자연법칙**을 깨달아가는 것이죠.

　저도 평생 책만 보고 살았지 땅을 갈아본 적이 없는
데, 저희 아버님 돌아가시고 나서 서울 외곽에 집을 하나
얻게 됐어요. 거기서 한 3년을 살았어요. 전원생활을 한
다는 게 밭 갈아먹는 재미도 있잖아요? 그래서 밭고랑 두

개를 갈았는데 여러분 그거 아세요? 밭 만드는 것도 얼마나 힘든지 몰라요. 돌멩이를 다 파야 해요.

집이 마석에 있는데 마석 글자가 갈 마(磨)자에 돌 석(石)자거든요. 돌이 하도 많아서 돌을 갈아서 절구도 만들고 그랬대요. 그러니까 지형상 돌이 얼마나 나오겠어요? 그걸 치워서 끌고 가려면 얼마나 힘든지 아세요? 그것도 여름 땡볕에서요. 저도 평생 남이 해주는 밥만 먹고 살았지 그런 걸 몰랐는데 내 집이라고 관리하려 하다 보니 알게 됐습니다.

풀을 깎으려 해도 잡초들이 얼마나 많이 자라는지요. 대도시의 중앙에는 잔디를 한번 깎아놓으면 잡풀이 별로 안 생겨요. 씨가 날아오지 않아서요. 그런데 시골은 생기고 또 생겨요. 어디에선가 자꾸 씨가 날아와요. 아침에 일어나서 하는 게 풀 뽑는 일이에요. 특히 클로버, 이게 파내기가 진짜 힘들어요. 그러나 지금은 제가 이걸 얼마나 잘 파내는지 몰라요. 수많은 투쟁을 거친 후에 뿌리들의 관계를 알게 됐지요. 이게 옆으로 퍼지는 뿌리라 그냥 직선으로 파내면 나오지도 않거니와 땅이 다 망가져요. 나중엔 어떤 걸 잡아야 쑤욱 따라 올라오는지를 알게 돼요. 그러면서 이 풀들의 생리를 알아갑니다. 어떤 풀들이 들어오면 어떤 풀들이 물러나고, 이렇게 저렇게 매일 바뀝니다. 햇빛이나 비의 양에 따라서도 달라집니다.

그 풀들이 다 성격이 있어요. 관리하려면 그걸 알아야 해요. 예쁘게 보려고만 하면 몰라요. 그런데 그것들이 장애물이니까 목적에 의해서 뽑아내야 하거든요. 뽑아내는 게 힘드니까 생각을 하는 거예요. 생각을 하니까 풀들이 분류가 돼요. 어떤 풀들은 뿌리를 깊게 박는다. 어떤 풀들은 깊게 뿌리를 박지 않고 옆으로 퍼진다. 어떤 풀들은 잘못 건드리면 가시가 박히기 때문에 어디를 잡고 끊어야 된다. 이런 걸 다 알아요. 인간이 머리가 좋아진 건 농사짓다 그렇게 된 거구나, 그때 깨달았어요. 로직이 생기고 카테고리를 만들어내요. 그리고 그 카테고리를 통해서 재조합이 일어나요. 풀들과 관계를 맺게 되고, 이 관계를 통해서 처리 방식을 알아요. 어떻게 해야지 빠른 시간 안에 효과적으로 목적을 달성할 수 있는지를 알게 되죠. 인간이 자연을 지배하는 것이 노동입니다. 헤겔이 이미 얘기했어요. 이렇게 자연법칙을 알게 되고 합리적인 관계가 생깁니다.

동시에 피할 수 없는 또 하나의 관계가 생겨요. 감각

적 관계가 생깁니다. **교감**이 생겨요. 이런 것 아세요? 풀을 쫙 깎아놓습니다. 잔디 기계를 가지고 한 바퀴 빙 돌아서 깎아놓으면 바람이 불 때 풀 깎은 냄새가 납니다. 사람들이 처음에 와서 맡으면 냄새가 좋다고 해요. 그런데 저는 끔찍해요. 사실 피 냄새가 나요. 풀은 피가 없는 것 같으시죠? 풀을 뜯어내면 진액이 나와요. 소나무 가지치기를 하잖아요? 그러면 하얀 진액이 확 나옵니다. 지혈시키는 거예요. 그걸 보면 신기하기도 하지만 한편으론 끔찍해요. 얼마나 아프면 저럴까 합니다. 저는 풀을 깎고 나면 기분이 우울해져요. 나 보기 좋게 잘 살려고 풀들의 사지를 절단시켜놨구나 하는 생각이 들거든요. 남이 깎아놓은 잔디를 구경할 때는 '풀냄새가 너무 신선해' 이럴지 모르는데 자기가 직접 깎아보면 그게 아니에요.

풀들이 이만큼 쌓인 걸 보면 시체 같아요. 대학살입니다. 그것을 치워서 갖다 버려요. 다음 날 가보면 벌써 허옇게 말라 있어요. 소멸의 운명이에요. 인간이랑 뭐가 달라요? 죽은 사람을 갖다 놓으면 그렇게 변하겠죠. 헤밍웨이도 죽은 시체들을 보며 쓴 글이 있습니다. 시체가 시간 시간마다 어떻게 달라져가는지 아주 면밀하게 쓴 작품인데요. 이렇게 어쩔 수 없이 감각적 관계가 일어납니다. 인간은 내가 살기 위해서 내 노동의 대상들을 죽여야 되는 겁니다. 거기에서 비롯되는 묘한 멜랑콜리가 있어요. 이것들이 결국 나와 다르지 않은 것이라는 사실을 깨닫게 돼요. 그래서 교감이 일어납니다.

아도르노는 결국 인간이 노동을 통해서 대상을 대상화하면서 사이가 생기고, 이 사이가 생존을 위해서 노동의 영역이 되어버리면 필연적으로 2개의 발견을 할 수밖에 없다고 얘기해요. 합리성의 관계가 생기고 동시에 교감이 생겨요. 이지적 관계가 생기면서 육체적 관계가 생기는 거죠. 이 두 가지가 같이 모이는 것을 아도르노는 **경험**이라고 불러요. 합리성과 육체성이 함께 들어가서 만들어지는 것이 경험이에요.

그런데 이런 식으로도 생각해볼 수 있습니다. 경험에는 자연을 개발해야 한다는 **목적성**도 들어 있지만 또 하나는 여기에 **꿈**이 들어갈 수밖에 없다는 거예요. 어떤 꿈이죠? 이 멜랑콜리를 치유하고 싶은 거예요. 내가 살고자 대상을 없애버리는 관계가 아닌, 이런 약육강식의 관계가 아닌 다른 관계가 될 수 없을까? 한마디로 다 같이 잘 살 수 있는 방식은 없을까라는 거예요. 이것이 인간의 꿈입니다. 경험은 한편으로는 결핍이 없는 **행복**을 목적성으로 추구해갑니다. 나만 잘 살겠다는 것이 아니라 이 대상들과 **사랑**의 관계를 맺을 수는 없는 건가라는 것이죠. 목적성과 꿈을 동시에 이루고자 하는 과정에서 태어난 것이 뭐냐? 그게 **테크놀로지**예요. 기술이라는 것입니다.

기술은 처음부터 장애물이 되는 것은 모조리 없애버리고 내 목적만 수행하겠다고 태어난 게 아니라는 거예요. 그렇게 될 수 없다는 겁니다. 왜냐하면 인간은 지성도 가지고 있지만 감각을 가지고 있기 때문에 이 경험에서 교감을 피할 수 없다는 것이죠. 제 식으로 얘기하면 멜랑콜리예요. 깊은 원천적 멜랑콜리.

살아 있는 것들은 살지 않으면 안 되는 운명을 껴안고 있는 것입니다. 그런데 모든 운명들은 우울해요. 슬퍼요. 우리가 마음대로 할 수 없기 때문에 그래요.

그래서 우리는 이 운명을 수행하기 위해서 필연적으로 투쟁해야 합니다. 이 투쟁이 우리의 운명 속에는 들어 있지 않은 인간적인 것에 눈뜨게 만들죠. 그것이 멜랑콜리예요. 슬픔이라는 것. 산다는 것을 들여다보면 아시겠지만 너나 나나 다 가엾어요. 겉보기엔 잘났다고 싸우고 어쩌고 그래도 알고 보면 다 불쌍해요. 한세상 살고 가는 거예요. 이런 연민이 있죠. 이 연민이 필연적으로 사랑을 불러일으켜요. 연민이 없는 사랑은 순 거짓말이에요. 이 것은 완전히 자기 목적성을 가진 사랑일 수밖에 없어요. 이 관계가 오늘날 테크놀로지를 만드는 거죠.

다시 말하자면 테크놀로지 속에는 아주 오래된 꿈이 있습니다. 그런데 시간이 흐르면서 테크놀로지가 발전하는 과정에서 이 꿈이 상실되어버렸어요. 망각해버린 것이죠. 그러고 나서 대상과 나의 사이는 어떻게 되죠? 목적성에 의해서 경제화의 영역만이 되어버리는 거죠. 오늘날의 테크놀로지는 어떻습니까? 절대로 경험성의 영역이 아니에요. 교감은 어느 사이엔가 망각되어버렸습니다. 그리고 합리적 영역만이 남아 있죠. 이것이 오늘날 우리의 테크놀로지예요.

테크놀로지는 세 가지 원칙에 의해서 운영되도록 되어 있습니다. 하나는 **속도**예요. 더 빠르게. 또 하나의 원칙은 **정확**하게입니다. 그리고 또 하나는 **효율**적으로. 이 3개의 원칙을 계속 증대시켜가는 것이 테크놀로지의 발전사예요. 그런데 이것들이 다 합해진 결과 오늘날 테크놀로지는 어떤 것으로 변해버렸습니까? 이것들이 다 합해지면

기능화를 가져옵니다. 이 기능화라는 것은 교감이나 감각적 관계가 아니에요. 이 3개를 최대한으로 활성화시킬 수 있는 것을 목적으로 하는 기능주의가 생겨나죠. 이 기능주의가 가장 첨단화되면 뭐가 생겨나죠? **자동화**예요. 오늘날 우리 옆에 있잖아요, 버튼을 누르고 손가락으로 훑어내면 모든 일들이 다 이루어지게 돼 있단 말입니다. 자동화가 이루어지면 나와 대상 사이의 거리, 그 사이, 그 사이 속에 내포될 수 있는 감각적 관계, 그 감각적 관계를 통해서 가지게 되는 꿈의 관계가 없어집니다. 오로지 목적주의적인 테크놀로지가 태어나는 거예요.

목적주의는 무슨 뜻입니까? 목적에 맞지 않는 것, 목적 수행에 필요 없는 것들을 전부 제거해버리는 거예요. 우리가 버튼 하나만 누르면 그것들이 저절로 없어져서 어떤 목적이 수행되도록 하는 거예요. 쓸데없는 것들은 절대로 끼어들지 못하도록 만드는 것입니다. 우리가 아날로그적으로 손으로 대상을 만져서 접촉 관계를 가지면 쓸데없는 생각이 들어요. 풀을 깎을 때 만약 버튼 하나만 누르면 기계가 알아서 풀을 깎아버렸다면 절대로 쓸데없는 생각이 안 들어요. 그런데 내가 그것을 손으로 깎으면 쓸데없는 생각이 듭니다. 이거 피 냄새 아니야? 이건 곧 내 운명 아니야?

기능화, 자동화가 왜 이뤄집니까? 그런 것들을 없애려 하는 거예요. 쓸데없는 건 다 없애버리는 거죠. 그러면 내가 사용을 함에도 불구하고 나는 개입이 안 됩니다. 기계가 기능화되고 자동화되어서 그냥 목적 수행이 이루어지게 돼 있습니다. 이건 엄청나게 잔인하고 냉혹한 겁니다. 나와 대상 사이에 냉혹한 폭력적 관계만이 이루어지게 됩니다.

그런데 아시겠지만 이 테크놀로지가 나중에 어떻게 됩니까? 이것은 단순히 나와 대상 사이의 기능주의적이고 자동주의적인 폭력적 관계로만 머물러 있지 않습니다. 왜냐하면 이런 테크놀로지가 우리 사회의 환경이 되어버려요. 우리는 이 기술적 환경 내에서 살아요. 산다는 건 뭐죠? 인간과 인간이 관계 맺는 거예요. 이 관계가 어떻게 될 것 같으세요? 버튼 관계가 돼요. 이건 너무 필연적이에요. 너무 논리적이에요. 피해 나갈 수가 없어요. 즉, 인간관계도 기능화되고 자동화될 수밖에 없어요. 사람 관계에서도 쓸데없는 건 제거하려 하고, 획일적 가치에 의해서 그 목적성에 되도록 빨리, 정확하게, 효율적으로 부합하도록 맺어지려 하는 거죠. 그런 인간관계를 다 당하고 사시잖아요?

자동화된 테크놀로지의 폭력적인 인간관계 속에서 우리가 근본적으로 잊어버리는 게 무엇입니까? 그건 바로 사이예요. 사람과 사람 사이, 이 사이가 없어집니다. 오로지 즉각적 관계만이 가능해져요. 사이가 없어지면 뭐가 없어지는지 아세요? 제 식으로 얘기하면 **다가가기**라는 것입니다. 조금씩 다가가는 거예요. 그리고 다가가면서 생기는 **망설임**이 있죠. 여러분 망설일 때의 몸짓을 아십니까? 이 망설임이 정말 멋있는 겁니다. 이것이 곧 부드러움이죠.

우리가 비즈니스적으로 만나면 다가갈 필요가 없어요. 서류부터 꺼내놓으면 돼요. 사람 만나는 것도 중매 기관을 통해 만나면 다 까놓으면 돼요. 집이 있냐 없냐, 어느 학교 나왔냐. 그러나 모르는 사이에서 만나면 이 다가감이 생겨요. 연애가 다른 겁니까? 이 다가감 속에서 일어나는 망설임이 기쁨이죠. 만나러 가면서 이미 많은 꿈들이 펼쳐져요. '그 사람하고 이런 일을 하면 이렇게 되겠지.' 잘 모르는 사람을 만나러 가면서 이미 결혼까지 하고 말이죠. 이런 것이 얼마나 아름답습니까? 망상이라 그러지만 이게 연애의 기쁨 아니에요? 이것이 다가가기입니다. 이것이 인간적인 거예요. 원래 노동은 인간과 사물 사이에서 다가가기 관계였어요. 이것이 완전히 없어지고 기능화되고 자동화되어버렸어요.

참 재미있는 얘기가 있습니다. 저도 이 텍스트를 보면서 처음 알았어요. 집이나 회사에 있는 문도 발전하죠? 처음에는 미닫이였다 어쨌다가 이제는 자동문이 됐잖아요? 서서 가만히 있으면 열려요. 아니면 빙빙 돌도록 되어 있다든지. 아도르노가 이런 식으로 얘기합니다. "문의 발전에 뭐가 없어졌을까."

우리가 문을 열고 누구를 만나러 들어간다고 합시다. 저 앞에 그 사람이 있습니다. 내가 문을 열고 들어갈 때 자동문으로 들어가는 것과 미닫이든 여닫이든 그런 문으로 들어가는 것은 필연적으로 태도가 달라지게 돼있습니다. 자동문으로 들어가면 뒤를 돌아보지 않아도 돼요. 문이 알아서 닫히니까요. 그런데 미닫이나 여닫이는 일단 들어가서 돌아서야 됩니다. 문을 닫아야 해요.

이렇게 얘기할 수 있어요. 왜 한때는 테크놀로지가 미닫이문이나 여닫이문을 만들었을까? 그때는 여전히 내가 저 사람에게 직접적으로 다가가지 않으려는 자세가 있었다는 거죠. 돌아선다는 것은 예의예요. 내가 당신에게 직접적으로 가는 것이 아니라 잠깐 쉰다는 것, 한 번 망설인다는 것입니다. 과거에는 문이 망설임이라는 인간관계를 장치화하고 있었다는 거예요. 그런데 점점 사회가 그런 거 필요 없어, 쓸데없는 거야, 그러다 보니까 문도 돌아설 필요가 없어요. 그냥 들어가면 문은 저절로 닫히고 나는 그 사람한테 가면 되는 거예요. 최소한의 예의가 없어지는 겁니다.

한 번쯤 돌아섰다가 다가가기. 한 번쯤 멈췄다가 다가가기. 뒤로 왔다가 가기. 이게 망설임이고 다가가기인데 그게 없어졌어요. 테크놀로지가 기능화되고 자동화된 것처럼 인간관계도 기능화되고 자동화됐기 때문이죠. 쓸데없는 건 없애버립니다. 그게 지금 우리가 살아가는 모습이죠.

아도르노가 말하는 것은 테크놀로지가 '슬픈 테크놀로지'가 되는 과정입니다. '테크놀로지가 얼마나 아름다운 꿈을 간직하고 있었던가'라는 것이죠. 주인과 노예의 변증법을 따라 우리가 목적을 달성하기 위해 대상을 지배하려다 보니까, 이제는 내가 테크놀로지의 지배를 당하게 됐어요. 그러다 보면 마지막에 남는 것은 나의 고독이죠. 소외입니다. 내가 관계로부터 배척당해요. 그래서 외로움이 생기죠. 현대인의 고독이 생겨나요. 우리가 다음에 고독에 대해 얘기할 텐데요, 고독에는 두 양태가 있어요. 하나는 혼자 있음이고, 또 하나는 버려짐이에요. 혼자 있음은 우리에게 안온함을 가져다줘요. 우리는 때때로 혼자 있고 싶잖아요? 그런데 강제된 고독이 있습니다. 즉, 버려진 고독. 이건 견딜 수가 없어요. 악몽 같은 일이에요. 이게 현대인의 고독 아니에요? 배척당해서 강요된거예요. 그 이유를 거슬러 올라가면 이런 테크놀로지의 문제와 만난다는 거죠.

마지막으로 아도르노는 대안에 대해서 이렇게 얘기합니다. 자연으로 되돌아가자는 테크놀로지 무용론이 나온다는 거죠. "테크놀로지는 발전하면 할수록 인간에게 도움을 주는 게 아니라 인간관계를 파괴시키고, 인간을 왜소하게 만들고, 나중에는 인간을 기계로 만들 뿐이다. 그러니까 지금이라도 늦지 않았으니 테크놀로지에 대한 신앙을 버릴 필요가 있다." 이렇게 얘기하는 자연주의자들이 있지 않습니까?

그러나 아도르노는 그렇게 생각하지 않아요. "중요한 것은 테크놀로지를 폐기시키는 게 아니다. 중요한 것은 테크놀로지의 꿈을 기억해내는 일이다. 우리는 테크놀로지를 버릴 수 없다." 아도르노의 모더니스트로서의 입장이 드러나죠.

우리가 다시 야만인이 되자는 얘기냐? 그건 아니에요. 우리는 결국 미래로 갈 수밖에 없는데, 그렇다면 테크놀로지를 우리가 어떻게 할 것이냐는 거죠. 우리는 테크놀로지의 꿈을 기억할 필요가 있다는 거예요.

나아가서 이런 얘기도 할 수 있습니다. 꿈이라는 건, 욕망이라는 건 패배하는 법이 없어요. 욕망은 반드시 실현될 수밖에 없습니다. 예컨대 아이가 자동차를 가지고 싶은데 엄마는 안 사 줘요. 처음엔 떼 쓰고 울다 계속 야단 들으면 안 울잖아요. 그러면 욕망이 사라질 것 같으세요? 천만의 말씀. 그 욕망은 사라지는 게 아니라 어떤 식으로든 다른 곳으로 가서 실현되게 돼 있습니다. 이게 욕망이에요.

욕망은 포기되는 법이 없어요. 우리가 그 욕망의 실현이 어떻게 이루어지는지를 간파해내지 못해서 그렇죠.

테크놀로지의 욕망이나 꿈도 폐기될 수 없다는 겁니다. 인간 스스로는 그것을 실현할 수 없어도 테크놀로지가 실현하려 해요. 즉, 테크놀로지가 자기 꿈을 스스로 실현하려 합니다. 그것이 오늘날 최고도에 이른 테크놀로지의 상태에서 가능해질지도 몰라요.

지금은 전부 정보사회가 됐습니다. 우리가 더 이상 테크놀로지의 주인이 아니라 테크놀로지가 우리 주인이 됐어요. 만일 어느 날 한 시기에 지금 정보의 회로로 돌아다니는 콘텐츠들이 바뀐다면, 테크놀로지의 꿈을 실현시킬 수 있는 정보들이 갑자기 흘러 다닌다면 세상이 바뀔 것 같아요, 안 바뀔 것 같아요? 바뀌어요. 보편적 비평 정신이 흘러 다닌다면 우리나라는 금방 바뀌어요. 테크놀로지는 지금 준비가 다 돼 있습니다. 물만 갈아지면 된다, 지금 그런 상태라는 거죠.

아도르노는 얘기합니다. 유토피아는 이미 와 있다고요. 테크놀로지를 통해 혁명, 새로운 세상이 열릴 준비가 이미 다 돼 있습니다. 그리고 기다리고 있다는 거죠. 벤야민식으로 얘기하면 메시아는 이미 와 있어요. 다만 우리가 알아보지 못할 뿐이에요. 메시아는 안 온 게 아니에요. 벌써 와 있어요. 다만 우리가 붙잡지 않고 알아볼 줄 몰라서 지나쳐갈 뿐이에요. 《성경》에 그런 말 나오잖아요? '항상 깨어 있어라.' 우리가 깨어나기만 하면 조건은 이미 완성돼 있다는 것이죠. 문제는 언제 깨어나느냐입니다.

아도르노는 테크놀로지에 대한 비판을 가하면서 또한 본질적으로 희망을 품고 있어요. 때때로 우리는 꿈을 꿔요. 이 모든 테크놀로지들이 지금 이런 식으로 되어가지 않고 만일 다른 식으로 되어갈 수 있다면, 그 모델은 모르겠으나 그렇게 된다면 세상은 지금, 여기에서, 천국이 될 수 있어요.

《탈무드》에 이런 얘기가 있죠. 랍비가 애들 모아놓고 공부를 가르치는데 하는 얘기가 맨날 그래요. '메시아가 오면 세상이 완전히 달라진다.' 똑똑한 애가 있어서 손을 들고 물어봤대요. "선생님, 메시아가 오면 세상이 어떻게 변하는데요?" 랍비가 대답합니다. "변하긴 뭐가 변하니, 지금과 똑같아. 그런데 완전히 달라져." 이런 얘기가 무슨 뜻일까요? 테크놀로지를 생각하면 금방 알 수 있어요. 하나도 변하는 것은 없어요. 메시아가 새로운 테크놀로지를 가져오는 게 아니에요. 그런데 어느 날 갑자기 세상이 달라져요. 이것이 혁명의 의미라는 거죠. 테크놀로지 시대의 혁명은 뭐냐? 정보가 바뀌는 겁니다. 어떻게 생각하세요? 이것이야말로 유토피아겠죠.

　이렇게 '슬픈 테크놀로지'라는 이름으로 테크놀로지의 꿈과 욕망에 대해서 얘기했습니다. 인간이 만들어낸 모든 것들 속에는 꿈과 욕망이 들어가 있어요. 꿈과 욕망이 없는 것들은 절대로 없습니다. 어쩌면 자연 속에는 꿈과 욕망이 없는지 몰라요. 오로지 자연법칙만 있을 뿐. 그 꿈과 욕망을 읽어야 돼요.

　저는 이렇게 생각해요. 세상에 필요 없는 건 아무것도 없어요. 인간이 만들어낸 것은 그 이유가 있기 때문에 만든 거예요. 우리가 아직까지 그 이유를 모를 뿐이죠. 그래서 그걸 읽어내는 방법론을 우리가 아도르노를 통해서 함께 얘기하고 있는 거예요. 제 식으로 얘기하면 상처로 숨 쉬는 법입니다. 상처를 봉합하는 것이 아니라 허파로 만드는 것이죠. 우리가 가진 건 상처밖에 없습니다. 가진 게 상처밖에 없다면 그것으로 숨을 쉬어야 해요.

○

　'슬픈 집'이라는 테마를 얘기해보겠습니다. 우리의 거주 문화를 다루어볼 텐데요, 특히 아파트를 중점적으로 얘기할 거예요. 먼저 한번 물어보죠. 왜 인간은 집이라는 것을 꿈꿨을까요? 왜 집을 만들었을까요? 요새 노마드라는 말을 많이 하는데 혹자들은 인간의 본성은 노마드적이다, 유목적이다, 집 없이 돌아다니는 것을 꿈꾼다고 하죠. 물론 이런 본성도 있지만 또 한편으론 정주성도 있습니다. 우리는 다 그래요. 어딘가에 머물고 싶고 어딘가로 떠나가고 싶은 두 욕망이 있죠.

집이라는 문제를 정주성의 문제로 생각해보면 '인간은 왜 집을 꿈꾸었을까'라는 거죠. 여러 가지 이유가 있어요. 살기 위해서는 집이 필요하죠. 추위를 피하고 외부의 공격을 차단하기 위해서죠. 원시인들이 하루 종일 사냥하고 나면 피곤할 거 아니에요. 쉴 데가 필요하지요. 실용주의적 측면에서 보면 거론할 필요도 없이 집은 필요합니다. 하지만 이렇게도 볼 수 있습니다. **격리**의 꿈이 있다는 거죠. 여러분들 다 격리 욕망이 있죠? **혼자 있고 싶은 거예요.** 혼자 있고 싶다는 것은 무얼 얘기하느냐? **자기를 만나고 싶은 거죠.** 혼자 있기 위해서는 특별한 공간이 필요합니다. 내밀하고 은밀하고 타자와 격리될 수 있는 공간에 대한 욕망이 있었다는 거죠.

현대사회에서 살려면 자신을 분리하지 않으면 안 됩

니다. 사회적 자아를 만들어야 해요. 아침에 깨어나면 저는 때때로 그런 느낌을 받아요. 우리는 누군가를 외출시켜요. 사회적 자아를 외출시킵니다. 그리고 또 하나의 나는 집이라는 공간에 그대로 머물고 있는지도 몰라요. 밖으로 나간 나는 사회적 아바타가 되어서 먹을거리를 벌어들이기 위해 역할 수행을 해야 되는 거예요. 옛날 사냥꾼들도 마찬가지였겠죠. 그런데 때때로 우리는 역할 수행을 하는 나가 아니라 다른 나를 만나고 싶어요. 그랬을 때 우리는 특별한 공간을 필요로 합니다. 어쩌면 이 욕망 때문에 집이 생겼을 수 있어요.

집이나 방에 들어가서 혼자 가만히 있으면 분리되었던 자기를 만나지만, 금방 또 다른 꿈이 생깁니다. 누군가를 만나고 싶어져요. 즉, **타자에 대한 꿈**이 생겨요. 그런데 현대인들은 타자가 없어요. 저 같은 경우는 그래요. 혼자 있다가 누굴 만나고 싶어도 친구를 만나고 싶지는 않고 아내를 만나고 싶지도 않아요. 누군가를 만나고 싶어요. 프루스트식으로 얘기하면 미지의 여인을 만나고 싶어요. 프루스트는 한 번도 보지 못했고 이름도 모르지만 이미 사랑하기 시작한 여인을 미지의 여인이라고 규정짓죠. 우리에게는 그런 사람이 있습니다. 보지도 않았고 누군지도 모르지만 이미 사랑에 빠졌어요. 프루스트의 소설은 끊임없이 미지의 여인을 따라가며 진행돼요. 결국 그 여인은 현실에는 없고 예술 속에만 있지만요.

타자에 대한 꿈은 두 가지예요. 하나는 '그 사람을 만나고 싶어'예요. 이거 얼마나 행복해요? 미지의 여인이 아니라 실제의 여인을 만난다면 얼마나 행복하겠어요? 어쩌면 내가 누군가를 만날지도 모른다는 상상의 가능성만으로도 행복할 거예요. 그러나 어떤 경우는 이렇죠. 상상해봐도 없어요. '세상에 그런 사람이 어디 있겠어. 내 꿈일 뿐이야.' 그렇게 되면 다른 외로움이 옵니다. 제가 말했잖아요? 꿈이나 욕망은 실현돼야 해요. 그래서 어떻게 되죠?

저 같은 경우는 이렇게 해요. 저를 다시 분리하죠. 또 하나의 나를 만들어내죠. 이게 미지의 여인이 돼요. 그래서 걔하고 만나요. 베케트인가 뷔히너가 한 얘기 중에 이런 게 있죠. 한 고아 아이가 있어요. 겨울밤을 지내다 보니 너무나 외로워요. 그래서 자기를 둘로 나눠서 놀아요. 다음 날에는 셋으로 나눠 놀고, 시간이 지나면서 수많은 아이로 나눠서 놀아요. 그래서 그 아이는 외롭지 않게 한 겨울을 보낼 수 있었다고 해요. 얼마나 슬픈 얘기입니까?

우리는 외로우면 자기를 나눠요. 외롭고 싶다, 혼자 있고 싶다는 것은 자기를 확인하는 굉장히 안온한 과정이라 볼 수 있습니다.

또 다른 고독도 있습니다. **버려짐**의 고독이에요. 우리는 무엇에 의해서 버려지기 마련입니다. 다들 실연의 아픔이 있잖아요? 실연을 당하면 왜 이렇게 아플까요. 근본적으로 보면 버려짐이기 때문입니다. 이 버려짐은 다름 아닌 집 없음이에요. **갈 곳 없음**이에요. 저는 실연을 한 다음에 밖에 나가면 갈 데가 없었어요. 어딜 가야지 내가 안심할 수 있는지 알 수가 없었어요. 갈 곳 없음이라는 말 아세요? '당신이 떠나간 이후에 나는 어디에도 갈 수 없네'라는 유행가도 있잖아요.

현대인의 삶이 무엇이냐면 근본적으로 버려짐의 상태입니다. 우리의 인간관계가 파괴된 후에는 그것이 꼭 연애 관계가 아니더라도 나와 타자의 관계가 서로 버려짐의 상태로 되어버릴 수밖에 없다는 거죠. 이런 고독의 시대가 어쩌면 현대인이 강요당하지 않으면, 감수하지 않으면 안 되는 상태라 볼 수 있죠.

집은 거주의 욕망으로 생겨났지만, 거주의 공간이 있기 때문에 우리는 또 하나의 꿈을 발견합니다. 그것은 떠남에의 꿈이죠. 집이 없는 사람이 떠남의 꿈을 가질 수 있습니까? 집이 있는 사람만이 떠나고 싶다라는 꿈을 발견합니다. 물론 역도 가능하겠죠. 끊임없이 돌아다니는 사람은 사실은 거주하고 싶은 사람일 수도 있어요. 예를 들면 카사노바의 꿈 같은 거요. 그는 끊임없이 여자들을 주유하지만 사실 한 여자라는 집을 그리워했던 거죠. 한 곳에 머물고 싶은데 그게 안 돼요. 저주받은 바람둥이의 운명이죠. 인간이 왜 집을 꿈꾸었을까?라는 문제를 제 식으로 나눠보면, 먼저 보호받으려는 꿈이 있다는 것이고, 격리의 꿈이 있고, 함께 있음의 꿈이 있고, 떠남의 꿈이 있습니다. 떠남에의 꿈이 뭐죠? 자유예요. 자유에의 꿈이죠. 그러나 오늘날 집은 어떻게 되었느냐? 본래 집의 탄생이 이러한 욕망 체계로 생긴 것이라면 우리가 알고 있는 집, 특히 한국적 상황에서 집과 이것이 얼마만큼 거리가 있는 것이냐는 질문을 해볼 수 있죠.

집에는 여러 가지 형태가 있습니다. 단독주택도 있고 연립주택도 있고 아파트도 있지요. 제가 80년대 중반에 독일에 갈 때만 해도 연립주택이나 아파트가 별로 없었어요. 돌아와보니 저희 집도 주택을 팔고 이사를 갔더라고요. 돌아와서 결심을 한 게 있습니다. '어떤 일이 있어도 우리 집을 찾겠다.' 그런데 그 집이 연립주택이 된 거예요.

돌아와서 보니까 집이 없어지고 수용소 비슷한 걸로 다 변해버렸습니다. 다닥다닥 붙어서 바람도 안 통하고 햇빛도 안 들고 말이죠. 이제 한국 사회에서 집은 단독주택도 아니고 연립주택은 더더욱 아니에요. 아파트가 집이 됐어요. 우리가 거주의 문제를 얘기하려면 아파트 문제를 반드시 거론해야 돼요.

오늘날 우리 사회에서 집은 곧 아파트예요. 그걸 실현한 사람들이 있고 실현하지 못한 사람들이 있죠. **아파트** 문제를 얘기할 때 따라붙는 게 있어요. **재테크**예요. 집이 재테크가 됐어요. 한국 사회에서 집은 아파트고 아파트는 곧 재테크 수단이에요. 이 재테크는 여러 방식으로 얘기될 수 있어요. 아파트에 사는 사람들은 값 오를 때를 기다렸다 팔고 옮겨 가고 또 옮겨 가요. 그 방법으로 성공한 사람들이 많죠. 누구나 다 알고 있는 사실이에요.

아도르노도 바로 이 문제를 얘기해요. 집은 이제 버리기 위해서 들어가는 곳이 되었다는 거죠. 버리기 위해서 거주하는 곳이 되었다라고 하죠. 이미 들어갈 때부터 버릴 준비가 되어 있어요. 이건 **상품**의 운명이죠. 벤야민이 얘기했어요. "상품이 대량생산되면 상품은 태어나자마자 쓰레기가 될 운명을 이미 껴안고 나온다." 벤야민은 자본주의 사회를 '사산의 사회'라 불러요. 태어나자마자 애들이 죽어요. 즉, 상품은 새것으로 태어나지만 곧 쓰레기가 되어버린다는 거죠. 왜 그러죠? 또 다른 새것들이 나오기 때문이에요. 길거리에 나가보면 맨날 바겐세일이다 폐점한다 뭐다 널려 있잖아요. 그중에 아파트도 있어요. 들어가자마자 버려져요. 거주의 꿈이 없어졌죠. 이게 재테크의 한 의미라 볼 수 있어요.

한국 사회에서 아파트와 재테크의 문제는 이 정도에서만 끝나는 게 아닙니다. 내부로 들어가면 **인테리어** 문제가 있어요. 벤야민이 일찍이 자본주의 사회에서 소시민 가정의 인테리어에 대해서 주목했는데요. 소시민 가정에서의 인테리어는 그 가정이 사회적 권력에 얼마나 완벽하게 장악당하고 있는가를 그대로 보여준다는 거죠.

처음에 시민사회가 형성되면서 시민들이 집을 꾸미려 했을 때의 인테리어는 개인성이 드러나는 것이었어요. 집에 가서 인테리어를 보게 되면 그 사람의 개성을 알 수 있다는 거죠. 취향이라는 게 있었습니다. 취향은 아주 개인적인 거예요.. 또한 개인은 취향을 가지는 존재입니다. 자기만이 좋아하는 것, 자기만이 가치화하는 것, 자기만

이 소중하게 여기는 것이 있을 때가 개인이에요. 그리고 이런 것들에 대한 감각이 바로 취향입니다.

오늘날 우리에게 취향이 있습니까? 다 똑같은 걸 좋아하는데 그게 무슨 취향이에요. 사회적 취향만 있어요. 이 말은 사실 모순이에요. 취향은 원래 사회적인 게 아닙니다. 개인적인 거예요.

자본주의 사회가 어느 정도 진행되고 나니 내부 인테리어가 철저하게 사회적으로 가치화된 것들이 장악하는 공간이 되어버렸어요. 우리가 들어가보면 알잖아요? 사회적으로 가치 있다는 것들이 그 집 안에 얼마나 쌓여 있느냐를 가지고 인테리어가 잘됐다 못됐다 얘기한단 말입니다.

집에 있는 TV나 가죽 소파 같은 것들은 내가 노동을 해서 하나씩 사다 놓은 거예요. 자, 이제 쉬려고 집에 들어가서 가만히 누워 있으면 뭐가 보이세요? '그래, 나는 이만하면 살 만하지' 하는 생각이 들 수도 있겠지만 갑자기 두려움이 올 수도 있어요. '아, 저것들을 마련하려고 내가 얼마나 많은 수고를 해야만 했던가. 저것들을 마련하려고 내가 얼마나 많은 투쟁을 거쳐야만 했던가.' 그럴 때 집이 자기를 만나는 공간이 될 수 있습니까? 될 수가 없어요. 두려움은 곧 다른 것으로 변해요. 두 가지로 변할 수 있어요. '아, 참 좋구나, 더 수고해서 더 좋은 걸 사다 집어넣어야지.' 하나는 이런 욕망이고 또 하나는 절망감이죠. '내가 살면서 저것들을 얻으려 얼마나 수고를 했던가.' 그래서 한동안 우울에 빠집니다. 그러다 곧 생각하죠. '그래서 뭐 어쩌자고. 회사 그만둘 수는 없잖아. 그러니까 여기서 잘 쉬고 내일 또 나가자.' 결국엔 절망에 의한 수용이 일어나요.

결과적으로 집 안 공간은 단절된 공간이 아니라 시장으로 다시 나가기 위한 심신 훈련장이 돼요. 아도르노가 여가의 문제를 얘기할 때 물어요. "자본주의 사회에서 여가가 과연 가능한가?" 여가의 첫 번째 의미는 중지입니다. 내가 살았던 사회적 영역에서 나를 격리시키는 거죠. 그것에서 일시적이나마 자유로워질 수 있을 때 우리는 여가라고 얘기해요. 그런데 오늘날 여가는 절대 그렇지 않습니다. 왜 사회가 여가를 허용했겠어요? 잠깐 쉬면서 저장을 했다가 다시 나와서 더 열심히 하라고 준 거예요.

이것은 단순히 여가의 문제만이 아니라 아파트 내부 공간의 문제이기도 합니다. 집은 원래 외부와 격리되어서 나를 만나고 잠깐이나마 자유를 누릴 수 있는 곳인데 인테리어가 이것을 허용하지 않아요. 인테리어를 마주 보면 절망에 빠질 수밖에 없어요. 그러나 우리는 잘 훈련되어서 절망을 이기는 법도 알죠. '이딴 절망 하느니 더 열심히 살자. 아무 생각 말고 잠이나 자자.' 다음 날 나가서 더 열심히 일하고 또 물건을 사 와서 채울 겁니다. 즉, 내부 공간이 없어진다는 거예요. 쉴 곳이 없어요. 쉴 곳이 없으면 자기를 만날 수가 없습니다. 자기를 만날 수 없으면 타자에 대한 꿈도 안 생겨요.

벤야민이 《아케이드 프로젝트》에서 나폴리에 대해 이렇게 얘기합니다. "나폴리에는 사회적 삶의 원칙이 두 가지 있다. 하나는 마피아이고 또 하나는 성당이다." 거기에는 도둑들 강도들 천지인데 성당은 엄청 많아요. 마피아들이 일주일에 한 번씩 고해하러 가죠. 잘못했다 그러면 성당의 신부는 다 들어요. 그렇게 고해하고 나오면 더 열심히 마피아 짓을 해요. 고해성사하는 곳이 심신 훈련장이에요.

지금 우리의 아파트 공간이 그런 것과 뭐가 달라요? 들어가서 쉬는 게 아닙니다. 심신을 훈련해요. 에너지도 보충하고요. 그래서 다음 날 더 열심히 하러 나가죠. 쳇바

퀴예요. 결국 나를 재테크하는 겁니다. 아파트 자체만 재테크 수단이 아니에요. 아파트 내부에서 나는 나를 끊임없이 재테크해요. 밖에 나가서 더 많은 효과를 얻어낼 수 있도록 말이죠. 다 아시잖아요? 아파트를 가보면 인테리어가 다 비슷비슷하죠.

여러분, 앙드레 지드의 《좁은 문》을 읽어보시면 맨 끝에 이런 얘기가 있어요. 제롬이 사랑한 알리사가 죽습니다. 제롬은 마음의 아픔 때문에 멀리 떠났다가 오랜만에 집으로 돌아오죠. 그 집에는 알리사의 동생인 쥘리에트가 결혼을 해서 살고 있어요. 원래 이들은 삼각관계예요. 쥘리에트가 몰래 제롬을 좋아했었는데 말을 못 하죠. 언니 알리사가 제롬을 좋아하고 제롬도 알리사를 좋아하니까요. 알리사는 나중에 동생이 제롬을 좋아한다는 사실을 알고 결혼을 거부하죠. 그러면서 신에게로 돌아가려 애써요. 한편 쥘리에트는 홧김에 결혼을 해버립니다. 아이를 낳고 살아요. 그동안 알리사는 죽고 제롬은 멀리 떠나서 배회하죠. 오랜만에 제롬이 돌아왔을 때 쥘리에트가 제롬을 맞이해서 어디로 데려가는지 아세요? 어떤 방으로 데려갑니다. 응접실이 아닌 조그만 방으로 들어가죠. 그리고 이렇게 얘기합니다. "나는 때때로 생활에 지

치거나 혼자 있고 싶을 때는 늘 이 방으로 오죠." 그리고
그 방에 둘만 앉습니다.

　지금 얘기하려는 건 사랑 문제가 아니라 공간 문제인
데요, 쥘리에트가 제롬을 데려간 공간의 특성이 뭔지 아
세요? 그곳엔 인테리어가 없습니다. 다른 방은 인테리어
가 되어 있는데 그 방은 인테리어가 없습니다. 오로지 책
상과 의자, 램프 하나만 있어요. 이게 뭘 얘기할까요? 우
리에게는 인테리어가 없는 공간이 필요합니다. 그것이 다
름 아닌 내밀한 공간이에요. 그곳에서만 우리는 나를 만
날 수 있죠. 나를 만날 수 있을 때에만 우리는 타자의 꿈
이 생겨요. 그리고 타자의 꿈이 생길 때에만 타자를 찾아
나가기 위한 출발 혹은 여행에의 꿈이 생기겠죠. 사회적
인 가치들로 인테리어화되어 있는 공간은 그런 꿈이 생길
수가 없어요.

　아파트가 생기기 전에 저의 유년을 생각해보면 집들
마다 전부 그런 공간이 있었습니다. 쓸데없는 공간이죠.
다락방이라든가 물건을 쌓아두는 창고라든가, 제가 어렸
을 때 살던 집에도 그런 공간이 있었어요. 거기서 책도 보
고 낮잠도 자고 몽상하고 혼자 노래 부르면서 눈물도 흘
렸죠. 유년 시절을 생각하면 그 공간이 너무도 그리워요.

아파트는 이 공간을 없앤 거예요. 필요 없는 공간이 하나도 없습니다. 뭐 하려고요? 재테크하려고요. 그러고는 사방에 인테리어로 꾸며놓은 거죠. 그럼 이게 뭐예요? 딴게 아니고 수용소예요.

푸코가 18세기에 이미 판옵티콘이라 해서 정신병원, 감옥소가 생겨났다고 얘기하는데 그것만이 아닙니다. 공공에서만 수용소가 생겨난 게 아니에요. 집도 수용소가 되어버렸습니다. 여기서 끊임없이 내가 재테크 돼요. 사회에 의해서, 새로운 생산력, 더 많은 생산력을 만들어내도록.

하나만 더 들어가보죠. 집 내부로 들어가서 가족 관계를 봅시다. 이러한 아파트 공간 속에서 가족이라는 것이 생깁니다. 한국 사회의 가족은 어느 사이엔가 카프카 소설 〈변신〉의 가족이 되어버렸습니다. 첫줄이 이렇게 시작되죠. "그레고르 잠자는 어느 날 잠에서 깨어났더니 자신이 갑충으로 변한 것을 알았다." 자, 지금 그레고르 잠자가 침대에서 깨어났어요. 출근할 때가 됐는데 안 일어나니까 가족들이 꽝꽝 문을 두드려요. 한쪽 벽 문에서 꽝꽝 두드리고, 또 맞은편 벽 쪽 문에서 누이동생이 꽝꽝 두드려요. 사면의 벽이 있으면 두 면에 문이 있고, 침대가 붙어 있는 벽은 거실 쪽이에요. 하나 남은 벽은 건물의 외부 쪽인데 여기에 창문이 있습니다. 잠자가 침대에 누워서 창을 보면 잿빛 하늘밖에 안 보인다고 묘사하죠. 그리고 거실 쪽 벽에 웬 여자의 초상화가 하나 걸려 있습니다. 제가 볼 때 이건 상징적인 창이에요. 2개의 문으로는 못 나가요. 유일하게 뚫려 있는 창을 보면 하늘도 잿빛이에요. 이게 전부 뭘 얘기합니까? 집 구도로 보면 그레고르 잠자는 완전히 갇혀 있습니다. 그레고르 잠자가 나갈 창을 필요로 한다면 그것이 뭘까요? 누군지 모르는 여인이 그려져 있는 초상화, 즉 욕망의 창이라 볼 수 있겠죠.

양쪽 문에서 '그레고르 잠자야, 왜 출근 안 하니?' 묻는다는 건 무엇이죠? 경제적 역할을 왜 안 하냐, 이 얘기입니다. 그레고르 잠자가 이 집안의 가장 역할을 했었는데 갑충이 되어서 경제적 역할을 못 하니까 아버지가 수위가 되어서 이 집안을 장악하죠. 즉, 처음에는 아들이 아버지를 이기는 존재, 경제적 주체 역할을 했는데 변신을 한 다음부터는 아버지가 아들에게 빼앗긴 권력을 되찾습니다. 그래서 아들을 집 안에 가두어놓죠.

이 얘기는 이미 19세기의 소시민 가정이 무엇인가를

얘기해줘요. 가정은 가족 관계로 맺어지는 것이 아닙니다. 누가 경제적 역할을 하느냐, 그걸 중심으로 만들어지는 관계예요. 그레고르 잠자가 갑충으로 변하지 않고 돈벌이를 하고 있을 때는 아버지도 어머니도 누이동생도 다 그의 편이에요. 그런데 갑충이 된 다음부터는 전부 떠나갑니다. 나중에는 결국 먼지처럼 작아져서 쓰레기통으로 내던져져요. 이게 가족입니다.

우리들의 가족은 다릅니까? 지금 한국 사회의 가족이 애정의 관계로 묶여 있나요, 아니면 엄마는 엄마대로 아빠는 아빠대로 아이는 아이대로 역할 관계로 묶여 있습니까? 여기서 누가 역할 수행을 안 하면 바로 고발이 이루어져요. 아버지가 돈 못 벌면 왜 못 벌어 오냐, 엄마가 엄마 역할을 안 하면 집 안에서 뭐 하냐, 아들이 공부 안 하면 도대체 너는 커서 뭐가 될 거냐.

아도르노가 얘기하는 경제적 권력에 의한 서구 소시민 가정의 몰락이 우리에게도 이루어지고 있어요. 그러나 서구 사회에서는 보기 힘든 한국적 요소가 있습니다. 그것은 **혈연성**이죠. 애들이 그렇게나 중요해요. 한국 사회에서는 전부 애들한테 목을 매고 있죠.

내 새끼에 대한 열정입니다. 서구 사회는 이것이 그렇

게 심하지 않습니다. 애들에 대한 열정과 애착이 여전히 남아 있는 한국의 가정은 완전히 경제적 권력에 의해서 지배당하는 상황은 아니라고 생각할 수도 있지만, 제가 볼 때는 아니에요. 이 애착과 열정이 결국은 뭡니까? 아이를 재테크하는 거예요. 좋은 학교에 보내겠다, 아이를 잘 기르겠다, 라는 말은 근본적으로 재테크하겠다는 겁니다. 재테크 잘 시키려고 애들 옆에서 엄마도 안 자고 공부시키죠. 재테크 잘하려고 맛있는 것도 막 만들어줘요.

독일에 《헨델과 그레텔》이라는 동화가 있어요. 마녀가 걔네들을 잡아놓고 맨날 맛있는 걸 주면서 손 내밀어보라고 하잖아요? 재테크가 얼마나 됐나 보는 거죠. 이것과 다르다고 생각하세요? 몰매 맞을 얘기인지는 모르겠지만 제가 볼 때는 한국 사회는 자식 재테크의 사회예요. 수미일관해요. 집이 전부 재테크예요. 집 자체도, 집 내부도, 거기에 있는 가족 관계도 재테크입니다. 이것이 집이에요.

다시 얘기합니다. 집은 원래 이런 것이 아니었어요. 거주하려고 만든 겁니다. 그곳에서 나를 만나고 타자를 꿈꾸고 자유를 꿈꾸는 공간이었습니다. 단순히 추위를 피하고 외부의 공격을 막기 위해서만 생겨난 곳은 아니에요. 이게 거주라는 개념입니다. 어느 공간에 산다는 의미예요. 우리는 어느 사이엔가 거주라는 개념을 잊어버렸어요. 집은 어느 사이엔가 거주 공간이 아니라 쓰고 내버리는 깡통처럼 되었죠. 이게 지금 우리들의 집 아닙니까?

아도르노가 말하죠. "여기에는 사람이 없다. 경제적 권력만이 작동한다." 그래서 이 집 안에서 살고 있는 사람들은 집이 있는 사람들이 아닙니다. 노숙자예요. 집이 없는 사람들이 모여 사는 곳은 어디죠? 노숙자 수용소죠. 그러니까 노숙자들을 너무 이상하게 생각하지 마세요. 역에 누워 있는 사람 보면 노숙자라고 손가락질하는데 그럼 우리에게 정말 집이 있나요? 타자를 욕망할 수 있고 출발을 꿈꿀 수 있는 집이 있나요? 쥘리에트의 밀실, 인테리어 없는 공간을 가지고 계세요?

어려운 문제입니다. 그렇게 되니까 점점 내면을 꿈꿔요. 원래 그런 집이 있어야 하는데 없으면 안 되니까 허구로 짓게 되죠. 자기 안에 짓습니다. 자기 안에 지어서 그 안에 거주할 수밖에 없어요. 그러나 그것은 아무런 자유를 가져다주지 않죠. 절망만을 가져다줘요. 있지도 않은 내면이죠. 외부의 집이 형성이 안 됐는데 안에만 집을 지을 수는 없습니다. 이것은 허위의식이죠. 그러나 어떻게 보면 참 슬픈 거예요.

사람은 집이 있어야 되거든요. 안전하게 머물고 자기를 만나고 꿈을 꾸고 타자와 미지의 연인을 상상할 수 있는 공간이 있어야지만 우리는 개인이에요. 그런 게 없으면 우리는 개인이 아니에요. 점점 외톨이가 늘어나는 것을 아시잖아요? 슬픈 현상입니다.

특히 요즘 젊은 세대들이 그래요. 잘 보호받고 살아왔다는 것은 동시에 끊임없이 재테크 대상으로 관리되었다는 것이죠. 나이 많은 사람들은 신세대들을 버르장머리 없고 자기밖에 모른다고 얘기하지만, 이 아이들에게 집 없는 떠돌이의 운명을 껴안고 자기 안의 집을 찾으려고 하는 측면이 있지 않을까 이해해볼 수 있습니다. 오늘은 배려와 딜레마, 테크놀로지의 문제, 거주의 문제를 다루어봤습니다.

다음 시간에는 '슬픈 남자'와 '슬픈 여자'라는 주제로 얘기를 해보겠습니다. 수고하셨습니다.

9강

———

유보 없는 행복의 삶

오늘은 성적 쾌락에 대한 이야기를 해보려고 합니다. 〈죽음을 향한 건강성〉과 〈쾌락 원칙의 차안에서〉를 묶어서 '슬픈 성적 쾌락'이라는 주제로 읽어보고요, 이후에 '슬픈 남자들'과 '슬픈 여자들'에 대한 이야기를 하려고 합니다.

인간의 문화는 자연 위에서 세워질 수밖에 없죠. 성의 문제도 인간의 자연성이라는 관점에서 보면, 그것이 정치이든 법이든 과학 분야이든 전부 성적인 정념과 관련을 가진다는 것을 알 수 있습니다. 정치 현상을 이데올로기의 판단이나 진영 간의 관계에서 나온 합리적 결론이라 볼 수 있지만 이것도 근본적으로는 정념의 문제예요.

정념이 합리화되지 못하면 맹목적이 될 수밖에 없어요.

선거 결과를 봐도 여러 가지 이유로 설명할 수 있을 것 같아요. 50대, 60대들이 결집을 해서 박근혜 후보가 당선되었다고 하는데 이것도 참 재미있습니다. 다름 아니라 이들은 자본주의적 근대화가 이루어졌던 박정희 세대에 의해 억압을 당했던 사람들이죠. 그들은 억압을 통해서 이념화되고 문화화되었어요. 억압을 통해서 이념화나 문화화가 이루어지면 정신분석학적 문제가 생깁니다. 억압을 당하면서 억압을 성적 쾌락으로 받아들이게 되죠. 오늘 쾌락의 문제를 얘기하면서 그런 것들을 함께 다루려고 합니다.

그러나 우리 사회에서 이런 억압에 의한 잘못된 정치적 정념이 해소되려면 시간이 더 필요한 것 같아요. 역사 발전은 후세대들이 주인공 역할을 하고 물러난 세대들이 밀어주면서 이뤄지는 거 아닙니까? 신세대들의 가능성은 사실 신세대 자체의 힘으로는 형성되기 어려운 점이 많습니다. 그래서 후세대들이 밀어줘야 해요. 이것이 제대로 된 역사적 세대교체라고 보는데, 제가 볼 때 그렇게 되기에는 우리 역사가 뿌리내리고 있는 상처가 너무 커요. 50대, 60대들이 그 상처를 객관적으로 성찰하면서

'아, 이런 일들이 다시 있으면 안 되겠구나' 하는 마음으로 새로운 역사의 영역을 열고 나가면 좋겠지만 아무래도 힘들 것 같아요.

원래 그렇습니다. 사람이 해결을 못 하면 시간이 해결하게 돼 있어요. 실연해서 죽을 것처럼 괴로워도 결국은 시간이 해결해주죠. 20대는 30대와 다를 테고 30대는 40대, 50대와 다를 테지만, 사실 신세대들이 주인공으로 등장하면 좀 달라지지 않을까 생각할 수 있으면 좋겠는데 그게 또 아닌 것 같아요.

낮은 투표율도 문제이긴 하지만 과연 20대가 진보인가 하는 것도 생각해봐야 해요. 제가 볼 때 20대들조차도 자기 계급에 눈뜨는 것 같아요. 원래 젊은 세대들은 아버지 세대에 대해서 자연적 저항성을 가지고 있기 때문에 이유 불문하고 반항하는 정념이 있었는데 이제는 안 그런 것 같아요. 아버지 계급과의 연대가 이루어지는 것 같다는 거죠. 청년 대표 이런 사람들이 나오는 걸 보면 당에서 젊은 세대들을 내포해야겠다고 내세운 전략일 수도 있지만 자발성도 있는 것 같아요.

시간에 의해, 세대교체를 통해 변화의 가능성이 있던 시대도 이제는 행복했던 시대가 되는 것 같아요. 참 어려워요. 과연 우리 사회에 진보가 있는가, 보수가 있는가 이런 것도 어려운 문제입니다. 보수가 뭡니까? 아주 철저한 도덕성을 가진 계급이에요. 오늘날 우리 사회의 보수를 보시면 완전히 반도덕적인 사람들도 많은데 자기들이 보수라고 그래요. 보수가 뭡니까? 기존의 가치, 도덕적 가치들을 지켜나가려는 사람들 아니겠습니까? 그런데 지금은 부정부패가 그들의 가치가 되었죠. 그러니 진정한 보수가 없다고 볼 수 있죠.

저는 제 자신이 리버럴리스트라고 생각하는데, 리버럴리스트들은 전통적인 가치를 바꾸려는 세대라고 볼 수 있죠. 그런데 또 리버럴리즘의 영역에서도 진보가 과연 기존 가치들에 대한 편입 욕망이 없으면서 진보 활동을 하는지, 이것도 물어봐야 합니다.

어쨌든 중요한 건 보수라는 말도 되찾아야 하는 말 중 하나라는 거죠. 도덕성은 억압 기구이기도 하지만 어떤 이념이기 때문에 그 이념성을 우리가 보호할 필요는 있습니다.

벤야민의 말이 맞아요. 《역사철학테제》에서 마지막에 나오죠. "지금도 적들은 승리하고 있다. 적들이 승리하면 죽은 자들마저도 안전하지 못할 것이다." 이런 말을 합니다. 산 자만의 문제가 아니라는 거예요. 메시아니즘에 의하면 죽은 자들은 죽은 것이 아니라 메시아가 오면 무덤이 열려서 다시 나오게 돼 있다는 거죠. 다시 나오면 그때 죽어야 하는지 살아야 하는지 최후의 심판을 받게 돼요. 인간의 영역에서는 죽었다 하지만 그들은 무덤 속에서 죽지 않고 메시아가 오기를 기다리고 있다는 점에서 "잠들어 있을 뿐이다"라고 얘기하거든요.

메시아니즘에는 커다란 희망이 있습니다. 메시아는 반드시 올 거고, 오면 정확한 판결이 일어날 것이라는 거대한 희망이 있잖아요? 시간에 대한 믿음을 가진다는 것은 결국 메시아에 대한 믿음을 가지는 것과 마찬가지라는 생각이 들어요. 그런데 벤야민의 말에는 죽은 자들은 무덤 속에서 시간의 판관을 기다리고 있겠지만 지금도 적들이 승리하고 있고, 앞으로도 승리할 것이고, 그리고 아마도 메시아는 영원히 오지 못할 것이라는 우려가 들어 있습니다.

마르크스 같은 경우는 지금까지 철학자들이 해석만 했지 행동은 안 했다고 비판해요. 이 말에는 행동하면 바뀔 수 있을 것이라는 거대한 희망이 들어 있죠. 그런데 우리는 그런 희망을 버린 지 오래됐어요. 그건 사람에 대한 희망입니다. 역사의 집단 주체들이 행동을 안 해서 그렇지 행동을 하면 바뀔 수 있을 것이라고 얘기했다면, 그 실천의 가능성들을 가졌던 주체들은 누구였을까요? 바로 신세대예요. 그렇지 않습니까? 구세대들은 안 변해요. 절대로 안 변합니다. 제가 가지고 있는 고정관념 중 하나가 사람은 죽어도 안 변한다는 것입니다. 길거리나 지하철에서 보면 체질을 변화시켜주겠다는 광고가 있는데 거짓말 중에 이런 거짓말도 없다는 게 제 믿음입니다. 사람은 절대로 안 변합니다.

그런데 참 축복은 사람은 죽는다는 거죠. 세대가 달라져요. 새 사람이 나옵니다. 제가 결혼에 대해 비판도 했지만 결혼을 계속해야 해요. 자꾸 아이들을 낳아야 합니다.

그렇지만 지난 시간에 얘기한 것처럼 아이들도 자꾸 재테크되고 있고, 경제적인 문제만이 아니라 계급적으로 재테크가 되면 역사의 유일한 변화 가능성이었던 아버지 세대와 아들 세대 간의 갈등이 사라지는 것은 아닌가 하는 생각이 듭니다.

○

성적 쾌락에 대한 얘기로 들어가보겠습니다. 제목이
〈죽음을 향한 건강성〉이라고 되어 있어요. 건강 이데올로
기에 대한 문제가 거론되는데요, 이것과 〈쾌락 원칙의 차
안에서〉를 함께 묶어서 성적 쾌락의 문제를 얘기해보겠
습니다.

한때 '웰빙'이라는 말이 엄청나게 유행하다가 요즘은
좀 잠잠해졌지만, 그건 어떤 의미에서 보면 없어진 게 아
니라 내재화된 거예요. 혹은 내면화되었죠. 밖에 있던 것
이 안으로 완전히 들어와서 내가 되어버렸기 때문에, 말
하자면 웰빙 주체가 됐다고 할 수 있습니다. 주체와 웰빙
과의 거리를 더 이상 가질 수 없게 됐어요.

웰빙 주체의 모습을 우리는 여러 군데에서 볼 수 있
습니다. 종교 행위 같은 것도 근본적으로 웰빙의 모습이
죠. 종교에서 가장 커다란 개념 중에 하나가 죄와 참회예
요. 죄를 발견하고 회개를 통해서 회심한다고 그러죠. 전
격적으로 새로운 주체가 태어나는 것이 회심이죠. 회심이
라는 말을 단순히 종교 용어로만 쓸 필요는 없을 것 같아
요. 잘못 갔던 길을 원점으로 되돌아온다는 의미이기도

해요.

그렇게 볼 때 종교는 원래 내적으로 전복성을 지니고 있습니다. 지금까지 있었던 삶을 완전히 신생인 '비타 누오바'의 생으로 바꾸려는 전복성을 가지고 있어요.

오늘날엔 종교가 웰빙 문화에 속하는 행위들이 가장 잘 나타나는 영역인 것 같아요. 즉, 어떤 종교 행위를 할 때, 절대로 자신의 죄를 성찰하거나 그것을 통해서 새로운 삶의 영역을 열려는 의도가 없습니다. 지금 있는 이 상태를 잘 보호하기 위한, 순간적 죄의식에 의해서 발견되어진 성찰들을 잘 봉합하기 위한, 그럼으로 해서 현재 나의 상태를 합리화하고 더 심미화할 수 있는 수단으로 삼죠. 봉사라든지 봉헌 같은 것을 통해서요. 이게 바로 웰빙 아닙니까? 잘 살자는 거예요. 예전에는 종교의 주체가 삶에 지친 사람들이었다면 요즘엔 안 그렇죠. 삶에서 승리한 사람들이 종교의 집단 주체로 변해가는 모습을 우리가 어디에서나 볼 수 있어요.

지난번에 우리는 위생이라는 테마를 다루어본 바 있습니다. 건강이라는 것의 전제가 뭐죠? 병균을 전제로 해요. 위생성이 곧 건강성이라면 그것을 훼손시키는 것이 병균이죠. 병균은 우리가 흔히 더러운 것이라 부르고 비정상적인 것이라 부르고 추한 것이라 부르는, 우리가 만져서는 안 되는 것들이죠. 건강이 곧 위생을 얘기하고 위생이 병적인 것을 제거하려는 문화를 얘기한다면, 이 병적인 것 중에는 일탈적인 성적 집착도 포함되어 있어요. 요즘 이상한 성범죄나 성적 일탈 같은 것을 여기저기서 볼 수 있잖아요? 그래서 전자 팔찌를 끼우느니 주사를 놓느니 이런단 말이에요. 물론 이런 성적 쾌락에 대한 집착은 당연히 병적일 수 있습니다. 호르몬의 영향이라든지 이런 건 병리학적인 것이죠. 그야말로 이건 의료의 영역입니다.

그렇지만 이런 성적 일탈을 병의 영역이 아니라 욕망의 문제로 연결해서 보면 근본적으로 또 다르게 읽어낼 수 있어요. 오늘날 우리가 성적 범죄로, 성적 일탈로 규정하고 있는 것, 그럼으로 해서 비위생적이고 위험한 것으로 만들고 있는 것들이 모두 병적인 것이냐는 문제를 생각해봐야 합니다.

이것은 대단히 예민한 문제입니다. 우리는 이런 문제들을 터부화하고 있죠. 유아성욕이라든지 근친상간의 문제 같은 것들, 그리고 여러 가지 일탈적 범죄화된 성적 문제들이 날이 갈수록 더해가는데 이것들을 우리가 관리 통제하는 처리 방식이 제가 볼 때는 문제가 많아요.

라캉은 하녀들이 주인을 죽여서 눈알을 다 파냈던 사건을 가지고 박사학위 논문을 쓰고 그랬어요. 거기서 라캉의 정신분석학적인 주이상스(jouissance)의 문제들이 논의되고 있는데 우리 나라에선 이런 것이 거의 불가능한 것 같아요. 건드리면 안 되는 문제고, 괜히 건드렸다가는 온통 돌팔매질당합니다.

이런 문제들은 사실 제대로 다루기 힘들어요. 아주 심층적으로 해부해내면서 이런 일들이 과연 범죄인가, 혹은 범죄가 어디서 발생되는가, 이런 문제를 우리가 한번도 진지하게 생각해보지 않았다는 겁니다.

무엇 때문에 그렇습니까? 사회적인 터부가 너무 심해서 그래요. 물론 이런 것들은 대중문화 영역으로 들어가면 어느 정도 허용이 되긴 하죠. 그런데 대중문화는 일종의 제도예요. 풀어야 되는 문제를 실제로 풀려고 만든 게 아니라 그저 대리만족하려고 만들었다는 걸 아시잖아요? 대중문화를 통해 이런 문제들이 밖으로 드러나는 것 같지만 단지 드러나는 정도로는 논의가 될 수 없습니다. 도리어 순화시키는 아주 엄격한 권력 장치가 되죠.

예술은 그 권력 장치의 뿌리 깊은 속성을 탈피할 수 있어야 합니다. 그런데 많은 예술이 아웃사이더의 역할을 하는 척하면서 제도성 안에 안주하려 해요. 예술은 근본적으로 실험과 저항인데, 이 실험과 저항이 어느 사이엔가 제도화되어서 실험과 저항이라는 것마저도 이미 문화화되어버렸다는 겁니다. 이러한 문화에 대한 성찰 없이 거기에 소속되고 그 안에서 자신들이 저항한다고 착각하는 예술가들은, 결국 기존 문화 권력의 역할을 수행하는 첨병이 될 수밖에 없어요. 그 안에서 벗어나기가 정말 어려워요. 제가 볼 때는 그 과정에 '슬픈 성적 쾌락'의 문제도 있습니다. 저는 이번 시간에 일탈된 성적 쾌락의 문제를 좀 다루어보고 싶어요.

일찍이 성적 일탈의 문제, 지나친 성적 쾌락의 문제, 집착의 문제 이런 것을 다루었던 학문이 정신분석학이에요. 19세기에 이미 그러한 문제들이 사회적 현상으로 전면에 등장했어요. 노이로제 환자들이 자꾸 생겼죠. 이것이 더 이상 개인의 영역에 묻어둘 수 없는 문제가 됐을 때 새로운 학문의 영역을 열었던 사람이 프로이트예요. 그러면서 만들어진 영역이 정신분석학이라는 과학의 영역이고요. 물론 정신분석학도 문제가 있습니다. 성적 쾌락의 문제, 일탈된 성적 집착의 문제라는 것을 과학적 대상으로 삼을 수 있는 거냐는 근본적인 문제가 걸려 있어요. 과학적 대상으로 삼는다는 것은 합리적인 방법론을 통해서 그것을 진단하고 나아가서는 치유까지 하겠다는 건데 그게 과연 가능합니까? 어려운 문제입니다. 제가 자꾸 어렵다고 얘기하는데 그게 다 얽혀 있기 때문이에요.

프로이트의 정신분석학 용어 중에 '트립(Trieb)'이라는 말이 있습니다. 영어로는 드라이브(drive)라고 얘기합니다. 트립은 밀고나간다는 뜻입니다. 한국말로는 충동이라고 얘기하는데 사실 본래 뜻과는 잘 안 맞아요. 인간은 근본적으로 트립을 가지고 있는 존재라고 말할 때, 그것은 인간이 가만히 있지 못하고 무언가에 의해서 자꾸 밀리는 존재라는 뜻이에요. 몰리는 존재예요. 그것이 또 사는 겁니다.

우리는 가만히 있을 수가 없습니다. 산다는 것은 어떤 힘에 의해서 계속 몰리는 거죠. 제가 볼 때 특히 한국 사회는 몰리는 사회예요. 무언가에 의해서 계속 몰이당하는 사회예요. 이런 의미에서 철저하게 정념 사회입니다. 유감스럽게도 사람들을 몰고 나가는 것이 프로이트가 말하는 트립이 아니라, 그것이 왜곡되어서 생겨난 이

질화된 힘들이에요. 정치 이데올로기라든지 경제력, 유행일 수도 있고요. 트립이라는 내적인 추동력이 사회화되고 문화화되고 정치화되어버리면 그것들에 의해서 한 사회, 집단, 문화가 끊임없이 내몰림을 당하죠.

프로이트에 의해 정신분석학이 독일에 정착된 후에 이것이 미국으로 건너가면 또 다른 모습으로 바뀌게 됩니다. 정신분석학의 풍토가 두 가지로 나뉘어져요. 미국적 실용주의적 정신분석학이 생겨납니다. 독일에서는 프로이트적 심층 분석적인 정신분석학이 생겨나죠. 오늘날 한국 사회는 미국적 정신분석학이 득세를 하는 것 같아요. 병원에 보면 정신과들 많잖아요? 어떤 데는 '마음치료학과' 이렇게 써놓기도 하더라고요. 그것들이 다 미국적 뿌리에서 나온다고 볼 수 있습니다.

미국 사람들은 묘한 재주가 있죠. 들여오면 뭐든지 실용주의적으로 만들어요. 그랬을 때 태어나는 개념이 치료입니다. 미국적 정신분석학의 근본적인 목적은 치료입니다. 프로이트적 정신분석학도 물론 치료가 문제이긴 해요. 하지만 어떤 치료가 되느냐, 이게 큰 차이가 있습니다.

미국의 정신분석학자들은 전통적인 독일적 정신분

석학에 일침을 놓는데, 그 이유가 뭐냐 하면 독일적 정신분석학은 착한 마음이 없다는 거예요. 병든 사람을 고쳐줘야 할 거 아니냐는 거죠. 독일적 정신분석학은 지나치게 이론화되고 학문화되어서 진실 추구만을 하려 할 뿐이라는 거죠. 실천성, 실효성, 아픈 사람의 마음을 고쳐주려는 착한 마음에서 출발하는 치유가 무시되고 있다고 얘기하죠.

미국적 정신분석학은 문제의 뿌리를 찾아서 그것을 해결하고 온전하게 새로운 주체를 구축해내는 방식이 아닙니다. 수술할 때 우리가 한 부위만을 남겨놓고 나머지는 모두 가려버리는 것처럼 수술 부위만을 목적으로 삼죠. 밀실공포증 있는 사람은 어떻게 밀실에 들어가서 살 수 있나. 고소공포증 있는 사람은 어떻게 높은 곳에 올라가도 견딜 수 있나. 이런 걸 치료하는 거예요. 그러면서 자연스럽게 실용적인 방법론과 훈련이 나오고 자기계발이라는 것이 나오죠.

미국적 정신분석학이 근본적으로 무엇을 하려 하는 것이냐면 이들을 사회로 되돌려 보내려는 것입니다. 그런데 이들의 병과 공포증이 사회에서 왔는데, 그들을 다시 사회로 내보내려는 것을 착한 마음이라 부를 수 있나요?

권투에서 보면 맞는 연습을 하잖아요? 그것과 똑같다는 거예요. 미국적 정신분석학이 치료라는 이름으로 하고 있는 것은 맞는 연습을 시키는 거예요. 많이 맞아도 안 쓰러지게 하는 건데 사실 안 맞는 게 문제지 구타를 계속 당하는데 견디는 게 해법이 됩니까? 이렇게 마취를 시키는 것이 미국적 정신분석학에서 치유라는 이름으로 이루어진다는 것이죠. 폭력을 당한 사람들을 치유한다고 하면서 또 한번 폭력을 가하는 거예요. 폭력으로부터 구출해내는 것이 아니라 폭력의 영역으로 다시 되돌려 보내는 역할을 해요. 오늘날 얘기되는 힐링이라는 것이 실용주의적이고 효율주의적인 영역에 머물러 있을 때 그 결과가 무엇일까라는 것을 한번 생각해보았으면 합니다.

그러면 독일적 정신분석학은 어때요? 아도르노가 말하기를 프로이트는 미국의 의사들처럼 어리석지는 않다는 거예요. 프로이트는 성적 트립의 문제를 얘기할 때 크게 2개의 개념을 사용하죠. 현실 원칙과 쾌락 원칙이에요. 모든 노이로제는 쾌락 원칙과 현실 원칙의 갈등 때문에 발생한다고 봐요. 더 자세하게 얘기하면 현실 원칙이 금기시하는 쾌락 원칙에 남달리 민감해서 집착을 하다 생기는 문제가 노이로제나 강박증, 편집증이라고 합니다.

아도르노식으로 얘기하면 프로이트는 미국적 정신분석학자들보다는 똑똑하고 문제를 제대로 보려고 했던 사람이지만, 그 역시 여전히 쾌락에 대한 시민주의적, 근대주의적인 공포증으로부터 벗어나지 못하고 있다는 거예요. 쾌락 원칙을 현실 원칙의 문제를 해결할 수 있는 전복적인 요소로 전격적으로 받아들이지 못하고 있다는 겁니다. 어떻게 하면 쾌락 원칙을 통해서 현실 원칙을 개선할까라는 점에서는 미국 의사들과 다르지만 결국 언제나 현실 원칙을 옹호한다는 것이죠. 현실에 대해서 일부를 잘못되었다고 보기는 했으나 현실 전부가 병들어 있음에 대해서는 인정하지 않아요. 쾌락 원칙을 병리적인 문제들을 풀어낼 수 있는 효율적인 요소로만 받아들이려 했다는 점에서 아도르노는 프로이트가 여전히 시민주의적이고 근대주의적이라는 진단을 내리고 있습니다. 쾌락과 욕동의 힘 앞에서 불안증과 공포증을 가지고 있다는 점에서 이들은 겉보기엔 다른 것 같아도 사실은 동일하다는 얘기를 합니다.

저는 여기서 참 어려운 문제를 제기하고 싶어요. 프

로이트가 쾌락 원칙이라고 불렀던 것이 무엇이냐, 그것을
주이상스라고 부르든 다른 말로 부르든, 이것이 언어로
대상화될 수 있는 것이냐, 혹은 개념화될 수 있는 것이냐,
우리가 이름을 붙여서 그것을 정의 내릴 수 있는 것이냐
고 한다면 그렇지 않은 것 같아요. 육체적 쾌락에 대한 집
요한 집착, 쾌락의 욕망 같은 것들은 사실 자기에게로만
귀환할 수 있는 것입니다. 그것은 그 어떤 다른 것을 알지
못해요. 끊임없이 자기에게로만 되돌아오는 거예요. 우리
는 그것을 무엇이라 부릅니까? 눈이 멀었다고 그래요. 맹
목성을 가지고 있습니다. 자기 외의 것과 관련을 지으려
하지 않아요. 오로지 아는 것은 자기밖에 없어요. 쾌락이
라는 게 바로 그런 거예요. 영화 같은 데서 나오잖아요?

　예컨대 〈데미지〉라는 영화 아시죠? 출세한 상원의원
이 며느리가 될 사람을 만납니다. 둘은 서로 전혀 모르던
사람인데 그 첫 번째 만남의 순간에 불꽃이 일어납니다.
이 뒤얽히는 시선을 오랫동안 보여주죠. 그다음에는 맹
목적 관계만이 있어요. 왜 이러는지, 이것이 어떻게 흘러
갈 건지, 이것이 의미를 지니는 건지 그런 건 없고 오로지
욕동의 문제밖엔 모르게 되는 거죠. 제 식으로 해석하면
그런 식의 욕동은 자기밖에 모르는 거예요. 그것이 일으

키는 모든 일들은 외부로 나가는 게 아니에요. 자기 외의 것으로 나가는 게 아니라 전부 자기에게로 다시 돌아가요. 바로 이것이 우리가 쾌락이라고 부르는 거예요.

이런 것을 어떻게 대상화할 수 있습니까? 나와 저것 사이에 어떠한 교류가 있고 관계가 지어져야지만 우리는 그것을 무엇이라고 대상화할 수 있거든요. 그런데 그게 안 됩니다. 이런 식이죠. 내가 어떤 사람의 얼굴을 확인하고 싶은데, 그 사람은 계속 앞만 봅니다. 나는 뒷모습밖에 못 봐요. 내가 부르면 돌아서야 하는데 안 돌아서요. 그것은 오로지 그쪽밖에 모릅니다. 그런데 나는 그쪽으로 갈 수 없어요. 내가 아무리 고개를 돌려달라고 외쳐봤자 아무 소용이 없다는 거예요.

다른 식으로 얘기하면 노자나 장자가 도란 무엇이냐 했을 때, 도는 언제나 꼬리만 보이는 것이라고 하죠. 우리가 그 얼굴을 볼 수 없다는 거예요. 거의 비슷한 논리를 가지고 있습니다. 다시 말하자면 알 수가 없는 겁니다. 있는 건 알겠는데 그게 뭔지 알 수는 없는 거예요. 알 수 없는 건 뭐죠? 우리하고는 아무 관계가 없는 거예요.

아이들을 길러본 분들은 아시겠지만 애들은 맹목적이죠. 한번 고집을 피우기 시작하면 말릴 도리가 없어요.

우리는 자꾸 '너 왜 그러니?' 하고 물어보는데도 말을 안 들어요. 그래서 엄마들이 어르기도 하다가 때리기도 하잖아요? 이건 절망적 행위죠. 그러면 애들이 울다가 멈추기도 하고 바라보기도 해요. 어떤 의미에서 보면 이성이 육체를 어떻게 다루어왔는지가 나타나는 거죠.

이 쾌락은 자기만을 알기 때문에 그 무엇도 지시하지 않습니다. 다른 식으로 얘기하면 이성적 목적하고는 아무 관계가 없어요. 이성적 목적으로 아무리 접근하려 해도 육체적 쾌락은 상대를 안 해줍니다. 맹목적이기 때문에 상대를 할 수가 없어요. 다른 식으로 얘기하면 언어 행위가 불가능하죠. 즉, 언어 행위가 가능하려면 무엇을 지시해야 돼요. 자기에게만 머물러 있는 것이 아니라 자기 외부의 무엇을 지시해야지만 우리는 비로소 지시되는 기의를 통해서 그것을 이해하게 되거든요. 그런데 시니피앙으로만 남아 있으면 그것을 도저히 의미로 바꿀 수 없습니다. 그게 뭔지 알 수 없어요.

답답하면 다들 그러잖아요? '말 좀 해라 제발. 말을 해야 알 거 아니야.' 우리 일상용어 속에 다 있습니다. 동일한 상황을 가리킨다 할 수 있죠. 우리는 그 앞에서 답답할 수밖에 없고, 답답함을 해소하려면 폭력밖에 없어요. 이러한 것들이 육체적 쾌락입니다.

다시 말하자면 무목적적입니다. 무목적성은 다른 의미에서 보면 철저한 목적성이죠. 왜냐하면 자기 목적성밖에 안 가지고 있거든요. 이런 점을 볼 때 육체적 쾌락은 무엇이냐? 우리는 이것을 아주 순박한 것, 맹목적인 것, 순수한 것이라고 볼 수 있죠. 순수한 것은 굉장히 래디컬한 겁니다. 순수라고 하면 사람들이 깨끗하고 얌전하고 착하고 이런 걸 생각하는데 천만의 말씀입니다. 순수하다는 건 야생적인 거예요. 순수하다는 것은 어떻게 해볼 수가 없는 겁니다.

우리는 순수라고 하면 정화되고 위생화된 것을 얘기해요. 그러나 육체적 쾌락은 순수한 것, 정화되지 않은 것, 정화될 수도 없는 것입니다. 그래서 우리는 부정어법만을 사용할 수 있어요. 무엇이 아닌 것이라고만 얘기할 수 있어요. 무엇이라고는 얘기할 수 없습니다. 이것이 언어의 딜레마죠.

아도르노는 이런 말을 합니다. 그렇다면 이 맹목적 육체적 쾌락 자체가 **인간적인 것**이냐, 이렇게 물어보죠. 또 어려운 문제와 만나는 거예요. 어렵습니다. 이렇게 되면 인간적인 것은 무엇이냐 하는 질문이 나와요. 학문이 그런 거예요. 언어화할 수 없는 것을 언어화하려는 작업이기 때문에 이 딜레마에 묶일 수밖에 없어요. 이것이 **성찰**이고 **반성**이죠. 자기가 했던 것을 또 한번 생각하는 거예요. 우리는 성찰적, 반성적 사유를 합니까? 대체로 열차처럼 직선으로 나아가기만 해요. 아도르노에게 사유는 다른 게 아닙니다. 자꾸 다시 생각하는 거예요. 그것이 학문이고 공부하는 거예요.

자, 그래서 아도르노는 이것이 인간적인 것이냐고 묻습니다. 순수한 것, 맹목적인 것, 트립이라고 얘기될 수 있는 육체적 쾌락, 이것 자체가 우리가 원하는 것이냐고 물어요. 규정할 수는 없지만 만일 그것을 인간적인 것이라고 부른다면, 이런 맹목적 육체적 쾌락이 곧 인간적인 것일까요? 어떻게 생각하세요? 저도 잘 모르겠습니다. 정말 인간적인 것이 뭘까요? 그런데 아도르노에게는 분명합니다. 이것만이 아니라는 겁니다. 순수한 것, 트립의 영역에 무엇이 더 있어야 한다는 거예요. 그걸 바로 합리성이라고 불러요. 합리적인 것도 같이 있어야지만 우리는 비로소 인간적인 것을 염두에 둘 수 있다는 거죠.

아도르노에게 인간적인 것은 무엇이냐? 바로 유보

없는 행복이에요. 제한 없는 행복 또는 배제가 없는 행복이라고도 말할 수 있죠. 육체적 쾌락의 성격과 같은 것 같지만 달라요. 아도르노가 볼 때 이런 야생적이고 맹목적인 것은 쾌락이지 행복이 아니에요. 유보 없는 행복은 트립의 영역은 아니라는 겁니다. 유토피아란 무엇일까요? 아도르노가 볼 때는 행복을 유보 없이 향유할 수 있는 곳이에요. 우리는 이 유보 없는 행복이라는 말을 다시 한번 생각해볼 수 있습니다.

말하자면 이것입니다. 유보 없는 행복이라는 말은 맹목적인 육체적 쾌락이 절대로 유보되는 게 아니에요. 이해하시겠습니까? 이것들이 온전히 충족되는 거예요. 온전히 충족되는데 그것만 있는 건 아니라는 거예요. 다른 것도 있어야 된다는 거죠. 다름 아닌 합리적인 것 또한 온전하게 유보 없이 충족될 때, 그 상태가 유보 없는 행복이라는 것입니다.

그렇다면 오늘날 우리가 성범죄라고 부르는 것은 분명히 맹목적 쾌락과 관련이 있는데, 이러한 것이 유보 없는 행복과 관련이 없을까요? 다시 말해 위반적이고 병적이라 부를 수 있는 집착의 행위들, 성범죄라고 불리는 행위들이 만일 유보 없는 행복이 성취되었다면 일어날 리가 있겠냐는 겁니다. 성범죄라는 행위는 다른 식으로 읽으면 그들에게 유보 없는 행복이 불가능하다는 사실을 역설적으로 지시해주고 있다는 거예요. 이 관계를 성찰하는 일이 필요해요.

○

유보 없는 행복의 관계에서 이 성범죄자들을 우리가 무엇으로 봐야 할까요? 저는 또 하나의 개념을 만들어보고 싶은데 말하자면 **성적 이기성**이라는 것입니다. 이기성이라 하면 나쁘게만 여겨지는데 이렇게 볼 수도 있어요. 내가 가지고 있는 귀중한 것을 내가 아니면 누가 지키겠냐입니다. 성적 이기성은 다시 말해 자기의 성적인 쾌락을 자기에게 이롭게 만들려는 성격입니다. 다른 말로 **고독한 육체**라고 부를 수도 있고요. 육체는 타자와 분리되었다는 의미에서 태어날 때부터 고독한 것이지만, 또한 앞서 말씀드린 것처럼 그 무엇에 의해서도 포함될 수 없는 성격을 가지고 있기 때문에 고독해요.

어떻게 보면 인간의 문화 영역 속에 육체만큼 강력하게 다루어지는 게 없습니다. 전부 거기로 끌려들어가 있어요. 말씀드렸잖아요? 우리의 모든 문화는 정념에서 출발한다고요. 육체의 문제와 관련되지 않고는 성립이 안되는 거예요. 그렇게 봤을 때 고독이라는 문제는 이중적이라는 거죠. 어디에도 소속될 수 없음이라는 이유 때문에 고독의 문제가 생기지만, 또 하나는 끊임없이 자기와는 무관한 영역으로 끌려들어가서 유배 생활을 하고 있다는 점에서 고독하죠. 저는 그것이 육체라는 생각이 들어요. 여기서 우리가 얘기하는 육체는 팔다리 같은 게 아닙니다. 더 정확하게 얘기하면 우리의 트립입니다.

이 고독한 육체들은 수많은 육체의 문화 어디에서도 위안을 얻을 수 없습니다. 예컨대 종교의 영역에서는 육체가 없는 천국을 말하죠. 그게 얼마나 좋은 건 줄 아느냐고 합니다. 그러나 고독한 육체는 말이죠, 혹은 성적 이기성의 육체는 그런 데 소속될 수가 없습니다. 그리고 또하나 있습니다. 육체밖에 모르는 포르노의 천국이 있어요. 이 고독한 육체는 포르노의 천국에 들어가면 자신의 성적 이기성에 대한 행복을 맛볼까요? 저는 그렇게 생각하지 않아요. 성적 포르노의 세계에서 육체는 어떻게 되는 거죠? 또 다른 방식으로 배척당해요. 완전히 소비당한다는 의미에서 이것 또한 육체 없는 세계예요. 천상의 영역이나 포르노의 영역이나 육체는 그 안에 없습니다. 동일한 겁니다.

육체의 행복이 가능하다고 보편적으로 제도화된 영역이 있습니다. 결혼이라는 영역이죠. 그 안에서 육체는 위안을 얻는가? 자기 성적 이기성의 행복을 맛보는가? 안 그렇다는 거 결혼한 사람은 다 압니다. 그리고 또 하나 있습니다. 육체의 성적 이기성이 그나마 리버럴하게 보장되는 영역이 있다면 연애 영역이라 볼 수 있겠죠. 연애 영역은 내밀성의 영역, 당사자들만의 관계라는 점에서 다른 정념의 영역보다 리버럴하다 생각할 수 있지만 사실 그렇지도 않습니다. 연애도 제도예요. 얼마 전에 우리가 선물에 대해 얘기했는데, 연애할 때 오가는 선물의 리스트가 있습니다.

그렇다면 이 고독한 육체를 어떻게 해야 해요? 우리는 연애를 하고 결혼을 하고 교회도 나가고 몰래 야한 동영상도 보면서 우리에게 제공된 육체의 문화에 자신의 육체를 편입시켜요. 그런데 특별한 사람들이 있어요. 자신의 성적 이기성에 대한 집착이 심한 사람들이 있단 말입니다. 성적 이기성에 대한 집착이 심하지 않다면 육체 문화 속에서 어느 정도는 충족을 얻거나 타협할 수 있죠. 즉, 이기주의자가 안 될 수 있어요. 자신의 성적 쾌락에 대한 이기성을 어느 정도는 중화시킬 수 있습니다. 우리는 그것을 건강하다고 그래요. 그것을 정상적이라고 얘기합니다. 그런데 정말 그런가 생각해봐야 해요.

또 하나 이런 문제를 얘기해볼 수 있습니다. 어떤 사람들은 자신의 성적 이기성, 육체적 쾌락에 대한 사랑을 사회 어디에서도 실현시킬 수가 없습니다. 그럴 때 두 가지 반응을 보일 수 있어요. 하나는 절망 속에 빠집니다. 오히려 육체에 대해 가혹한 터부를 행사하려 그래요. 자신의 성적 이기성을 잠재우고 나아가서는 금욕주의자가 될 수도 있죠. 그러나 이런 사람도 있죠. 자신의 성적 이기성, 성적 쾌락에 대한 사랑을 더 급진적으로 만드는 사람들이 있단 말입니다. 타협하지 않으려고 하는 것이죠. 그래서 급진적 성적 맹목 속에 매몰된 것처럼 보이는 사람들이 태어나죠. 이 모든 급진성은 고독 때문에 생긴다고 볼 수 있어요. 체험해보셨습니까? 계속 혼자 있으면 사람이 돈다고 그러잖아요. 독방이라는 것이 얼마나 무서운 형벌 제도인가 하는 것도 한번 생각해볼 수 있는데요.

자기의 성적 이기성, 성적 쾌락에 대한 행복, 이것을 포기하지 않고 억압을 받으면 받은 만큼 더 급진적으로 그것을 밖으로 드러내려는 사람들이 있어요. 우리는 이런 사람들을 뭐라고 부릅니까? 환자라고 불러요. 범죄자라고 불러요. 제가 병적인 욕망이나 범죄적 욕망을 옹호하려는 것은 절대로 아닙니다. 그러나 그 어디에나 진실이라는 세포가 있고, 우리는 그 진실을 읽어내야 한다는 거죠.

아도르노의 용어를 따르면 '**진실내용**'이라는 것이 있습니다. 《미학 이론》에 들어가면 예술 속에는 진실이 있는 것이 아니라 진실내용이 있다고 얘기해요. 중요한 개념이죠. 진실 자체가 아니에요. 진실의 내용성, 사인(sign)이 들어가 있다는 겁니다. 직접적으로 그 안에 진실이 들어가 있는 것은 아니지만, 그것이 진실을 지시하고 있다는 거죠. 그랬을 때 진실내용이라는 말을 써요.

그렇다면 성범죄자, 성적 환자들 속에 진실내용이라는 것이 전혀 없느냐고 질문할 수 있죠. 왜냐하면 인간의 모든 행위는 아무리 허위의식에 차 있다 하더라도 근본적으로 진실내용에 의해서 추동되지 않으면 급진성을 띨 수 없어요.

그렇게 보면 조금 개념이 바뀌어요. 이들은 환자나 성
범죄자들이기는 하지만 동시에 자신의 성적 이기성을 지
키려고 하는 사람들이라는 거죠. 자신의 성적 이기성을
타자에게 양도하려는 사람들이 아니라는 거예요. 그리고
그들은 자신의 성적 이기성을 옹호하려는 사람들이에요.
그런 점에서 철저하게 성적 권리를 주장하는 사람들이라
볼 수도 있어요.

이들이 역설적으로 우리에게 무엇을 얘기해주느냐
하면 첫째, 우리에게 유보 없는 행복이 얼마나 불가능한
가를 알려주고 있습니다. 특히 한국 사회처럼 겉보기엔
점점 성적 자유가 열리는 것 같지만 실제로는 억압 시스
템이 강한 사회에서는 더 불가능합니다. 두 번째 더 중요
한 것은 우리가 이들의 급진적 행위, 범죄행위나 병적인
행위를 통해서 성찰을 해야 한다면 하나의 질문과 만나
야 한다는 겁니다. 이들이 범죄성을 벗어버릴 수 있고, 이
들이 성적 이기성을 급진적으로 주장하지 않아도 되는
유보 없는 행복의 삶이란 무엇인가? 그건 도대체 어떤 삶
이어야 하는가? 우리는 여기에 대답해야 합니다. 이것이
우리에게 상당히 어려운 사유를 시작하게 만듭니다. 우
리가 비록 답을 얻지 못하더라도 우리는 새로운 사유의

모험을 떠나야 합니다.

  아도르노가 이렇게 얘기하죠. 자신도 모르게 'What is that?'을 외치게 된다는 겁니다. '도대체 이게 뭐야'라는 것이죠. 이것이 철학의 시작이에요. 사실 철학은 이렇게 시작됐어요. 바람이 불면 이건 도대체 뭐야 물으면서요. 이때 생각이라는 것은 이전에 있었던 것과는 무관하게 처음부터 다시 시작된다는 거예요. 사실 이것이 아도르노에게 가장 중요한 테마예요. 유보 없는 행복이라는 것이 무엇인가.

  조금 다른 얘기지만 장자연 사건을 살펴봅시다. 여러분 장자연 사건 다 아시죠? 장자연이라는 사람이 누구인가. 저는 TV를 잘 안 보기 때문에 얼굴도 몰랐어요. 아무튼 장자연이라는 사람은 연기자예요. 우리 사회에서 TV 연기자가 뭡니까? 인터넷 켜면 네이버든 어디서든 나오는 뉴스가 전부 누가 옷을 어떻게 섹시하게 입었느니 끈이 끊어질 것 같다느니 다 이런 거잖아요? 단순하게 얘기하면 오늘날 연예인이 된다는 건 수많은 사람들의 성적 오브젝트가 되는 일입니다. 의도적이든 아니든 현상적으로는 자신이 연예인이 되었을 때 성적 오브젝트가 되는 걸 자발적으로 받아들였다는 거예요. 그것에 대해서 오히려 순응하는 사람들도 있고, 인기 전술의 하나로 그 영역에서 신비주의화되는 경우도 있을 테고요. 어쨌든 중요한 건 신비주의화되든 뭐든 간에 대중에 의해서 관음증적 시선의 오브젝트가 된다는 사실을 수용한 거예요. 물론 그런 것과 아무 상관 없이 연기만을 하기 위해서 연예인이 된 사람도 있겠죠. 그러나 오늘날 우리의 대중문화의 현상을 보면 이건 피할 수 없는 일이라는 거예요.

성적 오브젝트가 된다는 것은 성적 쾌락을 성적 이기성의 문제로, 행복의 문제로 받아들이는 것이 아니라, 오로지 소비의 문제로 받아들이는 사람들의 대상이 된다는 것 아니겠습니까? 그렇게 볼 때 이러한 성적 오브젝트가 되는 직업군에 들어간 사람들 중에도 두 양태가 있을 수 있어요. 하나는 이 사실을 잘 알고 있고 수긍해요. 그럼으로 해서 성적 소비시장의 룰과 잘 화해하면서 지내는 사람들이 충분히 있을 수 있죠.

그런데 또 하나의 사람이 있을 수 있어요. 그 영역에 있으면서도 소비시장의 교환 원칙을 따르지 않으려는 사람들이죠. 이런 사람들을 또 두 부류로 나눌 수 있어요. 나름대로 신념이 있어서 연기에만 매진하는 경우도 있겠지만, 예컨대 이런 경우도 있을 수 있죠. 저는 그것을 장자연으로 상상해봅니다. 자기가 들어가서 성적 오브젝트의 역할을 하면서 차츰 자기도 모르게 발견하는 거예요. 무엇을? 나의 성적 이기성이죠. 대체로 깨달음은 이렇게 와요. 처음부터 오는 경우가 없죠. 진리는 저잣거리에 있지 저 산 위에 있지 않습니다. 산꼭대기에 올라가서 아무리 수도한다고 무슨 진리를 깨달아요? 제가 볼 때는 시궁창으로 들어가야 해요. 세상의 진리는 전부 세상에 편재하지, 무슨 고요한 데 들어가고 이런 건 말도 안 되는 소리예요.

장자연의 경우로 제가 소설을 쓴다면 이렇게 얘기할 수 있어요. 연예계에 이런저런 룰이 있다는 것을 알고, 대충 PD들과 어울리면서 차츰 역할을 얻어갔어요. 그런데 그 시장에서 운용되는 또 하나의 시스템이 스폰서라면서요? 장자연 사건에서 거론됐던 신문사 사장 이런 사람들은 후원제를 권력 장치로 가지면서 젊은 육체를 향유하려는 철저한 성적 소비 주체들이죠. 성적 이기성이 아니라 성적 문화의 시스템을 철저하게 향유하려는 이런 사람들과 관계를 맺지 않으면 안 된다는 거예요. 그런 관계 속에서 일들이 한두 번 진행되다 보니까 깨달음이 와요.

'나에게도 성적 이기성이라는 것이 있다. 나에게도 성적 쾌락을 통한 행복을 추구하고 향유할 수 있는 권리가 있다.' 아마 괴로움은 거기서 시작되었겠죠.

그렇게 됐을 때 여기서 또 두 가지 태도가 나올 수 있어요. 하나는 절망주의자들. 아마 이런 사람들이 제일 많을 거예요. 그런 깨달음이 와도 '에이, 어쩌겠어' 하면서 건너가요. 우리가 아는 건 순응밖에 없으니까요. 그러나 좀 특별한 인물이 있을 수 있다는 거예요. 자기의 성적 이기성, 자기의 성적 쾌락에 대한 행복의 권리, 이런 것에 집착하는 사람들이 있을 수 있어요. 다시 말하자면 자기의 성적 쾌락을 배반하려 하지 않는 사람들, 자기의 성적 향유를 유보시키지 않으려는 사람들, 자기의 성적 이기성을 양도하지 않으려는 사람들이죠. 장자연이라는 연기자가 정말 그랬는지 안 그랬는지는 모르겠어요. 그러나 우리가 상상을 동원해서 소설이라는 이름으로 이론화를 해본다면 그럴 수 있다는 겁니다.

그러나 이 여자에게 무슨 가능성이 있겠습니까? 가능성이 없어요. 이 상황이 되었을 때 또 두 가지 방식이 있을 수 있어요. 하나는 성범죄자가 되는 경우가 있어요.

자기의 성적 이기성을 급진화시킬 수 있어요. 그렇게 되면 장자연이 뭘 했을까? 범죄행위를 저지를 수도 있었겠죠. 그러나 퍼스낼리티 자체가 범죄라는 것과 너무 멀 수도 있다는 거예요. 그랬을 때 할 수 있는 게 뭐예요? 또 다른 급진성입니다. 자기를 해체하면서 성적 이기성을 주장하는 것이죠. 그런 것을 우리는 읽어내야 되는 거죠. 이 자살이 뭘 지시하는가.

참 참담한 것은요, 그 이후에 무슨 일이 벌어졌는가예요. 죽음 뒤에 무슨 일이 벌어졌지요? 막강한 권력들이 작동했습니다. 급진화된 성적 이기성이 자살이라는 이름으로 실천되었지만 전혀 통하지 않았습니다. 무서운 거예요. 정말 무서운 거예요.

편지를 남겼다는데 그 편지가 진짜인지 위조인지 모르겠지만, 단말마적인 호소이고 비명일 수 있는데 그것을 우리가 무엇으로 받아들였나요. 우리는 알고 있습니다. 일군의 신문들은 또 가십거리로 만들고 또 한번 폭력을 가하죠. 또 일군의 사람들은 권력을 통해서 덮어버리려하고 또 일군의 사람들은 안됐다 싶으면서 잠깐 감정 소비하면서 잊어버리고, 또 일군의 사람들은 그러니까 조심해야 돼, 함부로 덤비면 안 돼 이러면서 자기 보호장치를 더 공고히 합니다. 뭐가 남았습니까?

그러나 누군가는 기억해야 됩니다. 누군가 기억해주지 않으면 절대로 기억될 수 없는 게 있습니다. 그리고 내가 기억하지 않으면 또 절대로 기억되지 않는 그런 것들이 내 안에 있기도 해요. 다시 말하자면 누군가가 기억을 해줘야 됩니다. 이름을 잊으면 안 돼요. 그런 작업이 그나마 언더그라운드에 아주 조그만 부분이라도 남아 있는 사회가 있고, 그런 것들이 흔적조차 없는 사회가 있습니다. 흔적조차 없는 사회일수록 더 성적 자유를 외쳐요. 성폭행이니 성희롱이니 이런 말들을 훨씬 더 외쳐요. 아무도 기억하지 않으면서.

그 어떤 소설가, 그 어떤 에세이스트가, 그 어떤 칼럼이 바로 이 문제를 본질적으로 들추어내고 문제시해본 적이 있나요? 절망적인 역사 속에서 우리의 일상용어가 있습니다. '나나 잘 살자. 해봤자 뭐 하냐?' 절망의 뿌리에 완전히 박혀 있는 말들이 있습니다. 그러게 뭐 한다고 연예인 같은 걸 하려고 그랬나 하는 생각도 듭니다. 어쩌겠습니까. 젊은 날의 꿈일 수도 있어요. 그 꿈들이 어떻게 철저하게 폭력의 대상이 되는가를 장자연 사건이 보여주죠.

오늘은 이렇게 '슬픈 성적 쾌락'에 대해 얘기했습니

다. 사실 성적 쾌락은 참 아름다운 거예요. 누구나 성적 권리를 가지고 있어요. 왜 우리가 그것을 양도해야 합니까? 그리고 유보 없는 행복이라는 것을 왜 우리가 포기해야 됩니까? 이 권리 의식을 가져야 해요. 근대국가의 소속원은 권리주체예요. 그런데 우리는 이 권리를 끊임없이 양도하고 박탈당합니다. 사회는 그 박탈당하고 양도하는 힘으로 우리를 살아가게 만들어요. 그 안에서 권리를 되찾는다는 것, 복원하려 한다는 것이 얼마나 힘든 일인지 몰라요. 사실 날이 갈수록 불가능해지는 것 같아요.

원래 이번 강의에 50개쯤 장을 추려서 진도를 나가려 했는데 워낙 얘기할 부분들이 많아서 그렇게 안 됐어요. 그래서 한 학기 더 해보려고 합니다. 몇 개의 주제들을 다시 다뤄보기도 할 거고요. 우리 사회에 흩어져 있는 예민한 주제들을 함께 얘기해보도록 하겠습니다. 재미가 있으셨다면 다시 한번 만날 기회가 있겠죠. 아홉 번에 걸쳐서 진행이 됐는데 듣기 좋은 소리는 하나도 없었던 것 같아요. 그래도 이런 소리들에 관심을 가져주셨으면 좋겠어요. 그동안 수고 많으셨습니다. 애쓰셨어요.

2학기

1강

슬픈 조폭

지난 학기에 못 봤던 새로운 얼굴들이 보이는데 다들 젊은 친구들인 것 같아요. 무슨 목적을 가지고 오셨습니까? 별로 아름다운 얘기 하는 시간도 아닌데요. 분노가 있습니까? 분노가 있어야지요. 정당한 분노를 갖는 게 굉장히 중요합니다. 요즘 긍정의 인문학, 치유의 인문학이 유행하는데 아도르노의 사유는 이런 것과는 거의 관계가 없어요.

젊은 친구들이 많이 왔다고 말했는데요. 하나의 사회가 엉망이 되어버려도 나 같은 늙은 사람은 조금 있으면 죽으니까 조금 견디면서 살면 되지만 살날이 많은 청춘들은 주어진 시간을 산다는 게 큰 부담일 거라고 생각해요. 청춘이란 꿈입니다. 꿈은 간직되는 것이 중요한 게 아니라 전개되는 것이 더 중요해요. 전개되려면 운동장이 있어야 합니다. 운동을 하려고 해도 운동장이 있어야 하잖아요. 청춘들에게 운동장이란 바로 사회적 조건인데 그것이 엉망이 돼버리면 청춘의 꿈이 전개될 가능성을 봉쇄당하게 되죠. 다 거기에 괴로워하잖아요.

이게 잘못된 사회입니다. 모든 잘못된 사회에서 등짐들은 청춘들에게 지어진다고 볼 수 있습니다. 오랜 세월 살아오면서, 몸부림을 쳤거나 아니면 자기를 잘 유지했던 기성세대들은 그들만의 방식으로 안전지대를 가지고 있지만 젊은 친구들은 그런 걸 갖지 못한 상황에서 이 사회의 모순들은 청춘의 등짐으로 항상 지어지게 되어 있어요. 청춘의 문제란 가엾고 불쌍하고 슬픕니다. 청춘의 운명이죠.

2학기에 들어오니 새로운 분들도 보이는데요. 아포리아(Aporia)라는 말 아세요? 난제예요. 풀 수 없는 문제를 아포리아라고 해요. 다른 말로 하면 말문이 막힘입니다. 철학은 언제나 아포리아와 맞서는 것이죠. 말문이 막히는 충격을 받으면 반드시 말로 풀어야 합니다. 그게 사유예요. 이게 도대체 뭐지? 하는 거죠. 아포리아를 관통해나가면서 사유의 힘을 기르고 특별한 기술을 개발하게 돼요. 사람이 똑똑해지는 것도 마찬가지예요. 풀 수 없는 난제 앞에서 그래도 생은 계속되어야 하니까 사유를 하게 되고 사유를 통해 생을 불가능하게 하는 난제들을 풀어나가는 능력이 개발되는 겁니다. 이번 강의에서 꼭 아도르노의 아포리즘을 깊게 파고든다기보다는 오히려 아도르노가 제시하는 문제들을 가지고 이 문제들이 우리에게 어떤 것이냐 하는 것을 살펴보는 시간이 되면 좋겠습니다.

어쨌든 반갑습니다. 동지 의식을 느껴요. 《미니마 모랄리아》는 전부 153개의 아포리즘으로 되어 있습니다. 지난 학기부터 50여 개 정도를 선별해서 강의를 진행하고 있는데 늘 할 얘기는 많고 시간은 부족해서 생각처럼 진도가 빨리 나가지는 못했어요. 그 이전에도 제가 아도르노 철학 전반에 대한 강의를 한 적이 있는데, 관심이 있으신 분들은 아트앤스터디 사이트에서 동영상을 참고하시면 좋을 것 같습니다. 아도르노의 문제의식과 사유의 특성들에 대해 좀 더 상세하게 아실 수 있을 거예요.

아도르노만의 특별한 사유 방식이 있죠. 예술에 내용과 형식이 있는 것처럼 사유도 마찬가지예요. 내용과 형식은 뗄 수 없는 관계죠. 아무리 내용이 정당성을 가지고 있다 해도 형식의 매개를 거치지 않으면 무슨 소리인지 알 수 없어요. 얘기하고 싶은 것을 얘기할 수 없게 되죠. 모든 것들은 형상을 가질 때 비로소 자기를 드러낼 수 있잖아요? 맹목적인 관념주의자들은 관념의 세계를 보이는 세계로 만들려 하지 않고 오로지 관념의 영역 안에서만 문제를 논의하는 우를 범하기도 해요.

많은 사람들이 철학을 어렵다고 하는데, 철학에서 논의되는 내용들이 예술 작품을 체험하듯 미적 체험으로 올 수 있다면 하나도 힘든 게 아니에요. 미적 체험이라는 것은 형상을 똑똑히 보는 것이고, 볼 뿐만 아니라 만지고 냄새 맡고 이러는 것이거든요. 사유도 그런 구체성을 가져야 되는 것인데 관념주의자들, 이념주의자들은 그런 것을 등한시하는 경우가 있죠.

아도르노의 사유는 한편으로는 상당히 관념주의적이고 이념주의적인데 또한 이런 것들이 전부 미학적 사유로 수렴되는 특성이 있습니다.

제가 앞으로 강의를 진행하면서 아도르노의 문제의식이나 사유 방식을 그때그때 이야기하겠지만, 아도르노 사유 전반에 대한 교양이 있으면 훨씬 쉽게 접근하실 수 있을 것 같아요. 이번 강의의 목적은 아도르노 철학에 대한 심층적인 이해보다는 《미니마 모랄리아》가 가진 문제의식을 통해 우리 사회의 여러 가지 현상들을 진단해보는 것입니다. 제가 텍스트에서 50여 개의 장을 뽑은 기준도 거기에 맞춰져 있고요.

우리 사회의 아름다움이나 정당함의 가면을 쓴 여러 가지 병리적 현상들에 대해 앞으로 하나씩 얘기해보겠습니다.

○

오늘은 〈복수형만 있는 명사〉를 바탕으로 조폭영화라는 문화적 현상을 다뤄보겠습니다. 다음 문장은 우리가 오늘 다루어보려는 문제와 직결되는 내용입니다.

개인이 그 환경에 대해서 열정적으로 스스로를 정당화하는 흥분, 분노와 같은, 을 한번 관찰해보아야 한다. 분노하는 사람은 언제나 자신의 무의식에 명령하는 자기 자신의 두목으로 나타나며, 그의 눈에서는 자기 자신인 많은 사람을 대변한다는 만족감이 번뜩인다.

　이런 얘기를 좀 해보도록 하겠습니다. 개인적인 체험을 얘기해보면 제가 독일에서 15년이라는 세월을 보내고 돌아왔을 때 상당한 역문화 충격을 받았습니다. 내가 살던 땅인데도 돌아와보니까 모든 것들이 낯설어요. 과거에는 물속의 물고기처럼 그 안에서 살다 보니까 친숙하게 받아들였던 것들이 다 충격으로 다가오는 거예요. 무례하게 큰 간판이라든지 사람들의 목소리 크기라든지 말의 속도라든지. 외지에서 오래 살다온 사람은 다 느낄 거예요. 저는 한국으로 돌아오자마자 충격을 받았던 것이, 공항에서 내리면 짐을 찾아야 하잖아요? 제가 걸어가면서 보니까 앞에서 사람들이 '빨리빨리 와!' 소리치면서 달려가고 그래요. 그때 '아, 여기가 한국이구나' 하는 생각이 들었어요. 지금은 저도 그럴지도 모르죠. 그러한 역문화 충격 속에서 여러 가지를 생각하게 됐습니다. 사랑이라는 단어의 범람성도 그렇고요. 나중에 강의에서 사랑 얘기도 할 거예요.

제가 80년대 중반에 유학을 갔는데 그때까지만 해도 사랑이라는 단어는 영화나 드라마에서나 나오지 일상생활에서는 상당히 어렵게 접근하고 말해지는 것이었어요. 그런데 와서 보니까 온통 사랑이래요. 114 전화하면 갑자기 '사랑합니다, 고객님' 이러고요. 참 놀라웠어요. 도대체 이 사랑이란 뭘까.

　　또 하나는 '짜증 나'라는 말이에요. 적어도 80년대 중반까지 '짜증 나'라는 말은 우리에게 일상용어가 아니었어요. 한국에 돌아와서 버스를 타든 지하철을 타든 그 말이 들려요. 특히 젊은 친구들이 낭랑한 목소리로 '짜증 나'라고 하는데 또 이게 뭘까 하는 생각이 들었어요. 이런 예가 여러 가지 있습니다만 그중에 하나가 한국영화를 봤는데 온통 조폭들이 나오는 거예요. 왜 한국 대중문화에 조폭이라는 시나리오가 등장했을까. 왜 지금 이 시대에 조폭영화일까. 여러 가지로 설명할 수 있습니다.

　　좋게 생각하면 은유성의 관계로 볼 수 있죠. 한국 사회가 곧 폭력 사회이기 때문에 이것을 은유적으로 드러내고 있는 거예요. 반영 이론적으로 얘기할 수 있습니다. 거울 그림은 언제나 대칭으로 나타나기 때문에 거꾸로죠. 그걸 다시 거울에 비춰서 보면 올바른 상이 되고요. 이런 식으로 논의하면 한국 영화는 한국 사회에 대한 거울 그림입니다. 이것이 조폭영화이지만 깡패들 얘기하려는 게 아니라 그걸 다시 한번 거울에 비추면 다른 모습으로 보이는데, 바로 그 얼굴이 한국 사회의 얼굴이다, 이런 식으로 읽을 수 있죠.

그러나 오늘날 문화와 사회의 관계는 이렇게 간단한 방식으로 관계 지어져 있지 않습니다. 그런데 지금도 여전히 이런 방식으로 칼럼 쓰는 사람들이 있어요. 우리가 잘 모르는 것을 가장 쉽게 푸는 방식이 있습니다. 그건 단순화예요. 단순하게 만들어버리면 깨끗하고 명확하긴 해도 사실이 아니에요. 이 단순화를 통해서 무엇을 드러내는 작업을 하는 것 같지만 사실은 은폐하는 거예요. 그래서 문화비평은 어려운 것입니다. 적이 복잡하고 꼬여 있으면 그것과 맞서는 대항 영역도 그만큼 세련되어야 하고 거기서 한 발 더 나아갈 수 있어야 하죠.

독일에서 돌아와서 보니까 문화비평가라는 사람들이 많이 생겼더라고요. 이 사람도 문화비평가, 저 사람도 문화비평가. 그러나 비평이라는 개념을 쉽게 생각하면 안 돼요. 저는 오늘날 우리 사회 속에서 말도 안 되는 권력들이 횡행하는 이유는 근본적으로 보편적 비평의식이 우리에게 없기 때문이라 생각합니다. 이렇게 조폭영화를 단순하게 보면 폭력 사회의 거울 그림으로 얘기할 수 있습니다.

또 하나는 폭력 사회가 무엇을 파괴시켰는지, 훼손시켰는지를 암묵적으로 드러낸다고 볼 수도 있어요. 영화 속 조폭에게는 사회적 일상 영역에서 존재하지 않는 게 있죠. 소위 의리라는 게 있어요. 사람들 사이의 믿음 관계죠. 실제 사회 속에서 가장 문제시되는 게 믿음 관계가 훼손되어서 개인들이 단자화되는 거예요. 대중 속의 고독이라고 하죠? 아는 사람은 많고 친구도 많은데 고독을 느낄 때가 다들 있을 거예요. 주변이 시끄러울수록 내 안은 점점 적막해져가는 이런 문제요. 특히 오늘날 청춘들이 가지고 있는 뼈아픈 상처 중의 하나일 거예요. 그러나 조폭들은 의리를 통해서 사회적으로 존재하지 않는 모럴을 보여주려 한다고 읽어낼 수도 있어요.

또는 실증주의적으로 읽으면 한국 영화 시장이 예술의 영역이 아니라 그야말로 시장주의적인 영역에 지나지 않는 증거라고 볼 수 있죠. 조폭영화를 보면 할리우드 영화의 모든 요소가 들어가 있습니다. 스펙터클, 액션, 의리 관계, 육체성 등등요. 때리고 부수면서 폭력 미학을 보여준다든지 선정적으로 육체를 보여줘요. 시대를 막론하고 누구나 보고 싶어 하는 것이죠. 이미 기 드보르가 현대사회는 '스펙터클 소사이어티'가 되어간다고 얘기했습니다. 모든 것을 구경거리로 만든다는 거죠. 롤랑 바르트의 《카메라 루시다》를 보면 스펙터클의 어원에 대해 언급하는데요. 스펙터클은 스펙트럼이란 말에서 나와요. 필름을 음화하면 스펙트럼화되고 영화가 되잖아요? 빛은 보이지 않는 것이지만 프리즘을 통해서 굴절시키면 스펙트럼에 의해서 그것이 보여요. 구경거리가 돼요. 그리고 스펙터클이라는 개념 속에는 또 다른 의미가 있는데 다름 아닌 로마 시대의 검투의 특성을 지니고 있다는 거죠.

인간이 가장 보고 싶어 하는 구경거리가 뭘까요? 인간을 흥분시키고 도취시켜서 모든 것을 다 잊게 만드는 지고한 구경거리가 뭘까요? 그건 죽음이에요. 나 말고 다른 사람이 죽는 것이죠. 아우구스티누스는 우리의 시선은 음탕한 것이라고 얘기했습니다. 우리의 시선은 궁극적으로는 아름다운 것을 보려고 하지 않는다는 거예요. 근본적으로는 피 구경을 하고 싶어 해요. 엘리아스 카네티식으로 얘기하면 인간이 권력을 처음으로 인식하게 된 것은 죽은 사람을 봤을 때라는 거죠. 죽은 사람은 항상 쓰러져 있어요. 반면에 나는 서 있죠. 쓰러져 있음과 서 있음의 관계, 이것이 권력이라고 얘기하는데 결국 우리는 그걸 보고 싶어 하는 거예요.

그러나 오늘날 우리는 실제 피 구경을 하는 것이 아니라 항상 가상에 의해, 아름다움의 가면을 쓴 구경거리를 보죠. 이러한 의미에서 영화든 콘서트든 뮤지컬이든 이 현상들이 스펙터클과 무관한 걸까 생각해볼 수 있어요. 우리는 모여서 도대체 뭘 보고 싶어 하는 걸까요? 춤추고 노래하는 걸 보려고 할까요? 물론 그렇죠. 그렇지만 그 현상의 본질을 들여다보면 스펙터클의 문제와 만나는 겁니다. 이런 스펙터클에 대한 욕망, 우리 시선의 음탕함을 가장 잘 알고 있는 게 누굽니까? 대중문화예요. 대중문화를 만만하게 보시면 안 됩니다. 가장 예민한 성감대를 알고 거기를 건드려요. 어떻게 하면 대박을 터뜨리나 맨날 그 궁리만 하고 있잖아요. 이런 대박에의 광기에 빠지면 눈이 예리해져요. 머리도 좋아집니다. 남들이 안 보는 것, 못 보는 것을 보게 되죠. 대중문화가 우리의 욕망을 상업화하는 데 좋은 소재로 발굴한 것 중의 하나가 조폭영화예요.

이처럼 조폭영화를 여러 가지 현상으로 얘기해볼 수 있지만 아도르노의 문제의식은 거기에 있지 않아요. 아도르노가 《미니마 모랄리아》에서 끊임없이 언급하는 것이 '객관적 권력'이라는 개념입니다. 다른 말로 얘기하는 부분을 보면 객관적 광기라고도 해요. 아도르노는 모든 사회의 구성원들이 예외 없는 권력 시스템에 묶여 있다고 생각합니다. 객관적 권력을 꿰뚫어보지 않는 한, 그 안에서 작은 부분을 비판하는 행위는 언제나 객관적 권력을 드러내는 것이 아니라 더 공고히 하는 결과를 가져올 뿐이라 생각해요.

우리 모두는 물속의 물고기와 같다는 거죠. 물고기는 자기가 물에 사는지 몰라요. 자신이 물에 산다는 것을 잊어버릴 때만 물에 사는 것이 가능하죠. 우리는 사회라는 물속에 살고 있는 물고기 한 마리예요. 우리가 어떤 물속에 사는지 모르는 한, 물에 대해서 얘기하게 되면 물이 무엇인가를 드러내기보다는 은폐시키는 역할밖에 못한다는 거예요. 그런데 물고기가 물속에 살면서 물을 생각할 수 있나요? 이게 딜레마예요.

　그래서 아도르노가 이런 얘기를 합니다. 중세의 기사 문학을 보면 크게 두 부류로 나뉩니다. 하나는 연애담이에요. '민네게장(Minnegesang)'이라고 해서 기사들이 결혼한 귀부인을 택해서 이룰 수 없는 사랑을 해요. 연애편지를 쓰고 시를 바치고 그래요. 근본적으로 보면 실현 불가능한 사랑입니다. 일부러 그래요. 왜 그럴까요? 정신 수양이에요. 여러분들도 실연당하면 정신이 똑바로 들죠? 마찬가지예요. 사람이 항상 긴장하려면 이룰 수 없는 것과 맞서 있어야 해요. 이룰 수 없는 사랑이라는 일종의 자기 수련이죠. 기사는 항상 위기 속에 있어야 되는 존재입니다. 기사라고 하면 낭만적으로 들릴지 모르지만 사무라이나 마찬가지예요. 언제라도 전쟁터에 나가서 죽을 수 있는 것입니다. 생과 사가 갈리는 경계점에서 삶을 유지해야 되는 사람들이거든요.

　기사문학의 특성이 또 하나 있습니다. 말하자면 진기한 걸 얘기합니다. 기사가 누굽니까? 전쟁을 하든 뭘 하든 간에 남들은 못 가는 곳을 가는 사람들이에요. 남들은 보지도 듣지도 못한 것을 경험한 사람들입니다. 그래서 기사들이 전쟁터 같은 데를 갔다 오면 이야기꾼이 돼요. 이런 일이 있었다며 진기한 얘기를 하는 것이 기사문학의 특성입니다.

아도르노가 물속의 물고기를 얘기하면서 기사문학의 한 예를 들어요. '뮌휘하우젠(Münchhausen)'이라는 기사의 얘기를 합니다. 이 친구가 대단한 허풍쟁이인데 어느 날 사람들을 모아놓고 얘기를 하는 거죠. 자기가 예전에 숲속에서 길을 잃었는데 돌아다니다가 그만 **늪**에 빠졌다. 주변을 돌아보니까 나뭇가지 하나 없더라. 내가 타고 있던 말도 끌려들어가서 죽었다. 그러니까 사람들이 뭐라 그러겠어요? 너는 어떻게 살아서 왔냐고 묻죠. 그러니까 대답해요. 나는 투구를 벗고 내 머리를 잡아당겨서 밖으로 나왔다. 이게 말이 되는 소리입니까? 나올 수 있을 것 같으세요? 과학 법칙에 의하면 가능하지 않겠죠. 당연히 거짓말이죠. 하지만 살고자 하면 난제 앞에서 **난제**를 통과해야 되는데, 그때 유일한 가능성은 뭘까요? 나밖에 없다는 거죠. 이쯤 되면 더 이상 불가능하냐 가능하냐는 문제가 아니에요. 오로지 불가능성을 가능성으로 바꿔야 한다는 절대 명령만 남죠. 바로 이것이 사유라고 아도르노는 얘기해요. 사유는 이미 담보되어 있는 가능성을 찾아가는 것이 아니라 무슨 수를 써서라도 불가능한 것을 가능성으로 바꾸는 거예요. 왜냐하면 삶이 걸려 있기 때문이죠. 불가능하다고 안주하면 죽을 수밖에 없기 때문이죠.

아도르노는 '살아 있다'와 '산다'는 다른 것이라 얘기합니다. 살아 있다는 것은 그냥 목숨이 붙어 있는 거예요. 산다는 것은 꿈을 실현하는 것이죠. 삶은 그냥 목숨을 부지하는 거라고 얘기하면 아무 문제 없어요. 그냥 그렇게 살면 돼요.

물속에 두 물고기가 있을 수 있죠. 목숨 부지하고 있으니까 살면 되지 이러는 물고기가 있다면, 헤겔식으로 말하자면 불행의 의식을 가지고 있는 물고기도 있어요. 이 물고기는 기필코 물이 무엇인지 알아야 해요. 알기 위해서 어떻게 해야 합니까? 나를 둘러싸고 있는 것이 무엇인지 안다는 것은 다른 게 아닙니다. 밖으로 나와서 보는 거예요. 안에 들어가 있으면 절대로 못 봐요. 바로 이것이 인식입니다. 뮌휘하우젠도 그렇게 밖으로 나왔어요. 불가능성을 가능성으로 바꿔서 나왔죠. 가능성이라는 게 뭐냐? **나**밖에 없어요. 이것이 아도르노의 근본적인 생각입니다.

　이런 것을 한번 생각해봅시다. 도대체 우리가 살고 있는 사회라는 것이 어떤 사회일까요. 우리는 자기 삶에 대해서 권리가 있어요. 이 권리를 포기하면 절대로 안 되는 겁니다. 지금 우리 사회에서 청춘들은 권리 행사를 못 하는 거예요. 이 권리를 수행하려고 할 때 적들이 있는 것이죠. 기성세대이든 사회체제이든 적이 있거든요. 이 적들에 의해서 나의 권리가 실현되지 않고 훼손당해요. 개인과 사회 관계를 얘기할 때 우리 사회는 문제가 있는 사회입니다. 그런데 근본적으로 개인과 사회는 대치할 수밖에 없어요. 중세사회 이후 개인이 탄생했는데 이 개인은 사회와 불화하는 존재입니다. 내 삶에 대해 가지고 있는 권리가 수행될 수 없도록 만드는 사회가 과거에도 있었고 현재에도 있는데, 그렇다면 이 두 사회의 환경이 똑같은 것이냐?

　이런 문제를 제기해보는 거예요. 지금 우리 **사회**가 **나**와 **적**을 구분할 수 있는 환경이냐는 얘기입니다. 나와 적이 이분화되어 있다면 싸움은 명확하고 쉽게 전개돼요.

비록 나는 약하고 적은 언제나 강해도 적이 분명하기 때문에 나는 이 적을 알 수 있어요. 적이 누구인가를 안다는 것 자체가 커다란 승기예요. 이런 식으로 나와 적의 관계가 이분법적으로 나누어진 사회가 있을 수 있죠. 그러나 우리가 지금 그런 사회에 살고 있습니까? 이분법적으로 나누어진 상황에서는 반영론이 가능해요.

오늘날 우리 사회는 **적**과 **나**의 관계가 **모호**해요. 적이 누구인가를 잘 알 수 없어요. 권력의 중심부가 정확하면 혁명이 가능해요. 집결해서 그것만 공격하면 되니까요. 그러나 오늘날 권력의 중심부가 명확합니까? 아니에요. 나와 적이 착종되어 있어요. 서로 엉켜 있습니다. 이렇게 되면 내가 어떤 전법을 구사해야 되는지, 무엇을 대상으로 투쟁해야 되는지 모호해지는 거예요.

그러면 왜 그렇게 됐을까라는 질문이 나오죠. 무엇 때문에 나와 적이 서로 엉켜버렸을까? 내면화라는 것이 있습니다. 내가 너무 약하면 나를 유지하기 위해 필연적으로 적의 강함에 **순종**할 수밖에 없어요. 그러면서 이 강함이 내 안으로 들어와요. 그래서 적이 가지고 있는 강한 힘이 내가 살아가는 힘이 되어버려요. 무슨 얘기인지 아시겠습니까? 적에게 저항한다 해도, 내 저항의 의도가 더이상 적의 의도와 분리가 안 되는 겁니다. 다시 말해 싸우는 내가 가지고 있는 가치가 적의 가치와 구분이 안 되는 거예요. 내가 적을 계속 공격하는 것 같지만 이것이 어떤 합의하에서 이루어져요. 즉, 둘 다 동일한 **가치**를 추구하면서 싸움이 일어나는 거예요.

이렇게 되면 궁극적으로 누가 승리할 수밖에 없느냐? 적이 승리하도록 되어 있습니다. 적으로부터 내면화된 가치를 나의 가치로 알고, 그 내면화 과정을 통찰하지 못한 채 적을 공격하면, 싸움이 진행될수록 적의 본질인 가치들은 점점 공고해져요. 이상한 모순이 일어나는 거죠. 오늘날 우리를 지배하는 사회적 권력은 이런 성격을 가지고 있습니다.

과거처럼 나와 적이 따로 있을 때 전개되는 싸움은 행복한 싸움이에요. 오늘날의 싸움은 적들이 너무 강하기 때문에, 그 억압 속에서 내가 살려다 보니까 어쩔 수 없이 적들이 가지고 있는 가치를 내면화할 수밖에 없고, 그런 과정에서 나의 의식이 형성돼요. 이렇게 형성된 의식에 대한 자기 성찰이 이루어지지 않는 한, 내 의식이 이미 적들에 의해서 내면화된 의식이기 때문에, 적과 싸우면서도 근본적으로 적의 본질인 가치를 계속 옹호하게 된다는 거예요. 우리는 이런 딜레마에 빠져 있어요. 과연 이 상황을 어떻게 빠져나올 것이냐를 생각해봐야 됩니다.

이런 것을 염두에 두지 않고 자꾸 적을 승자로 만드는 어리석은 싸움을 하는 경우가 있죠. 그냥 혈기에 들떠서, 당장의 열정에 의해서요. 68운동처럼 열정에 의해 덤벼들려 할 때 적은 오히려 공고한 권력을 쌓아가게 되지 결코 무너지지 않는다는 거죠. 그런 시대는 지났다는 거예요. 프랑스혁명 같은 일은 일어날 수 없다는 겁니다. 궁정 권력이 따로 있는 시대였으면 얼마나 좋았겠어요? 그렇게 되어 있으면 실패했다 하더라도 희망의 노래를 부를 수 있고 적들에 대한 저항의 미래를 상상할 수 있지만 지금은 그렇지 않다는 겁니다.

○

그렇다면 이 상황들이 조폭영화와 어떤 관계가 있느냐 얘기해봅시다. 대충 이런 시나리오를 한번 만들어볼게요. 편차가 있겠지만 대체로 조폭영화를 보면 아주 나쁜 깡패 두목이 있어요. 이 사람이 적이죠. 그리고 가난 때문이건 무엇 때문이건 사정이 있어서 그만 조폭의 세계로 끌려간 착한 주인공이 있어요. 이 착한 주인공의 육체적 특성이 있어요. 싸움을 너무 잘해서 열 명이 와도 이기죠. 보스가 볼 때는 얘 잘 기르면 되겠다 싶은 거죠. 그래서 잘 길러줘요. 그러면서 약속을 하죠. '너 이렇게 하면 내 후계자가 될 거다. 너 이렇게 하면 한몫 떼어 줄게.' 그러다가 이런 사건이 일어납니다. 보스가 치명적인 사고를 친다든가 누구를 죽인다든가 그래요. 그러면 이런 제안이 들어가요. 시나리오가 뻔해요. 주인공을 불러서 '네가 대신 감옥 가라, 너 나오면 내가 잘해줄게' 그러죠.

사실 보스는 주인공과 인간적인 관계를 안 가지고 있었어요. 처음부터 이용하려는 속셈이에요. 그러니까 깡패죠. 그런데 우리의 주인공은 착해요. 그래서 그걸 믿고 대신 가요. 나오면 어떻게 되죠? 거짓말이라는 것을 알게 되는 겁니다. 영화는 더 진행되죠. 착한 주인공이 화가 나서 전부 박살내버려요. 결말은 두 가지겠죠. 보스를 짓밟고 착한 주인공이 승자가 되거나, 그러면 너무 멜로드라마 같으니까 같이 죽거나 합니다. 대체로 이런 얘기 아니에요? 두 가지가 다 성취돼요. 마음껏 폭력적 스펙터클을 보여줘요. 그러면서 사회가 자기 유지를 위해서 차폐막으로 가지고 있는 모럴도 지켜냅니다. 즉, 선한 자가 승리한다는 거죠.

이건 다른 게 아닙니다. 흥부와 놀부 얘기도 똑같아요. 다만 조금 세련화되었죠. 옛날 얘기에선 흥부가 부자가 되고 축복을 받지만 오늘날엔 그렇게 안 만들죠. 그러니까 슬쩍 보스도 죽이고 착한 주인공도 죽는 마무리로 끝내면서 비극적 카타르시스를 주죠. 관객들은 보고 나오면서 가슴이 먹먹하다고 그럽니다.

그런데 중요한 것은 여기서 전개되는 전형적인 조폭 영화의 시나리오가 도대체 무엇이냐는 겁니다. 시나리오를 쓴 사람은 이렇게 하면 재미있겠다는 생각뿐이었을지 모르지만, 바로 그 시나리오를 쓰는 사람도 모르는 것을 시나리오는 간직하고 있습니다. 이것을 읽어내는 일이 독서예요.

작가가 목적을 가지고 무언가를 쓸 때 필연적으로 그 목적과 위배되는 다른 것이 들어갈 수밖에 없어요. 왜죠? 그 사람도 물속의 물고기이기 때문이죠. 그 사람도 똑같이 물을 먹고 살기 때문이죠. 그 물을 먹은 사람들은 똑같이 뱉어낼 수밖에 없는 게 있기 때문이죠. 이걸 잡아내야 하는 거예요. 이걸 *끄*집어낼 수 있으면 이런 하나의 난제를 건너가는 인식에 도달할 수 있죠. 아, 우리가 먹는 물이라는 것은 바로 이런 거구나. 나쁜 놈도 먹고, 좋은 놈도 먹고, 그 안에서 사는 물고기들은 다 먹을 수밖에 없는 거구나. 이걸 읽어내는 겁니다. 이게 문화비평이에요.

○

자, 그러면 조폭영화의 구조를 살펴봅시다. 조폭영화를 보면 악한 보스와 선한 주인공이 있죠. 말씀드린 것처럼 소사이어티의 두 유형에서 전반부에 속하는 거예요. 나와 적이 따로 있다는 거죠. 그런데 제가 오늘날 우리가 살고 있는 사회는 행복한 이분법적 갈등 구조가 아니라고 말씀드렸습니다. 말하자면 내가 이미 보스와 연계되어 있고, 나는 보스에 의해서 이런 상황이 되어버렸단 말이에요. 이런 구도로 보면 악한 보스와 선한 주인공이 하나로 엉켜 있는 곳이 어디냐? 바로 나의 내면이에요.

오늘날에 와서 우리는 하나의 통합체로서의 나를 가지고 있지 못하고 도플갱어가 될 수밖에 없습니다. 보스로서의 자아와 착한 주인공으로서의 자아로 분리될 수밖에 없어요. 보스로서의 '나'가 있고, 보스로부터 끊임없이 훈련당하고 이용당하고 속임당하는 착한 '나'가 있어요. 여러분 가만히 생각해보세요. 저는 이 착한 나를 '찌질이 나'라고 부를 거예요. 찌질이라는 말이 어떤 뜻을 가지고 있습니까? 바보죠. 남들은 다 잘하는 것도 못하는 바보, 무능력하고 세련되지 못하고 빠릿빠릿하지 못하고 이런 거 아닙니까? 여러분 안에 이 '찌질이 나'가 있습니까, 없습니까? 난 그런 거 없어요, 그러시는 분 계세요?

이건 나만이 알고 있어요. 외부에 그런 나를 보였다가는 찌질이라 그럴까 봐 나만 간직하고 있는 나가 있습니다. 약한 나예요. 그러나 여러분들이 사회에서 역할을 하려면 또 하나의 나를 만들어야 합니다. 강한 나죠. 보스로서의 나예요. 사회가 요청하는 가치 속으로 진입해서 일정한 포지션을 얻기 위해서 우리는 강한 자아를 만들어냅니다. 사회적 자아죠. 강요된 자아예요. 그렇지만 여러분들 아시죠, 내가 어떤 가치를 추구하기 위해서 끊임없이 강한 자로서 일을 수행하려는데 늘 방해가 되는 게 있어요. 물론 외적 조건도 그래요. 그렇지만 더 큰 문제는 내 안에 있어요. 자꾸 찌질이 짓을 하고 있는 애가 있어요. 나 그런 거 하기 싫다 그러고, 힘들다 그러고, 그 거 해서 뭐 하냐 그러고, 그렇지 않습니까? 딴 거 하자 그러고, 다 그만두고 놀러가자 그러는 나요. 이 찌질이 자아 가 있습니다. 그런데 여러분들 소위 말하는 자기를 실현 하려면 찌질이 나에 대해서 뭐가 되어야 해요? 보스가 돼 야 합니다. 혼을 내야 하죠. '이 바보야, 너는 그것도 못하 냐.' 그래서 차츰 이 찌질이 자아를 훈련시켜요. '너 그렇 게 하면 아무것도 못 해.' 보스가 착한 주인공을 훈련시키 는 것과 똑같습니다.

이 훈련을 통해 점점 찌질이성에서 벗어날 수도 있어 요. 나중엔 그런 데 시달리지도 않고요. 찌질이 자아가 '나 그거 하기 싫어, 힘들어' 하면서 울어도 듣지도 않아 요. 그렇게 이 사회가 바라는 강한 자아가 수행될 수 있 겠죠. 그런데 이렇게 되면 찌질이 자아는 어떻게 되느냐 는 겁니다. '난 그거 하기 싫어, 내가 원하는 건 그게 아니 야' 하고 징징거릴 때 우리는 조폭의 보스가 착한 주인공 에게 하듯이 하죠. '조금만 참아. 다 좋아질 거야. 내가 나 중에 성공하면 우리 그때 놀러가자, 다 해줄게' 하는 겁니 다. 이렇게 하고 나서는 그다음에 어떻게 하느냐? 보스는 착한 주인공을 감옥으로 대신 보내죠. 왜 대신 보냅니까? 내가 저지른 짓의 대가를 치르게 하면서 나는 살아남으려는 거예요.

우리 안에서도 같은 일이 일어날 수 있습니다. 나는 찌질이 자아를 훈련시키면서 약속해요. '나중에 좋아질 거야. 네가 원하는 대로 해줄게.'

그런데 그게 됩니까? 안 됩니다. 나중에 그 찌질이 자아는 완전히 망가져요. 그 망가지는 덕에 살아남는 건 누구예요? 나를 실현하려 하는 강한 나예요. 영화 속의 보스와 마찬가지 아니에요? 지금 우리 안에서 벌어지는 일들이 뭐죠? 나를 실현하거나 이 사회 속에서 어떤 포지션을 얻어내기 위해 내면 투쟁을 벌이는 양상이 어떻죠? 나를 둘로 나눠놓고 나의 약한 부분들을 강하게 훈련시키는 작업을 해요. 그러면서 약한 나에게 네가 원하는 걸 나중에 해주겠다고 약속해요. 그러고 나서는 실제로 약속을 지켜주지 않습니다. 약한 나를 훈련시키고 속이면서 강한 나가 얻어내고자 했던 가치를 따내는 거죠. 그것이 곧 나가 되는 거예요. 승리한 나, 커리어를 쌓은 나, 남들이 잘됐다고 하는 나.

이런 나가 되기 위해서는 이러한 과정을 수행할 수밖

에 없어요. 우리 사회는 개인이라는 약자를 이런 식으로 다뤄요. 자꾸 강해지라 그러고 무슨 약속을 하고, 그 약속을 통해서 자기 일들을 대신 수행하게 만들어요. 결과적으로 누가 승리합니까? 아도르노가 얘기하는 객관적 권력이 승리합니다. 감옥까지 갔다가 돌아온 나는 어떻게 되는 거예요? 갈 곳이 없습니다. 지금 여러분들 대부분이 이런 굴레에 들어가 있어요.

다시 돌아가서 봅시다. 이 찌질이 자아가 누굽니까? 선하고, 사회에서 얘기하는 가치도 모르고, 훈련 같은 거 싫어하고, 그냥 있는 대로 있고 싶어 하는 나가 누굽니까? 사실 이것이 나입니다. 착하고 아무것도 모르는 나를 끊임없이 희생시켜서 얻어낸 나가 나인 것 같으세요? 자랑스러우세요? 생각해보세요. 아도르노는 이런 것을 객관적 권력이 총체화된 오늘날의 사회 속에서 한 개인이 겪을 수밖에 없는 운명이라 얘기합니다. 자기희생을 통해서 자기를 얻어가는 이 우스꽝스러운 아포리아로부터 빠져나올 수가 없다는 거죠.

'제 살 깎아먹기'라는 말 있죠? 객관적 권력의 세계 속에서 내가 되어간다는 것은, 태생적인 나의 살을 깎아

먹어서 사회가 요구하는 나를 만들어가는 과정이에요. 그렇게 해서 겉보기엔 그럴듯한 나가 됐을지 모르지만, 태생적으로 주어졌던 나는 그 안에 하나도 없어요.

그런데 여러분 생각해보십시오. 여러분은 왜 그 작업을 합니까? 우리가 무엇 때문에 그런 작업을 하면서까지 가치를 얻어내려 합니까? 무엇 때문이죠? 행복 때문이에요. 그렇죠? 행복해지려고, 나를 실현하려고 그러는 거예요. 그런데 결과는 어떻습니까? 객관적 권력이라는 물이 무엇인지를 모르는 한, 그 안에서 살고 있는 물고기인 우리는 이 사실 자체를 알 수 없어요.

그리고 자기를 희생해서 얻어진, 사회가 요청한 기능체로서의 나에 대해서 자랑스러워하기까지 해요. 자기는 성공했다고 해요. 행복해하기까지 해요. 그래서 아도르노는 이런 사회의 구조 속에서 행복은 이데올로기일 뿐이라고 얘기하죠. 자기실현과 자기희생의 딜레마가 있습니다. 자기를 돌보고 보존하면서가 아니라, 자기를 억압하고 이용하고 자기를 희생해야지만 자기가 될 수밖에 없는 딜레마. 이러한 구도가 오늘날 현대사회 속에서 사회와 개인의 관계라고 얘기하죠.

이쯤 되면 조폭영화의 거짓말을 알 수 있죠. 조폭영화에서는 주인공이 깨달아요. 멋지게 복수를 하죠. 그런데 현실에서 그런 일은 절대로 없습니다. 우리의 사회적 삶 속에서 그런 복수는 가당치도 않고, 그 깨달음이 오지도 않아요. 이것이 객관적 권력입니다. 그리고 이것을 객관적 광기라고 불러요. 이게 다 미친 짓 같으세요, 올바른 일 같으세요? 자기를 희생해서 자기를 만들어내는 것, 그것도 내가 되고자 한 나가 아니라, 사회가 되라고 한 나를 만들어내는 이것이 광기의 세계 아닙니까?

아도르노는 이것을 현대사회에서 일어나는 일로만 보지 않고 아주 먼 데까지 끌고 나가요. 《계몽의 변증법》을 보면 쓰려고 구상해서 자료로는 가지고 있었지만 글로 완성시키지는 않은 작은 프래그멘트(fragment)들이 뒤편에 있어요. 거기에 달팽이 얘기가 나옵니다. 우리는 처음에 누구나 달팽이였는지 모른다고 얘기하죠. 달팽이는 누구냐? 자기 안에 자기가 온전히 그대로 들어가 있는 상태의 생물이에요. 생물학적으로 맞는 얘기인지 모르지만 달팽이가 자기 집 속으로 들어가면 그냥 조그만 살덩어리 하나죠. 그런데 이게 밖으로 몸을 내밀면 살덩어리에서 더듬이도 나오고 얼굴 모양도 생기고, 다시 들어가면 온전한 살덩어리 하나가 돼요.

어쩌면 우리도 그렇게 순박한 존재였는지 몰라요. 그런데 이게 유지될 수 있겠냐는 거죠. 이 순진하고, 아무 것도 모르고, 내 안에서 아무런 분리도 일어나지 않은 채 하나의 육질로 머물러 있는 자아가 유지될 수 있겠냐는 거죠. 안 된다는 거예요. 왜죠? 달팽이는 살려면 외부와 관계를 맺어야 해요. 집 속에서만 살 수 없고 먹이를 찾으려면 밖으로 나올 수밖에 없어요. 그래서 슬그머니 나오죠. 나올 때는 마치 세상 모르는 아이들처럼 '밖은 맛있는 것만 있는 세계일 거야' 그러면서 슥 나와요. 여러분 달팽이가 나오는 거 보셨어요? 그 움직임이 얼마나 부드러운지 몰라요. 아무 걱정거리가 없어요. 아주 친절하죠. 아무런 적의가 없어요. 그냥 부드럽게 나와요.

왜 그렇습니까? 안심해서 그래요. 그런데 달팽이가 나왔을 때 마침 여러분이 앞에 있었다 해보세요. 달팽이 보면서 '나도 저렇게 살고 싶어, 진짜 아름답다' 이 생각만 할 것 같으세요? 아니죠. 톡 때려요. 그러면 달팽이는 충격을 받죠. 최초의 폭력을 당해요. 쏙 들어가요. 들어가서 꿈인가 생신가 잠깐 생각하겠죠. 그러다가 다시 나가야 할 것 아니에요. '꿈이겠지' 하고 나가요. 그러면 또 누가 때려요. 그러면 또 놀라서 들어와요. 두 번째까지도 '꿈이겠지' 할 수 있겠지만 세 번 네 번 반복되면 이건 꿈이 아니란 걸 알게 됩니다. '생시구나.'

그러면 집 속에 들어가서 무슨 일이 일어납니까? 두 가지죠. 하나는 달팽이에게 전혀 있지도 않았던 게 생깁니다. 불안이 생겨요. 또 나가서 그런 일이 있으면 어떻게 하나. 또 하나는 순박한 육체, 아무런 타격도 받지 않았을 때 가지고 있던 부드러운 육질이 딱딱해져요. 왜요? 방어해야 되니까요. '또 그러면 살짝 피해야지, 또 그러면 나도 한 대 쳐야지' 하면서 딱딱해지는 거예요. 그게 우리의 마음이고 육체라 할 수 있어요. 우리의 육체는 한없이 부드러운 것이었지만 더 이상 그렇지 않습니다.

이 달팽이에게 어떤 일이 벌어집니까? 여기서 힘든 문제가 생기는데요, 달팽이는 이제 현실을 알게 됐습니다. 즉, **내**가 있고 **적**이 있다는 사실을요. 그런데 현 상태로 보면 나는 **찌질이**예요. 아무 힘이 없어요. 그런데 맞아보니까 알겠는 거죠. 적은 엄청나게 강하다는 걸. 이 관계에서 달팽이의 목적은 뭐예요? 살아남아야 되겠다, 나를

유지해야 되겠다 이거예요.

이렇게 됐을 때 이 찌질이는 정상적인 방법으로는 이 길 가능성이 없습니다. 어떻게 달걀이 바위와 부딪쳐서 이길 궁리를 해요? 안 되는 거죠. 그래서 계략이 생겨요. 무슨 계략이죠? 이 찌질이 달팽이에게 **동경**이 생겨요. '나 도 재처럼 강했으면' 하는 꿈이죠. 어떤 꿈이냐 하면 이 것을 아도르노는 **미미크리**(mimikry)라고 불러요. 미믹 (mimik)이라는 말은 연극이라는 뜻이죠.

아도르노는 똑같은 현상임에도 불구하고 미메시스 와 미미크리를 구분합니다. 예컨대 우리가 지나가는 딱 정벌레를 딱 때리면 어떻게 돼요? 딱정벌레가 막 도망가 는 게 아니라 딱 제자리에 서죠. 왜 제자리에 섭니까? 죽 은 척하는 거예요. 그게 미미크리예요. 죽은 척한다는 건 무슨 메시지예요? '나 죽었거든, 그러니까 더 이상 건드릴 필요 없어'라는 거예요. 딱정벌레는 살고 싶어 해요. 그런 데 이 살고자 하는 목적이 무엇을 통해서 표현됩니까? 죽 음을 모방하면서 표현이 돼요. 이걸 '미미크리'라 그래요. 즉, 내가 살려고 한다는 건 적에게서 이기고 싶다는 것이 지만, 너무 약하다 보니 적이 원하는 것이 되어서 살려고 하는 거죠.

반면 '미메시스'는 무엇이냐? 얼핏 똑같은 것처럼 보입니다만, 약한 것이 자기를 유지하기 위해 강한 것과 관계를 맺지만, 그러나 잊지 않는 겁니다. '나는 저 강한 것이 되려는 게 아니라 강한 것과 무관해질 거야. 강함과 약함의 관계가 없는 삶, 다른 가능성을 찾아갈 거야.' 이렇게 생각하는 것이 **미메시스**예요. 그래서 두 가지 동경이 있습니다. 하나는 '나도 강한 적처럼 될 거야'라는 것이죠. 또 하나는 예술적 동경인데 거기엔 강자가 없고 강자에 의해서 타격을 받는 나 같은 존재도 필요 없는, 폭력 관계가 없는 세계를 꿈꿀 수도 있다는 거예요.

그러나 아도르노식으로 얘기하면 인간은 미메시스의 길을 걸어오는 대신 미미크리의 길을 걸어왔다는 겁니다. 우리는 약육강식의 세계가 아닌 다른 세계를 꿈꿀 수도 있었으나 그러한 꿈 대신 다른 전략을 택했다는 거죠. 내가 살자면 적과 맞설 수 있도록 똑같이 강해져야겠구나 하는.

달팽이는 꿈을 꾸기 시작하죠. '나도 **강자**가 될 거야.' **강함**이라는 가치가 생겨요. 이 가치는 어디서 왔을까요? 달팽이 자체에서 왔나요? 아니에요. 적에게서 온 거예요.

적과 내가 똑같이 강함을 추구한다는 점에서는 더 이상 분리가 안 되는 겁니다. 겉보기엔 투쟁 관계인 것 같아도 근본적으로는 목적이 똑같아요. 강함이라는 가치를 가지 겠다는 것이죠. 이렇게 되면 내가 강해지면 강해질수록 동시에 이 적이 인정되는 거예요. 이것이 착종 관계라는 것입니다.

아도르노의 사유 중에 중요한 지점은 에덴동산이 없다는 것입니다. 상처는 처음부터 있었다는 거예요. 모순 관계는 처음부터 있었지, 이것이 없던 시대는 존재하지 않았다는 겁니다. 철저히 모더니스트적인 생각이에요. 멍한 꿈 같은 거 꾸지 말자는 겁니다. '옛날엔 참 좋은 게 있었지. 우리는 그만 그것을 상실해버렸어. 우리는 그것을 다시 복구해야 돼.' 이런 회고주의를 아도르노는 종교적 상상력이라 불러요. 에덴동산은 처음부터 있지도 않았다는 것이 아도르노의 입장입니다.

이렇게 얘기하죠. 아담이 처음 눈을 떴을 때 봤던 게 뭘까? 《성경》에서는 신이라 나오죠. 우리를 무한히 사랑하고 모든 것들을 행복의 조건으로 만들어준 신이에요. 그런데 아도르노는 《부정의 변증법》에서 그걸 패러디해서 이렇게 얘기하죠. "아담이 처음 본 것은 아버지가 개를 때려잡는 모습이었다." 무슨 말인지 아시겠습니까? 꼭 신을 얘기하는 건 아니에요. 다름이 아니라 아담의 아버지도 살기 위해서 자기보다 약한 것을 누르고, 약육강식의 원칙을 따라서 살지 않으면 안 되었다는 얘기죠. 아무리 거슬러 올라가도 그 운명성으로부터 벗어나 있던 아버지는 없다는 것입니다.

그래서 아도르노는 이렇게 얘기해요. 좋은 것은 처음부터 존재하지 않았으니까, 우리가 그런 걸 만들려면 미래에 만들어갈 수밖에 없다라고요. 그런 진보주의적 생각을 가지고 있어요. 살아남기 위해서 약한 나를 억압하면서 내가 만들어질 수밖에 없는 것이 인간의 운명이라면, 문명은 왜 생겼을까요? 문명의 꿈은 다른 게 아니라 이런 싸움을 안 하는 세계예요. 이런 싸움이 없는 인간적인 사회, 강자와 약자가 없는 사회를 인간의 힘으로 만들려는 것이 문명의 꿈이었어요.

그럴 때 나는 어떻게 형성되었을까? 우리는 왜 '나'가 되려고 했을까요? 내면에서 강한 나가 약한 나를 누르고, 내가 나를 위해서 희생당하는 일이 필요 없는 온전한 나를 꿈꾸었던 것이죠. 그런데 점점 문명화가 진행되면서 그것을 망각해버렸어요. 남은 건 뭐냐? 보다시피 패자나 승자나 똑같이 강함이라는 가치를 추구하는 상황에 빠졌죠.

아도르노는 《계몽의 변증법》에서 이것을 얘기하면서 오디세우스를 예로 듭니다. 오디세우스가 트로이전쟁을 마치고 돌아갈 때 노획물 중에 여자들이 있었어요. 이긴 사람들이 여자를 나눠 가지죠. 이 여자들이 밥도 하고 세탁도 하는 거예요. 오디세우스도 여자들을 배에 태워서 돌아가는데 한번은 어떤 섬에 정박합니다. 그 섬에는 멋진 남자들이 굉장히 많이 살아요. 오디세우스가 잠이 들었다 문득 밤에 깨어보니 자기가 데리고 있던 여자들이 안 보입니다. 왜 없어졌냐면 몰래 그 멋진 젊은 남자들을 찾아간 거예요. 이렇게 얘기하죠. "너무 화가 난 나머지 오디세우스의 가슴이 불끈불끈 뛰기 시작했다." 그런데 오디세우스가 어떻게 했느냐? 주먹을 돌처럼 딱딱하게 만들어서 자기 가슴을 막 때립니다. "가만히 있어. 가만히 있어. 하도 맞다 보니까 가슴이 드디어 고요하게 됐다."

오디세우스가 왜 이렇게 합니까? 자기의 정념을 따르

면 당장 쫓아가서 복수를 하고 싶지만, 그렇게 하면 내부 시스템이 허물어져요. 오디세우스에게는 최종적인 목적이 있습니다. 집으로 돌아가는 일이죠. 이것이 불가능해져요. 그러니까 그 목적을 위해서 나의 순박한 가슴, 내가 좋아하는 여자가 다른 남자를 쫓아갔을 때 울고 있는 이 가슴을 다스릴 필요가 있는 거예요. 그 방법이 때리는 겁니다. 돌처럼 딱딱한 주먹으로 때리니까 가슴이 나중에는 조용해져요. 그것은 곧 가슴이 돌처럼 딱딱해지는 것이죠.

우리는 강한 자가 되기 위해 약한 나를 울지 못하도록 계속 때려요. 그러면 나중에 어떻게 되죠? 순박한 자아, 찌질이 자아는 때리는 주먹처럼 딱딱해져요. 그 덕으로 무엇을 얻죠? 찌질이 자아는 죽어요. 순박성을 잃어버려요. 대신 남은 건 누구예요? 나의 순박성을 억압한 다음에 승리한 나가 생겨나요. 사회가 요구하는 자아가 되죠. 궁극적으로 누가 승리해요?

나는 그걸 통해서 행복을 얻어낼 수가 없습니다. 왜냐하면 행복하고자 했던 나를 희생한 대가로 나가 됐으니까. 그렇게 되면 나는 어떤 존재가 됩니까? 공부도 하고 스펙도 쌓고 자기를 자꾸 만들어가면 결국 뭐가 될 것 같으세요? 자기 행복을 추구하는 주체가 될 것 같으세요? 그렇지 않습니다. 우리는 다른 주체가 되죠. 사회가 써먹을 수 있는 기능 주체가 됩니다. 사회가 필요로 하는 주체가 되거든요. 우리는 그것을 가리켜 나를 실현했다고 해요. 남들에게 부러움도 받아요. 쟤는 성공했어, 대단해, 이런 소리들을 듣습니다.

○

마지막으로 이런 질문을 해볼 수 있습니다. 무엇 때문에 조폭영화는 만들어질 뿐 아니라 그렇게 많은 사람들을 끌어모으는가? 무엇 때문에 조폭영화는 성공하는가? 영화를 보면서 재미있다고 하는데 그 재미가 무엇이냐? 재미라는 건 복잡한 거예요. 하나는 나는 안전한 곳에 있으면서 타자가 고생하는 걸 보고 재미있어 해요. 또하나는 병리적인데, 자기가 보고 싶어 하지 않는 자기를 보는 것도 쾌감을 줘요.

제가 언젠가 일기에 이런 말을 썼습니다. '이상하게 나는 내가 싫어하는 것을 좋아한다. 그런데 역설적으로 또 나는 내가 좋아하는 것을 싫어한다.' 우리에겐 이런 병리적 면이 있을 수 있습니다. 또 쾌감이라는 것도 대단히 복잡합니다. 아름다움이나 선함, 나와 무관한 불행들이 나에게 쾌를 가져다주기도 하지만, 동시에 내가 인정하기 싫어했던 것이 나에게 보일 때도 쾌가 와요. 내가 알고 있었지만 숨기고 싶어 했던 것, 무의식적으로 은폐되어 있었던 것들이 보일 때가 있죠.

그리스인들이 결코 인정하고 싶어 하지 않았던 것이 무엇이죠? 인생은 아무것도 아니다, 인생은 고통밖에 없다, 인간은 파멸이라는 운명을 껴안을 수밖에 없다, 이것이죠. 그리스비극은 그것을 보여줘요. 내가 숨기고 싶어 했던 것, 인정하고 싶지 않아 했던 것을 주인공들이 보여주죠. 그럼 무엇이 없어집니까? 두려움이 없어집니다. 내 안에 있었지만 보고 싶어 하지 않았기 때문에 꽁꽁 막아놨던 것을 일단 보고 나면 두려움이 없어져요. 이게 카타르시스예요. 두려움으로부터 해방되기 때문에 쾌를 가져오는 겁니다.

조폭영화를 보면서 재미를 느끼는 것은 정신분석학적으로 보면 이 카타르시스적 효과 때문일 수 있어요. 보스와 착한 주인공이 나오는데 그것이 나에게 쾌를 가져다준다면, 이것은 단순한 조폭영화가 아니라 내 세계이기도 하다는 겁니다. 그것을 무의지적으로 받아들이는 과정에서 카타르시스를 느끼는 것입니다.

이렇게 얘기할 수 있어요. 우리는 나에 대해서 다 알고 있는지 모릅니다. 그러나 그런 나를 너무도 두려워하기 때문에, 내가 그런 나라는 사실을 인정할 수 없기 때문에 끊임없이 아니라고 하고 있는지 몰라요. 알고 있음에도 부정하려고 할 때 생기는 답답함, 불안이 있습니다. '그것들이 나에게 정말 알려지면 어떡하나.' '그것들이 나에게 다가와서 말하면 어떡하나. 이게 바로 너란다 얘기하면 어떡하나.' 우리는 이 두려움이나 불안 때문에 항상 긴장하고 있어요.

그런데 어떤 계기가 있어서 그것들이 더 이상 부정할 수 없도록 나에게 보이게 된다면 불편하기만 할 것 같으세요? 그렇지 않습니다. 해방감을 가져올 수 있어요. 우리말에 그런 거 있잖아요? '말해놓고 나니까 속이 후련하다. 알고 나니까 살겠다.' 이런 심정들 아시죠? 그게 카타르시스입니다. 두려움으로부터 해방되는 것이죠. 이런 얘기가 옳을지 모르지만 조폭영화를 자꾸 보실 필요도 있어요. 조폭영화가 자꾸 만들어질 필요도 있고요. 우리가 조폭영화가 무엇인가를 마치 물고기가 물이 무엇인지 알게 되는 것처럼 이해할 수 있다면요.

결국 아도르노가 얘기하려는 것은 내가 나라고 부르는 것은 사실 나가 아니라 사회의 미미크리라는 거예요. 이것이 사회로부터 강요되어서 만들어진 나라는 사실을 철저하게 알 때만 비로소 '나는 누구인가'라는 질문이 시작될 수 있다는 거죠.

우리는 우리에게 있는 상처를 인정하기가 정말 힘들어요. 상처 있는 나를 인정하는 일에 대해 두려움이 있어요. 내적으로도 이유가 있지만 사실 더 큰 두려움은 외부로부터 오는지 모르죠. 상처받은 나를 인정해버리면 사회가 나를 용서하지 않아요. 상처를 알고 있는 너는 쓸모가 없어, 그러는 게 더 무서운지 모릅니다. 여러분 제일 힘든 게 뭡니까? 사회에서 배제당하는 거죠. 왕따당하는 것이 제일 무섭죠. 아무도 나와 관계를 안 가지려 하는 것, 이거 무서워하시죠? 어쩌면 그 두려움 때문에 우리는 자신이 어떠한 상처가 있는지 알면서 그 상처를 인정할 수 없는지 모릅니다.

제가 이 강의의 제목을 '상처로 숨 쉬는 법'이라고 얘기했는데 허파가 새로 생기려면 상처와 만나야 합니다. 요즘에 자꾸 상처 담론, 힐링 담론이 생기는데 과연 이것들이 상처를 허파로 만들려는 담론인가 생각해봐야 합니다. 아니면 지금까지 해왔듯이 '빨리 덮어, 빨리 세상으로 나가, 빨리 세상이 원하는 것을 수행해' 이런 식으로 진행되는 것이 위안인가, 치유인가, 상처를 더 깊게 만드는 일은 아닌가 생각해봐야 해요.

괴로운 얘기예요. 그렇다고 너무 현실적으로만 받아들이지 마세요. '그러니까 지금부터 난 하는 일 다 그만둘 거야.' 이렇게 생각하시면 안 돼요. 그러라는 건 절대로 아닙니다. 다만 앎이라는 것이 있습니다. 알아채는 것이죠. 그리고 또 하나 있습니다. 더 이상 속지 않는다는 것. 이게 중요해요. 그리고 이런 것이 나를 관리하고자 하는 여러 가지 사회적 시스템들에 대해서 눈을 밝게 만든다는 것이죠. 또 다른 의미에서 자기를 잘 관리해나갈 수 있다는 것입니다. 저는 관리보다는 돌본다라는 말을 좋아합니다. '나를 잘 돌보기'입니다. 산다는 것은 기술입니다. '자기를 잘 돌보는 기술'이고 이 말은 '자기의 권리를 찾는다'라는 것이에요. 우리 사회의 구성원들, 특히 청춘 세대들의 나라고 하는 것이 깊은 상처를 가지고 있다면 한번 그 상처를 깊이 들여다보는 일이 필요합니다. 그 일들이 곧 나를 돌보는 일이라고 생각합니다.

《계몽의 변증법》을 보시면 아도르노의 사유는 크게 2개의 줄기로 전개돼요. 하나는 문명이라는 개념이고 또 하나는 주체라는 개념입니다. 즉, 이런 질문에 답하려고 하는 겁니다. 문명은 왜 이렇게 될 수밖에 없었는가. 어떤 길을 걸어왔기 때문에 지금 이런 상태가 되어버렸는가. 그리고 도대체 주체는 어떤 길을 걸어왔기에, 자기를 억압하고 희생시키면서 겨우 주체 아닌 주체가 되었는가. 오늘 이러한 운동의 행로를 대략적으로 얘기해봤습니다.

다음 시간에는 남성성에 대한 얘기를 하겠습니다. 저는 그것을 '슬픈 정우성'이라는 이름으로 얘기하려 해요. 여기서 정우성은 진짜 정우성을 얘기하는 게 아니에요. 주차된 차에 꽂힌 명함들이 있잖아요? 나이트 와서 정우성 찾아주세요, 부킹의 원조입니다, 이러는 명함들 있죠? 그런 의미에서 쓴 겁니다. 오늘날 많은 남자들이 되고 싶어 하는 멋진 남자의 모델이라는 것이죠. 그런데 그게 얼마나 슬픈가, 멋진 남자들이라 얘기되는 사람들이 알고 보면 얼마나 상처투성이인가, 그런 것들을 알아보는 시간

을 가질 거예요. 여자도 마찬가지죠. 이렇게 차츰 진도를
나가보겠습니다.

2강

언어와 육체 그리고 남성성

아도르노는 《미니마 모랄리아》에서 문자 언어만을 얘기하지만, 언어에 꼭 문자만 있는 건 아닙니다. 우리가 사용하는 모든 소통의 수단이 언어죠. 신체 행위도 언어예요. 제스처나 포즈 이런 것들이 전부 언어입니다. 예를 들어 카메라만 앞에 딱 놓으면 신체가 벌써 언어 체계를 갖습니다. 예쁘고 멋있게 보이려고 하는 행동들이 있죠.

육체는 자연적인 것만은 아니에요. 우리는 자연을 너무나 쉽게 얘기하는 경향이 있죠. 마치 자연이 잘 보존되어 있는 것처럼, 언어 외부의 영역이 따로 있는 것처럼 얘기합니다. 특히 요즘 환경주의 혹은 자연주의가 화두가 되는데, 이 자연을 무엇으로 볼 것이냐 하는 성찰이 먼저 이루어지지 않으면 오히려 환경주의가 자연을 훼손시키는 역할을 하게 되는 딜레마에 빠지기 쉽습니다.

아무튼 언어와 육체의 관계는 곧 정신과 자연의 관계예요. 우리 육체는 자연성의 부분이고, 언어는 정신성의 영역이라 볼 수 있죠. 이 관계를 설명할 때 프루스트나 롤랑 바르트를 끌어와서 함께 얘기해보겠습니다. 이 장에서 아도르노는 프루스트나 롤랑 바르트를 언급하지는 않지만, 오늘날 우리 사회의 현상을 얘기하기 위해 필요한 것 같아요. 먼저 〈프랑스어로 말하기〉의 첫 줄을 보시죠.

외국어로 포르노 책을 읽는 사람은 섹스와 언어가 얼마나 내밀하게 서로 얽혀 있는지 배운다. 원서로 사드의 소설을 읽을 때는 사전이 필요 없는 것이다.

롤랑 바르트만 해도 문자는 읽는 것이 아니라 보는 것이라 얘기해요. 느끼는 것이죠. 텍스트라는 개념이 거기에서 나오죠. 어떤 글을 읽는다고 할 때는 코드 시스템이 발생시키는 의미 체계에서 빠져나오지 못해요. 그러나 우리가 문자를 의미로 읽지 않고 본다는 것은 문자가 물질화된다는 거예요. 우리는 물질화되어 있는 것만 봅니다. 육체화되지 않은 것은 볼 수 없어요. '안 보이는 것이 보이는 것이다.' 이런 형이상학적인 얘기도 있지만, 감각 현상으로 보게 되면 물질화될 때만 접촉할 수 있는 거예요. 그렇게 되면 문자는 더 이상 의미를 가지는 것이 아니라 어떤 그림이 되죠. 의미화되지 않은 모든 그림들은 우리에게 무언가를 얘기하기 시작해요. 이 직접적인 관계에서 나오는 의미들은 코드 시스템으로 얘기할 수 있는 의미가 아니에요.

나중에 제가 친화력이라는 개념을 얘기할 텐데요, 문자는 정신 영역이고 추상 영역이지 않습니까? 그리고 우리의 눈은 육체 영역인데요. 이 둘 사이에는 원래 친화력이 있어요. 서로 만나서 엇갈리는 접촉 지점이 있다는 것이죠. 아도르노는 사드를 원서로 읽을 때 사전이 필요 없다고 했습니다. 꼭 사드나 포르노 소설이 아니라 일반적인 텍스트를 읽을 때도 이런 현상이 있어요. 섹슈얼한 것, 포르노적인 것은 특정한 성관계라든지 도착적인 성행위로 규범화되어 있는 것이 아니라 말하자면 접촉 관계를 얘기해요. 읽는 사람과 텍스트가 만나서 의미의 시스템을 벗어나 다른 관계성을 가질 때, 그 언어와 육체의 관계성을 성적인 것이라 얘기할 수 있습니다. 이런 의미에서 섹스와 언어는 내밀하게 교차한다는 거예요.

그럼 사드를 읽을 때 사전이 필요 없다는 말은 근본적으로 무엇을 얘기하는가? 정신과 자연, 언어와 육체는 오늘날 생각하듯 완전히 이분화된 것이냐, 아니면 본래는 그것들이 맞닿아 있던 것이냐, 즉 언어의 기원이 무엇이냐는 질문이 생기죠. 언어학에서는 그런 문제를 따집니다. 언어는 왜 생겨났을까? 여러 가지 이유가 있을 수 있어요. 음성을 통해서 소통 관계를 만들고 필요한 것을 얻기 위해 언어가 생겨났겠죠.

아도르노는 이렇게 봐요. "언어는 우리의 육체가 고통을 겪었기 때문에 고통으로부터 벗어나기 위해 필요했던 것이다." 자연 관계 속에서는 육체가 부자유의 상태에 있기 때문에 자유의 상태를 희구하게 되죠.

그러면서 새로운 영역이 육체로부터 생겨나요. 고통스러운 육체는 꿈을 꾸기 시작해요. 여러분도 아프면 그러잖아요? '이 아픔이 없었으면 좋겠다.' 이게 꿈이에요. 우리가 어떤 고통을 당하면 필연적으로 '이것이 아니었다면'이라는 가정법의 세계가 태어나죠. 어떻게 보면 고통으로부터 자유로운 육체가 태어나요. 그런 의미에서 보면 언어는 처음부터 육체와 무관하게 태어난 것이 아니라는 겁니다. 육체성의 한계나 아픔 때문에 태어난 것이 언어라고 한다면 언어와 육체 사이에는 근본적으로 **친화력**이 있다는 거죠.

여러분 괴테의 소설 중에 《친화력(Die Wahlverwand-tschaften)》이라는 작품 보셨나요? 제목에서 'Wahl'은 옵션이라는 뜻이에요. 선택한다. 'Verwandtschaft'는 친족 관계라는 뜻이고요. 다시 얘기하면 어떤 특별한 두 개체가 자연적으로 붙으려고 한다는 것이죠. 원래는 화학 용어예요. 화학에서 얘기할 때 물질은 분자들의 결합 관계죠. 분자들 중 어떤 것들은 꼭 달라붙으려 하고 어떤 것들은 안 붙으려고 해요. 이게 물질성이잖아요? 물질이 왜 부피와 무게를 가지는가 보면 결국 친화력 관계 때문에 그렇다는 거죠. 자연의 요소들이 무엇에 의해 조직되느냐 하면 친화력 관계에 의해 조직되어 있다고 보죠.

괴테는 이 화학식을 그대로 연애로 옮겨 옵니다. 연애는 개인과 개인이 친화력 관계를 가질 때 시작된다는 거죠. 둘이 붙으려고 하는 거예요. 또 어떤 경우에는 도저히 안 돼요. 어떤 의도에 의해서 붙으려 해도 자꾸 밀어내는 관계가 있죠. 인연이다, 악연이다 이런 말 있잖아요? 비슷한 얘기죠.

그런 의미에서 언어와 육체는 친화력이 있어요. 서로 밀어내는 것이 아니라 계속 연결되려 하고 접촉되려 하는 성격을 가지고 있다는 거죠. 왜냐하면 언어가 육체의 고통으로부터 태어났기 때문이에요. 육체는 고통으로부터 벗어나기 위해 언어를 필요로 하고, 언어는 자기의 고향인 육체로 되돌아가려 해요.

이 관계에서 언어가 태어나는데 그렇다면 이후에 언어는 어떤 방식으로 작동되었느냐 살펴봐야 합니다. 문명화 과정이 진행되면서 정신이 육체를 관리 통제하는 것처럼, 언어도 육체를 관리 통제하는 권력이 되었어요. 언어는 육체를 가치 없는 것으로, 어리석은 것으로, 문명화되지 않은 자연적인 것으로만 취급하면서 점점 육체를 억압하는 지배도구가 되어가요. 이것이 언어의 문명화 과정이라고 볼 수 있습니다.

그러나 아도르노는 언어와 육체는 본래 친화력 관계가 있기 때문에 언어는 육체를 끊임없이 요청한다는 것이죠. 육체와 다시 하나가 되려 하고, 육체도 언어와 만나려 하는 속성이 있다는 거예요. 친화력을 되찾으려 하는 기억과 요청을 피할 수 없어요. 이런 전제에서 섹스와 언어는 내밀하게 교차한다는 얘기가 나와요. 외국어로 포르노를 읽을 때 사전이 없어도, 이게 지금 무슨 얘기인지 또렷한 내용은 아니더라도 이상하게 나의 육체가 흥분하는 일이 있다는 거예요.

이런 얘기가 엉뚱하게 들릴지 모르지만 프루스트의 경우를 보면 잘 알 수 있죠. 프루스트의 문학은 읽기와 쓰기의 관계인데, 1권에 보면 유명한 굿나이트 키스 장면이 나옵니다. 화자인 마르셀이라는 어린아이는 엄마가 와서 키스를 안 해주면 잠을 못 자요. 그런데 스완이라는 손님이 방문을 하면 엄마가 바쁘다 보니까 키스를 해주러 못 올라와요. 침실은 2층에 있고 어른들은 거실에서 얘기를 나누죠. 마르셀이 도저히 잠을 못 자다 결국 반란을 일으켜요. 계단에 몰래 앉아 있는 거예요. 마침내 스완이 떠나고 엄마와 아빠가 자려고 같이 올라오죠. 올라오다 보니까 요놈이 자지도 않고 계단 구석에 쭈그리고 앉아 있어요. 이런 애들 기르려면 되게 힘들겠죠? 보통 같으면 아버지가 야단을 칠 텐데, 그날은 아버지가 껄껄 웃으며 이렇게 얘기하죠. "여보, 오늘은 그냥 당신이 저 애

하고 자시오. 나는 그냥 혼자 자겠소." 그러면서 자기 방
으로 들어가요.

이건 굉장한 사건이에요. 오이디푸스 콤플렉스 관계
로 보면 아들은 거세 공포 때문에 아버지로부터 어머니
를 탈취하고 싶어도 못 하거든요. 그런데 이 경우엔 어머
니를 탈취한 것과 마찬가지예요. 프로이트식으로 얘기해
서 아들이 어머니에 대한 근친상간의 욕망 때문에 괴로
워했다면 이 장면에서 실현되는 거예요. 그래서 결국은
엄마와의 동침이 이루어집니다.

마르셀이 침대에 누워 있으면 엄마가 책을 읽어주죠.
그런데 읽어주는 책이 뭐냐 하면 조르주 상드의 《사생아
프랑수아》라는 연애소설입니다. 조르주 상드는 당대의
성 모럴이나 연애 모럴을 거부하면서 스캔들을 많이 일으
킨 작가잖아요? 외할머니가 그 소설을 마르셀에게 선물
로 줘요. 그 책을 마르셀의 엄마가 읽어주는 장면이 유명
해요. 엄마가 낭독을 하는 목소리와 책의 문장들이 어떤
관계를 맺는가? 아이가 그것을 들으면서 어떤 문자 체험
을 하는가? 하는 것이 중요합니다.

프랑수아 상피라는 주인공이 시골 처녀들과 연애를

하는데 엄마가 마르셀에게 그걸 읽어주면서 어떤 장면은 슬쩍 빼버립니다. 물방앗간에서 만나서 손잡는 부분이 나오면 그걸 빼버리고 다른 데로 싹 건너가죠. 문제는 이 빠진 지점이에요. 아이는 그걸 들으면서 다 알아요. 얘기가 분명히 여기로 진행되어야 하는데 다른 데로 간단 말이에요. 그러면 이 부분은 빈 지점으로 남아 있느냐? 그게 아니에요. 아이는 그걸 들으면서 텅 빈 부분에서 새로운 텍스트를 만들어내죠. 엄마가 숨기려고 했던 부분들을 상상의 텍스트로 자기가 써요. 프루스트에게 글쓰기는 이런 거예요. 이것은 굉장히 성적인 거죠. 엄마가 읽어주는 텍스트에서는 언어와 육체가 분리되어 있습니다. 그러나 엄마가 빠뜨리기 때문에 어린 마르셀이 쓰고 있는 텍스트는 뭐죠? 이 상상의 텍스트, 몽상의 텍스트에서는 언어와 육체가 친화력 관계로 되는 거예요. 이건 일종의 성적 체험이에요.

한번 생각해보세요. 우리의 성적 첫 경험이 무엇인지? 유곽에 가서 첫 경험 하고 어쩌고저쩌고 하는 얘기가 아닙니다. 성적 체험이라는 것은 내 육체의 발견입니다. 내 육체의 감각들이 총체적으로 나에게 경험되는 걸 얘기해요. 그것이 바로 성적 체험이에요. 그렇게 볼 때 마르셀은 그때 처음으로 성 체험을 하는 거죠. 그 성 체험은 곧 엄마와의 근친상간의 관계로 은유화될 수 있는 것이죠. 정말로 엄마와 성관계를 맺는 게 아니라, 다름 아닌 이 아이의 첫 번째 성적 체험, 문자 체험, 육체 체험이 그것을 대체하는 거예요. 이후로 프루스트의 모든 글쓰기는 이 언어와 육체의 결합 체험에서 나옵니다.

요즘 아이들을 똑똑하게 키우려면 책 많이 읽어줘야 한다고 그러잖아요? 배 속에 있을 때부터 읽어주고 그래야 한다던데 항상 빠지는 얘기가 있어요. 바로 어떻게 읽느냐예요. 프루스트 소설의 장면에서도 주목해야 되는 것은 어머니가 책을 어떻게 읽는가입니다.

여기에는 목소리가 개입해요. 오랫동안 문자와 목소리가 직접적으로 관련되는 문화가 낭독이었습니다. 낭독은 문자와 육체가 만나는 관계예요. 그런데 아시겠지만 점점 낭독 문화가 없어지죠. 우리는 보통 침묵하면서 문자를 읽어요. 즉, 문자와 인간관계가 의미 관계로 바뀌는 거예요. 육체는 빠져버려요. 그렇지 않습니까? 그래서 책을 읽으면서 계속 의미 관계만 따져요.

요즘 아이들이 책 읽기 싫어하는 게 큰 문제다 그러

는데 제가 볼 때 문제는 거기 있지 않습니다. 무슨 독서를 강요하느냐가 문제죠.

롤랑 바르트는 독서를 두 가지로 나누죠. 억압의 독서와 욕망의 독서를 얘기합니다. 전부 억압의 독서를 강요하니까 당연히 읽기 싫죠. 그런데 만일 우리가 독서를 욕망의 독서라는 방식으로 수행한다면 읽지 말라 해도 읽어요. 《잃어버린 시간을 찾아서》의 책 읽어주는 어머니 장면도 우리가 지금 다루는 아도르노의 테마로 보게 되면 섹스와 언어가 얼마나 내밀하게 교차하는가, 얼마나 친화력 관계를 가지고 있는가 알 수 있는 장면이죠.

그리고 이러한 예로 들 수 있는 장면이 또 있습니다. 소설에서 보면 주인공 마르셀이 제일 좋아하는 게 책 읽는 거예요. 책 읽기에 대해서 두 장면이 나옵니다. 마르셀이 매일 골방에 들어가서 책만 보니까 외할머니가 걱정하거든요. "너 그러다 건강 나빠진다, 밖에 나가서 산책 좀 해라" 하고 시켜요. 그러면 마르셀이 할 수 없이 골방에서 나오죠. 그래서 어디로 가느냐 하면 나무 그늘에 가서 앉습니다. 그리고 거기서 책을 읽습니다. 그리고 읽고 있는 책 속에 어떤 내러티브가 있죠. 어떤 풍경이 나오고 그 풍경 속에서 두 남녀가 사랑을 속삭여요. 프루스트가 이렇게 얘기하죠. "책을 읽다 보면 문자로 쓰인 풍경이 어느 사이엔가 나를 둘러싸고 있는 실제의 자연 풍경과 용해돼요. 여름날 나무 그늘에 앉아 있으니까 풀벌레 소리도 들리고 나뭇잎이 바람에 흔들리는 소리도 들려요. 텍스트에 있는 자연 풍경이 실제 외부 자연과 다른 것이 아니라 하나로 섞여버려요." 그래서 텍스트의 풍경을 읽는 것이 어느 사이엔가 내가 텍스트 속에 있는 것처럼 감각되고, 동시에 외부의 자연 풍경은 텍스트 속으로 들어와서 언어 현상으로 나에게 감각된다는 얘기를 하죠. 책 속에 들어 있는 문자 층위와 그 문자와는 아무 관계가 없는 자연 현상이 독서를 통해서 본래의 관계, 즉 언어와 자연의 친화력 관계로 나에게 다가오는 거예요.

그러면서 또 이런 얘기를 하죠. "텍스트 속에서 두 남녀가 사랑을 속삭이는데 나에게는 그 장면이 실제로 두 사람이 사랑을 속삭이는 것처럼 감각되었고, 그러면서 슬쩍 얘기하는데, 나는 시간 가는 줄 모르고 그 무엇인가로 빠져들었다."

그 무엇인가가 뭐라고 생각하세요? 마스터베이션이에요. 더 이상 책 읽기가 의미 체계를 이해하는 것이 아니라 책을 읽다가 자기 육체와 만나요. 이렇게 되면 독서 체험 속에서는 더 이상 언어와 자연, 정신과 육체가 분리가 안 되는 거예요. 그래서 프루스트에게 독서는 분리되었던 언어와 육체가 다시 하나로 용해되는 체험입니다.

이것이 곧 글쓰기로 건너가요. 바로 이걸 쓰는 거예요. 아도르노가 섹스와 언어는 내밀하게 교차한다, 사드를 읽을 때는 사전이 필요 없다고 했을 때 이것이 근본적으로 뭘 얘기하려는 것인가 알 수 있는 예죠. 언어와 육체, 정신과 자연이 얼마나 내밀하게 본질적 친화력 관계를 가지는가를 얘기하는 부분입니다.

롤랑 바르트가 플로베르에 대해 얘기할 때도 똑같은 얘기를 해요. 롤랑 바르트가 플로베르의 문장에 대해 쓴 글을 보면, 플로베르 글쓰기의 어려움이 있습니다. 플로베르가 조르주 상드에게 보낸 편지를 보면 맨날 글쓰기의 어려움에 대해 징징거리는 소리예요. '나는 오늘 10시부터 밤이 어두워질 때까지 썼는데 겨우 문장 5개 썼다, 반 페이지밖에 못 썼다.' 이런 식으로 얘기합니다. 바르트가 재미있는 얘기를 하죠. 플로베르의 글쓰기의 어려움은 도대체 무엇일까? 플로베르가 문장력이 없거나, 쓸 것이 없는데 억지로 만들어내려다 보니까 어려웠던 게 아니라는 거예요. 오히려 문장들이 범람하기 때문에 이 문장들을 감당할 수 없는 것이 플로베르 글쓰기의 어려움이라는 거죠.

우리가 글을 쓰다 보면 대체로 어려운 점은 문장들이 나를 찾아오지 않기 때문이죠? 나는 이런 걸 쓰고 싶은데 문장이 안 오죠. 그런데 플로베르 글쓰기의 어려움은 다른 데 있다는 거예요. 한 줄을 쓰면 그 문장들이 다른 문장들을 자꾸자꾸 불러들이기 때문에, 너무 많은 문장들이 플로베르에게 다가오기 때문에 이 문장들을 어떻게 정리해야 되는가라는 것이죠. 그리고 이 문장들을 어떻게 글로 바꾸어낼지, 이것 때문에 힘들다는 거죠. 이것이 그 유명한 플로베르의 퇴고입니다. 고친 거 또 고치고 또 고치려고 했던 것은 잘못된 문장을 좋은 문장으로 바꾼 게 아니라, 범람하면서 자기에게 찾아오는 문장들의 홍수로부터 벗어나는 작업을 하기가 힘들었다는 거죠. 이런 식으로 글을 쓸 수 있으면 얼마나 행복할까 몰라요.

발자크 같은 경우도 그렇습니다. 발자크가 엄청난 양의 글을 썼잖아요? 돈 벌어서 빚 갚으려고요. 발자크 얘기도 유명하지 않습니까? 글이 너무 범람해서 잠을 잘 수 없으니까 각성제를 먹으면서 썼다고 그럽니다. 사르트르도 그래요. 필력이 있는 사람들은 따로 있는 것 같아요.

어쨌든 플로베르의 문장이 무엇이냐? 문장들이 왜 범람하는가? 언어와 육체가 내밀한 친화력 관계라면 이 세계는 코드화된 언어에 의해서 규율화된 것이 아닙니다. 그렇기 때문에 어떤 가치 체계에 의해서 순서에 따라 들어오는 것이 아니라 모든 것들이 흘러들어오게 돼 있어요. 이것들을 어떻게 할 것이냐는 것이 플로베르의 어려운 문제였죠. 바르트는 그것을 욕망의 글쓰기라고 불러요.

그런데 요즘 글쓰기는 어떤가요? 논술이다 뭐다 하는 걸 보면 가능한 한 육체성을 배제한 글을 잘 쓴 글이라고 해요. 주제를 또렷하게 한 글요. 그런 글쓰기와 문학적 글쓰기는 다른 것이죠.

언어가 육체에 대해 권력화되어가는 과정이 곧 우리가 글쓰기를 배우고 독서를 배우는 과정이에요. 그것이 잘 관리되면 글쓰기이든 독서든 교양화가 됐다고 그래요. 그래서 우리가 어떤 글을 볼 때 그것이 잘 정제돼 있고 구조가 잘 짜여 있으면 100점을 준단 말이에요.

독서도 마찬가지예요. 책 읽기를 잘한다는 것은 무엇입니까? 의미 체계를 잘 따져서 거기 들어 있는 의미를 정확하게 찾아내는 것이죠.

이런 것은 모두 언어가 육체적인 부분을 얼마나 잘 관리 통제했느냐의 결과죠. 다시 말해 언어와 육체 사이의 친화력 관계가 권력 관계로 바뀌면서 나타난 슬픈 언어 현상입니다. 이것이 교양화 과정에서 피할 수 없는 것이라면, 육체가 언어를 요청하고 언어가 육체를 요청하는 관계는 요즘 글쓰기와 독서의 시스템 안에서는 실현될 수 없는 것이죠. 그렇다면 우리는 이런 문제를 읽어봐야 됩니다. 언어와 육체의 잃어버린 친화력을 찾아낼 수 있는 영역은 없을까. 언어와 육체가 다시 만나는 영역은 어디일까. 〈극심한 허기〉를 보면 이런 문장이 있습니다.

프롤레타리아의 언어는 배고픔으로 쓰여진다. 가난한 자는 배불리 먹기 위해 언어를 씹어 먹는다. 그는 사회가 거부했던 힘을 주는 영양분을 언어의 객관적인 정신에서 기대하는 것이다.

단어는 다름이 아니라 언어와 육체가 친화력 관계를

복원하고자 있는 것입니다. 아도르노는 이것을 객관적 정신이라고 불러요. 그러나 가난한 사람들이 원하는 것은 단어 속에 들어 있는 객관적 정신이 아니라는 거죠. 아도르노는 지금 욕설을 얘기하는 건데요, 만일 단어가 음식이 되어서 씹어 먹으면 무엇이 되는가? 그것이 욕이에요. 그러한 객관적 정신이 욕설 같은 데는 들어 있지 않다는 거죠.

먹을 것이 없는 사람은 단어들로라도 입안을 꽉 채우고 싶지 않으면 안 된다. 부당한 가난은 단어를 향한 복수로 변한다. 부당한 가난을 재생산하는 사회는 사람들에게 단어를 사랑하지 못하도록 만든다. 그는 깨물 수 있는 어떤 것도 갖고 있지 않다는 것을 자랑한다. 그렇게 그는 언어에 복수한다. 언어가 그에게 사랑하지 않게 한 언어 육체를 그는 모욕하며, 그 자신에게 행사된 치욕을 무기력한 힘으로 반복한다.

우리는 이렇게 얘기해볼 수 있습니다. 욕설을 누가 잘합니까? 교양 있는 부르주아 계급들이 합니까? 아니면 대체로 저급한 용어라고 얘기되는 욕설은 하층민들이 합니까? 그런데 참 재미있습니다. 소위 교양화된 언어 행위가 언어가 육체와 완전히 분리되었을 때만 가능한 것이라면, 하층민들이 쓰는 욕설은 뭐죠? 그 욕설의 언어는 아도르노식으로 얘기하면 단어를 음식으로 씹어 먹기 때문에 나오는 거예요. 이렇게 되면 욕설 속에서는 단어가 더 이상 의미가 아니에요. 단어는 무엇입니까? 먹을 수 있는 것입니다. 즉, 물질적인 것이에요. 우리가 욕설을 무엇으로 이해할 거냐 하면 말이죠. 여러 가지 방식이 있지만 아도르노가 얘기하는 언어와 육체의 문제로 보면 욕설은 부정적인 방식으로 단어와 육체가 다시 만나는 과정이에요. 참 재미있어요.

그런 현상은 사실은 다른 데도 얼마든지 있습니다. 예컨대 장사꾼들이 시장에서 막 외치잖아요? 남대문시장에 가면 온갖 옷들 늘어놓고 그 위에서 한 사람이 이리 뛰고 저리 뛰면서 뭐는 얼마고 하며 외치는 사람들이 있죠? 이 외침 속에 단어와 육체가 분리된다고 생각하세요? 그렇지 않습니다. 제가 어렸을 때 보면 버스마다 차장이라는 어린 소녀들이 있었어요. 이 소녀들이 수많은 사람들을 버스에 밀어 넣고 자기는 버스 문틀을 붙잡고 반쯤 몸을 밖으로 내민 채로 외치는 말이 있습니다. '오라이' 하고 외치고 '들어가세요' 하고 외칩니다. 이 외침 속에 언어와 육체는 분리되어 있지 않죠. 그건 하나예요.

말하자면 그 가운데서 의미가 태어날 수 없습니다. 삶 자체가 곧 그 외침이죠. 그 외침은 언어이지만 그 언어 자체가 외치는 사람의 육체예요. 언어와 육체는 교양화된 언어 행위들, 부르주아적인 문학의 이념 속에서 실현되는 것이 아니라, 그러한 부르주아 계급으로부터 소외된 저잣거리에서 다시 복원되고 있다는 것이죠. 우리가 그걸 읽어내는 게 중요해요.

이것은 두 가지 얘기를 합니다. 먼저 언어와 육체는 어차피 하나가 될 수밖에 없기 때문에 어딘가에서는 그것이 나타나게 된다는 거죠. 거기가 어디냐? 부르주아 계급의 예술 영역이나 문학 영역, 담론 영역이 아니라는 겁니다. 거기서는 쫓겨났어요. 그러면 언어와 육체의 교차성, 친화력은 없어지느냐? 그렇지 않다는 거예요. 본질적인 언어와 육체의 관계는 그 어딘가에서 자기를 실현하게 되어 있어요. 그곳이 저잣거리이고 시장터이고 가난한 사람들의 욕지거리 속이라는 거죠.

그런데 아도르노는 또 이렇게 생각합니다. 하층민 계급들의 욕설이나 시장터에서 나오는 아우성 속에 있는 바로 그것이 언어와 육체 관계의 진정한 모습인가? 그건 아니라고 생각해요. 아도르노는 그것은 상처받은 언어와 육체의 친화력 관계라고 얘기합니다. 이 상처는 치유되어야 한다는 거죠. 이 상처가 치유되려면 부르주아 계급의 사유나 성찰 능력이 저잣거리의 욕설에서 발견되는 상처받은 언어와 육체의 친화력 관계를 받아들여야 한다는 거죠. 여기에서 아도르노의 엘리트적인 모습이 드러나죠.

그러나 우리는 욕설의 문제를 아도르노와는 얼마든지 다른 방식으로도 볼 수 있어요. 제가 언젠가 한번 밤 늦게 지하철을 타고 들어가다 혼자 이상한 소리를 외치는 사람을 본 적 있는데요. 그 경험담을 이렇게 써보았습니다.

"밤 지하철 안에서 한 남자가 고함을 친다. 혼자서, 누군가를 향해서, 모두를 향해서. 아무도 그의 말을 들어주지 않는다. 아무도 그의 말을 알아듣지 못한다. 그의 고함은 이미 언어가 아니다. 날것의 기표, 고독한 신체의 헐벗은 토성(吐聲). 그는 외치고 있다, 벌거숭이 자기를 내던지고 있다. 나는 아무것도 아닌 것이 아니라고, 나도 한 사람이라고, 나도 그 누군가라고……"

　어떤 사람이 혼자 화를 내면서 외칠 때 그 언어는 더 이상 어떤 의미를 얘기하지 않아요. 제가 볼 때 그것은 완전히 헐벗은 사람의 육체와 똑같다는 거죠. 그 사람으로 하여금 홀로 외치도록 만든 그 무엇에 의해서 완전히 헐벗겨진 육체란 말입니다. 그 사람은 헐벗은 육체를 욕설이든 고성이든 사람들에게 절박하게 외치고 있어요. 그렇지만 우리는 그것을 듣지 않습니다. 또 들어도 무슨 소리인지 몰라요. 저도 귀 기울여봤는데 무슨 소리인지 잘 모르겠더라고요. 그럴 수밖에 없어요.

　헐벗은 육체가 단어의 옷을 입고 밖으로 뛰쳐나오면 그것은 무의미의 언어예요. 우리는 그것을 알아들을 수 없습니다. 그렇지만 만약 우리가 그 외침을 알아들을 수 있다면 무슨 뜻일까요? '알아달라'는 거예요. '내가 여기 있다'는 거예요. '나도 너희들과 똑같이 한 사람이야'라는 것이죠. 이 외침은 욕설과는 또 다른 형태로 언어와 육체가 하나되는 현상입니다. 그러나 우리는 아무도 그것을 들으려 하지 않습니다. 그리고 들어도 몰라요. 우리가 들어서 아는 말은 언어와 육체가 분리된 상태에서만 가능해요.

욕설의 문제도 가만히 들여다보면 참 묘한 점이 있어요. 우리 대중문화권이나 안방극장에서는 욕설이 등장하지 못하도록 돼 있습니다. 그런데 영화에서는 쌍욕들을 엄청 많이 해요. 무슨 현상일까요? 욕설에 대한 대중문화권의 이중적인 태도가 발견돼요. 한편으로는 욕설을 하면 안 된다는 거죠. 욕설을 관리하려 해요. 그런데 한편으로는 욕설을 마음대로 사용하도록 허용해요. 그러면 이런 식으로 생각할 수 있겠죠. 안방극장 같은 곳은 도발적인 의미, 금기시되는 욕망의 표현을 철저하게 관리하는 부분이고 스크린은 욕설을 해방시키고자 하는 영역이다.

하지만 저는 그렇게 생각하지 않습니다. 무엇을 금기시하고 관리하는 방식은 억누르거나 금지시키는 것만이 아니에요. 그것을 허용하는 방식도 있어요. 그것을 허용함으로 해서 그것이 가지고 있는 내밀한 특성을 일반화시키는 거예요. 처음에는 욕설 안에 언어와 육체의 관계를 금지시키는 권력에 대한 저항의 의미가 있을 수 있지만, 그것이 허용되는 순간 어떻게 되는 거죠? 또 하나의 관리 대상으로 편입되는 거예요. 이해하시겠습니까? 대중문화 시장의 이중전략이죠. 한편으로는 금지시키는 척하면서 그것을 자기 제도 안으로 편입시키고 있다는 거죠. 제도 안으로 편입되어서 문화의 영역으로 의미를 얻게 되면 욕설 안에 들어 있는 저항의 힘들은 이미 희석화된 거예요. 그래서 재미있는 현상이 돼요. 웃음거리나 진기한 현상이 되는 거죠. 때때로 어느 가게 주인이 손님에게 마구 욕을 하면 오히려 유명해지잖아요? 욕쟁이 할머니가 마케팅의 수단이 돼요.

이런 식으로 우리의 문화는 금기된 것을 무작정 금기만 시키는 것이 아니라 그 금기를 풀어내면서 더더욱 관리 통제를 강화하죠. 이런 것들은 굉장히 많습니다. 이미 제도는 옛날 독재 시대처럼 막는다고 통제할 수 있는 것이 아니라는 걸 알고 있습니다. 그랬을 때 오히려 그것을 열어주죠. 열어주면서 편입해버리면 금기시되었을 때는 힘이 있던 것들이 더 이상 힘을 가지지 못해요.

오늘날의 언어 권력은 육체를 어떻게 다루느냐? 이런 방식으로 다루고 있습니다. 때때로 문학에서도 육체적인 언어가 금기를 이탈하려는 것처럼 성행위 같은 것들을 도발적으로 얘기하는데, 제가 볼 때 이것은 언어와 육체의 친화성을 복원하는 데 전혀 도움이 안 돼요. 그렇게 하면서 그것들이 오히려 자연스러운 것이 되어버리죠.

글 쓰는 사람들은 문화 권력의 관리 체계, 문화 권력의 지배 전략이 이런 식으로 섬세화되어 있다는 것을 알고 시작해야 돼요. 진정으로 육체성에 대해 글을 쓰고 싶어 한다면 이 사실들을 알고 들어가야 된다는 거죠.

이런 관리 체제나 지배 전략에 대해서 미리 성찰하지 않은 채 육체적인 상황들, 육체적인 언어들을 도발적으로 토해낼 경우 토하면 토할수록 그것은 오히려 체제 속으로 편입되는 기능만을 할 뿐이라는 점을 염두에 둘 필요가 있습니다. 이렇게 언어와 육체의 관계에 대해서 〈프랑스어로 말하기〉와 〈극심한 허기〉라는 두 장을 가지고 얘기해봤습니다.

○

〈터프 베이비〉라는 제목은 '터프 가이'라는 말을 패러디한 거예요. 터프 가이라는 사람들은 알고 보면 유약하기 짝이 없는 터프 베이비에 지나지 않는다는 얘기인데요. 여기서 저는 두 남성성에 대해 얘기를 좀 해보고 싶어요. 오늘날 연애 대상으로 괜찮은 남자는 어떤 사람들인지 모르겠어요. 여성분들은 남성적인 사람을 좋아합니까, 아니면 부드러운 남자를 좋아합니까? 대답은 분명할 거예요. 남성적이기도 하면서 여성적이기도 한 남자겠죠. 사실 그래야 되죠.

우스갯소리로 그러잖아요. '내 남자는 로맨티스트이면서 리얼리스트였으면 좋겠다.' 뭐 어렵게 얘기할 거 없이 돈도 잘 벌어 오면서 다정다감했으면 좋겠다는 거죠. 그러나 아도르노의 논리에 따르면 돈을 잘 벌려면 다정다감함을 포기해야 돼요. 어떻게 다정다감하면서 돈을 많이 벌 수 있습니까? 그건 말이 안 돼요. 사실은 그래야 하지만 현실에서는 둘 중에 하나를 선택해야 된다는 거죠. 그럴 때 두 남성형이 나와요. 하나는 멋진 마초, 또 하나는 여자처럼 혹은 여자보다 더 부드럽고 다정다감한 여성적 남성형. 이 두 타입에 대해서 얘기를 해보겠습니다.

먼저, 멋진 마초를 상상해봅시다. 할리우드 영화 같은 데서 보면 아주 멋있는 남자들이 등장하죠? 출세한 변호사라든지 사업가라든지. 이런 사람들이 보여주는 장면이 있죠. 한 남자가 늦은 밤 아파트에 도착해요. 집으로 들어가서 불을 켜면 큰 유리창으로 야경이 다 보입니다. 널찍한 책상도 있고 말이죠. 그 남자는 들어서면 먼저 재킷을 벗고 넥타이를 반쯤 풀어요. 넥타이를 다 풀어서 휙 내던지면 안 됩니다. 조였던 매듭을 느슨하게 하고 와이셔츠 단추를 풀어서 두 번 정도 접고 걷어 올려요. 그리고 냉장고 문을 열든지 바에 가서 위스키를 한 병 빼죠. 포도주 같은 건 안 어울려요. 위스키나 코냑 같은 독주들이 어울리죠. 크리스털 유리잔에 위스키를 부어서 얼음을 집어넣고 소다수도 넣고요. 그걸 들고 어디로 갑니까? 창가로 가서 야경을 내려다보죠. 광고에 이런 남자들 많이 나오죠? 성공한 마초, 멋진 남성형이죠. 저는 이 남자를 정우성이라고 이름 붙일게요. 여러분들 정우성 되게 좋아한다면서요?

이런 장면을 구성하는 몇 가지 요소들이 있어요. 일단 위스키 잔에서 들리는 소다수 끓는 소리가 있습니다. 쉭 하는 소리예요. 멋지죠. 그리고 헬스클럽에서 잘 만들어진 근육질 육체가 있습니다. 배가 툭 튀어나온 사람이 이러면 안 멋있잖아요? 다시 말하자면 남성적 육체의 아우라가 있어요. 굳이 아감벤의 말을 빌리지 않아도 남성적 육체의 아우라는 언제나 절대 권력의 육체성과 만나요.

이런 육체의 아우라를 필연적으로 가지는 사람이 누구라고 생각하세요? 그건 옛날에 왕들이 가졌던 거예요. 육체 자체가 아우라가 된 육체, 그것은 절대 권력자가 가졌던 것이죠. 예컨대 왕조 국가를 보면 왕의 권위를 세우는 데 제일 먼저 필요한 게 뭐죠? 그 육체성을 아우라화 하는 것입니다. 함부로 근접하거나 응시되도록 만들지 않죠. 언제나 그 앞에 오게 되면 고개를 숙이게 한다든지 합니다. 절대 권력자와 피권력자의 만남은 먼저 시선 관계죠. 한쪽의 육체는 그 시선으로부터 은폐되고 다른 한쪽의 육체는 다 보여요. 이것이 이미 권력과 피권력의 육체적 조건이에요.

옛날 왕들은 2개의 육체를 가지고 있었어요. 사람으로서의 육체가 있어요. 그렇지만 또 하나의 육체, 권력의 육체가 있어요. 그것이 가장 또렷하게 나타나는 것이 장례식이에요. 왕이 죽으면 장례를 두 번 치른다고 하죠. 실제로 죽은 육체 있잖아요? 놔두면 썩으니까 빨리 장례를 치르죠. 그렇지만 나중에 반드시 또 하나의 육체를 가지고 장례를 치르는데, 그 육체는 왕의 모양을 그대로 따서 만든 밀랍이에요. 진짜 장례는 이거죠. 절대 권력자는 모든 사람들과 마찬가지로 소멸할 수밖에 없는 자연적 육체성이 있지만, 절대 권력은 동시에 그것을 초월하는 또 다른 육체성이 있는데, 왕의 권위는 이것으로부터 나온다는 거죠.

이것은 절대 권력자가 입고 있는 의상과 만나요. 예컨대 교황의 육체는 인간의 육체가 아닙니다. 신의 육체와 비슷한 것이에요. 그것이 무엇으로 상징됩니까? 의상으로 상징됩니다. 왕의 육체도 마찬가지로 용포로 상징되죠. 정우성형 멋진 남성이 광고나 영화 속에서 보여주는 멋진 육체가 가진 아우라는, 따지고 올라가면 절대 권력의 육체가 가지고 있었던 아우라를 시장화한 결과로 볼 수 있습니다.

오늘날 멋진 남성형의 육체가 어떤 방식으로 정착되는가 보면 이렇게 얘기할 수 있죠. 시대가 지나가고 절대 권력으로서의 왕의 육체가 세속화 과정을 거쳐요. 오늘날 민주국가에서 절대 권력적 남성은 더 이상 존재하지 않기 때문에 영화배우라든지 드라마 연기자라든지 대중 문화 영역에서의 모습으로 세속화되는 것이죠.

이런 남자가 내뿜는 냄새도 있습니다. 남성 화장품

광고를 보면 당장 나오죠. 정우성 같은 남자가 아침에 일어나서 샤워를 하고 화장품을 탁탁 뿌려서 발라요. 강한 향수 냄새라든지 셰이브 로션의 냄새가 납니다. 또는 야경 앞에서 위스키 잔을 들고 시가를 피울 수도 있고, 걸터앉은 의자에서 나는 비싼 가죽 소파 냄새도 있습니다.

그다음에 또 하나 참 재미있는 것은 대체로 이런 남자들은 입을 헤벌리고 있지 않아요. 언제나 입을 굳게 다물고 있죠. 한 손에는 위스키 잔을 들고 소다수 끓는 소리를 들으면서, 향수 냄새를 풍기면서 야경을 내려다볼 때 이 남자가 입을 헤벌리고 있습니까? 그렇지 않죠. 여러분, 정치인들 가만히 보세요. 다 입이 이상하게 생겼어요. 참 재미있습니다. 이상하게 권력주의적인 사람들을 보게 되면 입이 아래로 처지게 돼요. 늘 꾹 다물고 있으니까요. 어떤 얼굴이 근엄성을 보여주려고 하면 제일 신경 쓰는 게 입이에요. 입을 아래쪽으로 다물어야 됩니다. 그리고 원래 권위는 침묵과 만나요. 이 굳게 다문 입이 시니피앙이라면 그것이 지시하는 시니피에는 뭡니까? 이 남자의 모든 것이 보여주는 것이 뭐예요? 자신감입니다. 나는 성공했다든지, 미래가 내 앞에 있다든지, 모든 사람들이 원하는 것을 소유하고 있다든지 하는 자기 신뢰감이죠. 자기 안전에 대한 확신이고요. 나는 결코 실패하지 않는다, 모든 것을 얻었고 얻을 것이라고 하는 자신감의 표현이 이 굳게 다문 입의 선에 있습니다.

그리고 이 다문 입의 침묵은 동시에 무엇입니까? 아도르노가 지적하려 하는 것인데, 여기에는 경멸성이 있어요. 모든 약한 것들, 성공할 가능성이 없는 것들에 대한 침묵의 경멸이 그 입에서 흐르고 있죠. '너희들이 나하고 같을 수 있나' 하는 한편으로는 자신감의 표현이면서 또 한편으로는 모든 약한 것들에 대한 경멸감이죠. 그런데 그 입은 굳게 다물려 있다가 가끔은 씩 웃어요. 절대 벌리면서 웃지 않아요. 이를 보이면서 웃으면 안 돼요. 선만 바꿔서 쓱 웃죠. 이 미소는 무엇이죠? 약한 것들, 나와는 상대가 안 되는 모든 것들을 대표하는 것이 뭐죠? 여자들입니다. 수많은 여자들이 예외 없이 나를 동경하고 있음에 대한 자신만만한 미소가 있습니다.

이런 남자 좋아하세요? 사실 멋지잖아요. 그런데 이들은 겉보기에는 승리자로서, 권력자로서, 자신감에 가득 찬 남성형으로 등장하고 있지만 이런 남자들의 은폐된 모습은 무엇이냐고 물어볼 수 있어요. 이들은 약한 것들에 대해서 사디스트적인 모습을 지니고 있지만 정신분석학에서 보면 사디스트가 곧 마조히스트죠. 지난 시간에 말씀드린 것과 비슷해요. 이런 성공한 남성형이 되기 위해 이 남자는 무엇을 담보로 하지 않으면 안 되었던가요? 그것은 곧 자기 안에 있는 약함을 철저하게 억압했기 때문이라는 거죠. 그리고 그것을 철저하게 경멸했기 때문이라는 거예요. 결국 이런 남자가 되려면 자기를 둘로, 약한 자기와 갱단의 보스처럼 명령을 내리는 자기로 분리해야 돼요. 약한 자기를 끊임없이 억압하고 관리 통제하고 경멸할 때에만 이런 남성형이 태어난다는 거죠.

한 인간 속에는 소위 우리가 남성성이라고 부르는 강함의 요소도 있지만 동시에 여성적인 것도 있어요. 그러나 전형적인 멋진 남성형으로 자기를 만들기 위해서는 자신의 한 부분인 여성적인 부분, 부드러운 부분을 끊임없이 딱딱하게 만들지 않으면 안 돼요. 지난 시간에 말씀드렸죠. 오디세우스가 어떻게 영웅이 되었는가. 그것은 돌처럼 굳게 쥔 주먹으로 자신의 가슴을 마구 때려서 그 가슴 역시 주먹처럼 딱딱하게 되었을 때, 모든 유혹과 저항을 다 헤쳐나가면서 자기가 가고자 했던 목적지에 도착할 수 있었다는 거죠.

바로 이렇게 영웅적인 남자가 되기 위해서 치러야 했던 필연적인 자기 폭력성이 이 남자에게 내재되어 있다는 겁니다. 이 남자는 겉보기에는 굉장히 자신만만해 보일지 모르지만 내부적으로 보면 늘 두려워하고 있어요. 무엇을 두려워하고 있는가? 자기의 약함이 자기의 강함을 언제라도 다시 유약하게 만들지 모른다는 두려움에 차 있어요. 지난 시간에 강함에 의해 억압받는 자가 어떤 방식으로 자기를 강하게 만들 수밖에 없는가를 설명하면서 그것을 미미크리라고 얘기했습니다.

달팽이가 자연이라는 강력한 힘에게 타격을 받았을 때 자기의 부드러움을 억압하면서 동시에 강한 자가 되려고 한다는 거죠. 자기를 타격했던 자연의 강함을 모방하려는 거예요. 달팽이는 본래 부드럽고 약한 것인데, 모방 과정에서 필연적으로 자연이 자기에게 타격을 가한 것처럼 자신 안의 약한 것을 타격하지 않으면 자연과 같은 강함을 얻어낼 수 없다는 거예요. 이 강함은 자기 안의 부드러움을 끊임없이 딱딱한 것으로 만들 때에만 얻어질 수 있는 슬픈 강함입니다. 현대사회가 만들어낸 남성형 중에 하나가 멋진 마초형이죠. 이런 남성들은 실제로는 강해 보이지만 알고 보면 자기 자신을 두려워하고, 모든 약한 것들에 대해서 폭력을 가해야만 하는 내부구조를 가지고 있다는 거죠.

그렇다면 우리는 또 다른 남성형에 대해 얘기할 수 있습니다. 남성주의적인 이념을 가졌던 어른 세대들이 요즘 아이들은 저래서 쓸모가 있겠냐고 걱정하는 그런 남성형들입니다. 요즘 젊은 세대들에서 많이 발견된다고 하죠. 즉, 부드럽고 다정다감하고 마초가 될 수 없는 여성적 남성형입니다.

위에서 언급했던 이런 마초형, 성공주의적이고 자신만만하고 모든 여자들이 달려드는 남자가 되려면 얼마나 힘이 듭니까? 끊임없이 자기를 관리해야 되고 자기의 일부를 억압해야 되고요. 특히 한국 사회에서 남자 되기는 진짜 힘들어요. 쓸 만한 남자가 되기 위해서 얼마나 많은 것들을 치러야만 하는지 아세요? 하나의 사회 속에서 객관적 권력이 남성성과 여성성을 자기가 원하는 방식대로 만들어가려 할 때 더 많은 수고를 치러야 하는 게 남자일 수 있다는 겁니다. 그래서 남자들이 불쌍한 측면도 있어요. 여성분들은 연애할 때 그렇게 생각하실 필요도 있어요. '얘가 지금 나한테는 되게 멋져 보이지만 이 멋진 모습을 가지기 위해서 얼마나 많은 수고를 거쳤을까.'

그런데 여성적인 남성형들은 멋진 남자가 되기 위해서 겪어야 하는 모순을 거부한 결과로 태어난 남성형입니다. 남성성의 진보의 결과다라고 볼 수도 있습니다. 그러나 아도르노는 그렇게 생각하지 않습니다. 이것은 손바닥 뒤집기와 마찬가지라는 거예요. 마초형 남성형이 자기의 약함을 경멸하면서 자기의 강함에게만 미미크리한 것처럼, 부드러운 남성형들도 사실은 똑같은 미미크리의 원칙을 따르고 있다는 거죠. 자신의 내부에 있는 강함을 포기하고 약함에만 동일화하려 해서 태어난 남성형의 모습이라는 거예요. 다시 말해 강한 남성성이나 약한 남성성 모두 객관적 권력의 피해 현상입니다.

성에 대한 **객관적 권력**은 **남성**을 남성이 **되지 못하도록** 만들어요. 무슨 얘기냐 하면 부드러운 육체성과 강한 합리성을 가진 것이 인간이라면, 남성이라는 존재에게도 **강함**과 **약함**이 동시에 있는데 그것이 모두 한 인격으로 수렴되어야 사실 남성이라 부를 수 있어요. 그러나 객관적 권력은 그런 식의 남성이 되는 것을 허락하지 않죠. 그렇

기 때문에 이 남성은 객관적 권력에 대해서 자기 분열을
일으키게 되는데 하나는 강한 것과 동일화되기, 또 하나
는 약한 것과 동일화되기예요. 강한 남성성이든 약한 남
성성이든 자기의 일부를 자기로부터 제외시키면서 태어
난다는 거예요.

결국 아도르노가 얘기하려는 것은 이것입니다. 남성
이든 여성이든 하나의 성은 자기에 대한 사랑의 관계에서
만들어질 수 있다는 거죠. 한 개인에게는 남성성과 여성
성이 둘 다 있는데, 자기가 된다는 것은 자기 내부의 남성
성과 여성성이 사랑의 관계를 맺는 거예요. 그랬을 때 우
리는 하나의 남자 혹은 여자로서 주체가 될 수 있습니다.
그런데 지금의 사회에서는 그것이 불가능에 가깝습니다.

왜 그렇습니까? 객관적 권력이 성 관리를 하기 때문
입니다. '남자는 이래야 돼, 여자는 이래야 돼' 하고 규정
을 하죠. 남자는 이래야 된다는 것은 곧 너의 내부에 있
는 어떤 부분들, 남자의 모델에 안 맞는 것들은 배제시켜
야 된다는 거죠. 여자도 마찬가지예요. 그렇게 됐을 때 이
억압당한 남성성은 둘 중에 하나를 선택하지 않으면 안
돼요. 자기의 강함에 대해서만 선택하든지 약함에 대해

서만 선택하든지 결정을 해야 돼요. 이런 결과로 두 타입의 불구적 남성들이 태어납니다.

하나는 강함이라는 불구성을 가진 멋진 마초, 또 하나는 약함과 부드러움이라는 불구성에 경도된 여성적 남성형이죠. 이런 것을 통틀어서 아도르노는 동성애적인 인간이 태어난다고 해요. 이때 동성애는 남자가 남자를, 여자가 여자를 좋아하는 것을 얘기하지 않아요. 다름이 아니라 마초적 남자는 자기가 강한 주체라고 생각하면서 자기의 강한 부분하고만 사랑 관계를 맺어요. 그게 동성애예요. 자기라고 믿는 것과 똑같은 것하고만 관계를 가지려 그래요. 부드러운 여성적 남성형 역시 자기의 여성적인 부분하고만 관계를 맺으려 해요. 자기 내부의 똑같은 성끼리만 하나가 되려고 할 때 그게 뭐냐? 동성애적이라는 거죠. 어떤 의미에서 보면 우리는 다 동성애자예요. 부드러운 남자가 되었든 마초적인 남자가 되었든 알고 보면 다 동성애자들이에요. 아도르노는 그런 식으로 얘기합니다. 말하자면 우리는 객관적 권력이라는 성 관리 시스템 내에서는 남자로서 남자가 될 수도 없고, 여자로서 여자가 될 수 없다고 하는 것이죠.

사실 어떻게 보면 남성과 여성은 생물학적으로는 성 차이일 뿐이에요. 말 그대로 차이입니다. 그러나 모든 권력은 단순한 성 차이를 강함과 약함의 관계로 설정하면서 시작됐다는 걸 아시잖아요? 여성적인 것은 약한 것이 되고, 남성적인 것은 강한 것이 되면서요. 남성으로 태어난 사람들은 강한 자가 되어야 하며, 여성으로 태어난 사람들은 약한 부분들, 그것이 나중에는 부드러움이나 모성애 같은 걸로 이데올로기화되는데 이 영역을 담당케 하는 거죠. 우리의 연애도 결국은 이 모델 속에서 이루어지고 있어요. 남자가 여자를 사랑하는 것, 여자가 남자를 사랑하는 것도 이미 성 정치가 분류해서 나누어놓은 성 역할 관계죠.

이러한 문제까지도 우리가 한번 생각해볼 수 있습니다. 정신분석학적으로 보면 본질적으로 나르시시즘과도 만나요. 자기의 좋아하는 부분만을 자기와 동일화하려 한다는 건 단순히 욕망의 문제가 아니라 내가 좋아하는 나라는 것이 어디서 생기느냐 질문해봐야 해요. 그것은 다름 아닌 성 정치에서 생겨요. 자발적으로 만들어진 나가 아니라 외부의 가치 체계에 의해서 주입된, 내 것처럼 내면화되어버린 그런 아름답고 멋진 나가 있는데 우리는 그것이 되려고 한다는 것입니다. 그러나 그것은 진짜 자기를 만나는 게 아니라 자기를 포기하거나 훼손시키면서 얻어질 수 있는 자아이기 때문에 근본적으로 병리적 현상일 수 있습니다. 이런 것들을 통찰해보아야 하는 것입니다.

이번 시간에는 이렇게 오늘날 얘기되는 멋진 남성성이란 무엇인가라는 것을 살펴봤습니다. 다음 시간에는 여성의 문제와 사랑 문제를 같이 얘기해보려 해요. 오늘도 수고하셨습니다.

3강

여자의 고고학

　오늘은 여자에 대해 중심적으로 얘기해보겠습니다. 오늘 강의의 소제목을 '여자의 고고학'이라고 붙였어요. 여성의 발생부터 현대 여성에 이르는 과정을 살펴볼 건데요, 모든 게 역사적이잖아요? 태고 시대 여자와 조선 시대 여자, 오늘날의 여자는 자의식이라든지 사회적으로 부여된 여성성의 면에서 완전히 다르다는 걸 아실 거예요. 그다음에 미인에 대해서 얘기를 하겠습니다. 옛날부터 전해오는 얘기 중에 미인박명이라는 말이 있습니다. 얼굴이 예쁘면 행복한 삶을 살아가기가 힘들다는 거죠. 왜 그럴까요? 아도르노는 아름다움이라는 문제를 여성의 아름다움보다는 재능의 문제로 얘기합니다. 과거에는 미인으로 태어난다는 것이 은총이나 은혜였는지 몰라도 요즘에는 자산입니다. 재테크를 잘해야 돼요. 그런데 과연 이 재테크가 잘될 수 있는가라는 문제를 한번 살펴보도록 하겠습니다.

사실, 아름다움 얘기를 할 때 아도르노가 암묵적으로 지시하고 있는 건 아도르노의 예술론이에요. 예술은 그 형태가 찌그러지든 왜곡되든 아주 정제된 모습을 가지든 궁극적으로 아름다움을 지향합니다. 그래서 예술은 아름다움을 얘기할 수밖에 없습니다. 아름다움이라는 것이 무엇이겠습니까? 그 자체로 아름답기도 하지만 또한 쓰임에 따라서 아름답게 되기도 하고 추하게 되기도 하는 것이죠. 이 쓰임에 대해 얘기하려는 건데요, 아름다운 여자가 자기의 미를 아름답게 쓴다는 것은 참 멋진 일일 것 같은데 사실 객관적 권력이 지배하는 사회에서 가장 약자로 상징화될 수 있는 존재가 여자죠. 객관적 권력의 희생물이에요. 물론 여성해방이 일어나고 남성들에 대한 복수가 일어나고 있는 것도 사실이지만요. 그런 의미에서 아름다움이라는 것을 여성들이 어떻게 재테크하는가, 잘 쓰는가, 그것이 힘들다는 얘기예요. 흔히 그러잖아요? 예쁘고 마음 착한 여자는 없다고요. 그런 것도 한

예라고 볼 수 있습니다. 원래 아름다운 건 선해야 되는 것입니다. 기본적으로 진선미는 하나예요. 선한 것은 아름다운 것이고, 아름다운 것은 본질적으로 선한 것이기 때문이죠. 그래서 아름다운 것과 선한 것이 진이다, 참이다라고 얘기되죠. 오늘날 현대성의 문제 중에 하나가 선과 미가 나날이 멀어져가는 것이라는 생각이 들어요.

○

우선 미인 얘기를 본격적으로 하기 전에 우리가 지난 시간에 하려다 못 한 부분, 욕정과 합리성의 문제를 생각해보겠습니다. 인용문을 보시죠.

칸트주의자인 실러는 괴테보다 더 감성적인 것만큼이나 더 비감성적이다. 즉, 섹슈얼리티에 빠진 것만큼 더욱 추상적이다. 직접적인 욕망으로서 섹슈얼리티는 모든 것을 작용 대상으로 만들며, 그에 따라 같게 한다. '도둑 떼를 위한 아말리아(Amalia für die Bande)'-그 때문에 루이제는 청량 음료처럼 김이 빠진다. 이름 없이 철자로 종종 다루어지는 것이 이유가 없지 않은 카사노바의 여인들은 서로 구별

될 수 없으며, 사드의 기계적인 오르간에 따라 복잡해지는 피라미드를 형성하는 형상들도 아니다. 그에 대한 절대적인 반대, 감각적인 것과 추상적인 것의 통일성의 상징이 돈 후앙(Don Juan)이다.

괴테와 실러는 잘 아시죠? 독일의 커다란 재산이었죠. 실러는 민중주의적이고 괴테는 교양주의적인 틀을 가지고 있었지만 두 사람이 긴장적 우정 관계를 유지했습니다. 서로의 다름을 인정하면서 결속되어 있는 관계죠. 그것에 의해서 독일의 고전주의 시대가 완성될 수 있었어요. 고전주의의 가장 중요한 덕목이 뭡니까? 균형미예요. 어느 한쪽으로도 기울어지지 않는 것이죠. 합리성 또는 이지성, 자연성 또는 정념성이 균형 잡혀 있었던 예술적 시기를 우리는 고전주의 시기라고 얘기해요. 보통 괴테에 의해서 완성되었다고 얘기하지만 또한 실러가 없었다면 가능하지 않았을 것이라고 문학사에서는 얘기되죠.

정념에 대해서 얘기하자면 남자들을 두 타입으로 나눌 수 있을 것 같아요. 우리말에 '치마만 두르면 덤벼든다' 이런 거 있잖아요? 저도 옛날에 시골에 살 때 동네에 망나니 같은 사람이 하나 있었어요. 유명한 바람둥이예요. 안 건드린 여자가 없다란 말이 나돌았죠. 또 어떤 소설에 보면 개장수 얘기가 나오는데, 개를 사고 팔려고 돌아다니면서 동네마다 여자들을 건드리고 다녀요. 말하자면 이런 식으로 욕정주의적인 타입이 있다는 거죠. 그렇다면 반대되는 타입도 생각해볼 수 있어요. 비즈니스맨이든 검사나 변호사든 합리적인 원칙을 중시하며 그 원칙에 따라 살아온 사람들, 이런 사람들은 가리는 게 많고 심미적 감각도 있고 취향도 세련되어서 개장수 같은 욕정주의자의 모습과는 거리가 멀게 여겨져요. 그런데 과연 그런가 생각해볼 필요가 있습니다.

아도르노가 얘기할 때 욕정의 광기는 개장수 같은 사람에게도 물론 있지만, 합리주의적으로 교양화되어 있는 직업인이라든지 사회의 중산층이라 볼 수 있는 남자들에게도 있다는 거예요. 직업이 무엇이고 취향이 어떻고 자기만의 세련된 감각이 있고 어쩌고는 중요하지 않다는 겁니다.

욕정은 다름이 아니라 파스칼적으로 얘기하면 '섬세의 정신'을 모르고 있을 때에만 가능한 거예요. 그 사람이 육체적인 타입이냐 합리적인 타입이냐 이 문제가 아니라,

그 대상을 어떻게 보는가에 따라서 진정한 의미에서 합리주의자일 수 있고 병적인 의미에서 욕정주의자일 수 있다는 것이죠.

합리성이 대상들의 섬세한 차이를 읽지 못한다면 무엇만 남습니까? 획일화만 남아요. 그럼으로 해서 욕정주의자들이 치마만 두르면 어떤 여자인지에 대한 섬세한 구분도 없이 덤벼드는 것처럼, 합리주의자도 합리적 원칙을 지나치게 강조하면 그 원칙에 따라서 대상들의 차이를 인정하지 않게 된다는 거예요. 그 합리적 원칙들 안에 전부 수렴시켜서 대상들이 전부 하나가 되어버리는 거예요. 그것을 우리는 획일화라고 얘기해요.

예컨대 증권 회사에 다니는 사람이 고객들의 차이를 인정할 수 없는 것과 마찬가지예요. 증권이라는 매개를 통해서 전부 획일화시켜버리는 것이죠. 또는 백화점에서 물건을 파는 사람은 고객들 한 사람 한 사람의 차이를 볼 필요가 없어요. 전부 얼마짜리 살 건가 하는 것으로 획일화된다는 것입니다. 요즘 교육도 마찬가지죠. 선생님의 입장에서도 학생들을 대할 때 아이들 하나하나가 어떤 아름다운 재능을 가지고 있는가는 별 상관이 없어요. 공부 잘하냐 못하냐로 구분되죠. 획일화예요. 이렇게 될 때 이 합리성은 근본적으로 욕정적이라는 것입니다. 대상들의 차이와 고유성을 무시해버리고 하나의 원칙을 가지고 무작정 대상으로 덤벼드는 것, 이것이 욕정이죠.

그렇게 봤을 때 합리성과 욕정은 전혀 다른 것이 아니에요. 역설적으로 얘기하면 이상하게 합리적이고 냉철한 이성을 가지고 있는 사람일수록 엄청난 욕정주의자일 수 있다는 거예요. 이때의 욕정이라는 것은 꼭 여자에게 덤벼드는 것을 얘기하는 게 아닙니다. 인간이 가지고 있는 충동 에너지, 욕동 에너지, 트립(Trieb)을 말해요. 돈에 맹목적으로 매달리는 것, 이게 욕정이에요. 모든 일방적인 것들은 다 욕정입니다. 돈 아니면 모든 것들을 무시한다는 점에서 오늘날 우리 사회는 욕정 사회예요. 절대로 합리적 사회가 아니에요. 끊임없이 계산하고 재테크하고 교환 관계를 추구하고 합리적 원칙을 추구하지만, 근본적으로 보면 어떤 소설의 개장수 비슷한 욕정주의자들이에요.

돈 많이 도는 지역에 룸살롱이 흥한다, 이건 당연한 얘기예요. 단순히 거기에 돈이 많이 돌아다녀서가 아니라 돈과 욕정은 절대로 분리되는 것이 아니기 때문이죠. 돈은 굉장히 합리적인 것이지만, 또한 돈과 욕정이 절대로 분리되지 않도록 되어 있다는 걸 아시죠? 그리고 권력과 욕정도 떨어질 수가 없어요. 여러분 아시잖아요? 룸살롱 같은 데서 제일 더럽게 노는 사람들이 누구예요? 화이트칼라들, 그중에서도 가장 합리주의자로서의 정체성을 가지고 있는 사람들이라고 하죠. 옛날에 우리 속담 중에 선생 똥은 개도 안 먹는다, 그런 얘기가 있습니다. 지식인들, 배웠다는 사람들, 합리적인 사람들 똥은 개도 안 먹는다고요.

저는 개인적으로 그렇게 생각해요. 오늘날 우리 사회는 합리화된 것처럼 보이지만 돌아가는 현상들을 보면 정념 사회이고, 정념은 인간이 가지고 있는 대단히 중요한 에너지인데 이것이 병리적이 되고 부패하고 궤양화된 사회예요. 궤양화되면 광기 상태에 있는 것인데, 이 광기 상태라는 건 다름이 아니라 뭘 가리지 못한다는 거예요. 섬세의 정신을 완전히 상실해버린다는 거죠.

사람들 얼굴 고치는 것도 그렇고, 애들 길러서 일류대학 보내려 하는 것도 그렇고, 돈 벌려고 야단법석이고 4대강 공사하고 그러는 것도 욕정이지 별거예요? 이명박

495

대통령이 뭐 하던 사람입니까? 장사하던 사람이에요. 아주 합리적인 사람이죠. 몇 년 안에 이걸 다 파서 어떻게 하겠다는 거 욕정이에요. 명예욕 같은 것도 다 욕정입니다. 합리성은 그것이 관리 통제될 수 있을 때에만 합리성이라 할 수 있어요. 그런데 이상한 현상이 일어나는 거예요. 철저하게 합리성만 남았는데 그 합리성이 다시 욕정으로 되돌아간다는 것이죠.

합리성이 우리의 정념을 너무 눌러버리면 그 정념은 사라지는 게 아니라 오히려 합리성을 먹어버립니다. 자연성이란 그런 거예요. 인간은 자연이기 때문에 자연을 이길 수가 없습니다. 자기가 자연이기 때문에 자기의 어떤 부분을 눌러버리면 그것이 다시 돌아와요. 뒷면이라고 밀어내서 돌다 보면 그것이 앞면이 되는 겁니다. 뫼비우스의 띠와 비슷한 거예요.

자기의 한 부분을 자기 것이 아니라고 억누른다 해서 그것이 없어지지 않아요. 문명이 자연을 억압만 하다 보면 결국 약육강식의 자연 상태가 되고 만다는 것이죠. 지금 그렇게 됐잖아요? 정글에서 사는 사냥꾼이 됐어요. 돈 버는 게 뭡니까? 사냥하는 거죠. 매일 아침 출근하는 거,

저는 사냥터 나간다고 생각해요. 가장들은 다 사냥꾼이에요. 옛날 원시공동체와 다를 게 뭐 있어요? 똑같은 거예요.

근본적으로 약자를 찬탈하는 약육강식의 원칙을 벗어나 있느냐는 말입니다. 절대 못 벗어나요. 비정규직 문제도 다 이런 것들이죠. 모든 것을 돈으로 바꾸려 하는 경제주의자들, 경제전문가들은 탐욕스러운 정욕의 소유자가 아닐 수 없다는 겁니다. 또 하나는 정치적 이념주의자들, 좌파 우파 얘기하면서 어느 한쪽만을 맹목적으로 밀고 나가는 이런 사람들, 분명히 회식 자리에서 여자들 들어오고 시끄럽게 놀 거예요. 국회의원 중에 그런 사람들 있잖아요? 자꾸 여자 건드려서 문제되는 사람들 있죠? 이상한 게 아닙니다. 이럴 수밖에 없어요.

그리고 종교 영역도 보게 되면 목사님들이 자꾸 여자들을 건드리는 문제가 생긴단 말이에요. 얼마 전에 홍대 앞에도 어떤 목사가 교회 하나 만들었다면서요? 자기 교회에서 젊은 여자 추행하고 그러다가 쫓겨난 사람인데요. 쫓겨났으면 그만두지, 돈 가지고 나와서 홍대 앞에 교회 또 만들었대요. 그런데 그런 사람들 뭐라 그럴 필요가 없어요. 쫓아다니는 사람들이 이상한 거라고 봐요. 신앙주의자들 말이에요. 오직 하나님, 예수천국 불신지옥 이러고, 천국과 지옥의 이분법밖에 모르는 사람들이죠. 전혀 차이를 몰라요. 이런 사람들이 정욕주의자가 안 될 수 없어요. 왜냐하면 단순한 차이만을 주장하는 그 에너지가 정욕입니다.

또 보게 되면 미디어 권력도 마찬가지예요. 장자연 사건 잘 아시잖아요? 신문사 사장이 후원한다고 그러면서 돈 없는 연예인들 불러다가 장난치고 그랬잖아요? 오피니언의 의미가 뭡니까? 공정성이에요. 공정성은 아주 합리적인 것입니다. 개인적인 요소가 결코 끼어들어서는 안 되는 부분이에요.

그런데 오늘날 미디어가 그렇습니까? 오피니언을 스캔들로 바꾸어나가는 것이 오늘날 우리의 미디어입니다. 뉴스 보면 얼마나 선동적인지 아십니까? 도대체 왜 뉴스를 하는데 배경음악을 북소리 같은 걸로 꽝꽝 때리고 이럽니까? 프로파간다인지 뉴스인지 모르겠어요. 그리고 앵커들은 왜 그렇게 겉멋이 들어 있는지……. 그리고 그 획일성. 말투나 발음이나 톤이 전부 획일화되어서 사람이 바뀌어도 모르겠어요. 저는 그 소리만 들으면 소름이 끼쳐요. 사람은 저마다 톤도 다르고 보이스의 색깔도 달라야 하는데 억양이나 발음 체계가 다 똑같단 말이에요. 이게 마리오네트지 무슨 앵커예요? 그리고 앵커라는 사람들은 자기 의견을 가지고 있는 사람들 아닙니까? 엔딩 멘트나 슬쩍 던지면 그게 앵커입니까? 이런 획일화 현상들을 어떻게 견디고 사는지 잘 모르겠습니다. 이런 것들이 다 권력이고, 획일화된 권력들은 전부 정념성입니다. 전부 욕동이에요.

이런 것을 가장 잘 보여주는 것이 프란츠 카프카의 소설이에요. 《소송》이라는 작품 아시죠? K라는 주인공은 은행원인데 어느 날 갑자기 체포되잖아요? 그런데 이 체포가 묘하죠. 사람들이 찾아와서 "너는 그냥 살던 대로 살면 된다, 하지만 너는 체포됐으니까 항상 준비하고 있어라" 그러죠. 그러니까 K가 도대체 무슨 일인가 하고 법정을 찾아가잖아요? 법정에 가니까 법전이 있어요. K가 법전을 열어보니까 뭐가 있죠? 포르노그래피가 있죠. 춘화집이에요. 대단한 장면이에요. 가장 합리적인 것이고 공정한 것이며, 근대국가는 법치국가이며 법치국가에서 권력은 법이에요.

그런데 그 권력의 근거가 되는 법전이 카프카에게는 춘화입니다. 이 소설이 1910년대에 쓰였는데 100년이 지난 지금도 똑같아요. 권력이 정의를 지키는 것 같지만 그 안을 들여다보면 정의는 없어요. 다 허방이죠. 그 허방이 무엇으로 채워집니까? 그게 다름 아닌 욕정입니다. 그러니까 권력 가진 사람들이 공정성을 무시하고 하는 이런 저런 짓거리들은 합리성을 앞세운 욕정이죠.

여러분들은 그렇게 안 보세요? 지금 세상에서 일어나는 일들, 광기적 획일성, 맹목성에 빠져 있는 이런 상태가 합리적 현상이라고 생각하세요? 아니면 여자만 보면 덤벼드는 개장수의 욕정이라고 생각하세요? 다를 게 뭐가 있습니까? 이것이 아도르노가 얘기하려는 것입니다. 합리성이 자연성을 무작정 내쫓는다면 그 끝에 가서는 오히려 자연성에게 먹혀버린다는 것이죠.

오늘날 사회 여러 부분에서 그런 모습들을 확인할 수 있어요. 인류 역사상 합리화 과정이 가장 극대화된 시기가 지금 여기잖아요. 다른 식으로 얘기하면 뭡니까? 지금 여기가 가장 욕정적인 시기라는 것이죠. 이 시기를 우리가 합리성이라는 화두로 풀어나갈 것이냐, 아니면 욕정이라는 화두로 풀어나갈 것이냐 이것은 관점의 상당

한 차이를 보입니다. 저는 우리 한국 사회를 개인적으로
전혀 합리적으로 보지 않아요. 공공적인 것을 사유재산
화하려 그러고, 그저 자기 새끼밖에 모르고 이러는 거 다
욕정이에요.

저는 지난번에 교육에 대해서도 과감하게 말했습니
다. 아이들을 사랑한다고 하면서 결국 재테크하는 부모
들의 문제를요. 욕정이라는 화두를 가지고 우리 사회에
서 벌어지는 여러 현상들이, 부정적이든 긍정적이든 얼마
나 병리적인지를 읽어낼 수 있어야 합니다. 제가 너무 심
하게 얘기하나요? 얘기하다 보니까 아도르노보다 더 심
하게 얘기하는 것 같아요. 지금 우리 한국 사회가 그런 상
태가 되어 있지 않느냐라는 문제를 직시할 필요가 있습
니다. 이것이 다름 아닌 상처입니다. 그래도 우린 이런 상
처로 숨을 쉬어야겠죠.

○

그다음에 여자의 고고학에 대해서 얘기를 해봅시다.
여자는 생물학적으로 보면 하나의 성이죠. 그건 우리가
거론할 필요가 없는 것입니다. 그러나 성이라는 것이 생

물학적 영역에서만 얘기될 수 없다는 것은 다 아실 거예요. 그것은 역사화되면서 다양한 형태들로 변주되죠. 여성이 언제 태어났는가를 보면 두 가지를 생각할 수 있어요. 여성은 생물학적으로 여성적인 것을 타고날 때 여성이 됩니다. 그러나 다른 의미에서 보면 역사적 조건들 속에서 또한 태어난단 말이에요. 여자의 기원은 생물학적이면서 동시에 역사적이죠. 제가 여자의 고고학이라 얘기할 때는 거슬러 올라가보겠다는 얘기입니다.

아도르노의 논의를 따르면 인간의 문명은 자연 지배로부터 시작됐어요. 동양적 사고관과는 좀 다르죠. 동양은 자연과 친화하면서 이루어졌다고 보지만 서구의 정신사나 문명사는 언제나 자연을 지배하면서 시작됐어요. 아버지를 살해하면서 문명이라는 아들이 태어나는 것이죠. 프로이트의 오이디푸스 콤플렉스 같은 것도 결국 서구적 자연관에서 연유한다고 볼 수 있고요.

이때 인간의 자연에 대한 지배 원칙이 무엇인지 보자면 지난 강의에서 달팽이 얘기를 하면서 말씀드렸죠. 말하자면 약자가 강자로부터 폭력을 당하면 약자는 두 가지 방식으로 자기 유지를 하려 한다는 것이죠. 하나는 완전한 순종이에요. 그러나 동물들은 완전히 자연이라는 강자의 논리를 따라서 살게 되지만, 인간은 자기의식이 생기고 다른 세상에 대한 꿈, 즉 행복에 대한 관념이 생긴 다음에는 다시 순종의 세계로 들어갈 순 없었어요. 그렇기 때문에 자기를 유지하기 위한 특별한 전략이 필요했는데, 그 전략이 다름 아닌 미미크리였다고 말씀드렸습니다. 강자로부터 타격받았을 때 그 강함을 닮으려고 한다는 거죠. 이후에 자연을 지배해가는 과정은 자연이 가지고 있는 강력한 힘을 모방해서 그 강력한 힘을 자기식으로 만들어나가는 과정입니다.

그것은 자연법칙을 이해하는 의식 차원에서도 이루어지지만, 일차적으로는 자연의 물리적 강압에 맞설 수 있도록 그 강압성도 모방해야 됐어요. 강함이라는 것이 뭘까요? 왜 강자가 생겼을까요? 상처 때문에 생긴 거예요. 당했으니까 알게 된 것이 강자라는 것입니다. 원래부터 강함과 약함이 있지는 않았겠죠. 우리가 아무런 갈등이 없는 사랑의 세계에 산다면 강자와 약자가 있을 것 같으세요? 강하다, 약하다는 개념 자체가 있을 것 같습니까? 없습니다. 강하다는 걸 너무 좋아하지 마세요. 나는 강한 데가 있다며 만족하실지 모르지만 그거 다 상처 자

국이에요. 당해서 길러진 거예요. 아도르노식으로 얘기
하면 하나의 문명, 하나의 개인이 자기만의 특별한 능력
이라고 생각하는 것은 상처로부터 비롯된 것입니다.

   자연의 물리력과 싸울 때 그것을 누가 담당했겠느냐
생각해보면 당연히 남자가 했죠. 원시사회의 사냥을 생
각해보세요. 총이 있어요, 뭐가 있어요? 그러니까 자연스
럽게 떼거리가 생긴단 말이에요. 혼자서 안 되니까 여럿
이 한다, 이것도 이미 발전입니다. 떼거리가 생기는 것이
권력의 시초라고 엘리아스 카네티는 얘기합니다. 그리고
이 패거리가 공동체를 만드는 거죠. 왜 모여 살기 시작했
을까요? 서로 사랑해서일까요? 천만에 말씀, 그렇지 않습
니다.
   그런 혈통의 문제로 살펴볼 수 있어요. 남자가 자연
의 강함을 모방하면서, 미미크리를 통해 강자가 되는 것
이죠. 이런 과정으로 보면 문명의 주체는 남자이고 여자
는 주체가 될 수 없어요. 여자는 물리적 강함을 가지고 있
지 않아요. 대신 여자들에게는 역할이 부여되죠. 바로 강
자들을 돌봐주는 거예요. 이것은 곧 가장 중요한 권력의
영역인 생산 영역으로부터 배제되는 것입니다. 약자가 되

면서 승자를 돌보고 또 승자에 의해서 돌봄을 받는 존재가 되죠.

제가 여기서 얘기한 것처럼 강자와 약자의 논리로 보면, 여성은 원초적으로 이중적 기호성을 가져요. 하나는 언제라도 지배와 폭력의 대상으로 되돌아갈 수 있는 약자의 모습이에요. 아도르노는 이런 식으로 얘기하거든요. "우리가 반려견을 쓰다듬는 손길이 언제라도 반려견을 목 조를 수 있는 손길과 무엇이 다르냐." 이건 참 무서운 거예요. 반려견을 쓰다듬는 손길은 어떤 논리를 따라서 움직입니까? 반려견은 약자고 나는 강자예요.

저희 집에도 반려견을 키우는데 몰티즈예요. 체중을 달아보니까 1.8킬로그램이더라고요. 목욕시키면 털이 몸에 쫙 달라붙잖아요? 아니면 여름 돼서 털을 깎아놓으면 정말 한 줌이에요. 그렇게 살아 있는 게 이상해요. 저도 어떨 때 이런 것을 느껴요. '저걸 한번 딱 때리면 어떻게 될까'라는 생각이 드는 거예요. 강자는 모든 약자들에 대해서 근본적으로 폭력 충동이 있어요. 약한 것이 충동을 일으키게 만들어요. 왜냐하면 강자는 약한 것에게 폭력을 가하면서 강자가 되었기 때문이죠. 이 폭력 충동은 나르시시즘에서 오는 거죠. 내가 승자라는 나르시시즘. 이 자기만족에 대한 유혹이 엄청 커요.

여자들은 한편으로는 귀여움을 받죠. 그렇지만 그 귀여움은 대상을 언제라도 파괴시킬 수 있다는 거예요. 그래서 우리가 사랑의 영역으로 들어가면 애무의 문제도 이렇게 볼 수 있습니다. 연애 시절에는 다정하게 애무를 하다가 결혼하고 나서는 그 애무가 폭력이 될 수도 있어요. 이게 참 무서운 거예요. 강자와 약자의 원칙이 모든 생산성의 원칙으로 뿌리박혔기 때문이죠.

잘 아시다시피 《성경》을 보면 마리아가 두 명이죠. 한 명은 매춘녀고 한 명은 성모입니다. 사실 마리아는 한 여자예요. 남자들은 여자를 성모마리아처럼 숭배의 대상이나 존중의 대상으로 만들기도 하지만, 언제라도 그 마리아를 매춘녀로 바꿀 수 있어요. 이게 왔다 갔다 하는 거예요. 매춘녀 마리아가 언제라도 성모마리아가 될 수 있으며, 성모마리아가 매춘녀 마리아로 돌아갈 수 있다. 그걸 누가 하느냐? 남자가 해요. 여자의 특수성 때문에 그렇게 되는 것이 아닙니다. 매춘녀 마리아는 남자들에 의해서 언제라도 돌 맞아 죽을 수 있는 거예요. 이것이 약자의 입지에 있는 여성에게 남성들이 부여하고 투사한 이

중 기호죠.

자, 이렇게 보면 여자의 고고학은 근본적으로 강자와 약자의 자연 원칙입니다. 문명 원칙이 아니에요. 이 자연 원칙을 통해서 생물학적이 아니라 문명사적으로 여자는 탄생해요. 그 이후 여자는 계속 폭력 충동을 유발하는 약자이기도 했고, 여신이니 어쩌니 하면서 숭배의 대상이기도 했던 이 과정이 진행되어왔어요. 지금도 그렇지 않습니까? 그런데 중요한 건 이것입니다. 그러면 여자들은 이 원칙 속에서 어떻게 변모되었는가. 여자들이 제일 잘 알겠죠. 남자들이 자기들을 어떻게 대해왔는지요.

약자는 위기의식을 가지게 돼요. 직접적으로 싸워서는 도저히 상대가 안 되는 강자 앞에서 어떻게 살아남을지 고민하게 되죠. 이 살아남는 전략이 태고 시대 여자로부터 현대 여성으로 이어진다는 것이 아도르노의 생각입니다. 또 이렇게 볼 수도 있죠. 살아남기 위한 **자기 생존**의 전략은 곧 여자들이 강자에게 저항해온 저항사이기도 하다고요. 우리는 이걸 이중적으로 읽어야 해요. 강자에 의해서 억압당하며 자기를 유지하려 했던 여자들의 변모 과정은 단순한 순응 과정이 아니라, 니체식으로 얘기하면 그 안에 복수의 정신이 도사리고 있다는 것이죠. 그래서 남성에 의한 여성의 지배사는 단순히 지배사로만 읽으면 안 되고 그 지배사 속에서 도사리고 있는 저항사로도 읽어야 돼요. 이것이 변증법적 관점입니다.

저는 여자의 변천사를 몇 가지로 정리했어요. 하나는 정숙한 여인들이 태어난다는 것이죠. 순종과 헌신을 자신들의 정체성으로 가지고 있는 정숙한 여자들이 태어나요. 이건 과거의 여자들이라고 볼 수 있겠죠. 근대화가 이루어지고 여성해방운동이 일어나면 해방된 여성들이 태어나고, 여기서 한 단계 더 나아가면 남자보다 더 성공하고자 하는 커리어우먼들이 태어나죠. 요즘엔 여자들이 잘나가잖아요? 이 과정을 한번 따져보자는 것이죠.

사실 아도르노가 여성 폄하적이라는 공격을 많이 받아요. 아도르노는 근본적으로 이성주의자(rationalist)이고 모더니스트이기 때문에, 약자를 내포할 수 있는 착한 합리성을 만들자면서 끝까지 합리성을 포기하려 하지 않아요. 여기서 약자는 여자들인데 결코 이 약자가 주인이 되지는 않습니다. 그런 의미에서 여기서 여자를 완전히 남자에 의해서 지배당해온 대상으로만 얘기하는 것이 일방적인 관점이기도 합니다. 그러나 우리는 여성을 그렇게 보지 않을 수도 있어요. 얼마든지 여성의 승리사로서도 볼 수 있어요. 다만 이 시간은 아도르노 수업이니까 아도르노의 논리를 따라서 추적해 들어가고, 그 추적 과정에서 만나는 것이 오늘날 여성의 진실일 수 있다는 것이죠. 중요한 것은 진실이지 그것을 좋은 것으로 바꾸어내는 건 그다음 문제예요.

정숙한 여자들은 강자 앞에서 약자로서 어떻게 자기 유지 전략을 전개해왔는가. 역사적으로 변모해왔던 과정을 살펴보면 곧 미미크리의 원칙이에요. 다시 말하자면 여자는 약자이기 때문에 강자를 닮으려는 것이 아니라, 차라리 약한 것에게 미미크리한다는 것이죠. 그 약함이라는 개념도 남자가 만든 거예요. 즉, 남자의 강함과 싸우려는 것이 아니라 남자가 만들어놓은 약자라는 것과 자기를 동일시한다는 것이죠. 그럼으로 해서 흔히 순치된 자연과 자기를 동일시합니다. 문명이라는 남자에게 지배 대상이 되는 약자가 자연 아닙니까? 특히 동양에서는 여자는 대지성이 있다고 하죠. 제가 볼 때는 여성 이데올로기예요. 속으시면 안 돼요. 여자는 다름 아닌 생존 전략으로 남자의 원칙에 순종하는데, 그것은 남자들이 약자라고 규정해놓은 피지배자로서의 자연의 속성과 미미크리적 관계를 가지는 거죠.

그렇다면 왜 남자는 여자라는 약자를 순치된 자연, 지배당한 자연과 일치시키려 하느냐? 여자도 거기에 자기를 동일화하지만 남자가 그것을 원하는 이유가 뭐냐는 거죠. 다시 말해 남자들은 왜 조용하고 저항하지 않고 부드러움을 가진 그런 여자들을 좋아할까요? 그런 여자가 남자의 나르시시즘을 충족시켜주는 거예요. 내가 저렇게 약한 것을 지배해서 승리했다는 것을 여자의 약함과 순종이 기억하게 해주는 거예요. 되게 기분이 좋죠. 그러나 여자 입장에서는 사랑받는다고 좋아할 것은 아니에요. 이건 강자의 나르시시즘이에요. 자기의 승리감을 충족시켜주는 존재로 여자를 만들어놓고 그 여자를 숭배의 대상으로까지 만듭니다. 자기의 승리감을 우상화하는 거예요.

여성은 자발적인 굴복을 통해서, 즉 패배를 헌신으로, 좌절을 아름다운 영혼으로, 능욕당한 가슴을 사랑의 젖가슴으로 변화시킴으로써 승리자에게 승리를 확인시켜준다.

실천으로부터 철저히 떨어져 나와서 안전한 새장 속에 칩거하는 대가로 여자(자연)는 자연 지배자인 남성으로부터 경배를 받는다.

이것이 정체화한 소위 정숙한 여자, 순종이라는 미덕을 가진 여자의 자연사적 속성이에요. 이건 자연 관계예요, 문명 관계가 아니라.

재미있는 것은 아도르노가 화장 얘기를 해요. 여자들이 화장을 하잖아요? 화장에는 여러 가지 의미가 있습니다. 여자가 화장을 하면서 자기가 예뻐지는 순간을 만난다면, 그 순간은 결코 악할 수가 없어요. 이것이 아름다움과 선의 관계예요. 그때 여자는 가장 착한 여자가 되는 거예요. 저는 그렇게 생각해요.

물론 이 화장이 목적주의적이 되면 공격성을 지닐 수도 있지만, 어떤 목적을 가지고 여자가 화장을 한다 하더라도 그 행위 안에는 피할 수 없는 화장의 순간이 있다는 것이죠. 거울 앞에서 화장을 하며 어쩜 이렇게 예쁠까 생각하는 순간은 전혀 공격적일 수 없다는 얘기예요. 정말 아름다운 순간이죠. 특히 연인을 만나려고 할 때는 화

장이 끝날 리가 없어요. 해도 해도 부족하겠죠. 사랑하는
사람을 위한 준비는 끝날 수가 없는 거예요. 이 준비는 언
제나 시간이 끝내죠. 그러니까 지하철 타고 또 거울을 보
는 거예요. 5분쯤 먼저 도착하면 또 거울 보고요. 여자를
가장 선한 존재로 바꾸어낼 수 있는 놀라운 모티브가 되
는 화장의 매력이 오늘날 시장주의나 목적주의, 기능주
의를 따라서 어떻게 타락하고 모욕당하는가 생각해봐야
해요. 저는 그것을 모욕당한다고 생각해요. 모욕을 당하
고 어떤 수치의 상태로 끌려들어가요. 화장의 순간을 잃
어버린 화장, 그건 화장도 아니에요.

《매춘의 역사》를 읽어보면 화장이 왜 생겼는지 알 수
있어요. 화장은 원래 매춘녀들이 하는 것이었어요. 일반
여자들은 화장을 안 했다는 거죠. 매춘녀들이 화장하는
것은 목적이 있습니다. 자기를 아름답게 만드는 것이 아
니라 남자가 원하는 존재가 되려고 하는 거예요. 그러나
이때에도 제가 볼 때는 화장의 순간이 있어요.

우리가 한번 소설을 써본다면 어떤 작부가 일을 나가
려고 저녁에 화장을 하는 순간은 상당히 복합적일 거예
요. 한편으로는 돈벌이를 위해 자기를 바꾸어나가는 대

단히 서글픈 순간이기도 하지만, 그런 화장을 하면서도 자기에게 빠질 수도 있어요. 남자는 남자대로 또 그런 순간이 있겠죠. 우리가 이런 걸 보는 게 굉장히 중요합니다. 이게 제가 아까 말씀드렸던 섬세의 정신이에요. 우리의 감각 세포와 정신 세포는 그 섬세함의 능력을 가지고 있어요. 미세한 떨림을 잡아내는 능력이죠. 그런데 우리가 그것을 점점 잃어가요.

저는 요즘 우리 사회를 정념 사회라고 얘기했지만 또 한편으로 보면 무감각 사회예요. 뭘 못 느껴요. 전혀 못 느껴요. 오로지 반응만 해요. 습관화된 반응이죠. 그건 느끼는 게 아닙니다. 자판기 버튼 누르면 커피 나오는 것과 똑같은 행위예요. 전부 버튼들이 다 있어서 대중문화나 무엇이 손가락을 내밀어 눌러주면 반응하죠. 그건 감각 행위가 아니에요. 우리 사회의 유행을 보면 옛날에 비해 얼마나 세련되어 있습니까? 그런데 그것이 감각 현상이냐 무감각 현상이냐 물어봐야 합니다.

여자들의 자기 유지 전략은 곧 화장술의 발달인데, 화장을 다른 식으로 얘기하면 자기를 무엇에 맞도록 바꾸는 기술이에요. 꼭 얼굴에 뭘 바르는 것만이 아니라 우리는 끊임없이 화장을 하죠. 오늘날 사회는 겉보기에는 자유주의적 사회 같지만 알고 보면 끊임없는 순응을 요청하는 강박 사회이기 때문에 우리는 자신을 거기에 맞도록 화장해야 돼요. 이게 여자의 문제만이겠습니까? 남자들은 더 불쌍할 수도 있어요.

순종이라는 미덕, 정숙한 여자가 있던 시대가 근대화 과정을 밟아가면서 여성해방이 일어나죠. 정숙과 미덕의 굴레에서 벗어나는 과정을 많은 사람들이 여성해방이라고 얘기하지만 그것이 과연 그럴까요, 아니면 화장술이 바뀐 걸까요? 남자들이 여자들을 왜 해방시켰을까요? 제가 생각하기에는 경제구조가 바뀌어가는 거예요. 쓸 데가 있는 겁니다. 옛날에는 쓸 데가 없었어요. 그러나 자본주의화 과정은 세분화 과정입니다. 옛날에는 시장이 형성되지 않았던 부분에까지 전부 거미줄처럼 뻗어나가는 것이죠. 그러니까 특별하게 여자들이 필요해진다고 볼 수 있습니다. 여성의 감각이라든지 여성의 노동이라든지 여러 방면으로 여자들이 필요해진 것이죠.

물론 꼭 이렇게만 볼 수는 없어요. 예를 들면 우리도 조선 시대에 해방된 여자들이 나오죠. 신여성들이죠. 머리 짧게 자르고 무릎 보이는 치마를 입고 나타나면 남자들이 겁을 먹었대요. 혹시 헬뮤트 뉴튼이라는 사진작가 아세요? 대표 작품으로 〈그들이 온다(Sie kommen)〉가 있어요. 여자의 하이힐을 찍고, 여자를 강인한 전사처럼 찍어요. 하이힐의 패러독스는 군화예요. 군화하고 하이힐하고 아주 다른 것 같지만 제가 볼 땐 비슷해요. 둘은 엄청나게 도전적이죠. 도전성과 도발성이 근본적으로 군화와 하이힐이 가지는 유사성이에요. 헬뮤트 뉴튼은 그런 걸 잘 포착했죠. '그들이 온다'에서 '그들'은 유럽 사람들이 징기스칸을 얘기했던 거예요. 징기스칸 부대가 몰려들어오면 너무 겁이 나서 다들 도망갈 준비를 했대요. 그때 경악에 가득 차 외쳤던 그 단어를 차용해서 헬뮤트 뉴튼이 쓴 거예요. '여자들이 온다, 큰일 났어요.' 어쨌든 이러한 여자들이 태어나지요. 순종을 도전으로 바꾸려고 하고 순종의 화장을 도전의 화장으로 바꾸어나가는 여자들, 이것이 소위 근대화 과정에서 여성들의 모습으로 재현되고 있는 것이라고 봅니다. 그렇지만 우리가 양가적으로 봐야 한다는 거죠. 해방이라고 그러지만 과연 해방인가. 순종의 화장이 도전의 화장으로 바뀌어나가는 것에 불과하지 않은가. 오늘날 여자는 순종의 미덕을 박차고 나와 남성에게 도전하죠. 그런데 억압된 것이 반항을 하게 되면 필연적으로 그 안에는 복수의 정신이 있어요. 그리고 복수의 본질이 뭔지 아세요? 당했던 것보다 더 주려고 하는 겁니다. 이것이 복수의 본질이자 생리예요. 이래서 한 여성형이 만들어진다는 것이죠. 근대적 여성형들. 남자보다 더 도전적이며 남자보다 더 남자들의 성공 가치를 추구하려는 여성들이 태어나요.

아우슈비츠나 게슈타포 안에는 유대인들을 감시하는 여자들이 있었어요. 채찍 들고 다니는 여자들이 있었죠. 길게 얘기하면 수업을 다 못 할 것 같은데, 영화나 책에서 나치 시대의 폭력성이 성적인 영역으로 건너가는 문제를 다룬 작품들이 있죠? 남자들의 폭력 판타지가 여성에게 감염되어서 여성들이 자신의 폭력 판타지를 표출해 내는 모습들을 볼 수 있어요. 이렇게 되면 희생자를 다루는 방식에서 남자들보다 더 가혹할 수 있다는 거예요. 왜냐하면 복수의 정신 때문에 그래요. 여자들이 남자들에게 당했던 원한을 타자에게 투사할 때는 복수의 생리를 따라서 당했던 것보다 더 많이 투사된다는 거죠.

아도르노는 남자들의 세계로 들어와서 경쟁을 하고

남자들을 넘어서려는 여자들을 별로 안 좋게 본 것 같아요. 이 해방된 여자들을 결국 억압에서 오는 복수의 정신으로 불타는 존재로 보죠. 그런 관점에서 보면 결코 강자와 약자의 모순 구조를 해결하려는 것이 아니라, 과거의 정숙한 여자들이 약자에게 미미크리했듯이 오늘날 근대적인 여자들은 강자에게 미미크리한다는 것이죠. 근본적으로 보면 모두 약자성을 벗어나지 못한 존재들이 상황에 따라 펼쳐나가는, 다른 것 같지만 사실은 동일한 현상이라는 것이죠.

또한 아도르노가 얘기하는 바에 따르면 커리어우먼으로서 남자를 뛰어넘어 성공의 가치를 얻으려 노력하는 여자들은 결과적으로 알게 된다는 거죠. 남자들이 만들어놓은 약육강식의 정글 속에서 자신은 결코 사자가 될 수 없다는 걸요. 하이에나밖에 못 돼요. 사자가 먹다 남겨놓은 거 있으면 가서 먹는 게 하이에나 아닙니까? 자생력을 가지지 못하고 남자들의 세계에 편입되어서만, 남자들이 떨어뜨려준 영역에서만 복수를 수행할 수 있어요. 복수의 한계성이에요.

아도르노가 여성의 변천사를 통해 얘기하려는 것은

강자와 약자 논리가 계속 전승되고 있다는 거예요. 그리고 강자와 약자 논리를 통해서 승리할 수 있는 것은 결국 남자라는 얘기예요.

여자들이 진짜 여성해방을 하려 했다면, 진짜 강자가 되려 했다면 강자를 모방하는 것이 아니라 **강자**와 **약자**라는 구도를 **해체**했어야 된다는 것이죠. 그러나 지금까지 전개되어온 여성의 진보화 과정은 그것이 아니었어요. 이건 참 참담한 문제예요. 이 강약 시스템을 여성의 무엇이 해체할 수 있을까요?

문학에서는 여성적 글쓰기에 대해서 많이 얘기하죠. 문학에서 서사 체제가 남성주의적인 것이라면 이 서사를 와해시키고 서사적 목소리가 아닌 다른 목소리를 내려 한다든지 하는 움직임이 있습니다. 근본적으로 권력을 해체해야 돼요. 당연히 여성 문학은 어떠한 형식을 문제 삼아야 됩니다. 왜냐하면 이 형식 자체가 권력구조예요. 그 안에서 아무리 변화를 일으켜보려 해봤자 강약 시스템이에요. 그런 면에서 여성 문학은 심층적인 성찰을 해야 합니다. 그런 글쓰기가 무엇으로 가능할 것인가에 대해서요. 소설에서는 잉에보르크 바흐만이 거기를 지향하고 있고 버지니아 울프도 그렇죠. 시에서는 제가 좋아하는 에밀리 디킨슨이 그렇습니다.

여성운동도 방향성이 그렇게 잡혀나가야 되지 않을까 생각해요. 물론 눈앞의 문제를 해결하는 것도 중요합니다. 여성이 어떤 영역에서 어떤 차별 대우를 받는가 하는 것을 깨는 것도 중요하지만, 여성운동의 궁극적인 지표, 방향성은 정확하게 잡혀야 된다는 것이죠. 남성성과 다른 여성성의 특별한 능력이 있다면 이 강약 시스템을 변화시킬 가능성이에요. 그런 것을 남성성에게 기대하기가 상당히 어렵다는 생각이 들거든요. 구체적으로 그것이 어떤 방법으로 되느냐 물어보면 솔직히 저도 잘 모르겠어요.

○

그다음에 미인 얘기를 하려고 했는데 양이 많아서 다음 시간으로 넘기고요. 〈감히 그렇게 해도 될까요?〉 이 부분만 한번 점검해보겠습니다. 여자의 물러섬에 대해서 얘기하는 장인데요. 여성의 생존 전략, 자기 유지 전략의 요소 중에는 연애를 할 때 특별하게 보여주는 제스처도 있다는 거예요. 모든 정신적이고 이데올로기적인 것들이 궁극적으로 드러나는 것은 육체예요. 몸짓이라든지 억양이라든지 뉘앙스는 전부 텍스트예요. 다 기호예요.

　우리가 태어날 때부터 그런 걸 가지고 있다고 생각하세요? 제가 달팽이 얘기했잖아요. 달팽이가 밖으로 나왔다가 엎어터진 다음에 다시 나올 때는, 처음에 나왔던 부드러운 육체성을 더 이상 안 가지고 있다는 거예요. 그것이 여성과 남성의 육체일 수 있습니다. 권력은 끊임없이 지배 대상이 되는 육체들을 감시합니다. 육체를 바꾸어나가죠. 우리가 예의범절 배우는 것도 한 예예요. '여자는 이렇게 말하면 안 된다, 행동하면 안 된다.' 시대가 가지고 있는 가치에 맞춰서 우리의 몸을 제도화하는 것이죠. 이 기호들을 다 읽어내기가 얼마나 힘들겠어요? 유행 현상부터 우리의 말이나 몸짓, 사회생활과 인간관계가 보여주는 모든 것이 다 기호예요.

　그런데 때때로 기호들 속에서 탈기호가 보이는 경우가 있어요. 이것이 굉장히 중요합니다. 예컨대 화장은 기호입니다. 그런데 그 과정에서 앞서 말한 탈기호적 순간이 존재한다는 것이죠. 독서한다는 것이 바로 그거예요. 기호를 읽는 것은 기호의 메시지를 알려는 것이 아니에요. 기호를 따라가면서 그 탈기호적인 것을 포착해내는 거예요. 이런 독서 행위는 능동적으로 개입을 필요로 해요. 그런데 학교에서 시험 볼 때 능동적 개입을 하면 다 틀려요.

독서 훈련이 권력 현상입니다. 뭘 볼 때는 어떻게 봐야 한다, 이것과 이것이 만나서 어떤 의미가 나오는 거란다, 이러는 거 전부 권력이에요. 우리 교육이 뭡니까? 독서를 배우는 겁니다. 읽는 걸 배우는 거죠. 그런데 나중에 그런 독서가 근본적인 원칙이 되어서 보는 것도 그렇게 보고, 듣는 것도 그렇게 듣고, 옷 입는 것도 그렇게 입고, 연애도 그렇게 해요. 안 그렇습니까? 세상에는 수없이 새로운 모티브를 가진 요소들이 태어나도 우리가 그렇게 배운 식으로만 읽으면 똑같은 것만 나와요. 세상에서는 이런저런 일들이 수없이 일어나는데 그거 분석한다고 하면서 칼럼 쓴 걸 읽으면 답이 다 똑같아요. 그런데 그럴 리가 있습니까. 바로 이러한 것들이 독서 권력이 얼마나 무서운가를 알려주죠.

다시 여자의 몸짓 얘기로 돌아갑시다. 연애는 말로도 하지만 몸짓으로도 하죠. 연애 공간은 내밀성의 공간이에요. 내밀성의 공간이라는 것은 탈기호의 영역이라는 거예요. 두 사람 사이에서만 오고 가는 기호이고 이것이 내밀성이에요. 그런데 동시에 연애 공간은 가장 기호화된 공간입니다. 이것은 대단히 무서운 일입니다. 우리의 내밀한 욕망이나 정념이 소통되어야 하는 연애 공간에서, 우리는 끊임없이 기호에 의해서 의미화된 것으로 소통하고 있단 말입니다. 권력이 바로 여기까지 들어왔다는 것을 직시할 필요가 있어요.

안전한 데는 없어요. 연애의 기쁨이 뭐죠? 안전 의식입니다. '이 사람하고 같이 있으면 아무 문제도 없을 것 같다. 이 사람한테 의지할 수 있어. 이 사람하고 같이 있으면 외부로부터 단절될 수 있어.' 바로 이 안도감과 안전성이죠. 보호받고 있다는 것.

연애하면서 무엇들을 그렇게 원하나 보게 되면, 제가 볼 때는 엄마 배 속에 들어가 있는 상태를 원하는 것 같아요. 얼마나 안전해요? 이것이 내밀성이죠. 그런데 요즈음 연애에 이 내밀성이 있다고 말할 수 있을까요? 가장 기호화된 공간이면서 또한 피할 수 없다는 영역인데도 말이죠.

시인이 귀여운 아가씨에게 부드럽게 접근하자 그녀는

말한다: "그럼 먼저 저를 위해 피아노를 쳐주시겠어요?" 그녀는 이런 식의 연애 절차가 궁극적으로 무엇을 목적으로 삼는 것인지 잘 알고 있다. 하지만 그녀는 또한 그러한 목적에 대해서 저항을 하는 것도 아니다. 여자가 한 번쯤 거절하는 연애의 질서는 그러나 인습적인 금지, 즉 여자는 한 번쯤 거절을 해야 한다는 금지 때문이 아니다. 이 거절은 그 금지 너머의 깊은 곳으로까지 닿는 마음의 상처 때문이다. 그 상처는 섹스의 태곳적 두려움이 있다. 여성의 에로스는 처음부터 폭력의 대상이었다. 한 번도 그 에로스는 실현된 적이 없다. (달팽이처럼) 그 에로스의 촉수는 처음부터 꺾여버렸기 때문이다. 여자의 에로스는 다 받아주는 에로스이지만 그러나 그 에로스는, 다 받아주기 위해서 자연으로 촉수를 뻗었던 달팽이의 연약한 몸처럼, 자연으로부터 상처를 당하지 않으면 안 되었다. 이 상처의 기억이 여자의 에로스 안에 각인되어 있다.

시인이 접근하자 아가씨는 일단 물러나요. "저를 위해 피아노를 쳐주시겠어요"라고 묻죠. 아가씨는 이런 식의 연애 절차가 궁극적으로 무엇을 목적으로 삼는지 알고 있다는 거예요. 무엇이 목적이죠? 결국 받아들이기 위한 것이죠. 남자에게 애착을 불러일으키기 위한 특별한 전략, 여성의 연애 교양이에요.

그러나 아도르노가 볼 때 여자가 한 번쯤 거절하는 연애의 질서는 그런 인습적인 금지 때문만은 아니에요. 섹스에 대한 태곳적 두려움이 있다는 거죠. 여성의 부드러운 에로스는 강약 논리가 없는 채로 표출될 수 있는 자유를 얻어본 적이 없다는 겁니다. 여성의 에로스는 처음부터 폭력의 대상이었다는 거죠. 그래서 여성은 성적 관계에 대해 태곳적 두려움이 있어요. 이건 남자도 있다고 해요.

이건 다른 문제로도 얼마든지 얘기할 수 있습니다. 예를 들면 포크너의 소설 《내가 죽어 누워 있을 때》에서 재미있는 얘기가 나오죠. 여자는 근본적으로 자기 순수성을 지키려고 해요. 그래서 여자의 운명은 이중적이에요. 여자는 남자들에 의해 자궁을 더럽히지 않으려고 해요. 성행위는 근본적으로 뭐죠? 여성의 입장에서 보면 남자들의 침입에 의해 더럽혀지는 거예요. 그런데 또 하나의 여성의 운명이 있어요. 여성의 자궁은 뭘 위해 존재합니까? 생산해야 되는 거예요. 이 딜레마가 있다는 것이죠. 여자는 2개의 여성성을 지니고 있는데 하나는 자궁을 끝까지 보존하려는 의식이고 또 하나는 더럽혀지려는 것이죠.

그런데 여기서 사랑 이데올로기가 나오죠. 예외 현상이 일어나요. '사랑하는 사람에게는 더럽혀지는 것이 아니다, 그 사람과 나의 아이가 나오는 것이기 때문에 자궁을 주어도 된다'라고 하죠. 그런데 진짜 그렇습니까? 혹시이 얘기는 남자들이 여자한테 자궁을 탈취하려고 만들어놓은 얘기 아닐까요? 여성의 에로스는 상대를 다 받아주고 자기를 다 주려는 에로스인데, 그것은 상대방에 의해서 결코 받아들여진 적이 없어요. 대신 뭐가 왔다는 거예요? 타격이 왔어요. 이 원초적인 타격의 두려움은 연애기술 속에서도 나타난다고 아도르노는 보고 있습니다.

괴테의 소설 중에 《친화력》이라는 소설이 있어요. 여기에서 두 가지만 얘기할게요. **친화력**은 원래 화학용어인데 두 물질이 자연적으로 서로 달라붙으려는 성질을 말해요. 소설에서는 네 사람이 나옵니다. 여자 두 명, 남자두 명. 샬로테라는 부인이 있고 에두아르트라는 남편이있습니다. 잉꼬부부예요. 어느 날 에두아르트의 친구인대위라는 사람이 이 집에 방문해요. 그리고 샬로테의 절친한 친구가 하나 있었는데 그 여자가 딸을 남기고 일찍 죽었어요. 샬로테가 이 딸을 대신 맡아서 수도원 학교에 보내 기르죠. 이름이 오틸리에입니다. 이 처녀가 돌아오게 돼요. 이러니까 네 사람이 한 공간에 모이게 된 거죠.

처음에는 샬로테와 에두아르트가 이렇게 얘기해요. "대위하고 오틸리에를 연결시켜주자." 그런데 맘대로 안 돼요. 와보니까 에두아르트는 오틸리에에게 끌려요. 또 샬로테는 대위에게 끌려요. 대위는 샬로테에게 끌리고요. 큰일 났어요. 즉, 결혼 관계나 연애 관계는 모두 문명 관계죠. 문명 관계로 보면 잘 엮어질 것들을 서로 모아놓고 보니까 친화력 관계가 생기는 거예요. 자연 관계로 돌아가려는 것이죠. 소설의 내용은 이런 거예요.

여기서 중요한 사람은 오틸리에라는 처녀인데, 오틸리에는 아주 특별한 속성을 가지고 있는 여자로 나옵니다. 괴테 문학에서 중요하게 다루어지는 것 중에 '악마적인 것'이 있어요. **악마적인 것**은 다른 게 아니고 사실은 이 친화력 같은 거죠. 이 악마적인 것이 들어와버리면 문명 관계가 흔들리는 거예요. 오틸리에는 한편으로는 수줍어하고 말도 없는 여자인데 이 여자가 등장하면 악마적인 현상이 일어나요. 잘 정돈되었던 것들이 흔들리기 시작하는 거예요.

그렇게 되면 이 소설은 두 가지로 전개될 수 있습니다. 하나는 어떻게 이 네 사람이 파탄에 이르는가, 또 하나는 이들이 어떻게 악마적인 것을 잘 이겨내고 정상화되는가로 전개될 수 있죠. 대체로 소설 이렇게 쓰잖아요? 그런데 괴테는 그렇게 쓰지 않습니다. 어떻게 쓰느냐? 오틸리에와 에두아르트가 서로 끌리는데 어느 날 이런 일이 일어나죠. 샬로테와 에두아르트 사이에 어린아이가 있는데 오틸리에가 아이를 안고 배를 타다가 그만 실수로 아이를 호수에 빠뜨려 이 아이가 죽고 말아요. 그때부터 오틸리에에게 깨달음이 와요. 그전까지는 끊임없이 자기의 친화력을 따라 에두아르트에게 가려고 했으나 깨달음이 온 거죠. 괴테가 얘기하는 깨달음이죠. 이것이 괴테의 고전주의성인데, 뭐냐 하면 '나의 악마성은 그것 자체로 작동되어서는 안 되는 것이구나. 그것이 그대로 작동하면 결국 아이가 죽는 불행이 나오는구나' 하고 생각합니다. 그래서 오틸리에는 에두아르트에 대해서 이중 관계를 갖습니다. 가까이 가기도 하고 멀어지기도 하죠. 갔다가 돌아오고 돌아왔다가 다시 가는 거죠.

괴테는 그런 식으로 얘기하지 않지만 아도르노는 그것을 '부드러운 디스턴스(distance)'라고 얘기해요. 이러면서 오틸리에는 자신을 누구의 것으로 허락하지 않습니다. 동시에 오틸리에는 누군가를 자기 것으로 소유하려 하지도 않아요. 그러면서 두 사람의 관계는 결혼이 아닌 다른 관계로 변해가요. 중요한 것은 연애는 무엇이냐 하면 늘 디스턴스가 있는 거예요.

디스턴스는 아도르노에게 중요한 개념이에요. 대상에게 다가가려 할 때 대상을 내 것으로 소유하려고 금방 다가가는 것이 아니라, 늘 이 디스턴스를 지키면서 다가가는 것. 예컨대 우리가 어떤 대상을 사유할 때 그것을 금방 개념화하는 것이 아니라 차츰차츰 디스턴스를 좁혀가려는, 하지만 완전히 디스턴스를 없애버리지 않는 상태로 관계를 맺어나가는 것, 이것이 부드러운 사유 과정이라 얘기하거든요. 그리고 이것이 주체가 객체와 관계를 맺는 과정이에요. 그리고 그것이 사랑의 원칙이기도 하다는 거예요. 내밀성은 서로가 서로에게 소유되는 것이 아니라 서로에게 다가가면서도 디스턴스를 잃지 않는 상태에서 나오는 것이에요. 오틸리에를 통해서 괴테는 그 얘기를 하려 합니다.

또 하나 참 재미있는 것은 아도르노가 비제의 〈카르멘〉에 대해 얘기하는 부분인데요. 《카르멘》은 원래 메리메의 소설이지만 비제가 오페라로 만들면서 텍스트가 바뀌죠. 오페라에는 메리메의 《카르멘》 원전에는 나오지 않는 정숙한 여인, 미카엘라가 나옵니다. 호세와 카르멘의 사랑 관계를 보면 카르멘이 어떤 여자죠? 6개월 동안 사랑을 하게 되면 상대를 바꿔야 돼요. 호세의 사랑은 어떻습니까? 호세는 한번 사랑이 시작되면 끝까지 가야 되는 거예요. 이것이 비극을 만들죠. 마지막에 보면 호세가 카르멘을 끝까지 자기의 소유로 만들려다 죽여버리잖아요? 그런데 카르멘의 사랑에 대해 아도르노가 이런 말을 합니다. "카르멘은 누구인가?" 카르멘은 가치판단에 의해서 남자를 선택하는 여자가 아니에요. 카르멘은 궁극적으로 보면 모든 남자들을 다 받아들이는 여자예요. 이렇게 얘기하면 매춘녀처럼 들리지만 그런 게 아니죠. 누가 누구보다 잘났으니까 그 사람을 받아들이는 것이 아니라 자기와 관계가 된 남자가 있으면 그 사랑 관계를 인정하는 여자예요.

그런데 카르멘은 6개월이 지나면 상대방을 바꿉니다. 그건 뭘 얘기합니까? 그 누구에게도 소유되지 않는다는 뜻이죠. 모든 것들을 받아들이지만 어떤 사람이 '너는 내 거야' 그러면 절대로 받아들이지 않아요. 그러한 카르멘을 두고 아도르노가 비제의 오페라에 대해 쓴 작은 논문에서 이렇게 말하죠. "카르멘의 사랑은 한없이 부드러운 겁니다. 모든 것들을 다 수용하는 부드러움이에요. 그렇지만 그 부드러움은 그 무엇에게도 얕보이지 않는 겁니다." 남성적 강약의 권력 구도로 만들어진 가치 체계 혹은 정념 체계는 근본적으로 약자를 소유하려 그래요. 지배하려고 해요.

그러나 사랑이란 뭘까요? 달팽이의 육체처럼 한없이 부드러운 것입니다. 그것이 여성의 에로스라고 아도르노는 얘기하죠. 그렇다고 해서 그 누군가가 자기를 소유하려고 하면 절대로 허용하지 않는다는 거예요. 그래서 이런 말이 나오는 거예요. '사랑은 한없이 부드럽지만 절대로 얕보이지 않는 부드러움이다.' 그것이 아도르노에게 사랑의 정의예요. 한없이 부드럽지만 그 누군가에 의해서 소유되는 약한 것도 아니에요.

이런 사랑 되게 어렵습니다. 제가 볼 때는 이것이 오늘날 여성성의 한 정의가 될 수 있지 않겠는가 하는 생각이 들어요. 여자들이 원한의 감정을 가지고 남자들과 투쟁하려는 것이 아니라 남자들을 다 수용해주는 것인데 그러나 남자들에 의해 얕보이게 되면 절대로 수용하지 않는 그런 여성성. 아도르노의 독해에 의하면 카르멘은 바람둥이 집시 여자가 아니라 사랑의 새로운 모델로 얘기되죠.

오늘은 아도르노에게 중요한 개념인 디스턴스, 이 부드러움이 사랑과 어떻게 맞물리나 이런 것들을 말씀드렸습니다. 수고하셨습니다.

4강

———

미인

    오늘은 미인이라는 테마에 대해 얘기해보겠습니다. 먼저 객관적 권력이 지배하는 리버럴리즘의 사회 속에서 미인의 운명이란 무엇일까 함께 생각해봅시다. 요즘 우리 사회를 보면 미인 선풍이랄까 그런 강박이 있어요. 미인 노이로제가 하나의 사회적 문제죠. 아름다움을 남달리 타고났다는 것은 당연히 축복입니다. 아름다움이라는 것은 두 가지 관점으로 볼 수 있죠. 생물학적으로 보면 부모가 잘생겼다든지, 아름다움의 DNA가 쭉 유전되다가 그것이 당대에 나타나서 아름다운 얼굴을 가지고 태어날 수 있죠. 이것은 자연적 현상입니다. 그러나 인간은 인문학적 관점을 버릴 수 없어요. 자연적 사건이나 현상들을 의미화하는 것이 인문학적 영역인데, 우리는 무엇을 보든 뜻을 읽어내려 한다는 것이죠. 자연적인 현상인 얼굴이 라는 것도 마찬가지예요.

종교적 관점에서는 미인이라는 것을 일종의 축복이 나 은혜로 봅니다. 그런데 축복이나 은혜는 선물처럼 아 무 뜻도 없이 주어지는 게 아니에요. 신학적인 관점으로 보면 한 인간이 가지고 태어난 모든 요소들은 무슨 뜻이 있기 때문에 그렇게 태어난 거예요. 이것이 축복과 은혜 입니다. 우리는 아름다움의 문제도 그렇게 읽어낼 수 있 어요.

어떤 사람이 특별한 아름다움을 타고났다면 그 아름 다움은 단순히 유전적인 문제만이 아니라 해석학적, 인 문학적 관점으로 보면 특별한 뜻이 그 안에 있다는 것이 죠. 다시 종교적 언어로 얘기하면 소명이 들어 있다는 것 입니다. 소명이란 무엇이죠? 신이 인간을 창조할 때 무엇 을 특별히 줬으면 그것이 신의 의도대로 쓰여야 하는 거 예요. 이런 관점에서 보면 아름다운 얼굴을 타고났다는 것은 동시에 특별한 쓰임새를 안고 태어난 것입니다. 물 론 오늘날엔 아무도 이렇게 생각하지 않지만 우리는 아

름다움의 공적인 의미, 사회적 성격을 생각해볼 필요가
있습니다.

내 얼굴인데 무슨 공적인 의미가 있어요? 하실지 모
르겠는데, 오늘날 아름다움이 낳는 여러 가지 폐해의 근
본적인 원인은 사유재산화예요. 아름다움은 내 것이라
는 것입니다. 개인주의 사회에서 이것이 너무도 당연한
것 같지만, 자기 아름다움에 대한 사유재산 의식이 오늘
날 여러 강박 현상이나 노이로제 현상들을 불러내는 이
유라는 것이죠. 아름다움이 오늘날 일으키는 부정적인
현상을 보면서 아름다움의 공공성 문제, 아름다움의 공
적인 성격, 아름다움의 사회적인 성격 이런 것들을 다른
관점으로 한번 논의해볼 필요가 있다는 거예요. 제가 아
름다움의 공적인 의미나 사회적 성격이 바로 아름다움의
올바른 가치라고 주장하는 것이 아니라, 역설적으로 그
것을 거울삼아서 오늘날 아름다움이 일으키는 여러 문
제들을 성찰해보자는 것이죠.

아름다움이 축복이고 은혜라면, 그리고 더군다나 소
명이 그 안에 들어 있다면 아름다움은 무엇을 위한 것이
죠? 행복을 위한 것입니다. 행복을 위해서 쓰이도록 되어

있다는 거죠.

그러나 오래전부터 전해져오는 아름다움에 대한 또 다른 명제가 있습니다. 미인박명이라는 말이 있죠? 미인은 불행해진다는 거예요. 예컨대 연기자나 영화배우 중에 자살하는 사람들이 비일비재하지 않습니까? 이런 일들이 일어나는 이유를 사회적 성격으로 생각해볼 수 있습니다. 두 개의 명제가 충돌하고 있어요. '아름다운 얼굴을 타고난다는 것은 행복을 위한 축복인데, 또한 아름다운 얼굴은 유감스럽게도 많은 경우에 불행의 씨앗이 된다.' 이 두 명제의 충돌, 모순을 한번 생각해봅시다.

저는 미인을 크게 두 영역으로 나누어서 생각해보려 해요. 하나는 미인박명이라는 말처럼 불행한 미인, 또 하나는 아름다움의 소명을 성취해낸 행복한 미인. 먼저 불행한 미인은 왜 행복의 약속을 타고났는데 불행해질까를 논의해보고 싶어요. 결국 자신의 아름다움에 대해서 어떠한 태도를 지니고 있는가의 문제예요. 자신의 아름다움을 어떻게 쓰느냐의 문제에 걸려 있다는 겁니다. 불행한 미인이 되는 이유는 일차적으로 자기의 아름다움을 잘못 썼기 때문이라는 것입니다. 대체로 오늘날 미인이 자신의 아름다움을 잘못 쓰는 경우는 어떤 것일까요? 태어나서 어느 정도 자라면 나는 아름답다는 자의식이 생기고, 그 자의식과 더불어서 곧 이 아름다움이 얼마만 한 사회적 가치를 지니고 있는가를 알게 된다는 거죠. 항상 특별하게 취급당하고 선망의 대상이 되고 그러면서요. 요새 취직하려면 성형부터 해야 된다고 하던데 결국 이것이 아름다움의 사회적 가치예요.

자본주의 사회에서 아름다움은 자산이 되는 겁니다. 남들은 가지고 있지 못한 사유재산 내지는 자산이죠. 이 자의식을 통해서 아름다움의 사회적 가치를 알게 되면 금방 어떠한 의식이 뒤따르는가 하면 재테크해야 되겠다는 겁니다. 의도적이 아니더라도 아름다움을 재테크하는 의식이 자연스럽게 생긴다는 거죠. 이때 아름다움은 성공과 연결돼요. 자기의 성공에 이 아름다움이 얼마나 도움이 될 것인가. 이렇게 성공에 맞추어서 설정된 아름다움과 행복해져야 한다는 소명으로서의 아름다움이 어떠한 관계를 맺느냐 생각해봅시다.

물론 성공하려는 것도 행복해지려는 것이죠. 그렇지 않겠습니까? 그러나 이 아름다움 속에 들어 있는 소명으로서의 행복과, 아름다움을 사유재산화함으로 해서 재테 크하면서 얻어지는 행복이 동일한 것이냐가 문제입니다. 아름다움이 성공이라는 행복을 얻으려 한다면 은혜로서 의 한 부분은 제외될 수밖에 없어요. 다시 말해 아름다 움이 소명으로서의 행복을 추구하기 위해 건너가야 하는 매개 항이 무엇이냐 하면, 바로 아름다움과 사랑의 관계 라는 것이죠. 미인은 많은 사람들에 의해서 사랑의 대상 이 되기 때문에 이 사랑이라는 관계를 통해서 행복을 추 구하게 되어 있는데, 만일 자기의 아름다움을 성공의 행 복으로 연결시켜버리면 어떻게 되죠? 성공하려면 사랑을 열심히 해야 합니까, 절제해야 됩니까? 당연히 절제해야 죠. 커리어를 쌓으려면 연애만 해서 되겠습니까? 자본주 의 사회 혹은 객관적 권력이 지배하는 사회에서 성공과 사랑은 유감스럽게도 언제나 엇갈릴 수밖에 없어요.

물론 사랑과 성공이 이어지는 것처럼 보이는 경우도 있어요. 잘나가는 사람들끼리 만나서 죽고 못 살겠다 하 면서 맺어지는 경우죠. 그러나 우리가 지난 학기에 결혼 과 이혼의 문제를 얘기한 것처럼, 그 안을 들여다보면 성 공과 사랑이 언제나 부딪치면서 곪아가고 있다는 사실을 알 수 있습니다. 미인은 행복하도록 되어 있는데 이 행복이 사랑을 통해서 이루어지는 것이냐, 성공을 통해서 이루어지는 것이냐, 이것이 문제를 일으킨다는 거예요. 어떤 미인이 성공을 위해 사랑을 포기하면서 행복을 추구할 때, 그 행복은 유감스럽게도 아름다움이 소명으로서 지니게 될 행복하고는 전혀 다른 결과를 가져올 수 있다는 거죠. 아름다움을 통해서 사랑 대신 성공을 선택하죠. 본인은 자신의 아름다움을 잘 쓴다고 생각할지 모르지만, 아름다움의 소명으로 보면 교환을 잘못하는 거예요. 이렇게 됐을 때 불행한 미인이 태어나지 않겠느냐는 것입니다.

또는 이렇게 생각해볼 수 있습니다. 미인도 두 부류로 나눌 수 있어요. 한 부류는 자신의 아름다움을 자꾸 남에게 보여주려 그래요. 과시하려 그러고요. 대체로 다 그래요. 스스로 자기의 아름다움으로부터 벗어 나오지를 못하죠. 그런데 그건 좀 유치해 보여요. '가진 게 얼굴밖에 없나' 하는 생각이 들게 만들어요. 그러나 그것보다는 좀 고차원적인 미인이 있어요. 자기가 미인임을 과시하지 않습니다. 자기가 아름다운 얼굴을 가졌다는 것에 대해서 모른 척해요. 그런데 또 그게 매력이죠. 그렇잖아요?

예쁜 여자는 뭘 하든지 예뻐요. 예쁜 척 안 하는 게 더 예쁘게 만들죠. 일부러 치장하고 나가지 않고 털털하게 하고 나가도, 그럴수록 더 이성이 꼬이는 경우가 많아요. 고차원적 자의식이죠. 그러나 이러한 것을 미인들도 알고 있습니다. 모든 이들이 자기를 선망하며 자신으로부터 사랑받기를 원하고 있다는 것을 향유하죠. 노력도 안 하면서 향유하는 거예요. 자기를 과시하거나 드러내려면 노력이 필요해요. 경제학적으로 보면 투자가 너무 많다는 거죠. 투자를 적게 하면서 많은 것을 얻어내는 게 재테크의 원칙이잖아요? 앞에서 말씀드린 미인은 자기를 써서 행복을 얻어내려 한다면 후자 쪽은 안 쓰기예요. 자기 아름다움을 안 쓰지만 목적은 똑같습니다. 선망의 대상이 되는 것이죠.

제가 볼 때는 두 가지 다 불행한 미인 유형이에요. 얼핏 보기에는 두 경우가 상당히 다른 것 같은데 가만히 들여다보면 똑같은 원칙을 따르고 있다는 걸 알 수 있어요. 두 가지 원칙입니다. 하나는 나의 아름다움은 나의 것이라는 거예요. 나의 것이기 때문에 쓸 수도 있고 안 쓸 수도 있는 거죠. 또 하나는 자기의 아름다움을 세상에서 아름다움이라고 가치화한 것과 동일화시키고 있다는 거예요. 내가 내 얼굴에 대해서 가지고 있는 가치와, 세상에서 이런 얼굴이 아름다운 얼굴이라고 가치화된 것이 일치한다는 거예요. 다시 말하자면 내 아름다움의 여러 가지 요소들을, 세상에서 아름답다고 얘기되는 표준형에 맞는 부분들로 동일화시킨다는 거예요. 그러니까 많은 이들로부터 선망의 대상이 된다는 자의식도 생기고 재테크하려는 마음도 생기지 않겠어요? 두 경우는 상당히 다른 것 같지만 알고 보면 동일한 원칙을 사용하고 있다는 거예요.

그런데 제가 이 두 미인들을 어디에 포함시켰습니까? 불행한 운명 속에 있는 미인이죠. 무엇 때문일까요? 나의 아름다움이 쓰이면서 성공을 위한 도구가 되거나, 쓰이지 않으면서 향유를 위한 도구가 될 때 그것의 목적지가 어디일까요? 세상이에요. 그렇기 때문에 이러한 미인들이 사랑을 찾는다면 도착할 수밖에 없는 지점이 결혼입니다. 결혼정보회사를 통하든 안 통하든 결국 듀오식의 행로를 따라가게 돼 있다는 거죠. 이런저런 조건을 맞춰서 남자를 잘 고르겠죠.

이때의 결혼은 한 남자와의 관계 맺기가 아니라 세상

과의 관계 맺기예요. 그 사람은 세상을 은유화하는 사람일 뿐입니다. 그래서 세상과 결혼을 하게 되면 그 아름다움은 세상의 미와 동일화되면서 곧 세상의 소유가 돼요. 그러나 세상은 아주 냉혹한 원칙을 가지고 있어요. 자본주의 원칙이죠. 소유된 것은 더 이상 선망하지 않습니다. 어느 미인이 끊임없이 선망의 대상이 되다가 누군가의 소유가 되어버리면, 그 강도가 많이 떨어지죠. 소유가 된다는 것은 뭐예요? 신비감이 없어지는 것이고 더 이상 욕망의 대상이 되지 않는다는 것이죠.

이 소유가 문제입니다. 아름다움이 소유되면 그다음에 남는 운명은 뭐냐? 낡아가는 것밖에 없어요. 여자들이 젊었을 때 가치를 높이려고 하는 것도 그런 이유죠. 세상은 이미 소유한 것은 더 이상 숭배하지 않습니다. 더 이상 선망하지 않아요. 그래서 미인은 세상의 소유가 되면서 결국은 어떤 운명을 껴안느냐? 소유된다는 것은 물화되는 것인데, 물질의 운명이 뭐예요? 노화되는 거예요. 계속 낡아가게 된다는 것이죠. 여기까지는 그런대로 잘나가는 남자와 결혼도 했으니까 살 만한 인생인 것 같지만, 미인의 불행은 여기서 끝나지 않습니다.

아도르노는 이렇게 얘기해요. "게임은 끝났는데 과거

의 영광은 잊혀지지 않는다." 그 화려했던 시절. 모든 이의
시선, 강렬한 선망의 시선을 받던 시절. 그러면 딜레마에
빠져요. 과거의 영광은 여전히 빛나건만 그 누구도 영광
을 돌려주려고 하지 않아요. 이렇게 됐을 때 세상과 결혼
한 미인의 신경증적 현상이 있죠. 히스테리가 일어난다
는 거죠. 히스테리 미인이 되고 만다는 거예요.

가만히 생각하면 이렇습니다. 처녀 시절의 미인, 많은
사람들의 사랑을 일깨웠던 아름다움은 아직 무엇에 의
해서 소유되지 않은 것이죠. 소유되지 않았다는 것은 어
떤 신비성을 지닌다는 것입니다. 그래서 많은 이들에게
경탄을 불러일으켜요. 이것이 아름다움이죠.

그런데 이 처녀 시절의 아름다움을 가지고 있던 미인
이 그만 세상과 결혼을 해서 커리어를 쌓으려고 돌아다니
고 있는 모습을 보게 되면 그 아름다움은 신비성을 잃어
버립니다. 더 이상 선망을 불러일으키지 않아요.

예컨대 내가 대학생 시절 캠퍼스에서 그토록 좋아했
던 여인이 있다고 합시다. 보면 볼수록 경탄을 불러일으
키고, 알면 알수록 모르는 게 많아져요. 이것이 소유될
수 없는 아름다움의 본질입니다. 이 본질로서 빛나던 여

인이 이후에 그 아름다움을 누가 봐도 알 수 있는 아름다움으로 바꾸어나가는 모습을 볼 때, 그 여인을 사랑했던 마음은 참담해져요. '내가 저 사람을 좋아했던가. 내 주변에 저런 사람이 참 많은데.' 본인은 몰라도 그 사람에게 욕망을 품었던, 그리고 애정을 투사했던 사람은 참담한 심정이 되죠.

또는 세상과의 결혼을 통해서 가치 시스템 안에서 자기의 아름다움을 도구화하는 미인을 볼 때도 안타깝죠. 슬퍼요. 우리는 귀한 것이 있으면 그 귀한 것을 오래 간직하고 싶어 하지 훼손되는 것을 보기가 힘들죠. 왜 그렇습니까? 사랑이란 그런 거예요. 상대방에게 나를 투사하면서 그 사람이 나의 일부가 되는 거예요. 그 사람이 훼손당하는 걸 보면 내가 아파요. 그래서 바르트가 얘기하잖아요? "그 사람이 아프다." 사랑한다는 것은 그런 것이죠. 그 사람은 타자이지만 그 타자와의 관계가 오래될수록 그 사람은 나에게 들어와서 신체의 장기처럼 되는 겁니다. 그렇지 않습니까?

나중에 헤어질 때 왜 그렇게 아픈가 보면 두 가지 고통 때문에 아파요. 그 사람을 잘라내는 게 아프기도 하지만, 그 사람을 잘라내는 것이 곧 내 장기를 잘라내는 일이기 때문에 그렇죠. 고통이 하나만 있으면 쉽게 정리가 될지 몰라요. 그러나 이중의 고통이 겹쳐져 있으면 힘들어요. 그 사람을 나로부터 분리시키는 것도 아프지만, 그 사람은 이미 타자가 아니라 나의 일부가 되어서 내 장기이기 때문에 내 장기를 스스로 잘라내는 일이 또한 고통스럽다는 것이죠. 이것이 사랑의 고통이라면 꼭 연애를 안 했다고 하더라도, 한때 내가 그토록 사랑했고 애정을 투사했던 신비한 여인, 나에게 암묵적인 행복을 가져다줬던 그 아름다움이 뻔한 세상 가치의 아름다움으로 바뀐 모습을 보는 것은 실연의 고통만큼이나 아픈 일이라는 거예요.

이렇게 되면 우리는 이런 것을 한번 생각해볼 수 있습니다. 아름다움이라는 것은 소유될 수 없을 때에는 무한한 가능성을 담지하고 있는, 이름 붙일 수 없는 가능성의 덩어리예요. 아름다움은 해석될 수 없는 것입니다. 그러나 이 해석될 수 없는 것이 코드를 통해서 소유가 되면 해석될 수 있는 것이 되어버리죠. 그 아름다움의 특권을 박탈당하는 거예요. 정신분석학적으로 얘기하면 오늘날 미인은 참으로 안타까운 자기파괴 충동이 있다는 거죠.

꼭 미인만이 아닙니다. 다음 시간쯤 제가 영재의 운명에 대해서도 얘기할 건데 마찬가지예요. 종교적으로도 그렇잖아요? 신은 사람을 만들 때 그 사람만의 귀중한 것을 넣어서 보낸다고요. 어떤 사람에게는 아름다움을 주기도 하고, 어떤 사람에게는 특정한 재능을 주기도 하고요. 그러나 인간은, 특히 객관적 권력이 지배하는 자본주의 사회 속에서의 인간은 무능력해요. 즉, 자기를 못 지켜요. 자기에게 주어진 귀한 것을 지켜낼 능력이 없다는 것입니다. 그뿐 아니라 자신을 파괴해버리죠. 그 한 경우가 불행한 미인이라 얘기할 수 있습니다. 그래서 미인박명일 수밖에 없다는 거죠.

우리가 흔히 일이 잘 안 풀리면 '다 내 죄다' 그러는데 맞는 얘기예요. 누가 그렇게 하라고 시키지 않았어요. 그런데 스스로 자기에게 있는 너무도 귀한 것을 깨뜨려버리지 않으면 만족이 안 와요. 오늘날 우리가 무슨 힘으로 살아가는가 자세히 들여다보면 자해하는 힘으로 살아가는 것 같아요. 자기를 못살게 만들면서 살아가요. 자기를 지키는 일을 스스로 포기하고 사회적으로 요청된 것에 맞추어서 자기를 바꾸면서 살아가게 돼 있어요. 이것은 강요된 자기를 만들어나가는 과정이지만 동시에 자기파괴 과정이기도 하죠. 이것이 미인의 운명입니다. 그래서 아도르노는 이렇게 얘기합니다. 결국 미인은 자기에 대해서나 타자에 대해서나 약속된 행복의 가능성을 스스로 파괴시키고 만다는 것이죠.

그다음에 우리는 행복한 미인에 대해서 생각해봅시다. 행복한 미인은 누구일까요? 앞에서 말씀드린 것처럼 아마도 아름다움의 소명을 지키는 사람일 테고, 그런 의미에서 자신의 타고난 아름다움을 그야말로 잘 쓰는 사람이라는 거죠. 아름다움을 잘 쓴다는 건 뭐냐? 그 아름다움에 내재되어 있는 행복을 찾아가는 일입니다. 그리고 그 행복을 찾아가는 행로는 뭐죠? 성공이나 선망이 아니라 사랑을 찾아가는 행로죠. 아름다움이 누군가에게 가서 사랑이 되기를, 그럼으로 해서 행복이 되기를 원하는 일이에요. 그 행로를 따라가는 일이 아름다움을 잘 쓰는 일이라 볼 수 있어요.

그러면 구체적으로 그 행로가 어떤 것일까요? 불행한 미인들의 첫 번째 불행의 씨앗이 자기 아름다움에 대한 소유 의식이라 말씀드렸습니다. 자의식이면서 동시에 소유 의식이에요. 아름다움에 소유 의식을 가지게 되면 그다음에는 이것이 나를 위해서 어떻게 쓰일 건가 생각하게 되죠. 이것을 아도르노나 호르크하이머는 '도구적 이성'이라 얘기해요. 자기를 위해서 자기를 도구화하는 거예요. 타자를 나를 위해서 도구화하는 것에서 끝나는 것이 아니라 성공이든 뭐든 어떤 목적을 위해서 나를 도구화하는 것이죠.

그렇다면 행복한 미인은 이 문제에서 어떤 길을 걸어가느냐? 나를 위해서 아름다움을 도구화하는 것이 아니라, 아름다움을 위해서 내가 도구화된다는 거예요. 아름다움이 나의 사유재산이 아니라 특별하게 주어진 선물이고, 그래서 나에게는 이 아름다움이 가고자 하는 길을 찾아가도록 만들 의무가 있다는 의식이죠. 나와 아름다움의 관계가 아주 달라집니다. 아름다움이 나를 위해 있는 것이 아니라, 내가 아름다움을 위해 있어요. 이렇게 되면 나의 아름다움이 쓰이는 방식도 달라지죠. 그 쓰임은 곧 아름다움이 구현하고자 하는 사랑을 이루어내는 일이 됩니다.

아름다움이 쓰이고자 하는 행복을 위한 사랑은 무엇이냐? 아도르노식으로 얘기하면 아름다움은 나를 위해 있는 것이 아니라 타자를 위해 있어요. 타자를 행복하게 하기 위해서요. 타자를 위해 나의 아름다움이 쓰일 때 그것은 곧 나의 아름다움이 약속한 나의 행복이기도 하다는 것입니다.

아도르노는 이 얘기를 하지 않지만, 저는 좀 더 나아가보겠습니다. 타자를 사랑하는 과정으로 아름다움이 쓰려 할 때는 두 가지 성찰이 필요하다는 생각이 들어요. 저는 그것이 **연민**과 **인식**이라 생각합니다. 자, 나의 **아름다움**이 **타자**를 사랑한다는 것은 곧 타자를 **아름답게 만드는 일**이죠. 이것이 사랑이에요. 아름다움이 나만을 위해 있으면 이것은 타자를 아름답게 만드는 일과는 무관해요. 나를 아름답게 만드는 데서 끝나요. 그러나 아름다움이 타자를 사랑하려고 할 때는 그 타자를 아름답게 만들려 하는 것이죠.

우리가 사랑하게 되면 그 사람을 자꾸 아름답게 만들어갑니다. 그래서 처음 볼 때는 '왜 저렇게 생겼어?' 할 수도 있지만 사랑을 하다 보면 다 예쁘게 보이잖아요. 그건 내가 자꾸 아름답게 해주는 거예요. 자, 그런데 문제는 여기에 있습니다. 아름다움이 타자를 사랑해서 타자를 아름답게 만들려 하는데, 이 타자는 근본적으로 추해요. 무슨 얘기냐 하면 객관적 권력이 지배하는 사회 속에서는 사실 그 누구도 아름다울 수 없습니다. 알고 보면 다 지저분해요. 왜요? 살려고 하다 보니까. 나를 무엇에 맞추어야 되는 거예요. 나를 그 무엇에 맞추는 것은 기형화되는 겁니다. 다 기형화되어 있습니다. 그런 의미에서 **추**해요.

그렇기 때문에 타자를 아름답게 만들기 위해서는 두 가지 성찰이 있어야 해요. 하나는 타자가 추하다는 것에 대한 인식입니다. 또 하나는 '내가 사랑하는 그 사람이 저렇게 추하다니'라는 연민이에요. 내가 사랑하는 사람은 아름다워야 하는 사람인데 저렇게 추할 수밖에 없구나, 이런 **연민**이죠. 그다음에는 아름다울 수밖에 없는 그 사람이 왜 추해졌을까에 대한 **인식**입니다. 이 두 가지가 함께 있어야 해요. 가엾이 여기는 마음과 냉철한 문제의식이 함께 있어야 되는 겁니다. 이 두 성찰이 있을 때 비로소 아름다움은 자기가 하고자 하는 일을 수행할 수가 있습니다.

무작정 사랑하는 게 아니에요. 무작정 예쁘게 봐주고 이러는 게 아니에요. 종교에서는 무작정 사랑해라 그러는데 사람은 그럴 수가 없어요. 사람은 무언가를 이해할 때 비로소 진정한 관계를 맺을 수 있습니다. 나르시시즘에 빠져서 나는 사랑으로 가득한 사람이야, 묻지 않고 사랑할 테야, 이렇게 되면 처음에는 열광 때문에 그럴 수 있을지 몰라도 곧 거꾸러져요. 아도르노가 얘기하는 것은 결국 아름다운 미인이 자기의 아름다움을 올바로 쓰고, 아름다움이 가고자 하는 곳으로 따라가는 일은 그 아름다움의 사회적 성격, 정치적 성격과 만난다는 것이죠. 이것이 행복한 미인의 행로입니다.

연민과 인식은 그 이후 어떻게 되길래 이 추할 수밖에 없는 타자를 아름답게 만들게 되는가? 여기에는 **실천**이 있다는 것이죠. 담론의 성격을 조금 바꾸어본다면, 아도르노가 얘기하는 미인이라는 키워드를 우리는 여러 가지로 받아들일 수 있습니다. 아까 말씀드린 것처럼 누구에게나 특별하게 주어진 아름다운 무엇이 있죠. 꼭 예쁜 얼굴만을 얘기하는 건 아니에요. 더 정확하게 얘기하면 아도르노가 여기서 미인이라고 얘기할 때는 **현대 예술**을 의미합니다. 미인에 대한 논의를 미학 담론으로 읽을 수도 있어요.

현대 예술의 중요한 특성이 뭡니까? 예컨대 고전적 그림은 원근법이나 기하학적 구도에 의해서 잘 정제돼 있습니다. 그래서 우리가 척 보면 참 잘 그렸다, 어쩜 저렇게 아름다울까 하는 생각이 들죠. 그러나 현대 예술에서 미술이 그렇게 그려집니까? 그런 관점에서 보면 현대 예술은 **추**해요.

로젠베르크가 추의 미학이라는 것을 현대 예술의 기점으로 잡잖아요. 보들레르의 시 역시 추의 미학입니다. 뱀을 잡아서 허물을 벗긴 다음에 숯불 위에 올려놓으면 끔찍하죠? "뱀의 그 생동성, 이게 바로 아름다움이다." 그랬습니다. 그런데 그것이 아름답습니까? 끔찍하고 잔인하고 추하죠. 그런데 그것이 현대미라고 얘기한단 말입니다. 그래서 시집 제목이 《악의 꽃》이죠. 현대 예술은 전통 예술에 대한 저항으로 태어난 것이기 때문에 제일 먼저 저항의 성격으로 나타난 것이 형식이에요. 찌그러져 있고 왜곡돼 있습니다. 우리는 그것을 형식 파괴라든지 열린 형식이라고 하죠. 어떤 쪽으로 얘기를 하든지 어쨌든 추하단 말입니다. 그러나 예술의 운명이 뭡니까? 아름다움이에요. 악의 꽃도 꽃이죠. 대기가 있어야 우리 생이 가능한 것처럼 예술은 아름다움을 먹지 않으면 존재할 수가 없어요. 그것이 예술의 운명입니다.

그런 의미에서 현대 예술은 추하지만, 아름다움을 위해서 추를 선택하는 것이에요. 앞서 말한 사랑의 방식과 연결해서 보면, 현대 예술은 어떤 대상을 아름다운 것으로 사랑하려 하지만 그 대상이 추한 거예요. 즉, 현대 예술은 연민과 인식 두 가지가 축이 되어 나온 예술입니다. 하나는 왜 이렇게 추할까라는 질문이죠. 또 하나는 본래 아름다운 것이 되어야 하는데 추해져버린 것에 대한 연민이에요. 일본 소설 제목처럼 '냉정과 열정'입니다. 연민은 파토스예요. 그냥 불쌍하게 여기는 게 아니라 저항 의식이 들어가 있는 거예요. 파토스만 있으면 뭐 해요? 아무것도 못 해요. 통찰이 있어야죠. 그것이 인식이에요.

아도르노의 책 중에 《신음악의 철학》이라는 책이 있습니다. 1950년대 오스트리아 빈에서 새로운 음악 운동이 일어나는데 쇤베르크, 알반 베르크, 안톤 베베른 등이 대표적인 경우였어요. 삼화음법이나 대위법을 중심으로 했던 전통음악의 형식이 깨어지고 불협화음이 중심이 되죠. 모차르트나 슈베르트에 익숙한 사람들은 이게 무슨 음악이냐고 했어요. 아름답지 않고 추해요. 그런데 아도르노는 《신음악의 철학》에서 이렇게 얘기합니다. 책에서 그대로 옮긴 건 아니고 제가 기억나는 대로 쓴 건데요.

현대 예술은 세상의 모든 추한 것을 자기의 것으로 받아들인다. 그렇게 해서 스스로 추한 것이 된다. 그래서 아무도 현대 예술을 아름답다고 얘기하지 않는다. 또 아무도 현대 예술을 돌아보려 하지 않는다. 그러나 현대음악 속에는 2개의 멜로디가 겹쳐져 있다. 하나의 멜로디는 굴러떨어지는 공처럼 캄캄한 나락으로 속절없이 떨어지고 있는 추락의 멜로디다. 그러나 추락의 멜로디가 들리는 그 순간에 동시에 들리는 멜로디가 있는데 그것은 저 하늘 위에서 별처럼 빛나는 가상의 멜로디다.

즉, **현대음악**은 전통적인 형식을 전부 파괴시키면서 스스로 추한 것으로 계속 변해가요. 그런데 스스로 추한 것으로 변해가는 이 운동이 대칭적으로, 가상적으로 또 하나의 멜로디를 생산해내고 있다는 것이죠. 이것이 아름다움이에요. 현대 예술은 겉보기에는 추해지는 것 같지만 실제로는 예술의 운명인 아름다움을 계속 추구하고 있다는 거예요. 이것이 현대 예술에서 미와 추의 변증법이라고 얘기합니다.

우리는 이것을 그대로 빌려서 얘기하면, 어떤 미인이 행복하기 위해서 타자를 사랑하려 하는데 타자가 추하다면, 그러나 이 타자를 아름답게 바꾸어야 하는 소명이 있다면 무엇을 해야 하느냐? 가서 성형시켜줘요? 아니죠. 이 추함을 자기 것으로 받아들이는 거예요. 그래서 타자를 사랑하려고 하는 미인은 필연적으로 점점 **추녀**가 될 수밖에 없어요. 왜 그렇습니까? 바로 이 추를 자기 것으로 받아들이기 때문에 그래요. 그 사람을 아름다운 것으로 만들기 위해서요.

이건 사랑하면 다 희생하라는 얘기가 아닙니다. 제가 앞으로 해보고자 나름대로 기획하고 있는 강의 중에 '마지막 얼굴들'이라는 제목의 강의가 있습니다. 예를 들면 버지니아 울프의 말년의 얼굴 생각나세요? 완전히 진이 빠져서 툭 건드리면 넘어가는 종이 사람처럼 멍하니 아래를 내려다보고 있는 마지막 얼굴이 있습니다. 또는 롤랑 바르트의 마지막 얼굴이 있어요. 독일어판《애도일기》표지의 사진을 보면 베란다인지 어딘가에 서서 팔짱을 끼고 먼 곳을 바라보고 있어요. 완전히 슬픔 속으로 빠져들어간 얼굴입니다. 맨날 즐거움과 기쁨을 얘기하던 사람이 그런 것과는 전혀 무관한 모습을 보여주죠. 완전한 멜랑콜리의 모습이고, 슬픔 덩어리가 된 얼굴이 있어요. 그리고 오스트리아에 로베르트 무질이라는 작가가 있어요. 제가 볼 때는 제임스 조이스나 프루스트만큼 중요한 소설가인데 한국에서는 잘 알려지지 않았지요. 끝나지도 않는 소설을 쓴다고 가난에 시달리다가 결국 못 끝내고 죽었어요. 사서 같은 직업이라도 얻었으면 됐을 텐데 맨날 여기저기 장학 단체에 돈 좀 달라고 편지를 쓰면서 그러한 곤궁한 삶을 끝까지 견뎠죠. 마지막 사진을 보면 부인과 둘이 있습니다. 부인도 재능 있는 화가였는데 무질을 만나고 나서 자기 일을 포기해버렸어요. 내 작업을 하는 것보다는 이 사람을 도와주는 게 더 커다란 성과가 있을 것이라 판단한 거죠. 둘 다 가난에 시달리고 사느라 완전히 진이 빠졌어요. 사진을 보면 정원에 둘이 앉아 커피 잔을 놓고 멍하니 고개를 숙이고 있습니다. 참담하죠. 발터 벤야민의 얼굴을 봐도 어딘가를 보는 것 같지만 결국 아무 데도 보고 있지 않은 깊은 멜랑콜리의 시선이 있죠.

아도르노는 발터 벤야민을 두고 "자기의 삶을 역사에게 다 줘버린 사람이다"라고 얘기했습니다. 자기 삶을 살지 않았어요. 역사를 자기를 위해 도구화하지 않았어요. 자기를 역사에게 줘버렸다는 거죠. 그렇게 평생을 살아온 사람이죠. 전쟁 나고 파리에서 빨리 도망갔으면 살았을 텐데, 아도르노가 오라고 해도 안 오고 자기는 마지막까지 유럽을 지키는 지식인으로 남겠다고 했죠. 그러다가 결국은 자살했던 사람의 깊은 멜랑콜리……. 자신의 저서인 《독일 비애극의 기원》 텍스트처럼 보여요.

모든 인류사가 다 허무하기 짝이 없는 세계의 숨은 진실을 통찰하려 했던, 끊임없이 좌절하면서 동시에 구원을 생각했던, 그것이 다름 아닌 멜랑콜리예요. 소멸과 구원의 변증법적 시선이 있습니다. 독일 비애극적 시선, 이 시선도 완전히 진이 빠져 있어요. 마르셀 프루스트도 마찬가지고요. 이 마지막 얼굴이 뭘 얘기합니까? 이 **마지막 얼굴**을 저는 다름 아닌 **미인**이라 불러요. 그런데 이 미인의 얼굴들이 아름답습니까? **추해요.** 왜 추합니까? 누군가가 자기가 가지고 있는 모든 것을 타자를 위해서 다 줘버리고 나면 남는 게 아무것도 없어요. 이것이 **사랑**이에요.

꼭 나와 어떤 특정한 사람 간의 사랑이 아닙니다. 우리에게는 사랑의 능력이 있어요. 또는 사랑의 운명이 있습니다. 벤야민이든 버지니아 울프든 어떤 남자나 여자를 위해 사랑을 다 바친 사람이 아닙니다. 분명한 것은 그 얼굴은 자기가 가지고 있는 생의 에너지를 자기가 아닌 그 무엇에게 다 줘버렸어요. 그래서 마지막에 남은 것은 허물밖에 없어요. 불면 날아갈 것 같아요. 아무것도 안 남아 있어요. 무엇을 위해서? 프루스트에겐 작품이에요. 버지니아 울프에게도 그것은 작품이에요. 벤야민에게는 역사예요. 바로 그것이 사랑입니다.

자기가 가지고 있는 아름다운 것을 추한 것을 아름답게 만들기 위해서 남김없이 다 줘버리면 남게 되는 건 무엇이냐? 추입니다. 그래서 미인이 그 아름다움 속에 약속되어 있는 행복을 추구하게 되면 마지막에 추녀가 된다는 것이죠. 그런데 이 추가 아름답지 않습니까? 우리는 자꾸 사랑이라는 것을 일자 대 일자의 연애로만 생각하는 경향이 있는데 그게 아니고 사랑은 운명이에요. 자기를 지키려 하는 사람, 자기를 아름답게 만들려고 하는 사람, 자기에게 소명으로 주어진 아름다움을 잘 보존하려는 사람은 사랑을 할 수밖에 없어요. 그런데 그 사랑의 운명이 뭐예요? 나중에는 추가 됩니다. 아도르노는 그것을 현대 예술 혹은 현대음악으로 설명했고, 저는 역사 속에서 남달리 사랑이 강렬했던 사람들의 마지막 얼굴로 얘기했습니다. 그런데 이렇게 살려고 애쓰지는 마세요. 얼마나 힘들겠어요. 너무나 힘든 거예요.

행복한 미인이란 누구일까. 김수영 시인이 1967년에 쓴 〈미인〉이라는 시가 있어요. 이 시를 쓰게 된 동기를 보면 김수영 시인의 부인의 친구가 있었어요. 김수영이 이 여자가 되게 마음에 들었던 모양이에요. 한번은 이 여인하고 김수영 부인하고 같이 식사를 하러 갔다는 거죠. 어느 음식점 방에 들어가서 식사를 하는데 김수영이 골초잖아요? 그러니까 담배를 냅다 피우니까 이 여인이 어떻게 했느냐? 아무 말도 하지 않고 그냥 살짝 일어나서 창문을 열었어요. 그걸 시로 쓴 거예요. "미인과 앉은 방에선 무심코 따놓은 방문이나 창문이 담배연기만 내보내려는 것은 아니렷다." 이건 무슨 뜻일까요? 여러 가지로 해석할 수 있지만 우리가 지금까지 얘기해온 코드로 얘기해봅시다.

담배연기는 뭐죠? 추입니다. 문을 따놨습니다. 그 추

를 내보내고 싶은 거예요. 그런데 담배연기만 내보내려는 것은 아니라고 얘기한다면 그것은 뭐죠? 이 추를 뭔가 다른 것으로 환기시키려는 거죠. 아름다움이라는 공기로 바꾸려고 하는 것이죠. 이것이 미인이죠. 물론 다른 방식으로도 얼마든지 얘기할 수 있겠죠. 제가 볼 때 김수영이 현대적 정신으로 보고자 했던 미인은 아도르노가 얘기하는 미인성과 상당히 통하는 데가 있어요.

미인 되기가 참 어렵죠? 미인이 되면 할 일이 너무 많아요. 그리고 운명이 정해져 있어요. 추녀가 되고 만다는 것이죠. 그래서 미인 되기를 별로 원하지 않는 것도 좋을 것 같아요. 오늘 미인 얘기는 이 정도로 하겠습니다. 미인이 이렇게 복잡한 줄 모르셨죠? 잠깐 쉬고 연애 얘기로 들어가볼게요.

○

그다음에 〈골든게이트〉라는 부분이 나오죠. 여기서 연애와 실연의 문제를 생각해보겠습니다. 다시 말하자면 사랑의 권리와 정의에 대해 얘기할 건데요, 사랑에 무슨 권리와 정의가 있느냐 생각하실지 모르지만 우리는 먼저 권리와 정의라는 것의 개념을 정리할 필요가 있어요. 권리는 근본적으로 무엇입니까? 나의 것이죠. 정의는 나의 권리만 내세우면 되는 것이 아니라, 타자의 권리와의 관계에서 생기는 거예요. 나의 권리를 타자에게 강요하면 정의로운 관계가 될 수 없습니다.

대단히 어려운 문제는 우리가 법적 개념으로 보면 권리와 정의는 떨어질 수 없는 것입니다. 그런데 실제로 권리와 정의가 일치될 수 있는 것인지 이런 문제는 상당히 어려운 문제예요. 특히 개인주의 사회에서는 더더욱 딜레마에 빠질 수밖에 없어요. 왜냐하면 개인 대 개인의 관계는 권리와 권리의 관계인데, 이 관계가 정의로운 관계가 될 수 있을까요? 개인이 정의로운 관계를 자기 권리의 수행을 통해서 도달할 수 있고 실현할 수 있을까요? 어려운 문제입니다.

이러한 것을 연애 영역으로 축소해서 보면, 연애는 근본적으로 개인 대 개인의 관계예요. 연애 관계라는 것은 러브스토리만 있는 것이 아니라 개인주의적 사회에서 일어날 수 있는 여러 가지 핵심적 일들이 일어나는 하나의 모델입니다. 엄중한 의미에서 보면 연애 사회학을 떠나서는 연애를 생각하기가 힘들어요. 우리가 보통 연애를 사회적인 영역 밖이라고 생각하는데 그러나 객관적 권력의 사회에서는 안과 밖이 분리되어 있지 않아요. 사회에서 지배적인 역할을 하는 권력의 작동 방식이 개인 관계에서 그대로 작동하고 있어요. 때문에 우리가 가진 연애에 대한 환상이 환멸로 끝날 수밖에 없다면, 그것은 개인의 문제만이 아니라 사회적 성격의 문제로 봐야 한다는 것이죠. 그것이 바로 연애의 사회학이고 실연의 사회학임을 읽어볼 필요가 있다는 겁니다.

격렬한 고통이 육체가 무엇인지를 깨닫게 하는 것처럼, 실연의 고통도 사랑이 무엇인지를 깨닫게 만든다.

나에게는 사랑에의 권리가 있다. 그건 당연하다. 그러나 그 권리를 나의 것으로 타자에게 주장하고 요청할 권리가 나에게 있는 건 아니다. 이것이 사랑의 정의 안에 내재하는 비밀이다.

사랑은 언제나 무엇엔가 그만 속아버리는 일이고 그래서 어리석은 결과만을 가져올 수밖에 없으니……

여러분은 실연을 해보셨어요? 육체가 고통스러워서 육체가 무엇인지를 깨달을 만큼의 실연을 해봤어야 하는데 말이죠. 심각한 실연을 해봤으면 아실 거예요.

연애를 리버럴리즘 사회의 모델로서 읽어보면 개인과 개인의 관계가 얼마나 딜레마에 빠져 있는지 알 수 있어요. 리버럴리즘 사회에서 개인이란 누구일까요? 거기에 답할 수 있는 여러 가지 정의 중에 하나는 개인은 사랑에의 권리를 가지고 있는 사람이에요. 그 어떠한 사회적 장치나 권력도 개인에게 사랑에의 권리를 찬탈할 수는 없어요.

다 아시잖아요? 누구나 연애의 권리가 있어요. 이 연애의 권리를 주장할 때 그 근거가 뭡니까? 나는 누군가를 사랑할 권리가 있다는 권리 의식을 가질 때 그 전제가 무엇이죠? 다름이 아니라 내 사랑에 대한 진정성이에요. 진정성도 없이 사랑의 권리만을 행사하는 건 바람둥이예요. 우리가 진지한 문제로 연애를 생각할 때 개인은 사랑에의 권리를 가지고 있는 사람이고, 그 권리의 순수성은 내가 사랑에 대해 부여하는 진정성에서 온다는 거예요. 이럴 때 우리는 사랑에 대한 권리를 주장할 수 있는 거예요. 바람둥이가 사랑의 권리를 주장할 수는 없어요. 그건 허위의식이에요. 사랑의 권리와 진정성은 떨어질 수 없는 관계입니다.

그런데 우리는 또 하나 생각해볼 수 있습니다. 내 사랑의 권리가 진정성을 가진다면 그것은 당연히 다른 권리와 연결돼요. 바로 사랑받을 권리입니다. 왜냐하면 내 사랑이 진실이기 때문이지요. 진실이란 무엇입니까? 거부당해서는 안 되는 것이고 거부될 수도 없는 것이죠. 왜요? 그 어떠한 거부의 이유도 내 진실로 보게 되면 해당이 안 돼요. 그 어떤 거부의 이유들도 내 진실성을 거짓이라고 말할 수 없어요. 그렇기 때문에 내가 누군가를 사랑하면 그 사랑으로부터 사랑받을 권리도 당연히 있는 것이죠. 우리는 누군가와 사랑에 빠지면 다 이렇게 돼요. 그런데 문제가 있죠. 개인 대 개인의 관계에서 타자가 있어요. 그 타자도 똑같이 사랑에의 권리와 사랑받을 권리를 가지고 있죠. 이것이 두 사람이 잘 만나서 아무 문제 없이 화합이 되면 연애의 정의가 실현되는 것이죠.

그러나 실연이란 뭘까요? 이 두 가지가 충돌하는 경우예요. 이렇게 되면 어떻게 되느냐? 내 쪽에서 생각하면 이렇습니다. 그 사람이 내 사랑받을 권리를 허락하지 않으려는 것이 부당하게만 여겨진다는 거죠. '도대체 왜 그래, 내 마음을 그렇게 모르겠어?' 그건 뭘까요? 진정성이고 권리 요청이에요. 이것이 딜레마를 가져오죠. 이렇게 될 때 개인주의 사회에서 당연하게 여겨지는 내 사랑의 권리와 사랑받을 권리가 알게 모르게 정의를 배반할 수 있다는 거예요. 그 사람에 대해서 나의 진정성과 권리를 일방적으로 수행하려고 할 때요. 그러나 그 주장은 내 쪽에서 보면 아무런 허위의식이 없어요. 왜요? 나는 진정성이 있기 때문입니다.

사랑하다 보면 힘든 경우가 많아요. 저도 옛날에 대학교 다닐 때 연애를 하다가…… 실연을 당했어요. 여자는 한번 돌아서면 다시는 안 돌아보더라고요. 그래서 실연의 고통을 겪는데 너무 괴로우니까 제가 자다가 벌떡 일어나서 어떻게 했는지 아세요? 주먹으로 제 방의 벽을 때리면서, '왜 진실이 안 통하는 거야' 하고 외쳤어요.
그 당시에 저는 우직해서 그런지 몰라도 진실은 통하는 거라 생각했어요. 아무리 생각해봐도 나에게는 허위의식이 하나도 없고 내 잘못은 하나도 없다고 생각했어요. '내 권리가 왜 정의가 되지 않느냐' 하고 물었어요. 이 경우를 당해보면 되게 심각해요. 왜냐하면 나에게 설명이 안 되거든요. 이해가 안 되면 갈등이 안 풀려요.

다들 한 번쯤은 겪은 일이죠?

요즘은 깨끗하고 쿨하게 헤어진다는데 우리 때는 보수적이어서 그랬는지 그렇게 못 했어요. 사랑은 그 사람이 내 장기가 되는 거예요. 장기가 되지 않도록 잘 막아내는 연애를 하다가 헤어지면 별 문제가 없는데, 사랑은 또 넋을 잃게도 하잖아요? 그러니까 자기 방어가 잘 안 된단 말입니다. 못 들어오게 해야 하는데 어느새 슬금슬금 들어와서 나의 장기가 되게 되면 떼어내기가 되게 힘들어요.

이럴 경우 사랑의 권리가 타자에게 폭력이 되기도 해요. 나의 권리가 반드시 되돌아와야 하는 정의로 여겨질 경우 타자가 '나는 그건 받아들일 수 없어'라고 해도 나에게 설명이 안 돼요. '아, 그래 너에게도 권리가 있으니까 그렇구나'가 안 됩니다. 그래서 그만 사랑이 무의도적으로 폭력으로 건너가게 된다는 말이죠. 이 사랑 속에 깊이 내재해 있는 자기 권리 의식이 자기도 모르게 타자에게 폭력이 돼요.

이게 아주 심해지면 스토킹이죠. 스토커들은 항상 그

러잖아요? '난 진실이야. 내가 너를 못살게 굴려는 게 아니거든.' 이랬을 때 사랑의 고통, 실연의 고통을 껴안으면 첫 번째 인용문처럼 됩니다. 이 고통이 가르쳐주는 것은 사랑의 권리와 사랑의 정의가 엇갈릴 수 있다는 것이죠.

그런데 왜 그럴까요? 무엇 때문에요? 결국은 개인주의 때문이에요. 개인이 타자와 관계를 맺을 때의 구도가 개인이 관계 속에 들어가는 것이 아니라, 관계가 개인을 위해 있는 것처럼 받아들여지는 것이 오늘날 잘못된 개인주의 사회에서의 우리의 개인의식이라는 것이죠. 알게 모르게 그렇게 돼 있다는 거예요. 그래서 오늘날 개인주의를 바탕으로 이루어진 객관적 권력의 범주에서 사랑의 권리가 비록 진정성을 가지고 있다 한들 사랑의 정의가 이루어질 수 있느냐는 문제를 우리가 곰곰이 생각해봐야 합니다.

제가 여기서 《카르멘》을 예로 들어보겠습니다. 《카르멘》은 돈 호세와 카르멘이라는 집시 여인 사이의 연애 얘기예요. 호세가 카르멘에 대해서 어떤 생각을 가지고 있습니까? 호세는 방금 얘기한 것처럼 자기 사랑의 진정성을 의심하지 않으면서 그 진실성을 통해서 자기 사랑의 권리를 사랑의 정의로 바꾸려는 사람입니다. 호세가 카르멘을 만나서 확 빠지죠. 그 이전에 알지 못했던 사랑의 진실성을 껴안게 되죠. 그래서 카르멘에게 끊임없이 결혼하자고, 미국으로 도망가자고 그래요. 호세는 그것에 대해서 전혀 자기 회의가 없습니다. 왜냐하면 자신은 너무도 진실하고 진정하기 때문이죠. 그러나 카르멘이 받아들이지 않죠. 이랬을 때 호세는 자신의 권리를 사랑의 정의로 바꾸기 위해서 폭력을 사용해요. 마지막에 카르멘을 죽이잖아요? 호세의 사랑은 개인주의적 사회에서 누구나 가지고 있는 연애 의식의 전형적인 모습이에요. 그런데 이걸 통해서 우리가 알 수 있는 게 뭡니까? 사랑의 권리가 어떻게 모르는 사이에 사랑의 폭력이 될 수밖에 없는가. 이것을 보여줘요.

그러면 이 폭력을 어떻게 막을 수 있는가 질문이 생기죠. 사랑의 정의는 어떻게 실현될 수 있을까요? 제 생각에는 과장 독서를 하거나 심층 독서를 한다면 그 경우가 카르멘의 사랑 같아요. 카르멘은 누구죠? 집시 여자입니다. 호세에 대한 카르멘의 사랑을 몇 가지 특성으로 얘기해보면, 첫 번째 카르멘을 만나기 이전에 호세는 사랑

같은 건 몰랐어요. 혹은 가톨릭 시스템 내에 있는 사랑만 알았어요. 카르멘을 만나면서 호세는 대단한 내면적 사건을 겪게 되는데 이제까지의 그런 사랑이 아니라 다른 사랑에 눈뜨죠. 다시 말하자면 개인 대 개인 간의 사랑에 눈떠요. 어떤 모델에 맞는 사랑을 다시 한번 경험하는 것이 아니라 카르멘에게만 빠지는 사랑이죠. 이전에 호세는 그런 사랑을 알지 못했습니다. 그러면 카르멘의 능력은 무엇이냐? 그게 놀라운 능력인데요. 타자를 사랑에 눈뜨게 만들어요. 시작 부분에 보면 카르멘이 호세에게 꽃을 던지잖아요? 꽃으로 가슴을 딱 맞춰버리죠. 그때 호세는 사랑에 눈을 떠요. 이것이 카르멘이에요.

두 번째, 카르멘은 누굽니까? 호세의 진정성을 담보하는 사랑의 권리가 일방적으로 자기에게 강요될 때, 그 강요를 절대로 받아들이는 여자가 아닙니다. 이 얘기는 무슨 뜻이냐 하면, 카르멘에게는 호세와는 달리 사랑의 권리에 앞서서 사랑의 정의가 문제된다는 거예요. 사랑은 그렇게 하는 것이 아니라는 거죠. 사랑은 서로의 권리가 수락될 때 하는 거예요. 상대방이 아무리 자신의 사랑의 진정성을 가지고 카르멘에게 권리를 주장한들, 사랑의 정의에는 안 맞는다는 것이죠. 그렇게 보면 카르멘은 호세와는 달리 사랑의 정의를 지키려는 존재라고 할 수 있습니다.

그러면 카르멘의 세 번째 특성은 뭘까요? 카르멘은 호세처럼 타자의 권리를 승인하지 않으면서 자기의 권리만을 가지고 타자와의 관계를 맺으려고 하지 않아요. 카르멘은 그런 여자가 아니에요. 카르멘에게는 하나의 분명한 원칙이 있습니다. 내가 누군가를 좋아하고 그 사람이 나를 좋아하면 받아들여요. 그 사람의 전부를요. 사회적으로 계급이 있든 없든, 돈이 많든 적든 상관없어요. 그러나 누군가 그 관계를 폭력적 관계로 바꾸려고 하면 안 받아들여요. 사랑의 정의가 깨졌기 때문이죠. 또 한편 카르멘의 특성은 바람둥이에요. 사랑이 6개월을 못 가요. 6개월 이후에는 다른 사랑으로 건너가요. 이 6개월이라는 것은 **사랑의 불연속성**의 의미를 지니고 있어요. 호세하고 카르멘하고 좋아해요. **사랑의 정의**가 가능했기 때문이죠. 그러나 카르멘은 알고 있어요. 사랑의 정의를 가능케 하는 것은 호세의 **권리**와 나의 **권리**가 **합일**될 때만 가능하다는 걸요. 이 권리가 **폭력성**으로 변질되기 이전까지만 사랑의 정의가 가능하다는 거죠. 그게 **6개월**이에요. 폭력이 가동되는 시기가 오면 카르멘은 다른 사랑의 정의로 건너가려고 하죠. 호세는 안 돼요.

그렇다고 제가 진정한 사랑을 하려면 상대를 자꾸 바꾸라는 얘기를 하는 건 아니에요. 연애의 권리와 정의의 필연적인 관계성에 대해서 말씀드리는 거예요. 다음 시간에 제가 사랑의 도덕에 대해서 말씀드릴 건데 이 얘기와 연결해볼 수도 있어요. 《카르멘》을 통해서 사랑의 정의를 구현하려면 여러 번 연애를 해야 되겠구나, 이렇게 생각하실 분도 계시겠지만 제가 하고 싶은 얘기는 사랑의 정의를 꼭 대상을 바꿀 때에만 가능해지는 것이 아니라, 상호 간에 권리 관계를 어떻게 받아들이느냐에 따라서 달라질 수 있다는 겁니다. 사랑의 권리가 폭력이 되기 전에 사랑의 정의로 회귀하고, 그 사랑의 정의가 다시 폭력 관계가 되려 하면 또다시 사랑의 정의를 되찾는 방식으로 쭉 연결될 수도 있다는 거예요. 이건 다음 시간에 자세히 얘기해보겠습니다. 중요한 것은 사랑의 권리와 사랑의 정의가 법적 논리처럼 그냥 자연스럽게 연결되는 것이 아니라는 겁니다. 왜냐? 개인주의 사회에서 각 개인은 자기 권력에 대한 환상이 있다는 거예요. 이 환상을 성찰하지 않으면 우리는 여전히 나의 권리의 진정성에만 매달리게 돼요.

우리는 사랑을 하면서 그만 무언가에 속아버려요. 다시 말해 내 권리의 진정성에 속아버려요. 그러다 보면 원하지도 않았는데 내 사랑의 권리와 상대방의 권리를 해치게 되면서, 내가 원했던 사랑의 정의 관계가 환상에 의해서 훼손될 수밖에 없어요. 이것이 실연이죠. 그래서 책에도 보면 "결국 사랑은 어리석은 것이 되고 만다네"라는 말이 나옵니다. 이 어리석음에서 벗어나야 해요.

연애란 무엇일까요? 사랑의 권리와 정의의 관계예요. 그러면 연애를 잘한다는 건 뭘까? 바로 이 권리와 정의 관계를 성찰하는 일입니다. 연애가 슬픈 연애가 되는 경우가 참 많잖아요? 연애는 얼마나 귀중한 겁니까? 개인 대 개인이 자신의 내밀성을 가지고 양자 간에만 이루어지는 또 하나의 세계를 만들어내는 것이죠. 그것이 사랑의 위대함이에요. 그런데 그것이 왜 자꾸 상처를 받게 될까요. 실연의 이유가 뭘까요? 실연에 두 가지 경우가 있죠. 양자 간에 문제가 있어서 분리되는 경우도 있지만 새로운 사람이 들어와서 분리되는 경우도 있어요. 참담하죠. 어떻게 생각하세요? 새롭다는 이유만으로 오래된 사랑을 끝나게 만들 권리가 그 새로움에 있습니까? 어려운 문제예요. 다음 시간에는 사랑과 시간, 소유의 문제를 한

번 논의해보도록 하겠습니다. 궁극적으로는 사랑의 도덕 문제예요. 그 얘기를 한 다음에 영재란 누구인가에 대해서 한번 생각해보도록 하죠.

5강

사랑의 도덕

지난 시간에 사랑의 권리와 정의라는 문제를 다루어 봤는데 오늘은 그 부분에 이어서 〈도덕과 시간의 질서〉를 함께 읽어보겠습니다. 그리고 〈온실 식물〉로 건너가서 영재의 문제를 얘기해보죠.

우리가 어떤 사랑스러운 사람을 받아들이지 못하는 것은 내적인 적대감과 제지 때문도, 지나친 냉정함이나 지나치게 억제된 온화함 때문이 아니라 어떤 새로운 것을 배제하는 관계가 이미 형성되었기 때문이다.

보통 젊은 친구들이 연애를 할 때는 먼저 상대방에게

애인 있어요? 하고 물어보잖아요? 애인이 있다고 해도, 상관없다면서 덤벼드는 사람도 있겠지만 일차적으로는 제동이 걸리잖아요? 받아들이는 사람의 입장에서도 제동이 걸릴 수밖에 없고요. 이것을 여러 가지로 설명할 수 있겠지만 일차적으로 사랑과 시간의 관계를 한번 생각해 볼 수 있어요.

내가 사랑하는 너무도 귀중한 그 사람을, 그 사람에 대한 나의 사랑과 부드러움을, 어떤 새로운 여자가 나타나서, 다만 새롭다는 이유만으로, 어느 날 빼앗아갈지도 모른다는 여자의 마음처럼 감동적이고 아름다운 건 없을 것이다.

여자의 마음만 그렇겠어요? 남자의 마음도 마찬가지죠. 지금 내가 어떤 사람을 지극한 마음으로 사랑해요. 그런데 어떤 사람이 나타나서 그 사랑을 자기와의 관계로 바꾸려고 한다면 이것 참 난감한 문제 아니겠어요? 이것을 시간의 문제로 보면 내가 지금 그 사람과 맺고 있는 관계는 낡은 관계죠. 이미 오래전에 시작되었기 때문에요. 그런데 어떤 사람이 중간에 개입해서 나의 애인에게 연애를 신청할 때, 그 사람은 새로운 사람이라 볼 수 있

지 않겠습니까? 새로운 관계를 요청하는 것이죠. 이 인용
문은 대단히 가슴을 찡하게 만들어요. "내가 이미 사랑
하는 그 사람을, 다만 새롭다는 이유만으로 어떤 사람이
와서 빼앗아갈지도 모른다는 두려움이 매우 감동적이고
아름답다." 다들 연애를 하다 보면 누군가 와서 나의 애인
을 빼앗아갈지 모른다는 두려움이 있죠. 그다음 인용문
을 읽어봅시다.

소유하고자 하는 마음은 잃어버릴지도 모른다는, 두
번 다시 되찾을 수 없을 거라는 불안한 마음의 표현이다.
그러나 일단 소유를 하고 나면 그토록 사랑하는 그 사람이
더는 내 눈을 사로잡지 못하게 되는 건 무엇 때문일까?

너는 영원히 내 곁에 있을 거야, 라고 생각하게 되면
소유욕은 일어나지 않을지도 모르죠. 소유는 물론 육욕
의 문제와도 관계되지만, '잃어버릴지도 몰라'라는 불안
때문에 생기는 하나의 욕망일 수 있어요. 그러나 일단 소
유를 하고 나면 그토록 사랑하는 그 사람이 더는 내 눈을
사로잡지 못해요. 아도르노는 그 이유는 무엇 때문일까
하고 물어보죠. 우리는 뭔가를 소유하려면 먼저 물화시

켜야 해요. 물질적인 것으로 만들어야지만 소유가 돼요. 정신적인 것은 절대로 소유할 수 없습니다. 〈도덕과 시간의 질서〉에서는 이렇게 사랑과 시간의 문제, 사랑과 소유의 문제를 얘기하면서 마지막에 이 딜레마를 벗어나는 사랑의 도덕이 있다면 그것은 무엇일까에 대해 물어보고 있습니다. 일종의 사랑론이라고 볼 수 있죠.

사랑은 프로이트식으로 얘기하면 일종의 리비도 운동이죠. 리비도 운동은 우리가 살아 있다는 것이고, 살아 있다는 것은 사랑한다는 것이며, 사랑한다는 것은 나와 타자 간의 관계죠. 이 관계 맺기라는 것이 리비도의 성격이에요. 말하자면 리비도는 내 안에 있지만 항상 다른 곳으로 이동하려는 성격을 가지고 있다는 거예요. 단순한 육욕이 아니라 우리의 욕망 에너지, 더 드라이브, 트립인데요. 이렇게 이동해나가는 것이 우리를 살아 있게 만드는 거죠.

우리는 특정한 연애 관계가 아니더라도 나 아닌 다른 것들과 끊임없이 관계를 맺으며 살아요. 그런데 사랑의 리비도가 늘 새로운 것으로 옮겨가려 한다는 거예요. 내 리비도가 어딘가로 옮겨갔다가 거기에 머무르는 것이 아니라 또 다른 장소로 이동하려 한다는 것이죠. 머물렀던 것은 언젠가는 낡은 것이 되어버려요. 결국 리비도란 뭐냐? 새것에의 욕망이에요. 그렇게 보면 사랑이란 뭐죠? 새로운 것을 찾아나가는 것이죠. 이것이 사랑과 리비도의 얼굴입니다.

그래서 우리가 사랑의 관계를 맺는다는 것은 서로가 서로에게 새로운 존재로서 발견되는 거예요. 우리가 누군가를 만난다는 것은 그 사람이 나에 의해서 새로운 것으로 발견되는 것이고, 동시에 나는 그 사람에 의해서 새로운 것으로 발견되는 것이죠. 연애는 다른 게 아니라 발견하는 거잖아요? 누군가를 발견하고, 또 나는 누군가에 의해서 발견되고. 이게 맞아떨어지면 연애라 부를 수 있죠. 각자에게 새로운 것으로 발견되는 것, 이것이 사랑의 시작일 거예요.

사랑이 발견이라면, 그 발견은 타자가 나에게 물화되는 관계예요. 리비도는 끊임없이 운동을 일으키면서 달라지는 것이기 때문에 근본적으로는 물화될 수 없는데, 내가 상대방을 발견하는 순간 그 사람은 어떻게 되죠? 물화되는 거예요. 어떤 형상으로 규정되는 것입니다. 하나의 이미지로 나에게 물화되는 것이죠. 이 물화가 있어야 관계가 맺어지는 것이고요. 그러나 물화는 소유와 연결될 수밖에 없어요. 내가 그 사람을 발견하고 그 사람이 나에게 물화되면, 물화된 그 사람은 나의 소유 대상이 된다는 거죠.

사실 리비도는 끊임없이 움직여나가는 무엇이기 때문에 리비도를 가진 개인은 소유될 수 없는 것입니다. 또한 사랑과 소유는 떨어질 수 없는 관계라는 데 딜레마가 있습니다. '당신이 나의 애인이야'라는 것은 공적 관계가 아니라 사유 관계예요. 우리는 그것을 연애의 내밀성이라고 얘기해요. 저 사람은 나에게만 사유화되고, 또한 나는 저 사람에 의해서 사유화되는 겁니다. 한마디로 서로의 사유재산이 되는 것이죠. 이런 의미에서 보면 사유재산을 나쁘게만 생각하실 필요 없어요. 정치경제학적으로 보면 사유 관계가 모든 불평등의 뿌리가 되지만 연애 관계는 다르게 봐야 해요. 이 사유재산 관계가 연애의 은밀함이고 독자성이죠.

그런데 문제는 모든 것이 물화되고 소유되면 노화할

수밖에 없어요. 모든 물질적인 것들은 시간에 마모될 수밖에 없거든요. 우리가 연애를 할수록 서로에게 시큰둥해지고 옛날 같지 않다고 서로 탓하고 이러는 것도 다 노화현상이에요. 그래서 연애를 하다가 어느 정도 시간이 지나면 딜레마에 빠지는 거죠. 내 사랑의 에너지가 연애의 전제인데, 이 사랑의 에너지는 말씀드렸듯이 끊임없이 새것을 원하는 것입니다. 새것으로 나아가려는 욕동 에너지예요. 다시 말해 나의 욕동 에너지는 끊임없이 새것으로 가려고 하는데 나의 사랑은 날이 갈수록 노화된다는 거죠.

이 사랑의 딜레마, 연애의 딜레마에서 우리가 어떻게 빠져나올 수 있을까요? 연애가 힘들고 잘 안 된다면 이유가 뭘까요? 여러 이유가 있겠지만 리비도와 시간의 문제로 보면 피할 수 없는 연애의 딜레마 때문이에요. 그래서 연애를 할 때 우리는 항상 두려움을 느껴요. 새로운 사람이 나타나서, 새로움으로 나아가려는 내 연인의 리비도를 자기와 관계 맺는 일이 일어나지 않을까? 나와의 낡은 관계를 끊고 자신의 욕동 에너지, 리비도의 운동을 따라가지 않을까? 연애의 근원적인 두려움이에요.

이 두려움과 더불어서 연애가 가지는 또 하나의 슬픈 본질인 서글픈 관용이 있습니다. 그 사람이 새로운 사람을 찾아나간다고 해도 나는 그것을 막아서는 안 된다는 거죠. 왜냐하면 사랑은 새로운 것을 찾아나갈 수밖에 없는 것이기 때문에. 그 사람이 새로운 누군가를 찾아서 나갈 때 나는 가슴이 아파도 항변할 수 없다는 거죠. 너의 리비도가 새로운 것을 찾아나가는데 어떻게 그것을 잘못됐다고 내가 억지로 붙잡겠냐는 식이죠. 물론 이러기도 쉽지 않지만요. 반대로도 마찬가지예요. 내가 다른 사람을 찾아나갈 때 그 사람이 나를 이해해주기를 바라죠. 그 가운데 끼어드는 질투라는 것이 있지만 이건 빼고 얘기하겠습니다.

정리하자면 이렇습니다. 사랑은 근본적으로 딜레마에 빠질 수밖에 없고, 그러면서 두 개의 감정을 가져오는데 하나는 두려움이고 하나는 관용입니다. 둘 다 우리가 원하지 않아도 승인하고 수용할 수밖에 없어요. 그런데 결국 이것을 우리가 받아들이는 것은 사랑에 대한 절망을 가져올 뿐이라는 거죠. 사랑의 근본적 딜레마 때문에 믿음을 배반할 수밖에 없고, 믿음을 환멸로 바꿀 수밖에 없다는 것을 두려움과 관용은 승인하는 거예요. 우리가 사랑에 대해 가졌던 환영이 깨어지는 거죠. 그런 의미에서 보면 사랑 앞에서의 좌절이며 패배입니다.

　어떤 사랑이 끝나면 처음에는 그 사람이 왜 나를 떠났을까 하고 생각하죠. 그 사람이 밉기도 하고 그 사람을 이해하려고도 애를 쓰지만, 시간이 지나면 남는 것은 열패감인 것 같아요. 그 사람을 다시 붙잡아야겠다, 이러는 건 첫 번째 단계고, 애착이 어느 정도 정리되고 나면 허망함이 오죠. 결국 사랑이란 이런 것인가. 사랑이란 좌절될 수밖에 없는 것인가. 우리가 실연 뒤에 알게 되는 것은 결국 사랑 앞에서의 열패감인 것 같아요. 그리고 부끄러움도 생기죠. 누가 잘못을 했든, 무슨 일이 있었든 서로 헤어졌다는 사실은 무엇에 대한 증명이냐 하면, 우리 둘 다 결국 사랑을 지킬 수 있는 능력을 가지고 있지 못했다는 거예요. 연애할 때는 수시로 이런 말을 주고받잖아요? '나는 당신과 끝까지 있을 거야, 너 죽으면 나도 따라 죽을 거야.' 그 말들에 대한 약속이 실현될 수 없음에 대한 허탈함이 있어요.

　사랑이 가지고 있는 패배의 운명성에 대한 좌절감, 그 앞에서의 허망함과 열패감이 더 오래 남는 것 같아요.

크게 실연을 하고 나서 사랑에 대한 불신이 생기는 건 배반당했다는 생각 때문이 아니라, 사랑에 대한 환영이 환멸이 되어버렸기 때문이에요. 상대가 바뀐다고 해서 이런 사랑의 환멸 구조가 바뀔 수 있을 것인가에 대한 깊은 통찰에서 오는 거죠.

연애를 해보신 분들은 다 아실 거예요. 궁극적으로 남는 건 미움이나 애착이 아닌 허망함, 허망함이 가져다주는 열패감, 그 어떤 부끄러움입니다. 이 부끄러움은 상당히 오래가요. 그러나 이 부끄러움 덕분에 사실 성숙해지기도 합니다. 세상을 보는 시선이나 자신의 열정을 대하는 태도가 한 단계 성숙해나갑니다. 그래서 실연은 아주 좋은 스승입니다. 그렇다고 그 스승을 일부러 찾아다닐 필요는 없겠지만, 우리는 실연을 통해서 많은 것을 배울 수 있고 사람에 따라서는 인생관이나 삶의 본원적인 문제들을 이해할 수도 있습니다.

그렇다면 사랑은 결국 이렇게 허망할 수밖에 없는 것이냐, 우리에게 열패감만을 가져다주는 것이냐, 부끄러움만을 남기는 것이냐는 문제 앞에서 우리는 승인할 수도 있지만 항변할 수도 있어요. 사랑의 딜레마를 벗어나는 또 하나의 사랑은 불가능한 것인가 하고 질문해볼 수 있다는 거죠.

아도르노는 그것을 사랑의 도덕이라 불러요. 혹자는 실연을 통해서 열패감에 빠질 수도 있지만, 혹자는 실연을 사랑의 도덕이란 무엇인가를 성찰하는 계기로 받아들일 수도 있다는 것이죠.

사랑의 도덕이란 뭘까요? 사랑이 딜레마로부터 벗어나고 환멸의 구조로부터 구출될 수 있다면 그것은 어떤 사랑일까 하고 생각해보는 것이죠. 이 질문 앞에서 우리는 다시 한번 사랑과 시간의 관계, 사랑과 소유의 관계를 성찰해볼 필요가 있어요.

딜레마에 빠지고 열패감에 빠질 수밖에 없는 사랑과 시간, 사랑과 소유의 관계는 무엇과 비슷하죠? 자연의 시간과 자연의 소유 관계와 다르지 않아요. 자연의 시간은 어떻습니까? 어떤 것이 생성되면 시간에 의해 낡아가다 소멸하게 되죠. 이 자연적 시간의 흐름이 연애의 진행 과정과 전혀 다르지 않다라는 거예요. 소유의 관계도 마찬가지예요. 자연의 시간이 물화된 것을 끊임없이 마모시키면서 낡은 것으로 만들고 결국 무(無)로 되돌린다면, 연애도 이러한 자연적 시간과 소유의 딜레마를 그대로 껴안고 있어요.

여기서 우리가 생각해볼 것은 자연적 시간의 구조가 다름 아닌 자본주의적 상품 시간과 동일하다는 것입니다. 나와 상품 관계를 보면 상품이 나를 매혹할 때는 늘 새것이에요. 새것으로 받아들인 상품은 물화된 것이고 나의 소유 대상입니다. 그러나 상품은 바로 그 소유와 물화성 때문에 점점 낡아갈 수밖에 없어요. 그러면 우리는 어떻게 하죠? 그 상품을 다시 새것으로 바꾸죠. 이것이 다름 아닌 시장 원칙이죠. 그런 의미에서 보면 자본주의는 가장 문명화된 영역인데 알고 보면 철저하게 자연적 시간성을 그대로 복제하고 있어요. 자연이 새것을 만들었다가 낡은 것이 되게 하고 결국 없애버리는 것과 똑같죠.

그렇다면 연애의 시간성은 어때요? 새로운 사람을 만나서 사귀다 보면 그 사람이 낡은 것이 되어버리고 어느 때인가 다시 새로운 사람을 만나게 되죠. 연애의 발견과 물화와 소유 과정이 자연적 시간성과 상품 관계성의 시간성을 그대로 따라가요. 이것의 결과가 뭡니까? 연애는 근본적으로 무엇이죠? 그 사람은 나의 사유재산이고, 사유재산이라는 것은 그 무엇으로도 대체하거나 교환할 수 없는 대상으로 받아들이는 것인데, 알고 보면 사실 그 사람은 필연적으로 대체되고 교환되는 사람이 되어버린다는 거죠. 대단히 가슴 아프고 슬픈 일이에요. 시장의 교환 원칙은 다른 게 아닙니다. 어떤 새로운 것이 발견되고 그것이 낡아가면, 그 낡은 것을 다시 한번 새로운 것으로 바꾸는 거예요.

아도르노는 여기서 시장 원칙이나 자연의 시간 원칙에 항변합니다. 인간이 상상하고 실현하고자 했던 것이 무엇이냐? 그것이 바로 사랑이에요. 사랑은 변하지 말자는 것이죠. 우리 끝까지 가자는 것이죠. 그렇다고 이 얘기가 사랑은 절대 변하면 안 된다, 한 사람 만나면 죽을 때까지 같이 있어야 한다는 얘기는 아니에요. 오늘날 연애가 지난날과는 달리 수시로 새로움의 관계로 바뀌어나가는 경향이 있다면, 이렇게 애인이 자주 바뀌는 연애도 우리가 보기 나름으로는 상당히 긍정적인 측면을 가지고 있어요. 다만 아도르노적 문제의식으로 보면 그것은 알게 모르게 자연의 시간 질서나 시장의 시간 질서를 그대로 따라가는 일이 아닌가라는 질문을 해볼 수 있다는 거죠.

아도르노에게 사랑은 원래 교환 원칙이 아닌 다른 원

칙을 따라가려 했던 것인데, 그것은 다름 아닌 리사이클
링 원칙입니다. 리사이클링 원칙은 시장의 교환 원칙과
다른 거예요. 새것이 시간이 지나 낡았다고 해서 버리는
게 아니라, 바로 그 낡아진 것을 다시 새로운 것으로 생성
시키는 것입니다. 이것은 근본적으로 보면 상품의 시간성
이나 자연의 시간성에 항변하는 거예요. 새로움에서 낡
음으로 흐르는 소멸의 행로가 아니라, 낡음에서 새로움
으로 흐르는 생성의 행로를 따라가는 것이죠. 이것을 아
도르노는 사랑의 도덕이 걸어가고자 하는 길이라 얘기합
니다.

우리는 애인이라는 대상을 다른 식으로 이해할 수 있
어요. 시장 질서를 따라서 연애를 할 경우 애인은 처음에
는 새로웠으나 낡아져서 다른 애인으로 바뀌어야 하는
것이라면, 리사이클링 원칙으로 애인을 이해하자면 그
사람은 분명히 낡아가지만 다시 새로운 애인으로 태어나
는 것이죠. 나날이 낡아가서 나중에는 폐기되어야 하는
사람이 아니라, 낡아가지만 매번 새롭게 발견되는 사람
이에요. 그래서 우리는 이렇게 얘기할 수 있습니다. 우리
가 어떤 사람에게 교제를 신청했을 때 그 사람이 '저한테

는 애인이 있어요'라고 한다면 우리는 이렇게 말할 수 없어요. 사랑은 원래 새것을 찾아가는 거예요, 낡은 것을 버리고 나와 새로운 관계를 맺는 게 옳지 않겠어요, 라고 말할 수 없다는 거죠. 그런 말은 사랑을 시장의 교환 원칙이나 자연의 시간성으로 이해했을 때만 가능해요. 그 사람이 애인이 있다는 것을 받아들이고 뒤돌아선다는 거죠. 왜냐하면 그 사람의 애인은 늘 새롭게 태어나는 애인이니까요. 그래서 우리는 연애를 신청했다가 거부를 받아도 기쁘게 승인할 수 있다고 아도르노는 얘기합니다.

또는 누군가가 나타나서 이렇게 얘기하는 경우도 있겠죠. '나는 새로운 사람이고 당신은 이미 낡은 사람이니까 당신의 애인을 나에게 양보하세요.' 우리는 이런 얘기를 들으면 용납할 수 없어요. 무엇 때문에 그렇습니까? 리사이클링 원칙에 따라서 맺어지는 연애의 경우 오래되었다는 이유만으로 누군가 나타나서 새로운 연애의 권리를 주장하는 일은 말이 안 된다는 거죠.

우리가 연애를 하다 보면 이러저러한 상황을 만나죠. 누군가에게 교제를 신청했다가 '저는 애인이 있습니다'라는 말을 들으면 물러나고, 또 내가 누군가와 관계를 맺고 있는데 어떤 새로운 사람이 와서 '당신 그만 나가시오' 하면 거부하죠. 당연한 겁니다. 이러한 행동들이 연애에 대한 어떤 암묵적인 이해에서 오는 것이라고 아도르노는 얘기하고 있습니다.

그러나 아도르노는 얘기를 하지 않지만, 제가 볼 때 가장 큰 문제는 이겁니다. 어떻게 보면 앞에서 나온 건 다 이상적인 얘기예요. 누가 리사이클링 원칙을 몰라서 그러겠어요? 그 사람이 매번 새로 태어나면 얼마나 좋겠어요? 그 사람을 오늘 만나고 내일 만나도 또 새로 만난 것 같으면 사실 새로운 애인을 구할 필요가 없어요. 문제는 그게 안 된다는 거죠. 그러면 이런 문제가 생깁니다. 어떻게 해야 그 사람이 매번 새로 태어나는 애인이 될까라는 문제죠. 어떻게 하면 그렇게 됩니까?

저는 이 문제를 롤랑 바르트로 건너가서 얘기하고 싶어요. 아도르노와 롤랑 바르트는 지적 전제가 너무 다른 사람들이지만 이론적 배경을 빼고 현상적으로만 얘기해 볼게요.

롤랑 바르트는 **사랑의 주체**에 대해 얘기하면서 이것을 또한 **욕망 주체**라고 불러요. 아도르노에게 사랑의 주체는 사랑의 도덕을 지키는 사람, 시장 원칙을 따라서 사랑하려고 하지 않는 사람이에요. 아도르노는 이 사랑의 주체를 바르트처럼 욕망 주체라고 하는 대신 **미메시스적 주체**라는 말로 얘기합니다.

욕망 주체와 미메시스적 주체는 대단히 유사한 성격이 있어요. 미메시스적 주체는 누구냐? **타자동일화 원칙**을 지키는 주체예요. 다시 말하자면 연애 관계에서 상대방을 나와 똑같이 만들려는 주체가 아니라, 내가 상대방과 동일해지려고 하는 그런 주체예요. 내가 애인과 비슷해지고 닮아지려 하는 것은 그 사람과 하나가 되고 싶어 하는 욕동이죠. 그런데 그 사람과 나는 사실 결코 똑같아질 수 없어요. 마지막까지 결코 합일될 수 없는 그 사람과 나의 거리가 있다는 거예요. 이 미메시스라는 개념은 내가 그 사람과 하나가 되어서 합일되는 게 아니라 **끊임없이 가까이 가기**입니다. 그런데 아무리 가까이 가도 그 사람과 나 사이의 **거리**가 줄어지지 않는 건 무엇 때문이죠? 두 사람 다 객체이기 때문이죠. 그 무엇으로도 합일될 수 없는 객체이기 때문이에요.

바르트의 욕망 주체도 거의 성격이 비슷해요. 사랑

의 **주체**는 **애인**에게서 욕망을 **충족**시키려 하지만 이 충족은 근본적으로 불가능한 것이죠. 바르트식으로 얘기하면 아이는 어머니와 하나가 되려고 끊임없이 애를 쓰지만 근원적으로 합일 불가능합니다. 욕망의 **주체**는 **대상**에게 가서 하나가 되려고 하지만 도저히 소거시킬 수 없는 **빈 곳**이 있기 때문에 이 빈 곳에서 **욕망**이 태어나요. 이 욕망은 끊임없이 빈 곳을 채우려고 투사되지만 채울 수가 없기 때문에 **다른 욕망**으로 바뀌고, 이 바뀐 욕망이 투사되지만 또한 채울 수가 없기 때문에 **또 다른 욕망**으로 바뀌는, 말하자면 욕망의 체인이 사랑이라고 바르트는 얘기합니다.

《사랑의 단상》에서 바르트가 얘기하는 것이 바로 그것이죠. 사랑한다는 것은 욕망의 주체가 되는 일이고, 이것은 곧 하나의 욕망을 대상에게 투사해서 그 욕망을 소거시키는 것이 아니라 확대재생산하는 일이라는 뜻입니다. 아도르노의 미메시스적 주체이든 바르트의 욕망 주체이든 이 소유 불가능성이 전제가 되고, 그것 때문에 욕망이 살아 움직인다고 얘기합니다.

《사랑의 단상》을 보시면 〈그 사람의 육체〉라는 장이

있어요. 참 재미있는 얘기를 하는데요, 나는 그 사람과 연애를 하다 보면 차츰차츰 도대체 **그 사람의 육체**가 무엇이기에 이토록 나를 매혹하는 것일까 질문하게 되고, 그 사람의 육체를 **탐색** 혹은 **연구**하기 시작한다는 거예요. 그 사람의 눈, 그 사람의 입, 그 사람의 귀, 손톱과 발톱까지 연구하기 시작해요. 그런데 탐색하고 연구한다는 건 뭐예요? 어떤 부분에 대해서 아주 **가까이** 가려고 한다는 거죠. 모든 것을 파헤치려고 해요. 그러다 보면 이상한 현상을 만나요. 이 사람의 눈과 귀와 손톱 같은 것들을 탐색할수록 그 사람의 육체는 나에게 점점 또렷하게 다가오는 것이 아니라 오히려 더 **모호**해진다는 거예요. 물론 무엇에 너무 가까이 가면 잘 안 보이죠. 그러나 바르트는 그러한 시각적 원근법의 모순 관계가 아니라 다른 식으로 설명해요.

이 사람의 눈을 열심히 탐색하게 되면, 이 눈은 이 사람의 육체의 일부분으로 있는 것이 아니라 또 하나의 이 사람으로 태어난다는 거죠. 이해하시겠습니까? 또 귀를 탐색하다 보면 귀가 또 하나의 그 사람으로 태어나고, 입을 탐색하면 입으로부터 그 사람이 또 태어난다고 얘기해요. 탐색을 하면 할수록 마치 클론이 태어나는 것처럼 그 사람이 무한하게 생성된다는 거예요. 탐색을 하면 할수록 그 사람은 너무 많은 존재들이 되어서 도저히 누가 누구인지 모르겠다는 거죠. 참 재미있지 않습니까? 바르트가 얘기하려는 건 편집증적인 욕망 관계라기보다는 그 사람의 육체를 **소유**하려고 하면 할수록 그것이 불가능함이 확인되면서, 다름 아닌 이 **불가능성** 때문에 그 사람은 확대재생산된다는 거예요. 또한 그 사람의 육체가 무수한 욕망의 대상으로 확대재생산되는 것은 정말로 그 사람이 다양한 면모를 지니고 있기 때문이 아니라, 내가 **욕망 자아**이기 때문이라는 거죠.

즉, 나라는 존재는 끊임없이 변해가는 욕망을 지닌, 나 자신이 규정할 수도 소유할 수도 없는 존재라는 거예요. 그 사람에게 나를 투사할 때 내가 매번 다른 것으로 투사되기 때문에 그 사람도 매번 다른 것으로 변해간다는 것이죠. 그래서 그 사람은 사실 낡은 것이 되어가야 하지만, 내가 그 사람에게 욕망을 투사하면 할수록 새로운 것으로 태어나요. 그 사람은 사건이 되죠. 예기치 않게 도래하는 무엇이 사건이라면, 그 사람은 나에게 매번 **사건**으로 **생성**되는 거예요. 내가 매번 새롭게 욕망의 주체가

592

되고 사건이 되며 생성이 되는 자아임을 인식할 때, 즉 자신의 욕망 주체성과 만났을 때 비로소 연애는 자연의 시간과 시장의 원칙에서 벗어날 수 있어요.

　결론적으로 얘기하면 이렇습니다. 우리가 결국 그 사람을 낡은 것으로만 생각하고, 그 낡음 때문에 내 욕망이 줄어들고, 그래서 새로운 교환의 대상을 찾게 되는 이유는 그 사람에게 있는 것이 아니에요. 시장 질서와 상품 질서에 의해서 나의 욕망을 상실했기 때문이죠. 다른 식으로 얘기하면 나의 욕망이 시장이 제공하는 새로운 것에만 투사되고 충동질되기 때문에, 결국 그 사람도 나에게 매번 새로운 대상으로 태어나는 것이 아니라 상품으로 다가오게 된다는 것이죠. 결국 객관적 권력을 얘기할 수밖에 없습니다. 객관적 권력은 우리의 연애 욕망이나 사랑의 욕망까지 상품 욕망으로, 시장의 욕망으로 바꾸어내요. 이 권력을 통찰하지 못하는 한 우리는 그토록 사랑을 원하면서도 끊임없이 사랑 앞에서 열패감을 맛보고 부끄러움만을 껴안게 된다는 것이죠. 객관적 권력이 지배하는 사회에서 우리의 연애도 늘 실패하게 돼 있어요.

　객관적 권력이란 뭐예요? 우리에게 사랑의 도덕을 시

장의 교환 원칙으로 강요하는 그 어떤 권력이죠. 객관적 권력이 우리의 욕망을 어떻게 관리 통제하는가, 우리의 욕망을 어떻게 시장 질서화하는가, 여기에 눈뜨는 일이 곧 사랑의 도덕을 발견하는 일이라고 아도르노는 얘기합니다. 우리는 연애라고 부르는 것, 특별하고 내밀하며 무엇으로도 교환될 수 없는 나와 타자의 관계가 시장 원칙과 자연의 질서에 의해 패배하고 있는 것은 아닌지 물어볼 필요가 있습니다.

○

다음에는 영재 문제에 대해 생각해보죠. 〈온실 식물〉을 함께 보겠습니다. 영재라는 말이 요새 아주 유행하죠? 영재교육을 시키겠다, 영재교육은 태교부터 시작해야 된다, 어쩌고저쩌고, 그러죠. '아이를 영재로 키우는 법' 같은 책들도 많이 팔리고 있는데 한번 이 영재라는 문제를 함께 생각해보겠습니다. 궁극적으로 보면 영재가 왜 둔재가 될 수밖에 없느냐라는 문제예요.

혹시 김○○이라는 사람 아세요? 제가 초등학교인가 중학교 다닐 때 한국이 낳은 천재다 그러면서 온 매스컴에서 야단법석을 떨었던 내 또래 친구가 하나 있습니다. 무엇이 그렇게 뛰어난 사람이었는지는 기억이 안 나는데, 아이큐가 엄청 높다든지 그랬겠죠. 저는 가끔 그 사람이 어떻게 됐을까 궁금했어요. 그렇게 떠들썩했다면 무슨 결과가 있어야 되는데 없었단 말이죠.

언젠가 한번 TV인가 잡지에서 그 사람 이름을 본 적이 있어요. 너무나 평범한 사람이 돼 있었죠. 천재 혹은 영재로 이름을 날렸던 것에 대한 후유증 얘기도 나오고 그랬어요. 우리가 지난 시간에 미인의 운명에 대해서 얘기를 했지만 거의 비슷한 문제의식입니다. 객관적 권력이 지배하는 사회에서 영재들의 운명은 어떻게 될 수밖에 없는가? 결과적으로 보면 둔재가 돼요. 왜 영재가 둔재가 될 수밖에 없는가, 이 문제를 이번 시간에 다뤄보겠습니다.

조숙한 사람의 필체가 유아적인 건 우연이 아니다. (…) 성공과 노력의 일치를 강요하는 사회는 조숙한 사람의 뛰어남을 용서하지 않는다.

조숙한 사람은 아주 뛰어난 영재성을 가진 사람을 말해요. 성공이 목표인 사회는 사실 영재를 둔재로 만들 수밖에 없다고 얘기하는데, 이렇게 한번 생각해보죠. 영재 아닌 사람이 누가 있습니까? 부모들 입장에서 보면 내 아들딸은 다 영재예요. 동네 칼국수 집에서 부모들 이러쿵저러쿵 떠드는 거 보면 다들 내 자식 잘났다는 얘기 아니에요? 그런데 그게 틀린 말입니까? 사실 모든 아이들은 자기만의 특별한 재주를 타고나요. 남들보다 어떤 영역에서든 뛰어난 점이 있고, 그런 의미에서 보면 부모들이 자기 자식이 영재라고 하는 건 틀리지 않았다는 거예요.

그런데 우리는 이런 걸 한번 생각해볼 수 있습니다. 도대체 '특별한 능력이란 뭘까'라는 거죠. 이 능력은 지적일 수도 있고 감성적일 수도 있어요. 우리 속담에 하나를 알려주면 열을 안다는 말이 있죠? 수학적 능력이 발달해서 셈법을 조금만 알려주면 금방 다 깨닫는 아이도 있고, 심미적 감각이 발달해서 미술이나 음악 영역에서 두각을 보이는 아이도 있고, 하나를 느끼면 10개를 공감각적으로 받아들이는 능력을 가진 아이도 있습니다. 제가 볼 때 특별한 능력이라는 것은 분야는 달라도 본질적으로 동일한 능력이라는 거죠. 배우지 않아도 예감을 통해서 그것들을 수렴하는 것, 체험하지 않아도 뭔가를 미리 느끼는 거예요.

그런 의미에서 아이들은 누구나 예지 능력을 가지고 있고, 저마다의 영역에서는 누구나 영재예요. 이런 놀라운 영재성, 지적이든 감성적이든 그 특별한 능력은 어디서 올까요? 제가 볼 때 그것은 거짓말을 모른다는 데 있습니다. 말하자면 어떠한 사안, 감각적이든 지적인 영역에서든 그것의 사실과 진실에 대해서 아이가 직접적인 관계를 맺고 있다는 거예요. 어떤 타율적인 요소, 이것은 중요하고 저것은 필요 없다는 가치 관계가 아직 형성되지 않았다는 거죠.

다시 말하자면 어떤 인위적이거나 의도적인 거짓말이 대상과 아이 사이에서 작동하지 않는다는 거예요. 사실 모든 거짓말의 선입견을 빼버리면 누구나 영재성이 드러날 거예요. 우리가 지적 능력이 모자란다, 감성적 능력이 모자란다 하는 것은 대상과 나 사이에 직접적인 관계를 훼손시키는, 그것을 목적주의적으로 다른 것으로 바꾸려 하는 방해 요소들 때문에 그래요. 우리가 무의도적이 되면 얼마나 많은 것을 느낄 것이며, 얼마나 놀라운 지적 통찰이 이루어질 것인가 생각해보세요.

예컨대 어떤 사회현상을 들여다볼 때도 나의 가치 선입관, 의도적인 목적성 없이 사회 안에서 벌어지는 이러저러한 일들과 만날 수 있다면, 오늘날 여러 선입견에 의한 의견들과 전혀 다른 독자적이며 사실적인, 거짓말이 하나도 끼어들지 않은 놀라운 생각들을 충분히 내놓을 수 있다는 거예요. 그러나 우리는 이미 규격화되어 있습니다. 저는 그것을 교육의 권력이라 얘기해요. 교육을 받는 사이에 어떤 팩트와 나 사이의 직접성을 유지할 수 없도록 되어버려요. 뭘 보든 이미 안경을 쓰고 보게 되죠. 제가 볼 때 영재성은 다른 게 아닙니다. 어떤 사실과 나 사이의 관계를 방해하는 요소나 왜곡된 가치 체계 없이 대상과 만난다면 영재성은 누구나 가질 수 있어요.

문제는 누구나 영재성을 가지고 있는데 왜 이들은 결국 평범한 사람이 되는가 혹은 둔재가 되는가죠. 동창회 같은 데서 그런 얘기 많이 하잖아요? 그 친구가 옛날에는 되게 똑똑했는데 왜 이렇게 됐지? 하고 물을 때가 있죠. 우리 모두가 그래요. 저도 자라날 때는 칭찬을 많이 받았는데 한세상 살다 보니 이렇게 평범해졌어요. 어릴 때는 안 그랬는데 왜 저렇게 됐을까, 이 문제를 우리가 한번 생각해볼 수 있습니다.

아도르노는 그 대답으로 영재 자신이 둔재가 되는 두 가지의 길을 걸어갔기 때문이라 얘기해요. 하나는 영재로 태어나서 자기에게만 폐쇄적으로 머물러 사는 사람들이 있습니다. 우리 이런 사람들 많이 보잖아요? 어떤 한 사람이 좋은 환경에서 태어나서 자기의 특수한 능력을 발견하고 그 안에서만 머물 수 있을 때, 그 사람은 전문성을 얻고 일정한 사회적 지위에 도달할 수 있죠. 좋게 말해서 성실한 사람일 수 있지만, 과연 이것이 영재성을 꽃피운 것인가가 문제죠. 그것이 세상 속에서 피고자 했던 영재성이라는 꽃의 모습일까요?

"영재라는 사람들을 보면 악필이다." 악필의 의미는 뭐죠? 자기만 알아보는 거예요. 외부에서는 읽을 수 없습니다. 결국 어떤 의미냐 하면, 그 사람은 자기 일을 열심히 하긴 하지만 그 밖의 영역은 등한시했다는 거예요. 내 분야가 아닌 사회 일반 영역들과 소통하면서 자기의 영재성을 키워나갔더라면, 그 영재의 필체 속에는 자기 영역이 아닌 다른 영역에서 쓰는 필체도 가미가 되었을 것이라는 얘기예요. 그랬다면 외부에 있는 사람들이 이 사람의 필체를 읽을 수 있었을 것이라는 거죠.

이런 의미에서 영재란 무엇인가를 다시 한번 생각해볼 수 있습니다. 누구나 영재성을 타고난다는 것은 옳은 말이에요. 그렇지만 그 영재성이 살아가면서 변하지 않아도 된다는 말은 아닙니다. 외부 영역과 끊임없이 투쟁을 하고, 갈등을 겪고, 성찰을 하는 과정을 거쳐야만 그 영재성은 유아적 영재성에서 성숙한 영재성으로 바뀌어나가는 거예요. 그런데 누군가가 유아적 영재성에 머물러 있기만 했다면 특별한 직업을 얻거나 성과를 거뒀다고 한들 근본적으로는 악필에 지나지 않는다는 것이죠. 악필이라는 것은 유아적 영재성이 사회적인 공공의 영재성으로 꽃피지 못하고 난쟁이가 되어버린 둔재성에 지나지 않는다고 아도르노는 생각합니다. 그렇지 않습니까?

우리가 어떤 능력을 타고 태어났다면 어른이 되어가면서, 성숙한 자아가 되어가는 과정에서 그 능력도 점점 커지고 성숙해져야 되는 것이죠. 씨앗으로서의 영재가 씨앗의 상태와는 전혀 다른 방식으로 꽃피는 것이 영재성의 진정한 의미라는 것입니다. 그것이 바로 영재성의 역사이며 영재성의 시간성이며 영재성의 성숙성의 문제라는 겁니다. 영재성을 가진 사람들은 그것을 꽃피우게 할 의무와 책임이 있어요. 그러한 영재가 여전히 자기만의 악필을 껴안고 있다면 결국 둔재가 되는 것이죠.

이런 식으로도 얘기해볼 수 있어요. 어떤 사람이 특

별한 능력을 가지고 태어나서 예술가가 되기도 하고 과학자가 되기도 해요. 그러나 그 놀라운 영재성이 세상에서 벌어지는 여러 가지 모순이나 억압들, 사람들의 울음소리, 세상에서 행사되는 부당한 권력과 무관한 것으로 남아 있다면, 그리고 그것들을 하나도 이해하지 못하고 그것들이 무엇인지 물을 줄조차 모른다면 그게 둔재입니까, 영재입니까? 어떻게 생각하세요? 똑똑한 둔재들이 우리 사회에 얼마나 많습니까? 그러한 사람들의 영재성은 꽃피는 것이 아니라 얼어붙을 수밖에 없습니다. 가슴이 없는 사람을 우리가 영재라고 부를 수 있나요? 달아오를 줄 알고 울 줄도 아는, 때때로 분노할 줄도 아는, 이 흥분과 역동성의 가슴을 안 가지고 있는 사람을 우리가 영재라고 부를 수 있나요?

그런데 우리 사회는 어떤 영재들을 길러내고 있습니까? 영재 학교를 만드느니 어쩌느니 하면서 가슴이 없는 전문가들을 만들어내죠. 또 하나는 영재가 바보가 되는 길은 뭘까요? 자기의 영재성을 너무 빨리 포기하거나 도구화하는 거죠. 너무 빨리 자기의 재주를 배반하는 사람들이 있어요. 타고난 영재성을 잘 관리하고 경영해서 사회에서 가치로 주어진 것들을 획득하기 위한 도구로 삼는 사람들이죠.

주위에 보면 그런 사람들 있지 않습니까? 만약에 영
재성이 아이들처럼 그들 안에 있다면 울고 있을 거예요.
내가 네 안에 들어왔던 건 이렇게 살려고 했던 게 아닌데,
왜 나를 이런 걸로 바꾸어버렸어 하고 얼마나 울면서 항
변을 할까요. 영재가 둔재가 되는 길은 이렇습니다. 너무
똑똑해서 자기의 영재성을 알아본 영재가 그 영재성을
성공을 위해 도구화하게 되면 이미 자기의 영재성을 배반
하는 거예요.

그렇다면 타고난 자기만의 영재성을 어떻게 멋지게
보존할 것이냐는 문제가 남죠. 이것은 곧 자기에게 주어
진 영재성을 주체적으로 사랑하는 일이 결국은 무엇이냐
는 질문입니다. 앞에서 말한 둔재가 되는 두 가지 길은 모
두 영재성을 사유재산으로 생각하는 거였어요. 그러나
타고난 영재성을 보존하고 주체적으로 사랑한다는 것은
이 영재성을 공공화하는 일과 다르지 않아요. 이것이 어
떻게 쓰일 것인가, 쓰여야만 하는가라는 문제에 대한 성
찰이 이루어지고, 사인성을 벗어나서 공공성을 획득할
때 영재는 자기가 피고자 하는 꽃으로 피어날 수 있다는

거죠. 우린 때때로 그런 사람을 보기도 해요. 어떤 예술가들은 재능을 단순히 자신을 위해서만 쓰지 않고 공공화시키고 모두의 문제와 연결시키려고 합니다. 이런 사람들은 타고난 재주를 잘 보존하는 사람들이고 자신의 영재성에 대해 주체적인 사랑을 하는 사람들이에요.

아도르노가 반복해서 얘기하는 것이 '멋진 자기 유지'예요. 우리는 어떻게 자기를 멋지게 보존할 수 있을까. 다 실패하게 돼 있다고 아도르노는 얘기하죠. 개인성만이 중요시되는 리버럴리즘의 사회 속에서는 자기를 멋지게 보존할 수 있는 여건이 되어 있지 않기 때문에 모든 개인들이 객관적 권력의 도구가 되고 만다, 자기 보존에 실패하게 된다는 것이 아도르노의 근본적인 문제의식입니다. 영재의 문제도 그런 관점에서 얘기하고 있어요.

이런 관계에서 보면 우리의 미덕으로 여겨지는 속담도 이해해볼 필요가 있어요. 대기만성이라는 말 있죠? 저도 살아오면서 사람들한테 대기만성형이라는 말 많이 들었어요. 그런데 대기만성은 다 거짓말이에요. 대기만성이 뭡니까? 어떤 사람이 특별한 능력이 있는데 때를 만나지 못해서 그렇지 언젠가는 꽃을 피울 것이다, 기다림의 미덕을 배울 필요가 있다, 이런 의미로 얘기되지 않습니까?

그런데 이 대기만성이라는 것이 오늘날 오게 되면 다른 단어로 바뀌어요. 성공 신화가 되죠. 성공 신화의 내러티브는 거의 비슷하잖아요? '그 사람은 원래 특별한 사람인데 이런저런 난관을 만나서 계속 실패만 했다, 그러다 결국 불굴의 의지로 자신의 특별한 능력을 포기하지 않고 발휘한 결과 드디어 대기만성의 결과를 가져왔다.' 그런데 우리가 다시 영재성의 문제와 성공 신화의 관계를 가만히 생각해보면 '무엇이 그 사람을 결국 성공하게 만들었을까'라는 질문이 나옵니다. 그 사람이 정말 타고난 특별한 능력을 잘 보존했기 때문에 성공을 했는지, 아니면 이런저런 수난을 겪거나 어려움을 극복해나가는 과정에서 그 영재성을 세상이 원하는 둔재성으로 바꾸어냈기 때문인지.

오늘날 객관적 권력이 지배하는 사회, 물질적 권력에 장악된 사회 속에서 대기만성은 결국 그 권력에 얼마나 가까이 갈 수 있었는가로 판가름이 나요. 보통 오늘날 성공했다고 얘기되는 사람들은 자신의 영재성을 세상이 원하는 가치와 잘 바꿀 수 있었던 사람들이죠. 타고난 특별한 능력을 잘 배반할 줄 아는 사람, 더 정확하게 얘기하면 그것을 잘 교환하는 기술을 습득한 사람, 그 사람이 흔히 성공 신화에서 얘기되는 사람들이 아닙니까?

그런데 사실 이 성공은 피루스의 승리예요. 여러분 피루스의 승리 아시죠? 피루스라는 왕이 로마와 싸워 승리를 거뒀습니다. 그런데 상대방은 군인을 1000명밖에 안 잃었는데 자기는 1만 명이나 잃었어요. 이게 승리입니까? 너무 많은 것을 잃어버리고 얻은 승리, 가장 귀중한 것을 잃어버리고 얻은 승리, 이 피루스의 승리가 오늘날 영재성이 겪어야 하는 운명일지 모른다는 것입니다.

우리 아이들을 보면 알죠. 저마다 타고난 것들이 사회적으로 강요된 가치로 전부 수렴되어버릴 때 아이들이 둔재로 변하는 것을 얼마든지 볼 수 있지 않습니까? 제가 아는 친척 중에 고등학생 여자아이한테 물었어요. "너는 앞으로 뭐가 되려고 하냐?" 그러니까 "저는 정규직이 될 거예요" 그래요. 영재가 둔재가 되어가는 전형적인 과정을 보여주죠. 그래도 우리가 어렸을 때는 '소년이여 야망을 가져라' 같은 소리를 듣고 자랐는데 말이죠. 대통령이 되고 과학자가 될 거고 그런 소리를 했단 말이에요. 야망은 청춘성의 일부인데 요즘은 이런 것을 찾아보기 힘들어요. 사실 영재는 자연에 의해서 끊임없이 태어나고 있는지 몰라요. 그러나 객관적 권력이 지배하는 사회는 영재를 끊임없이 둔재로 바꾸어 확대재생산합니다. 무서운 현실입니다. 앞으로 점점 더 그렇게 되지 않겠습니까. 아이들이 빛을 잃고 조로증에 빠진 존재가 되어버린 사회, 이것이 아도르노가 얘기하는 객관적 권력이 지배하는 사회죠.

오늘은 이 정도로 하고 다음 시간에는 두려움과 매혹의 문제를 다루어보겠습니다. 우리 사회를 두려움의 사회라고도 부를 수 있죠. 사람들이 다 내적으로 두려움을 껴안고 있어요. 그러나 두려움은 곧 매혹과 동전의 양면입니다. 우리가 뭘 두려워하는 것은 그것에 매혹당하기 때문이에요. 이 역설적인 현상을 함께 얘기해보고요, 그다음에 불면의 문제, 시간이 되면 취향과 사치의 문제까지 얘기해보겠습니다. 여러분, 취향이라는 것이 얼마나 계급 논리를 따라가고, 허위의식을 가지고 있는지 아시죠? 그리고 이 사치성이라는 것이 무엇일까요. 허영이 인간의 본능에 속하는 것처럼 사치성도 인간의 심미적 감각과 근접해 있습니다. 럭셔리하다는 것이 뭡니까? 예술이라는 것, 아름다움이라는 것은 전부 럭셔리한 거예요. 오늘날 사치라는 문제가 얼마나 우스꽝스러운 게 되어버렸는지도 한번 생각해보겠습니다. 오늘은 여기까지만 하죠.

6강

두려움과 매혹 그리고 불면

오늘은 2개의 테마를 집중적으로 다루어보려 합니다. 하나는 두려움이라는 문제, 더 정확하게 얘기하면 두려움과 매혹의 문제를 다루어보고요. 그다음에 불면의 문제로 건너가겠습니다. 불면증을 겪어보지 않은 사람은 그 고통이나 공포에 대해서 실감하기가 어렵죠. 텅 빈 시간들, 아무 일도 없이 흘러가는 초침 소리를 새벽까지 들어야 한다는 것. 그러한 것들을 겪어본 사람들은 다 알 거예요. 불면이 과거에는 일부의 문제였다면 오늘날엔 점점 많은 사람들이 불면이라는 어려움을 겪고 있어요.

아무런 이유가 없는데도 어쩌면 일어날지도 모른다고

상상했던 끔찍한 일이 실제로 일어나는 황당한 경우가 있다. (…) 그런 일은 어떻게 가능한 걸까? 그건 두려움이 부정하려는 그 무엇을 세상이 알아보고 말을 걸어오기 때문이다.

광기의 바닥없는 고독감은 집단화하고, 그러한 집단화는 광기의 환영에 생명을 불어 넣어 그 환영을 현실로 만든다. (…) 그러나 이러한 광기는 사회 전체의 광기와 그 앞에서 아무것도 할 수 없는 개인의 무력함이 서로 만나면 존재하게 되는 세상의 상태를 미리 말해주는 것이다.

오늘날 우리 사회를 여러 가지로 정의 내릴 수 있겠지만 그중 하나는 두려움의 사회예요. 누구에게나 깊이 두려움이 잠재되어 있습니다. 아직 세상과 혈투를 벌이거나 생활의 긴박감을 겪지 않아도 되는 젊은 세대들은 아직 그런 것을 모르겠지만 앞으로는 필연적으로 겪을 겁니다. 다들 잠재적인 두려움에 쫓기고 있어요. 다음에 얘기할 불면의 문제와도 직결되는 거죠. 오늘날 객관적 권력이라 부를 수 있는 정치적 경제적 상황들이 끊임없이 우리에게 겁을 줘요.

저는 오늘날 한국 사회를 불안과 두려움의 사회라 생

각하고, 더 래디컬하게 얘기하면 광기의 사회라고 말합
니다. 전부 조금씩 미쳐 있는 것 같단 말이죠. 뭔가 정상
이 아닌 것 같아요. 푸코가 광기의 문제를 많이 얘기했죠.
광기를 다스리려는 것이 근대성이었는데, 또한 그 광기에
의해서 점점 먹혀가는 것이 근대성이기도 하다고요. 그
것도 광기가 한 개인의 영역이 아니라 집단화되어버리면
공동체 자체가 광기 공동체가 돼요. 그때의 광기는 더 이
상 광기가 아니라 정상으로 취급됩니다. 지금 우리가 살
아가는 사회의 모습이 정상화된 광기 사회일지 몰라요.
모두들 조금씩 미쳐 있음에도 불구하고 본인들은 아주
정상적이라고 생각한다는 거죠. 두 번째 인용문에서 그
런 의미의 광기를 얘기하고 있습니다. 광기의 사회적 정치
적 성격이죠. 단순히 병리적인 현상으로 보려는 것이 아
니에요. 우리는 이 두 개의 인용문을 전제로 해서 두려움
과 광기의 문제를 얘기해보겠습니다.

　서구에 이런 식의 속담이 있어요. '악마를 부르면 악
마가 온다. 악마를 그리면 안 된다, 악마가 찾아오기 때문
에.' 우리에게도 호랑이도 제 말 하면 온다, 그런 말 있잖
아요? 뉘앙스의 차이는 있지만 어쨌든 오지 않았으면 싶

은 것, 두려워하는 것이 바로 찾아온다는 겁니다. 그래서 많은 사람들이 충고를 해요. '악마를 그리지 마라, 호랑이를 부르지 마라.' 누구나 그렇게 살려고 하죠. 불행을 부르지 않도록 조심하면서 행운을, 천사를 불러들이려고 하죠. 돼지꿈을 꾸고 싶어 하고요. 다 그렇습니다.

그런데 이상한 일이죠. 그렇게 조심조심하고 늘 천사만 생각하고 돼지꿈을 기다리며 살았음에도 불구하고, 살면 살수록 이상하게 척박해지고 가난해지고 원하지 않는 상태로 자꾸 빠져들어가요. 대체로 동의하실 거예요. 나는 천사를 불렀는데 천사는 오지 않고 왜 불행이 가까이 오는 걸까 하는 질문을 우리는 언젠가는 한 번쯤 하게 돼 있어요.

왜 부르지도 않은 악마가 자꾸 올까요? 우리가 성찰을 해보면 어쩌면 이럴 수도 있다는 겁니다. 악마가 부르면 오는 것이라면, 내가 천사를 부른다 하면서 사실은 악마를 불렀던 게 아닌가. 이 천사와 악마의 관계가 대체 무엇인지 물어볼 필요가 있어요. 악마는 오지 않았으면 하는 두려움의 대상이고, 천사는 왔으면 하는 매혹의 대상입니다. 이것을 두려움과 매혹의 문제로 생각하면 동전의 양면과 같은 것인지 몰라요. 누구나 이 동전을 삶 속에서 가지고 있는 것이 아닐까요. 그래서 천사를 부르면 뒷면에 그려진 악마가 찾아오는 결과로 나타나는 것이 아닐까요.

두려움과 매혹은 어떤 관계입니까? 우리가 사회 속에서 어떤 것을 두려워하는가 보면 여러 가지가 있죠. 가난에 대한 두려움, 병에 대한 두려움, 고립에 대한 두려움 등등. 두려움은 근본적으로 무엇을 나에게 빼앗아 가는 거예요. 가난이든 병이든 경쟁으로부터의 탈락이든, 무언가를 빼앗아 갑니다. 우리가 지금까지 쭉 얘기해온 문제들이 이 테마와 연결되는 것인데, 제가 오늘날 사회는 리버럴리즘의 사회라고 얘기했습니다. 개인주의 사회는 어떤 사회입니까? 자유를 가장 중요하게 생각하는 사회예요. 오늘날 개개인들이 의식하든 안 하든 가장 견딜 수 없는 것이 무엇입니까? 그건 부자유예요. 무엇에 억류되는 거죠. 내가 하고 싶은 것을 할 수 없는 것입니다.

우리는 근대 사회를 개인주의 사회라고 부르고, 개인주의 사회는 자유주의 사회입니다. 그런데 그런 성격으로 규정되어 있는 리버럴리즘의 사회 속에서 과연 개인은 자유를 구가하고 있습니까, 아니면 날이 갈수록 부자유의 구속 속으로 끌려들어가고 있습니까? 우리가 성공을 꿈꾸든 건강을 꿈꾸든 천사를 부를 때, 그 천사가 가져다주는 선물이 무엇이죠? 다름 아닌 자유예요. 그 무엇에도 종속되지 않고, 구속되지 않고, 내가 살아가고 싶은 나의 삶을 만들어갈 수 있는 자유입니다.

그러면 우리는 천사를, 자유를 불렀는데 왜 무엇 때문에 악마가, 부자유가 자꾸 오는가 하는 문제를 생각해 볼 수 있어요. 꼭 아도르노를 빌리지 않더라도 객관적 권력이 지배하는 오늘날 사회의 근본적인 법칙이 뭡니까? 우리가 붙잡고 있고, 거부할 수 없도록 되어 있는 것이 무엇이죠? 나를 유지하는 거예요. 어렵게 생각할 필요 없어요. 살아남아야 되겠다는 겁니다. 자기 보존이나 자기 유지는 성찰의 차원도, 교양의 차원도 아니에요. 살아 있는 모든 것들이 가지고 있는 본능이에요.

그래서 어느 한 사회가 살아야겠다는 법칙으로 운용된다는 것은, 그 사회 안에서 살고 있는 개체들에게 성찰적, 교양적, 주체적 삶이 아니라 본능적 삶을 살도록 강요하고 있다는 것이죠. 살아남는 것은 당연한 겁니다. 그리고 플러스알파가 있는 거예요. 그것이 인간적인 것이죠. 그런데 많은 사람들이 우리 사회가 처참한 경쟁 사회라고 얘기하지 않습니까? 'all or nothing'이라고 얘기하잖아요. 조금 가지고 많이 가지는 게 문제가 아니라 가지지 않으면 아예 텅텅 빈다는 것이죠. 이 생존 원칙, 약육강식의 원칙을 다들 인정하고 있습니다. 인정하면서 그 안에서 어떻게 해서든지 살아남으려 합니다.

이 약육강식의 사회 속에서 만인은 만인의 적이 되어 버렸어요. 이데올로기들이 인간관계를 선함이라든지 사랑의 관계로 바꾸어나가려는 것 같지만, 현실적으로 만인은 만인의 적일 수밖에 없어요. 이렇게 되면 치러야 하는 값이 있습니다. 다름 아닌 고독이죠. 타자가 전부 나의 적일 수밖에 없는 상황이라면 나는 그 누구와도 인간적인 관계를 맺을 수가 없어요.

사실 개인이 주체가 되기 위해서 가져야만 하는 존재의 공간이 고독입니다. 혼자 있음이라고 하는 것이에요. 그런데 혼자 있음에는 두 가지가 있어요. 하나는 무엇에 의해서 버려졌기 때문에 혼자 있을 수밖에 없는 강요된 고독이죠. 또 하나는 자발적 고독입니다. 자발적 고독의 공간에서 우리는 우리 자신을 만날 수 있어요. 그러나 오늘날 만인이 만인의 적이 된 사회에서는 많은 사람들이 강요된 고독 속에 버려져 있다는 거죠.

특히 젊은 세대들이 그런 것 같아요. 왕따가 되는 것을 굉장히 두려워해요. 어디에 속하지 못함, 탈락의 두려움, 어디로부터 밀려나서 계속 고독 속에 빠져 있을 것 같은 두려움. 우스꽝스러운 말 같지만 휴대폰이 한 번도 안 울리면 살 수 있을 것 같으세요? 아무도 연락을 하지 않는다면요? 특히 집단성에서만 자기를 발견할 수 있는 사춘기 아이들이 그렇죠. 왕따를 당하면 견딜 수 없어서 자살을 하고요.

사춘기 아이들이 아니더라도 오늘날 많은 사람들은 고독에의 두려움이 있어요. 고독 속에 계속 머물러 있다 보면 고독은 광기로 변합니다. 서서히 미쳐가는 거죠. 이 고독한 광기가 어느 한 집단이나 작은 부분에만 관계되는 것이 아니라, 만인이 만인의 적이 될 수밖에 없는 사회를 살아가기 위해 누구나 담보해야 되는 값이라면, 그 고독 때문에 생기는 광기는 집단화돼요. 그리고 이 광기가 집단화되면 어떤 환영으로 변합니다. 어떤 환영이냐 하면, '이건 본래 그런 거야'라는 것이죠. 그 환영이 현실이 돼요. 집단화된 광기는 환영이 되고, 환영은 리얼리티가 돼요.

이게 현실이에요. 이것이 사회가 강요하는 생존의 원칙을 성찰하지 못하게 만듭니다. 왜냐하면 그냥 이렇게 사는 게 당연한 거니까요. 성찰이 이루어지지 않으면 이 사회를 바꿔야 된다든지, 이 사회가 어떻게 이렇게 되었는가, 무엇이 문제인가 하는 질문 자체가 생기지 않습니다. 그렇게 되면 마지막 승리자는 누굽니까? 다름 아닌 만인을 만인의 적으로 만들고 있는 객관적 권력이에요. 그리고 아무도 거기에 문제 제기를 할 수 없게 되기 때문에, 개개인들은 끊임없이 객관적 권력에 종사하고 봉사하면서 그것을 승인하게 돼요. 이게 우리 현실 아닙니까?

아도르노는 이것을 야만적 사회라고 얘기합니다. 아주 문명화된 사회 같고, 아주 자유주의적으로 이념화된 사회 같지만 알고 보면 야만적 사회고, 동시에 이것을 **현혹 사회**라고 얘기합니다. 보이지가 않는 거예요. 객관적 권력의 사회가 너무도 철저하게 조직되어 있기 때문에, 성찰의 여유를 도저히 가질 수가 없어요. 광기가 집단화되었어요. 마치 빛이 너무 밝으면 눈을 아무리 크게 떠도 빛 뒤에 있는 것을 알 수 없는 것처럼, 환영의 빛이 집단화되어서 너무도 적나라한 빛이 되어 있기 때문에 그 빛 속에 있는 광기를 결코 볼 수 없다는 거예요.

왜 우리는 돼지꿈만 꾸고 천사만 불렀는데 나날이 가난해지고 그토록 두려워했던 일들이 찾아올까요? 이런 일이 안 일어났으면 하고 살겠지만 현실은 그런 일이 일어날 수밖에 없도록 되어 있어요. 자유를 허락하지 않는 광기의 사회이기 때문이지요.

정신분석학적으로 보면 두려움과 매혹의 변증법입니다. 우리는 무언가를 두려워하는데 이상하게 그 두려움에게 매혹당해요. 지금 우리의 삶이 그렇습니다. 우리는 우리에게 자유를 허락하지 않는 객관적 권력을 그토록 두려워하면서도 끊임없이 그 객관적 권력이 마련해놓고 있는 어떤 삶의 영역 속으로 들어가려고 그래요. 이것이 상승 욕망이고 편입 욕망이고, 성공에 대한 욕망이죠. 이 딜레마에서 빠져나오기가 정말 힘들어요. 모두가 연루되어 있습니다. 아무도 빠져나올 수가 없어요.

그래서 이런 문제가 나오죠. 나는 그저 정직하게 열심히 살았는데 왜 삶이 이 모양이 되었는가? 여기에 대해서 많은 사람들은 무력하기 때문에, 객관적 권력과 투쟁하거나 성찰하거나 맞서는 힘이 살아오는 동안 모두 소진되었기 때문이라고 합니다. 마지막에 남는 것은 무엇이냐? '다 내 죄다, 내 탓이다, 내가 못나 그렇지.' 그렇게 말하지 않습니까? 얼마나 절망적인지 몰라요. 그리고 우리는 어떻게든 이 상황을 이해해야 하니까 이 절망의 속담이나 몸짓이나 상용구들을 만듭니다. 오늘날 풍요 사회가 이루어졌다고는 하는데 사람들이 가슴을 친단 말이에요. '다 내가 못나 그렇지, 다 내 죄지.' 이중적으로 볼 수 있어요. 맞아요, 자기 죄입니다. 그런데 동시에 그건 우리들 개인의 죄가 절대 아니에요. 그래서 가슴을 때려서는 안 돼요. 어딜 때려야 됩니까? 머리를 때려야 해요. 고독이 광기가 되고, 광기가 환영이 되며, 그것이 현혹적 현실이 되었을 때 우리는 끊임없이 천사를 불러도 악마가 올 수밖에 없으니까요.

○

이 문제를 2개의 소설을 통해서 좀 더 깊이 얘기해봅시다. 먼저 프란츠 카프카의 《소송》이라는 소설이 있습니다. 이렇게 시작되죠. 주인공인 요제프 카라는 인물이 출근하려고 아침에 일어났다가 갑자기 체포를 당해요. 카가 사는 하숙집에선 아침 8시인가에 항상 식사를 가져다주는데 그날은 식사가 안 와요. 카가 짜증이 나서 벨을 딱 눌렀더니 가정부가 아니라 웬 두 남자가 들어오더니 "당신이 나를 불렀소?" 하고 물어요. 이어서 당신은 체포됐다고 얘기하죠. 느닷없이 영장이 발부돼요. 문서가 아닌 말로요. 이 체포는 참으로 이상하죠. 끌고 가는 게 아니라 지금까지 당신 살던 대로 살라고 해요. 카가 은행원이니까 은행에 출퇴근도 하고, 애인 비슷한 정부도 하나 있는데 찾아가고 싶으면 마음대로 하라고 해요.

이후 소설은 요제프 카가 나는 죄가 없는데 무엇 때문에 체포되었을까, 이 문제를 푸는 작업이에요. 주인공은 끊임없이 법정으로 들어가려 그래요. 법정 안에 들어가서 판결을 제대로 받아야 자신의 죄 없음이 증명될 테니까요. 그러나 아무리 돌아다니면서 애써도 법정으로 들어갈 수가 없어요. 이번 시간의 테마에 맞춰본다면, 카가 천사를 부르려고 벨을 눌렀더니 악마가 들어온 거예요. 악마가 들어와서 '너는 이제 나의 제물이다'라고 얘기를 해요. 당연히 이것을 용납할 수 없어요. 카는 내가 천사를 불렀으니까 천사가 와야 된다는 걸 끊임없이 입증하고 싶은 거예요. 그래서 법정을 찾아다니지만 어떻게 되느냐, 무죄 증명을 하기 위해 법정으로 들어가려 노력하면 할수록 점점 법의 굴레 속으로, 강요된 죄의 굴레 속으로 끌려갈 뿐이에요.

왜 그럴까요? 요제프 카가 자기의 죄 없음을 증명받기 위해서 끊임없이 재판정과 법정의 세계를 들락거리는 상황에서 그 행동 원칙이 무엇이고, 또 자기 증명의 원칙으로 무엇을 사용하는가를 보면 다름 아닌 **도구적 이성**이에요. 예를 들면 그렇습니다. 카가 법정으로 들어갈 수 없기 때문에 어떻게 해서든지 판사를 만나려고 하는데, 그 와중에 발견하는 것이 있습니다. **여자들**이에요. 자기가 사는 하숙집에 같이 세 들어 있는 여자, 법정의 세탁부라는 여자, 변호사의 하녀처럼 일하는 여자, 이 세 여자가 소설에 나옵니다.

이 여자들은 전부 법과 가까이 있어요. 세탁부 여자는 법정에서 일하는데 재판관들이 항상 이 여자를 유혹하고, 또 이 여자는 법관들하고 모종의 관계를 맺고 있어요. 또 변호사의 하녀도 변호사와 모종의 관계가 있고요. 하숙집 여자는 앞으로 법원에서 직업을 얻도록 되어 있습니다. 주인공은 이 사실을 알고 여자들을 **이용**하려고 해요. 여자들을 다리 삼아서 법정 안으로 들어가려 하거든요. 그런데 여자들이 다 어떠냐 하면 요제프 카라는 남자에게 끊임없이 **매혹**당해요.

카가 여자들을 통해 무죄 증명을 받으려 애를 썼음에도 불구하고 마지막에 두 남자가 다시 찾아오죠. "이제 당신을 처형해야 됩니다." 채석장으로 카를 끌고 가서 한 사람은 카의 목을 누르고, 또 한 사람은 푸줏간 칼을 꺼내서 두 번 찌르죠. 카가 죽을 때 그러죠. "개같이 죽는구나." 죽은 뒤 수치감은 더 오래 계속될 것 같았다, 이런 식의 마지막 문장으로 끝납니다. 카는 결국 천사를 만날 수 없었습니다. 악마에게 희생당해요. 무엇 때문에 그럴까요?

《소송》을 보면 선문답 같은 정언들이 몇 가지 나와요. 남자들이 처음 찾아왔을 때 카가 이렇게 얘기하죠. "당신들 잘못 왔다, 다른 데 가야 하는데 나한테 온 것 같다." 그랬더니 두 사람이 낄낄거리면서 말합니다. "법은 실수하는 법이 없어. 왜냐하면 법이 죄를 추적하는 게 아니야, 죄가 법을 부르는 거야." 이 말 그대로 얘기하면 두려움의 대상이 우리에게 찾아오는 건 필연적이에요. 악마가 오는 건 악마가 나를 찾아오는 게 아니라 내가 부르기 때문에 오는 거예요. 이렇게 얘기하면 잘못 올 리가 없다는 거죠.

이 정언을 가만히 생각해보면 맞는 말입니다. 다름 아닌 요제프 카가 그토록 두려워하는 법적 권력의 **원칙**이 뭐냐? **도구화**예요. 한 법적 대상을 도구화하는 거죠. 오늘날 우리 사회는 도구화 사회입니다. 만인이 만인에 대해 적이 될 수밖에 없어요. '저는 친구 사이에 그렇게 관계 안 맺어요'라고 할 수 있지만, 친구 선택 자체가 이미 어떤 가치 기준에 의해서 이뤄진다는 거죠. 연애도 마찬가지고요. 그게 도구화예요.

이렇게 봤을 때 카는 끊임없이 노력을 하지만 참으로 우스꽝스럽게도 자기가 벗어나려는 권력의 원칙을 계속 사용해요. 여자들을 도구화해서 어떻게 해보려 하죠. 결론적으로 권력에게서 빠져나오려고 애를 쓰면 쓸수록 계속 그 안으로 들어가요. 다시 말하자면 그토록 두려워하는 것을 쫓아내려 하면 할수록 계속 매혹당해서 들어가요. 《소송》에는 이 두려움과 매혹의 불행한 변증법이 있습니다.

요제프 카의 문제는 이 정도로 다루고요, 그다음에 또 다른 소설을 말씀드릴게요.

필립 로스의 《울분》이라는 소설이 있어요. 마커스라는 청년과 부모의 이야기입니다. 마커스는 아버지와 아주 좋은 관계를 가지고 있어요. 그러나 마커스가 커서 세상으로 나갈 때쯤 아버지가 이상해져요. 두려움에 가득 차요. 이 애를 세상으로 내보내면 이 세상에 의해서 희생당할 것만 같다는 두려움이 생깁니다. 사실 모든 아버지들이 그런 두려움을 가지는지 몰라요. 기대 반 두려움 반, 그렇게 세상으로 아이를 떠나보내죠. 마커스의 아버지는 두려움에 가득 차서 마커스를 집에 묶어두려고 해요. 서구 사회에서는 18세쯤 되면 부모를 떠나려 하기 때문에 되도록 대학을 멀리 가려 하는데 아버지는 그걸 용납하지 않죠. 그러나 아들은 아버지의 간섭을 견디지 못하고 먼 대학으로 가요. 그리고 대학에서 한 여자애를 만나죠. 올리비아를 만나서 연애를 합니다. 그 관계에서 올리비아가 오래전 자살을 시도했다는 것을 손목에 그어진 칼자국을 보고 알게 돼요. 그럼에도 불구하고 올리비아와 사랑에 빠집니다.

이번에는 엄마가 오죠. 올리비아를 인사시킬 때 며느릿감을 사냥하는 예리한 눈으로 당장 알아봅니다. '팔뚝에 자흔이 있구나.' 그래서 마커스에게 얘기하죠. 절대로 안 된다고. 저 아가씨가 얼마나 힘들었는지 같은 여자로서 충분히 이해하지만, 내 아들은 안 된다는 거예요. 그러면서 조건을 걸죠. '내가 아버지와 이혼을 하려 하는데 그걸 그만두겠다, 대신 너도 올리비아와 헤어져라.' 그래서 헤어지게 됩니다. 올리비아가 갑자기 사라져요. 나중에 알고 보면 정신병원으로 실려 갔습니다. 그러고 나서 마커스는 어떻게 되느냐? 학교의 기독교적 교육을 견디지 못하고 채플 시간에 빠지고 그러다가 퇴학을 당합니다.

소설 배경이 한국전쟁이 벌어지던 1950년대인데, 그래서 마커스에게 대학생이면 면제될 수 있었던 병역 의무가 지어지죠. 한국전쟁에 파견돼요. 그리고 창자와 생식기가 총칼에 완전히 잘려나간 채 죽습니다. 이상하죠. 부모님은 마커스를 지키려 했었어요. 절대로 악마를 부르지 않았습니다. 그런데 결과적으로 보면 악마를 불러들인 것과 마찬가지예요. 어쩌면 부모님이 마커스를 집에 가두려 하지 않고 천사에게 맡기지 않으려고 했다면, 마커스는 학교에 그냥 있었을 수도 있고 한국전쟁이라는 악마의 땅으로 쫓겨 가지 않을 수도 있었을 거예요. 너무 불행해요. 왜 이렇게 불행합니까? 소설 끝에 보면 아버지와 어머니가 서로 뭐라 그러죠. "당신 때문이야. 당신이 아이를 집 안에 묶어두려고 하지 않았더라면." "당신이 올리비아를 반대하지 않았더라면 이런 일이 안 일어났을 텐데." 두 사람 다 천사를 부르려 했지만 궁극적으로는 악마를 부르고 말았습니다. 저도 애가 있지만 우리 부모들은 전부 그러고 있는 줄 몰라요. 아이들에게 축복을 주려고 하면서 자꾸 그 아이를 악마의 소굴로 들어가게 하는지 모릅니다. 이게 객관적 권력의 세계이고 현혹 사회예요.

자, 그러면 우리는 이런 질문을 할 수 있습니다. 우리에게 도망갈 길은 없었는가. 요제프 카도 그렇고, 마커스도 그렇고 두려움의 세계를 벗어나 천사의 영역으로 옮겨갈 수는 없었던 것인가? 있었습니다. 가능성이 있었어요. 《소송》에서 여자들은 카에게 매혹당하면서 말해요. "당신은 참 아름답군요, 당신의 검은 눈은 정말 아름다워요." 그러면서 여자들은 카를 자신이 알고 있는 어떠한 세계로 들어오게 만들려 해요. 만일 카가 그걸 알아봤더라면, 그리고 여자들을 법정으로 들어가는 도구로 삼지 않았더라면 결과는 달라졌을 거예요.

예컨대 세탁부 여자가 카에게 같이 도망가자고 했을

때, 카가 따라갔더라면 어땠을까? 처형당하지 않을 수도 있었어요. 마커스도 마찬가지입니다. 올리비아가 끊임없이 마커스를 불러요. 마커스도 올리비아의 손목에 있는 상처를 보면서 처음에는 놀라지만 이내 편안함을 느낍니다. 부모가 안 막았더라면, 어머니가 이 사랑을 선택 사항으로 강요하지 않았더라면 마커스는 올리비아와 같이 살 수 있었을 거예요. 그러면 전쟁터가 아닌 곳으로 갔을 거예요. 과연 길이 없었는가? 길은 있었습니다. 그러나 또한 길은 없어요. 왜냐하면 우리는 현혹 사회 속에서 살고 있기 때문이에요. 대단히 무서운 일입니다.

○

벤야민의 《일방통행로》에 두려움과 매혹의 관계에 대한 이야기가 있는데 이어서 나가보죠. 지금까지 객관적 권력이 지배하는 삶의 조건 내에서 두려움과 매혹의 역설적 관계를 설명드렸습니다. 그렇지만 다른 식으로 보면 두려움과 매혹이 구원적 관계를 가지고 있다는 것을 알 수 있는데요. 벤야민의 《일방통행로》에 보면 동물의 눈에 대한 장이 있습니다. 다음과 같이 얘기합니다. "우리는 동물의 눈을 오래 들여다보면 두려움을 느끼게 된다. 동시에 그 두려움은 매혹이기도 하다." 동물의 눈을 오래 바라보면 동물이 나를 알아보는 것 같다라는 거예요. 오랜만이라고 하는 거 같다는 거죠. 이랬을 때 우리는 두려움을 느껴요. 나는 동물이 아닌데, 동물이 오랜만이다 하고 쳐다보게 되면 나도 곧 동물이 될까 봐 그래요. 그러나 동시에 나를 알아보는 동물의 눈은 어떤 매혹을 가져다줘요. 정말 나는 저런 눈으로 가고 싶다라는 생각이 든다는 거죠.

또 벤야민의 《사진론》으로 건너가서 보면 사진의 눈에 대해서 얘기합니다. 이 얘기를 할 때 다루는 사진은 초창기의 미비한 테크닉으로 촬영된 어부의 아내 모습이에요. 벤야민이 이렇게 얘기하죠. 초기 사진 속에는 아우라가 있는데, 그 아우라는 사진 속 인물의 시선에 있다. 그 시선이 왜 아우라가 있느냐 하면 보는 사람에게 말을 건다는 거예요. 그 눈을 보게 되면, 그 눈이 말을 걸어오면 피할 수 없이 대답을 해야만 할 것 같다고 합니다.

앞의 얘기와 마찬가지예요. 사진의 눈은 근본적으로 죽은 눈이죠. 그러나 그것이 나에게 말을 걸어오면 한편으로는 두렵지만 한편으로는 반드시 응답해야 할 것 같은, 마주 보아야만 할 것 같은 매혹을 느낀다는 것이죠. 본다는 것은 마주 보는 것이라고 벤야민은 얘기합니다. 일방적으로 보는 것은 본다는 것이 아니에요. 인간과 인간 사이는 마주 보는 것이다, 나를 보지 않는 것을 내가 볼 수는 없다는 거예요. 역도 마찬가지예요. 인간과 인간의 시선 교환은 보고 보이는 관계예요. 서로 응답하는 관계라는 거죠. 그게 보기예요.

그랬을 때 우리의 시선 교환 속에서는 어떤 특별한 분위기가 형성되는데, 이 특별한 분위기는 객관적 권력이 강요하는 보기에는 없는 것입니다. 객관적 권력이 강요하는 보기는 무엇입니까? 카의 경우처럼 볼 때마다 도구화하려 하는 것이죠. 벤야민은 원래 보기라는 것은 그런 것이 아니라고 얘기합니다.

다시 소설로 들어가볼게요. 요제프 카는 사실 여자들을 알아볼 수 있었어요. 여자들이 요제프 카에게 "당신의 눈은 너무도 아름답군요" 하고 얘기했을 때, 카도 여자들이 걸어온 말과 시선에 응답할 수 있었다는 거죠. 그리고 응답하지 않으면 안 돼요. 또한 마커스가 올리비아의 자상을 본 것도 마찬가지예요. 자상을 보면서 편안함을 느끼기도 했다는 것은 서로 알아본 거예요. 여러분 유미리라는 재일교포 작가 아세요? 제목이 기억나지 않는데, 그 사람의 소설을 보면 이런 장면이 나옵니다. 여자아이가 엄마를 따라서 엄마 친구 집에 갔더니 자기 또래 남자아이가 있어요. 이 남자아이는 사람들이 바보라고 부르는 아이예요. 그런데 주인공은 말하죠. "나는 그 아이를 보니까 어쩐지 내 친구인 것 같았다. 그리고 그 남자아이도 다정한 시선으로 나를 알아보는 것 같았다." 근본적으로 그렇습니다. 오래 응시하면 서로를 알아봐요.

그런데 이 알아보는 시선이 언제나 나에 의해서 배반당합니다. 왜 그렇습니까? 우리가 성공하려고 하기 때문에, 우리가 천사를 부르려 하고 돼지꿈을 꾸려 하기 때문에, 약육강식의 세계 속에서 승리하고자 하기 때문에, 즉 우리가 어떤 환영에 빠져 있기 때문에, 그 환영을 현실로 승인하고 있기 때문에, 그리고 그 현실에 종속당해서 살고 있기 때문에 그래요. 수없이 시선 교환이 이루어져도 서로 알아보는 시선은 없다는 거죠. 알아볼 수도 있습니다. 여러분 가만히 들여다보세요. 친구나 애인, 모르는 사람도 가만히 들여다보면 뭔가 보이는 게 있어요. 연민 같은 것이 있습니다. 그런데 우리는 그것을 필요로 하지 않아요. 다 알아요. 그런 건 사는 데 별로 도움이 안 된다는 것을.

구원이 없는 게 아닙니다. 있는데 우리가 항상 놓치죠. 아니면 우리가 항상 배반해요. 그러나 우리는 내가 배반하고 있다는 것을 잘 몰라요. 얼마든지 천사를 만날 수 있다는 것을 알지 못합니다. 이 사회가 완전히 객관적 권력에게 지배당하고 있기 때문에 그래요.

그래서 벤야민도 아도르노도 이 사회를 신화 세계라고 얘기합니다. 계몽된 사회가 아니라 전부 몽매한 무엇에 묶여서 꼼짝도 못 하는 사회, 객관적 권력의 메커니즘 속에서 개인이 하나의 톱니바퀴로 살아가는 사회를 신화 사회라고 불러요. 계몽 세계가 아니며 근대 세계가 아니며 리버럴리즘의 세계가 아니라고 얘기합니다. 지금 우리 사회의 모습이 다릅니까? 벤야민과 아도르노가 얘기한 몽매한 삶으로부터 우리가 과연 얼마나 멀리 있나요? 그걸 물어보아야 합니다.

이것이 두려움과 매혹의 관계예요. 우리는 두려워하는 대상에게 오히려 매혹을 당하고 있다는 것이죠. 이 사실을 다른 관계로 이해할 수 있어요. 그게 바로 구원입니다. 탈출은 어쩌면 가능하다는 거예요. 요제프 카와 마커스에게 구원의 가능성이 있었던 것처럼요. 제가 강의를 하면서 성찰이 필요하다고 몇 번이나 말씀드렸습니까. 가슴을 치면 안 되고 머리를 때리라고요. 그래서 깨어나야 된다고요.

제가 좀 길게 얘기했습니다. 두려움과 광기의 사회에서 우리가 어떻게 탈출할 것인가, 거기서 어떤 가능성을 발견할 수 있을 것인가에 대해 《미니마 모랄리아》에서 얘기된 일부분과 함께 제가 이것저것 엮어서 얘기해보았습니다. 막스 브로트에게 카프카가 이런 말을 했어요. 막스 브로트가 물었다고 하죠. "우리에게는 아무런 희망도 없다는 거야?" 카프카가 이렇게 얘기했습니다. "아니, 세상은 희망으로 가득 차 있지. 그렇지만 우리들 것은 아니야." 이것이 무슨 말일까요? 어떤 의미에서 보면 세상에 희망은 가득할 수 있어요. 끊임없는 시선 교환, 인간관계로 짜여 있기 때문에 끊임없이 만나야 하는 사람들, 희망은 이 관계 속에 있을 수 있어요. 그러나 우리 것은 아니에요. 왜? 우리가 받아들일 수 없기 때문이죠.

물론 카프카의 선문답 같은 얘기를 여러 방식으로 설명할 수 있지만 이번 시간의 테마로 보면 그렇죠. 희망은 편재하나 우리들에게는 희망이 존재하지 않는다.

제가 《미니마 모랄리아》를 강의하면서 계속 얘기하는 것은 성찰이고 깨어남입니다.

○

'불면'으로 건너가서 얘기해보죠. 〈십오 분만〉과 〈빈 틈들〉을 이 문제와 연결해서 얘기해보겠습니다. 제가 발췌한 인용문을 보면 이렇게 되어 있습니다.

잠 못 이루는 밤들에 대해서는 공허한 지속을 잊기 위해 끝도 여명도 보이지 않은 채 헛되이 애쓰는 고뇌에 찬 시간이라는 공식이 있다. 그러나 시간이 수축되고 결실 없이 빠져나가는 잠 못 이루는 밤은 경악스럽다.

돌아보면 살아온 길들은 언제나 불만스럽고 충분치 못하다. 구부러지고 옆으로 빗겨나간 그 길들은 나의 인생이 본래 목적했던 어느 곳에 도달하지 못하고 있기 때문이다. 그러나 다름 아닌 그 구부러짐 속에서, 계획했던 것에 턱없이 못 미치는 그 모자람 속에서, 그 길은, 지금 여기의 실존적 상황을 떠나는 것이 아니라 다름 아닌 그 상황 자체와 맞서면서, 억압되지 않고 통제되지 않는 삶이 무엇이며 어떻게 가능한 것인지를 지시하고 있다.

사람이 어느 정도 살고 나면 자신이 살아온 길을 돌아보죠. 현실이 불만스러우니까요. 헤겔식으로 얘기하면 불행의 의식이 생기도록 되어 있습니다. 돌아보면 어떻습니까? 저를 돌아보면 한심해요. 살아온 길을 돌아보면 한심하기 짝이 없어요. 여러분도 돌아보면 '참 잘 살았다' 하는 사람은 별로 없을 거예요. 한심하기까지는 아니라도 뭔가 좀 잘못된 것 같다, 내가 원래 가고자 했던 곳과 지금 와 있는 곳의 차이가 너무 멀다는 생각이 들죠. 그런 서글픈 뒤돌아보기는 어느 정도 살고 나면 누구나 겪게 되는 경험이죠. 왜 그럴까요? 그 서글픔이 얘기하고 있는 게 무엇인지 생각해봐야 합니다.

불면부터 얘기하면 불면에는 두 가지가 있죠. 하나는 이유가 또렷한 불면이 있어요. 주식에 실패를 했든 실연을 당했든 해서 잠이 안 오죠. 이 문제는 풀릴 방법이 있어요. 새 사람을 만나거나 다음에는 주식에 성공을 하거

나. 또 하나는 이유를 모르는 불면이 있습니다. 이유를 모르겠는데 진정이 안 되는 그 무엇 때문에 잠이 안 오는 경우가 있어요. 그리고 이런 식의 이유 없는 불면의 특징은 습격한다는 것입니다. 요제프 카의 체포 영장처럼 갑자기 나의 일상 속으로 뛰어들죠. 저도 불면증 때문에 엄청나게 고생을 했는데 그때 왜 거기서 못 벗어났을까 생각해 보면 근본적으로 충격 때문인 것 같아요.

당연히 어느 정도의 불면은 누구나 겪죠. 보통 때는 금방 잤는데 어느 날 밤엔 잠이 안 와서 한 시간이고 두 시간이고 뒤척일 수 있잖아요? 그러다 보면 또 잠의 문지방을 슬그머니 넘어가기도 하고요. 그런데 이런 불면 말고 어느 날 갑자기 한 번도 겪어보지 않은 불면이 오는 경우가 있어요. 새벽까지 잠이 안 와요. 다음 날 또 그래요. 그리고 그 다음 날도 또. 이렇게 되면 문제가 생겨요. 이유 없는 불면은 언제나 일상의 분주함 속에서 갑자기 도래해요. 하루하루가 잘 돌아가고 있는 것 같았는데 갑자기 예기치 않게 일상의 모든 메커니즘을 중단시키는 방식으로 와요. 충격이죠.

불면을 겪어본 사람은 그 고통을 알죠. 인용문에서

보셨듯이 불면의 시간이 뭡니까? 가만히 누워 있으면 시계 초침 소리가 들려요. 이 초침 소리는 근본적으로 공허함이에요. 원래 그 시간은 그 안에서 새로운 일이 일어나야 되는 겁니다. 그것이 생이죠. 그런데 밤의 초침 소리를 들으며 우리가 발견하는 것은 아무 일도 안 일어나고 그냥 흘러가기만 하는 공허한 시간이죠. 이건 참아내기 힘들어요. 왜 참아낼 수 없습니까? 우리는 살아 있기 때문에 그래요. 이런 공허한 시간을 만난다는 것은 죽음 체험과 비슷해요. 내가 살아 있다는 증거를 불면의 침대 속에서 찾을 수가 없어요. 그리고 내 인생은 아무 일도 안 일어나면서 그냥 흘러가요.

그래서 불면을 오래 겪다 보면 불안증과 공포증이 생겨요. 이 공포증의 이유는 무엇입니까? 내 생이 이렇게 끝나면 어떻게 되냐는 것이죠. 살지도 못하고 시간이 흘러서 이렇게 끝나버리면 어떻게 하나. 공허한 시간은 무서운 겁니다. 사실 공허한 시간은 시간의 본질이죠. 시간은 원래 그냥 흐르는 거예요. 우리는 일상을 통해서 흐르는 시간에 무언가를 자꾸 채우는 겁니다. 내가 살아 있음을 시간에게 증명해내는 거예요. 우리는 항상 바쁘죠. 쫓기듯이 분주하게 살아요. 그래서 우리는 일상생활이 공허한 시간의 흐름 위에서 일어나고 있다는 걸 생각조차 안 해요. 다시 말하자면 우리의 생이 공허한 시간의 범주 내에서 이뤄진다는 걸 전혀 생각하지 않죠. 그러나 갑작스러운 불면을 만나게 되면 그때 알죠. 지금까지 내가 살아왔던 모든 것들이 이 공허하게 흘러가는 시간의 공간 속에서 일어나는 일이었구나. 그런데 지금은 어떻습니까? 아무 일도 안 일어나요. 밤만 있어요. 어둠만 있어요. 이것은 죽음 충격과 거의 비슷하다는 거죠.

그런데 다시 한번 생각해봅시다. 이 공허한 시간은 일상의 분주함으로부터 격리되었기 때문에 분주함 속에서는 결코 찾을 수 없었던 성찰의 계기를 가져다줍니다. 시간이란 무엇인가? 삶이란 무엇인가? 내가 지금까지 살아왔던 삶은 그렇게 바쁘고 분주했으나 무슨 일이 그 안에 있었는가? 그렇게 분주하게 살아서 나에게 남겨진 것이 무엇이냐? 이런 성찰이 일어날 수 있습니다. '바쁘고 분주하게는 살았으나 사실 아무 사건도 일어난 것이 없다.' 어떤 의미에서의 사건이냐 하면, 내가 이루고자 했던 것들은 그 분주함 속에 있지 않았다는 거예요. 오직 일상의 메커니즘만 있었다는 거죠. 그렇다면 그렇게 바쁘고 분주했던 일상의 시간들도 공허한 시간이 아니냐? 이 공허함을 만나게 되는 겁니다.

우리가 불면 속에서 겪는 공포는 이중이 되죠. 아무런 생도 없이 흘러가버린 텅 빈 시간을 다시 만나게 돼요. 그래서 이런 불면의 시간은 공포의 시간이지만 제가 말씀드린 것처럼 성찰의 시간으로 건너오게 된다는 거죠. 이 공허한 시간을 만나게 되면 우리는 그 공포 속에서 소망을 발견하게 됩니다. 지금까지 내가 살아오지 않았던 충만의 시간은 뭐냐는 질문이 생겨요. 나의 생은 무엇이냐는 거예요.

이렇게 볼 수 있습니다. 불면의 시간은 내가 살아야 했음에도 불구하고 분주함 속에 머무르느라 게을리했던 배반당한 나의 삶이 말을 거는 시간이다. '나를 살아줘'라는 요청이에요. 그 삶이 SOS를 보내는 것이죠. 병 속의 편지를 보내고 있다라는 겁니다. 이런 식으로 계속 살면 나는 나의 삶을 한 번도 살아보지 못한 채 결국 끝나게 되니까요. 이랬을 때 우리는 불면 속에서 지금까지 해왔던 행동을 그만두고 반대되는 행동을 할 수도 있어요. 다 잊어버리고 빨리 잠들려는 것이 아니라, 그런 잠듦에의 욕망이 아니라 깨어남의 욕망이 생겨날 수도 있어요. 그럴 때 우리는 잠들기를 그만두고 침대에서 일어나 앉아요.

저 같은 경우는 불면이 올 때 그래요. 침대에서 일어나 책상 앞에 가서 앉아요. 책상 앞에 앉으면 램프를 켜죠. 램프를 켜도 할 일이 없어요. 저는 위스키 한 잔을 가져오든지 포도주 한 잔을 가져와서 혼자 마셔요. 마셔도 할 일이 없어요. 책들이 늘어 있지만 다 귀찮고 다 내 일이 아닌 것 같아요. 그럴 때 저는 습관이 있습니다. 뭐냐하면 손바닥을 봐요. 원래 사람이 아무것도 할 수 없고 고독 속에 빠지면 유일하게 남는 친구가 있습니다. 자기 육체예요. 자기를 들여다보죠. 이렇게 손바닥을 보면 손금들이 엇갈려 있습니다. 손금을 읽기 시작하죠. 손금을 읽으면 이상한 일이 일어나요. 굵은 손금이 3개 있고 잔선들이 많잖아요? 이 손금은 어떻게 생긴 걸까, 도대체 손금이란 무엇일까 하는 생각이 들어요.

점쟁이들은 손금은 타고나는 것이며 그걸 보면 운명이 읽힌다고 얘기해요. 제 생각엔 아기 손이라면 그럴지 몰라도 어른 손은 아닌 것 같아요. 왜냐하면 살아오는 동안 손금이 변할 수도 있다는 겁니다. 왜 변합니까? 사는 일은 주먹을 쥐는 일입니다. 이기려고, 어떻게 해서든지 돌파하려고 하다 보면 자연스럽게 주먹을 쥐게 돼요. 저는 손금을 가만히 보다 보면 되게 불쌍해요. 뭘 하려고 그렇게 주먹을 많이 쥐었기에 이렇게 잔손금들이 많나. 그리고 손의 잔손금들을 그렇게 많이 만들면서 지금 내가 와 있는 장소가 어디인가. 한심해요. 열패감만 들어요. 잘못 살았구나 하는 생각만 들어요. 하지만 열패감이 중요한 게 아니라 이 엇갈린 손금들을 읽어내는 일이 중요하죠.

손금을 가만히 보면 이중적으로 읽혀요. 하나는 가엾음이죠. 참 너 같은 인간도 여기까지 살아왔구나, 장하다, 그러나 얻은 건 별로 없구나, 이런 생각들. 내가 살고자 했던 삶은 이 주먹을 쥐는 사이에 전부 빠져나갔는지 몰라요. 우리 어머니가 예전에 제 인생에 대해서 일찌감치 예감하셨어요. 저한테 한심하다는 듯이 별명을 하나 붙여주었습니다. '고만이'라고. '너한테는 귀신까지는 아니더라도 뭔가 점지된 게 있다. 너는 뭘 시작해서 끝날 만하면 다른 길로 가고, 가서 할 만하면 또 다른 데로 간다.'

실제로 그렇습니다. 저는 어렸을 때 학교 다닌 것만 엮어봐도 헷갈려요. 고등학교도 두 군데인가 세 군데 다니고 대학교도 자꾸 옮겨 다니고 전공도 네 번 바꿨어요.

그게 다 손금 안에 있어요. 이렇게 보면 엇갈리는 손금들이 다른 방식으로 읽힙니다. 결국 내 손금들은 우회의 곡선들이다라는 생각이 들어요. 뭔가를 행하다가 어디로 돌아서고, 또 어딘가로 옮겨가고 옮겨가다 보면 이런 손금이 생긴단 말입니다.

그러나 이 손금은 팔림프세스트처럼 이중적이에요. 하나는 내가 잘못 살아온 길이죠. 딴에는 나의 길을 찾아간다고 애를 쓰면서 살아왔지만, 나 자신도 객관적 권력에 대한 성찰이 없었기 때문에 천사를 부르는 길이 악마를 부르는 길이 됐어요. 나름대로 아웃사이더로 살려 했다고 생각하지만, 들여다보면 늘 성공하려고 했었다는 거예요. 아웃사이더들? 다 인사이더들이에요. 알고 보면 다 욕망덩어리예요. 그건 깨어나지 않은 다음에는 피할 길이 없어요. 요제프 카가 그래요. 어떻게 해서든지 자기 무죄성을 얻어내려는데 알고 보면 가장 권력주의적이죠. 저도 다르지 않습니다. 그래서 제가 패배했다고 생각하고요. 이렇게 보면 내 손바닥은 모순의 조형물이죠.

그런데 또 한편으로 '고만이'를 생각하면, 내가 가다가 돌아서고 또 가다가 돌아선 것은 고만이 때문이라는 거예요. 왜 이 고만이는 내가 뭘 하면 자꾸 그만두고 그만두게 했을까? 아마 나를 어디로 데려가려 했던 것 같아요. 나는 고만이가 데려가는 길로 가는 듯하다가 자꾸 다른 데로 빠져서, 고만이가 '거기로 가면 안 돼' 하고 말린 것 같아요.

그러면 이 손바닥 안에는 읽을 것이 있습니다. 팔림프세스트처럼 쓰이지 않은 텍스트가 있습니다. 써진 것 밑에 보이지 않게 쓰여 있는 또 하나의 손금 텍스트가 있어요. 그건 뭡니까? 고만이가 나를 데리러 가려고 했던 데로 갔더라면 어떻게 됐을까 하는 거죠.

보통 때 손바닥을 들여다보면 우울하기만 했었는데 갑자기 어느 날 아, 내 남은 생에 대한 지도로도 읽을 수 있겠구나 하는 생각이 드는 거죠. 그때는 이상한 감정의 전복이 생길 수 있어요. 우울함이 어떤 희망으로 바뀔 수 있습니다. 그리고 우울함을 어떤 용기로 바꿀 수 있어요. 이것을 위해 성찰이 필요한 겁니다. 그래서 손바닥을 읽는 거예요. 손바닥이 뭡니까. 살아온 삶이죠.

돌아보면 살아온 길들은 언제나 불만스럽고 충분치 못하다. 구부러지고 옆으로 빗겨나간 그 길들은 나의 인생이 본래 목적했던 어느 곳에 도달하지 못하고 있기 때문이다.

삶을 돌아보면 늘 내가 놓쳤던 빈틈들만이 남아 있습니다. 그러나 그 빈틈들을 연결하면 무엇이 됩니까? 내가 살아야만 했으나 살지 못했던 어떤 삶의 궤적이 보인다는 겁니다. 그러면 남은 생은 이 궤적으로부터 시작할 수 있다는 거죠. 그랬을 때는 손바닥 읽기가 열패감이나 우울함에 그치는 것이 아니라 나를 깨어나게 만들어요. 그런데 이 손바닥이 무엇이냐? 불면의 영역과 다르지 않습니다. 그래서 불면의 시간은 우리를 잠으로 부르는 시간이 아니에요.

불면의 시간은 우리를 성찰로 부르는 시간이에요. 불면의 목소리를 잘 들어야 합니다. 불면의 목소리는 자라 자라 이러는 것이 아닙니다. 깨어나라 깨어나라는 것이죠. 그런데 다들 깨어나지 않고 자려고만 해요. 불면증을 겪어본 사람은 다 알아요. 자려고 하기 때문에 잠이 안 와요. 자야 된다는 강박만 없으면 잠이 올 것도 같은데 잠을 자야 된다는 생각이 떠나지를 않죠. 이 집요한 생각 때문에 잠이 오고 싶어도 문지방을 건너올 수가 없어요.

무엇 때문에 그렇습니까? 내가 막아서 그래요. 그럴 때는 자려고 하면 안 됩니다. 깨어나세요. 일어나세요. 이불을 걷고 앉아서 램프를 켜고 손바닥을 읽으세요. 그러

642

면 그 손바닥이 돌연한 기쁨의 사건으로도 올 수 있다는 겁니다. 내일 할 일이 생깁니다. 깨어나서 할 일이 생겨요. 그 일은 뭡니까? 내가 원하는 일이에요. 더 이상 강요된 일이 아닙니다. 그랬을 때 우리는 기쁨을 발견하게 됩니다. 기쁨을 발견하면 자연스럽게 잠이 와요. 자지 말라고 해도 행복해서 자요. 큰 기대감이 있기 때문이죠. 모든 게 기쁨이 없어서 그렇습니다.

우리의 삶은 무엇입니까? 우리 생은 기쁘고 싶어 하는 겁니다. 우울하려고 있는 것이 아니에요. 우리의 리비도는 끊임없이 옮겨 다니면서 기뻐하고 싶은 거예요. 그러나 객관적 권력은 이 기쁨을 허락하지 않습니다. 우리는 이 객관적 권력으로부터 빼앗긴 기쁨을 되찾아야 해요. 그것은 객관적 권력이 제공해주고 있는 당근이나 사탕 같은 기쁨이 아닙니다. 이런 당근과 사탕들이 얼마나 많습니까? 우리의 기쁨은 그걸 위해서 전부 소비되어버렸어요.

그러나 우리의 존재가 가지고 있는 기쁨은 그런 것이 아닙니다. 다름 아닌 생에 대한 기쁨이에요. 그 생이 무엇인지는 개개인들만이 알고 있어요. 누가 강요할 수 있

는 것도 아니고 제공해줄 수 있는 것도 아니며 누구에게
서 빌려올 수도 없고 배울 수도 없어요. 자기가 찾고 발견
하고 만드는 겁니다. 그게 바로 기쁨이죠. 생은 원래 그렇
게 살아지도록 되어 있다는 거죠. 그러나 돌아보면 그렇
게 살았던 적이 한 번이라도 있었던가요? **'단두대 위의 시
간'**이라는 말이 나오죠. 다들 우리는 영원히 살지 않는다
고 말해요. 영원히 사는 게 아니라는 것을 알면서 우리가
그것에 반응하는 방식은 두 가지예요.

　하나는 '그럼에도 불구하고 아직 시간이 많이 남았
다'예요. 우린 그래서 편안하게 살아요. 이것은 '나는 안
죽을 거야'라는 무의식하고 관련돼요. 그러나 두 번째의
경우는 '나는 지금 단두대 위에 서 있다'예요. 종말이라는
칼이 목 위에 있습니다. 그리고 지금 나에게 주어진 시간
이라는 것은 칼과 목 사이의 짧은 거리예요. 우리가 생을
단두대의 시간으로 의식하고 발견하게 되면, 우리는 삶을
도구화하고 남을 위해서 쓸 시간이 없어요. 바빠져요. 그
러나 지금까지 살아왔던 바쁨하고는 다른 바쁨이에요.
이때의 삶이 뭘까요? 분명한 것은 객관적 권력이 강요하
는 삶과는 다른 삶입니다. 그 삶과의 만남이 특별하게 가
능한 영역이 있다면 제가 볼 때는 불면의 영역이라는 것

이죠.

불면을 너무 무서워하지 마십시오. 무서워하면 더 잠이 안 와요. 불면하고 친구가 되세요. 저는 그렇게 했어요. 잘 지내자고 한 거죠. 잘 지내자고 하다 보니까 목소리가 들리는 거예요. 나에게 일어나는 일 중에 이유 없이 일어나는 일은 하나도 없습니다. 다시 말해 인생에서 일어나는 모든 일들은 우리에게 말을 한다는 겁니다. 그걸 듣고 못 듣고는 우리 책임이에요. 그런데 우리는 보통 내 책임을 묻지 않아요. 왜 이게 안 되냐 이럴 뿐이죠. 저는 여러분들이 불면이라는 특별한 경험을 좀 소중히 여기면 좋겠어요. 불면을 찬양하는 얘기가 아니라 이유를 알아볼 필요가 있다는 거죠.

그리고 깨어날 필요가 있다는 것이에요. 이 잠듦과 깨어남이 무엇이냐, 우울함과 기쁨이 무엇이냐 하는 것도 깊이 성찰해볼 필요가 있어요. 그것들은 모두 객관적 권력에 대한 성찰과 연결되죠. 객관적 권력이 무얼 얘기하는지 아시죠? 지금까지 여러 방식으로 설명했는데 무엇이라고 하나로 규정할 수 없어요. 우리를 지배하는 모든 것, 생의 기쁨을 빼앗아가려는 모든 것, 우리의 자유를 박탈하려는 모든 것입니다.

오늘은 두려움과 매혹, 불면이라는 2개의 테마를 얘기해봤습니다. 연계되는 이야기죠. 살아온 삶과 남겨진 삶의 관계를 성찰해봐야 한다는 것도 기억하셨으면 좋겠습니다.

7강

죽은 자와 산 자에 대하여

오늘은 유령과 죽은 자들에 대해서 얘기해보고, 다음 시간에는 우둔함에 대해서 얘기해보겠습니다. 요즘 우리 사회를 보면 사람들이 나날이 똑똑해지는 것 같아요. 어디 만만한 사람이 있습니까? 교육 수준도 높아지고 다들 명철한 머리들을 가지고 있어요. 그런데 이상하게 한편으로는 나날이 우둔해지는 것 같기도 해요. 그런 경험들 있죠? 공부 많이 하고 그 방면에 뛰어난 능력을 가지고 있는 사람인데, 술 한잔 같이 먹어보면 이상하게 바보 같다는 느낌을 받는 경우가 있어요. 제가 볼 때 그건 일부의 현상이 아니에요. 이상한 부정적 변증법이 작동되고 있는 것이 아닌가 하는 생각이 듭니다. 한편으로는 세련되어지고 똑똑해지는 것 같은데 또 한편으로는 단순해지고 멍해지고요.

예컨대 우리의 대중문화를 보면 얼마나 뜨겁습니까? 시장 문화들은 너무나 뜨거운데 개개인들이 하는 행동을 보면 차가운 가슴을 가지고 있단 말이죠. 이런 것들이 다 어디서 올까요. 총체적으로 얘기하면 객관적 권력이 관리 통제하기 때문인데, 그런 문제를 우둔함이라는 테마로 다루어보겠습니다.

오늘은 먼저 유령, 우리말로는 귀신이라고 하죠, 여기에 대해 얘기해보죠.

죽음이 삶의 연속이라고 믿었던 태고 시대에 죽은 사람은 산 사람에게 질투와 미움의 대상이었다. 하지만 계몽의 시대에도 죽은 자에 대한 미움과 질투가 사라진 건 아니다.

계몽이란 뭘까요? 다름 아닌 귀신을 없애는 거예요. 애니미즘 시대는 귀신들의 세상이죠. 돌 속에도 귀신이 있고 나무 속에도 귀신이 있고 온갖 것에도 다 귀신이 있죠. 계몽이 시작되면서 그것들을 다 미신으로 만들었습니다. 이러한 귀신 위생 작업에 앞장을 섰던 것이 종교예요. 특히 가톨릭이 유일신을 내세우면서 유일신 빼고는 모두 다 귀신으로 만들었죠. 말하자면 귀신들의 세상을 평정한 거죠. 애니미즘 시대에서 종교 시대로 건너가고, 그다음에는 과학이 종교를 계몽화하죠. 《만들어진 신》이라는 책도 있잖아요? 저는 종교는 없지만 이 책 되게 웃기는 책이에요.

롤랑 바르트가 이런 얘기를 했습니다. "나는 신이 없다는 것을 안다. 그러나 우리가 신 없이도 살 수 있다고 주장하는 것은 무지한 일이다." 이해하시겠죠? 그것이 얼마나 우스꽝스러운 소리인지 모릅니다. 생이라는 것을 오로지 과학의 대상으로만 보는 우둔함 말이죠. 신이 없다는 것과 신 없이 살 수 있다는 것은 다른 말이에요. 계몽은 귀신들을 없애는 것이었어요.

그런데 오늘날 보면 묘한 현상이 일어납니다. 타로 점 같은 것들이 유행하고 사주 카페도 있고, 여름만 되면 유령 영화가 흥행해요. 물론 리투얼(Ritual)로서 남아 있는 귀신과의 만남도 있죠. 저희 집도 때가 되면 제사를 지내요. 계몽의 본질은 귀신을 청소하는 것인데, 계몽이 완성된 시대에 귀신들이 없어졌느냐 하면 그게 아니라 어떤 의미에서는 호경기를 맞고 있어요. 이 계몽의 역설이 무엇 때문일까 생각할 필요가 있습니다.

　죽은 자들에 대한 정의로운 관계는 죽음에 대한 헐벗은 공포 안에서만 비로소 가능해진다.

　죽은 자들에 대한 정의로운 관계라는 건 무슨 뜻일까요? 제사 지내고 기도하고 이런 것들도 죽은 자들과의 정의로운 관계를 맺는 리투알이라고 볼 수 있어요. 그런데 정말 정의로운 관계가 맺어집니까? 아도르노는 죽은 자들과 산 자들 사이에 정의로운 관계가 이루어진다면 그것은 단 하나의 영역에서만 가능하다고 얘기합니다. 헐벗은 죽음에 대한 공포 안에서만 이루어진다는 것이죠. 그다음에 보면 슬픔 얘기가 나와요.

　일할 마음조차 생기지 않도록 슬픔에 잠긴 사람은 보통의 감정과는 반대로 아무런 시장가치도 갖지 않은 것에게 마음이 끌린다. 문명이 지닌 상처이며 비사회적인 감성인 슬픔은 인간을 목적의 왕국에 종속시키는 일이 온전하게 성공할 수 없음을 보여준다. 때문에 세상은 다른 어떤 것보다 슬픔이나 애도를 온갖 방식으로 치장하고 변질시켜

사회적인 형식으로 만든다.

롤랑 바르트가 그런 얘기를 해요. 사회는 무슨 방식을 쓰든지 슬픔을 관리하려 한다는 거예요. 우리는 사실 마음껏 슬퍼할 자유도 없습니다. 슬픔에 대한 관리 통제가 우리의 사회적인 삶이나 자의식에 이미 시스템화되어 있기 때문이죠. 우리 때때로 그럴 때 있잖아요? 울고 싶은데 눈물이 안 나오죠. 하도 슬픔 통제가 이루어지다 보니까 눈물이 슬퍼도 나오면 안 되는 건 줄 알고 안 나오는 거예요. 우리는 이 관계를 통해 슬픔에 대해서, 유령에 대해서, 죽은 자들에 대해서 생각해보도록 하죠.

유령은 태곳적 상상력이 만들어낸 존재예요. 태곳적 상상력의 영역에서는 삶과 죽음이 열린 관계죠. 경계가 없기 때문에 죽는다는 것은 또 하나의 삶으로 건너가는 거예요. 불멸에 대한 환상이 있잖아요? 그래서 거대한 돌무덤을 짓고 미라를 만들기도 하잖아요. 옛날 이집트에서는 왕이 신이니까 죽는다는 걸 인정할 수 없었어요. 그래서 왕이 죽으면 내장을 다 빼내고 잘 말린 다음에 미라로 만들어서 저장하죠. 꼭 이집트 시대에만 그런 것이 아니라 중세시대도 마찬가지죠. 왕이 죽으면 장사를 두 번 지내요. 신체가 썩으니까 빨리 장사를 지낸 다음에 왕과 똑같은 인형 같은 걸 만들어서 두 번째 장사를 지내요. 신격화시키는 것이죠.

이렇게 봤을 때 유령이라는 것은 태곳적 상상력의 측면에서는 너무나 당연한 거예요. 유령은 다른 세상에서 온 살아 있는 사람이지 죽은 사람이 오는 게 아니에요. 죽으면 죽음의 땅으로 가는 게 아니라 또 하나의 삶의 땅으로 가기 때문에 그 사람은 거기서 있다가 다시 여기로 오는 거예요. 흔히 생각하는 것처럼 죽었는데 안 죽고 오는 것이 아니에요. 생과 사의 경계에 문이 있다면 이 문은 언제나 덜컹덜컹 열렸다 닫혔다 한다는 것이죠. 문을 열고 이쪽으로 오면 우리는 그것을 유령이라 불러요.

그런데 가만히 보면 태고인들은 이 유령에 대해서, 다른 세상에서 오는 죽은 자들에 대해서 이중 감정을 가지고 있었다는 거예요. 하나는 미움입니다. 이 세상에 살다가 혼자 거기로 가버렸다는 거예요. 저 세상은 더 나은 세상인데, 사랑하는 사람이 나를 혼자 여기에 남겨놓고 저곳으로 건너갔어요. 그래서 그 사람이 미운 거예요. 사랑한다면 나도 데려가야지, 하는 감정이 있습니다. 여기서 우리가 읽어볼 것은 태고인들이 왜 이런 상상을 하게 될까 하는 것이죠.

근본적으로 이 세상이 살기가 힘든 곳이었기 때문이에요. 태고인들의 삶이 어땠겠어요? 먹을 게 제대로 있어요, 잠잘 데가 있어요? 그런 상황에서 죽음에 대한 동경이 생기죠. 가난과 위협이 없는 상황, 이 세상이 아닌 좋은 세상이라는 것이 자연스럽게 투사가 돼요. 그런 의미에서 먼저 거기로 가버린 사람은 미울 수밖에 없어요. 그리고 또 하나의 감정은 나도 거기로 가고 싶다는 선망이죠.

계몽의 시대는 이런 것들을 미신이라고 얘기하는데, 오늘날 보면 이상한 현상이 있다는 겁니다. 어떤 의미에서 보면 이중 감정이 그대로 있다는 거예요. 일차적으로 죽은 사람에 대한 미움, 산 사람이 죽은 사람을 폐기시키려는 감정이 그대로 드러나요. 산 자들의 세계에서 죽은 자들을 추방시키려는 작업을 얼마든지 사회적 제도 내에서 찾아볼 수 있어요.

먼저 장례식장을 생각해볼 수 있죠. 우리가 왜 장례식장에 갈까요? 당연히 오래된 전통이고 친족 관계로 연결돼 있으니까 제의를 통해서 죽은 자를 찾아가는 작업을 할 수 있죠. 또 하나는 사회적 성격을 지니고 있습니다. 인적 네트워크와 관계돼요. 요즘 장례식장은 더 이상 추모의 장소가 아니에요. 애틋한 이별의 장소가 아니죠. 교환 관계가 작동한다는 면에서 시장이나 마찬가지라 볼 수 있어요. 부조라는 게 있잖아요? 내가 받은 바가 있으니까 그걸 갚아야 되는 겁니다. 또는 가서 내 이름을 등록하는 거죠. '여기 와서 내가 돈을 냈으니까 나중에 우리 집에 무슨 일이 있으면 와서 갚아라.' 죽은 자를 가운데 두고 시장이 형성돼요.

장례식장에 가보면 알겠지만 다들 가서 인사 한 번씩 하고 육개장이나 먹든지 소주라도 하나 먹으면서 즐겁게 얘기하죠. 어떤 한 사람이 지나치게 슬퍼하면 미움받아요. 분위기 깬다고요. 그리고 사실 지나치게 슬퍼하는 것도 믿을 게 못 돼요. 어떤 목적이 있어서 이상하게 슬픈 표정을 짓는 경우도 많으니까요. 상사에게 잘 보이려 한다든지 상속 관계에서 유리한 위치를 차지하려 한다든지 여러 가지 이유가 있겠죠. 원래 장례식장은 산 자와 죽은 자의 정의로운 관계가 이루어지기 위한 장소였는데 오늘날에는 그런 것과 무관하게 되어버렸어요.

그런데 그런 정의로운 관계가 왜곡되면 죽은 자와 산

자가 분리되기가 힘들어요. 예컨대 죽은 자가 산 자를 찾아오기도 하죠. 왜요? 저승으로 갈 수가 없어서요. 왜 죽은 자가 산 자에게 옵니까? 많은 이들이 얘기해요. 저승으로 갈 수가 없어서 온다고요. 왜 갈 수 없을까요? 억울한 게 있어서예요.

야담에 이런 얘기들이 많아요. 예컨대 한 여자가 죽었는데 머리 풀고 피도 흘리면서 자꾸 나타난다고. 또 마을에 부임한 사또들이 그 여자를 보고 자꾸 죽는다, 이런 얘기 있잖아요? 나중에 한 사또가 부임 와서 귀신을 만나 얘기를 들어줍니다. 얘기를 듣다 보면 원한이 있는 걸 알게 됩니다. 다음 날 사또가 우물을 파보면 여자 시체가 나와서 장례를 잘 지내주면 다음 날 여자가 다시 나타나서 고맙다고 인사하고 갑니다. 이것이 정의로운 관계예요. 이 정의로운 관계는 산 자와 죽은 자가 분리되는 거예요. 그런 의미에서 장례식장은 원래 정의로운 관계가 수행되어야 하는 장소라는 거예요.

죽은 자에 대한 미움의 행위나 추방령은 사회적 제도나 제의 같은 공공의 영역만이 아니라 개인에게서도 일어나요. 우리의 삶에도 죽은 삶이 있고 살아 있는 삶이 있습니다. 이미 써버린 시간과 남겨진 시간이 있어요. 우리는 이미 써버린 시간을 과거라고 불러요. 이 과거의 삶을 어떻게 대하느냐라는 문제입니다.

오늘날 개인의 과거는 별로 중요하지 않습니다. 어떤 회사에 입사를 한다든지 결혼 관계를 갖는다든지, 이러저러한 방식으로 사회적 관계를 맺으려 할 때 내가 가지고 있는 과거는 중요하지 않아요. 물론 그 과거도 분류가 될 수 있죠. 무슨 학교를 나와서 어떤 직업을 가졌고 어떤 가족 관계 내에서 살았고 하는 것들은 중요하게 받아들여져요. 그렇지만 개인이 관계망 외부에서 살아온 삶은 하나도 중요하게 여겨지지 않고, 알고 싶어 하지도 않아요. 왜 그렇습니까? 그것은 쓸 데가 없기 때문이죠.

우리 사회가 한 개인에게 필요로 하는 것은 현재의 그 사람입니다. 그가 무엇을 할 수 있는가, 무엇을 가지고 있는가, 우리가 요구하는 것을 그 사람이 해줄 수 있는가라는 문제예요. 그가 그 이전에 어떻게 살아왔고 무슨 생각을 했고 어떤 연애를 했고 이런 것은 하나도 중요하지 않죠. 그러다 보니까 개인이 사회에서 하나의 포지션을 얻으려면, 쓸 만한 사람이 되려 하다 보면 사회적 과거 관계의 시스템을 내면화하게 되는 거예요. 다름 아닌 자신이 사회가 요구한 과거와 현재의 관계를 행사하는 거예요. 개인사적으로 가지고 있는 과거의 삶은 쓸 데 없는 것, 중요하지 않은 것이 되죠. 우리는 이미 내면화된 사회적 장치에 의해서 자신의 죽은 부분, 지나온 삶, 과거에 추방령을 내려요.

예컨대 돌아가신 부모님에 대한 깊은 슬픔, 잃어버린 사랑에 대한 애타는 마음, 이런 것들은 빨리 정리되어야지 껴안고 있으면 안 돼요. 내 아픔이나 그리움은 현재적 삶에 전혀 소용되지 않는단 말입니다. 이런 식으로 우리는 자신의 과거, 죽은 자기를 지금 여기로부터 늘 추방해요. 이런 의미에서 보면 태고인들이 죽은 자들을 미워하고 자기 삶으로부터 추방하는 행위가 계몽의 시대에도 여전히 이루어지고 있다는 거죠.

그리고 태고인들이 죽은 자들에 대해서 가지고 있었던 이중 감정 중에 하나인 선망 역시 도처에서 발견할 수 있어요. 공포영화에 대한 호응이나 이러저러한 미신의 영역이 여전히 성행하고 있는데, 그러면 이렇게 물어볼 수 있습니다. 산 자들이 죽은 자들을 쫓아내면서도 한편으로는 죽은 자들에 대한 선망 내지는 질투가 있다면, 이런 관계를 설명할 수 있는 키워드는 무엇일까? 아도르노는 그것을 슬픔이라고 얘기해요. 죽은 자들을 쫓아내면서도 또한 그리워하고 선망하는 현상들은 슬픔에 잠겨본 사람만이 안다는 것이죠.

우리는 사랑하는 사람이 죽으면 깊은 슬픔에 빠지게 되죠. 남겨진 사람들은 흔히 얘기하잖아요? '나도 따라갈 테야.' 죽은 자를 따라가고 싶어 하는 감정은 상실의 아픔, 깊은 슬픔에서만 생겨요. 프로이트식으로 얘기하면 멜랑콜리죠. 죽은 자들로부터 멀어지는 것이 아니라 오히려 들어가려는 병적인 슬픔에의 집착을 멜랑콜리라 하면, 반대 개념으로 애도 작업이 있죠. 애도 작업은 슬퍼하지만 삶의 영역으로 다시 돌아 나오려는 거예요. 깊은 멜랑콜리에 빠진 사람들은 이전에는 전혀 경험해보지 못했던 새로운 감정, 죽은 자에 대한 동경을 발견해요. 물론 이것은 사랑의 아픔 때문이지만 동시에 사회적 성격을 지니고 있습니다.

이런 예를 생각해볼 수 있죠. 한 부부가 가난하고 힘들게 살았지만 서로를 깊이 사랑했어요. 그러다 한 사람이 죽고 나면 남은 사람은 '왜 나만 두고 가냐, 따라가고 싶다'라고 얘기하겠죠. 이 언술을 태곳적 상상력을 동원해 읽는다면 이런 의미로 볼 수 있어요. '당신이 가버리고 나면 나 혼자 이 험한 세상에서 어떻게 살라는 말이냐.'

아도르노가 얘기하려는 것은 모든 개인적인 감정들이 사회성을 지닌다는 전제에서 볼 때, 이 죽은 자를 따라가고 싶다는 것은 상실의 아픔만이 아니라 세상에 대한 언술일 수 있다는 거예요. 슬픔의 표현이지만 또한 혼자 남은 시간을 계속 살아야 되는 고독하고 어려운 삶에 대한 두려움의 표현이죠.

다시 말하면 아무리 계몽이 되었어도 세상이 태곳적 상황처럼 그렇게 험악한 것이라면, 여전히 개인들은 죽음에 대해서 이중 감정을 가질 수밖에 없다는 거예요. 이런 슬픔의 언술은 미신이나 유령에 대한 철저한 청소 작업을 거쳤던 계몽의 결과로 얻어진 오늘날의 사회가 여전히 태고 시대의 상황과 다르지 않다는 것을 반증하는 것이죠. 이 언술은 또 다른 의미에서 보면 인식입니다. 삶에 대한, 시대에 대한, 사회에 대한 인식이죠.

그렇기 때문에 이 사회는 슬픔을 통제해요. 사회는 너무나 잘 알고 있어요. 사람들이 마음껏 슬퍼하도록 허용하면 대단히 위험할 수 있어요. 사람들이 깊은 슬픔에 빠지게 되면 하나의 인식에 도달하는데, 그 대상은 결코 슬픔의 감상이 아니라 바로 사회적 삶의 조건들에 눈뜨기 쉽다는 것입니다. 우리가 깊은 슬픔에 빠지면 그러잖아요? '차라리 죽고 싶다. 살 수 없다.' 그래서 사회는 언제나 슬픔을 관리하려 한다는 것이죠. 가장 비인간적인 사회는 슬픔을 사회화하는 곳이라고 아도르노는 얘기합니다. 사회화한다는 것은 일정한 처리 방식을 따라가도록 만든다는 것이죠.

○

죽음과 슬픔이 어떤 방식으로 관리 통제를 당해왔나 살펴볼 때 두 사람을 주목할 필요가 있습니다. 한 명은 《죽음의 역사》의 저자인 필립 아리에스, 또 하나는 《죽어가는 자의 고독》의 저자인 노베르트 엘리아스라는 사람이에요. 우리가 오늘 다루는 테마와 관련해서 보면 필립 아리에스가 주목하고 있는 것은 **공간**의 통제예요. 오늘날 사회가 죽음과 죽어가는 자, 슬픔을 관리하기 위해 공간을 지배한다는 것이죠. 노베르트 엘리아스는 똑같은 질문을 던지면서 **언어**의 통제를 얘기합니다.

필립 아리에스부터 살펴보면, 옛날에는 모든 사람들이 집에서 죽었으나 오늘날에는 병원에서 죽는다는 것이죠. 이것은 여러 가지 현상을 의미합니다. 일차적으로 보면 공간의 이동이 일어나도록 되어 있다는 거죠. 병원에 들어가면 진료실로, 그다음에 검사실로, 그다음에 치료실, 입원실, 중환자실, 마지막에 영안실로 들어가요. 물론 중간에 집으로 돌아오면 좋겠지만 언젠가는 모두 이 과정을 거쳐야 되잖아요?

공간 이동을 하는 사이에 무슨 일이 일어날까요? 크게 보면 두 가지예요. 하나는 죽어가는 과정이 전부 시장화된다는 것입니다. 오늘날 병원은 근본적으로 산업이죠. 기업이에요. 그래서 병원의 가장 중요한 목적은 병을 고치는 것 같지만, 내적으로 보면 끊임없이 이익 추구를 하는 장소라는 거죠. 이익 추구가 이루어지는 과정이 시장화 과정이에요. 이 시장화 과정에서 상품이 뭐냐? 죽어가는 사람입니다. 병들어서 영안실까지 가는 과정은 병원 쪽에서 보면 투자한 것보다 더 많은 것을 얻어내는 과정이라는 것이죠. 물론 테크놀로지가 관계돼요. 병원이라는 장소가 뭡니까? 그 시대의 가장 고급한 테크놀로지가 작동되는 곳입니다. 제일 좋은 컴퓨터가 있는 곳이 병원이에요. 병원은 새로운 기계를 위해서 투자를 해요. 이 기계를 병들어서 죽어가는 사람에게 사용하면서 이익을 얻어내죠. 병원 가면 다들 귀찮아하잖아요? 괜히 이것저것 검사받으라고 그러니까요. 이렇게 죽어가는 사람이 집에서 떠나서 시장화 과정을 거친다는 것이죠.

동시에 이 과정에서 생체 실험이 이루어져요. 입원해서 환자가 누워 있으면 아침 진료 한다고 의사들이 서로 얘기하고 가르쳐주고 그래요. 치료를 하면서 정보가 수집되고, 그 정보들이 모여 필요가 만들어지고, 그다음에 필요를 충족시킬 수 있도록 기계가 만들어지고, 그 기계로 이익 창출을 하면서 더 많은 정보를 수집하는 이런 순환 구조로 돌아갑니다. 치료 과정이 곧 모르모트가 되는 과정이기도 하다는 거죠.

또 하나 중요한 것은 이 과정에서 **죽어가는 자**와 **산 자**의 관계는 어떻게 변하느냐는 문제가 있습니다. 죽어가는 자와 산 자가 있을 때, 과거에는 이 사이 영역을 두 사람이 차지하고 있었습니다. 그러나 한 사람이 병원에서 죽어가면 그를 사랑하는 산 자들은 그와의 관계가 끊어져요. 같이 있지 않고 얘기하지도 않다 보면 둘 다 고독한 관계가 되어버립니다. 죽어가는 자도 산 자로부터 위안을 얻을 수 없게 되며, 산 자들도 자신의 사랑을 죽어가는 자에게 마음껏 표현할 수 없게 돼요.

대신 이 가운데를 누가 장악하느냐? 병원이 장악해요. 의사가 장악하고 테크놀로지가 장악해요. 요새는 영안실마다 상조회사와 관계가 있어서 사람이 죽으면 상조회사에서 다 하고 이런단 말이에요. 여기서 격리가 일어난다는 거죠. 이랬을 때 산 자는 장례식에 가서도 눈물이 안 나와요. 당연하죠. 감정적 교류가 있어야 눈물이 나오지 않겠습니까? 애틋한 사랑의 교류가 계속 있어야 죽어가는 사람에 대해서 눈물이 나요. 그렇지 않으면 아무리 슬픔을 느끼려 해도 느낄 수 없어요. 혹은 느낀다고 하더라도 인식에 도달할 만큼의 슬픔에는 가까이 갈 수 없어요. 아도르노식으로 얘기하면 슬픔은 인식인데, 슬픔은 이제 인식 기능을 빼앗겨버렸다는 것입니다.

같은 문제를 보면서 노베르트 엘리아스는 말의 통제에 주목합니다. 언어의 통제, 번역하자면 **비형식화 과정**이 일어난다고 얘기해요. 중세라든지 17세기, 18세기까지만 해도 그 사회 속에는 사랑하는 사람이 죽어갈 때의 슬픔과 아픔을 표현할 수 있는 통로가 있었다는 것이죠. 편지를 통하든 시를 통하든 그러한 슬픔들을 드러낼 수 있는 표현 방식이 있었어요.

1758년 10월 말 프러시아의 프레데릭 2세의 여동생인 바이로이트의 마르그라바네는 병상에서 죽어가고 있었다. 프레데릭 대제는 그녀를 만나러 갈 수 없는 상황이었고, 그녀가 가망이 없을지도 모른다는 생각에 서둘러 주치의인 코테니우스를 보냈다. 그는 편지를 함께 보냈는데 1758년 10월 20일자 편지는 이렇게 되어 있다.

이 세상 무엇과도 바꿀 수 없는 사랑하는 누이에게. 내가 보낸 시는 잘 받았겠지? 자나 깨나 산문이나 시를 쓰고 있을 때에도 온통 너의 생각, 너의 죽음에 대한 생각뿐이구나. 너의 모습이 나의 영혼을 사로잡고 나의 마음을 지배하는구나. 매일 너의 회복을 비는 나의 기도를 하나님께서 받아주시겠지. 나의 소망이 이루어질 거야. 코테니우스가 그리로 갈 것이다. 이 세상에서 내가 가장 사랑하는 사람. 내가 경애하고 존경하며 나의 존재 이유인 너를, 나 역시 흙으로 돌아갈 때까지 살 수 있게만 해준다면 나는 그에게 모든 경의를 다 바칠 것이다. 내 사랑하는 동생, 너만을 걱정하고 너만을 영원히 사랑하는 너의 오빠이자 친구인 프레데릭.

그 당시에는 누군가가 죽어가고 있을 때 이런 식의 표현을 통해서 슬픔을 전달할 통로가 있었다는 거예요. 그 통로는 다름이 아니라 어법입니다. 이만큼 슬퍼할 때는 그 슬픔을 전달할 수 있는 언어의 통로가 사회적으로 있었다는 것이죠. 그런데 오늘날 누가 죽어간다고 이런 식의 편지를 써 보내면 이상하게 여길 거예요. 이것이 비형식화 과정이에요. 죽어가는 사람 앞에서 슬픔을 재현해낼 수 있는 단어들과 어법들이 점점 세월이 지나면서 사라져갑니다.

그 결과가 무엇이냐? 우리는 이제 사랑하는 사람이 죽어가는 것을 보면서도 어떻게 슬픔을 말해야 하는지 알지 못해요. 통로를 가지고 있지 못하죠. 때때로 우리는 병문안을 가서 머쓱해지죠. 할 말이 없어요. '많이 아프세요?' 그러면 놀리는 것 같고, '안심하세요' 그러면 거짓말인 것 같고요. '마음 편하게 가지세요'라는 말도 아닌 것 같아요. 위안을 하고는 싶어요. 그런데 어떤 방식으로 위안을 하더라도 내가 표현하고 싶은 바가 다 드러나지 못하고, 위안을 듣는 사람도 그것을 온전히 수용하지 못할 것 같죠.

왜 그렇습니까? 죽어가는 자나 살아 있는 자나 그런 슬픔을 드러낼 장치가 사라진 사회 시스템 속에 살았기 때문이에요. 그래서 대체로 가만히 있어요. 그리고 그 절망의 진공상태가 고통스러우니까 딴소리를 해요. 밖에 비가 오네, 진달래가 예쁘게 피었네, 이런 식으로요. 그리고 걸어 나올 때 쓸쓸해지죠. 밖에 햇빛은 쨍쨍한데 말이죠. 병원은 이상하게 햇빛이 잘 드는 곳에 있잖아요? 그리고 조금 더 들어가면 그런 생각도 나겠죠. 나 죽을 때도 이럴까. 그래서 병문안 가는 건 되게 힘들어요.

필립 아리에스가 공간 통제를 통해서 죽은 자와 산자의 관계가 통제되고 있다고 본다면, 노베르트 엘리아스가 얘기하려는 것은 언어 상실입니다. 산 자와 죽은 자의 사이 공간이 진공상태가 되었든 병원들이 차지하는 장소가 되었든 사랑하는 두 당사자는 거기서 소외되어버려요. 이렇게 됨으로 해서 우리는 죽어가는 자에 대해서 산자들이 가지고 있는 사랑을 표현할 길이 없으며, 나 자신도 이러한 슬픔의 관리 통제 시스템 속에서 죽어갈 수밖에 없다는 것이죠. 이것이 우리로 하여금 죽어가는 자와 산 자들의 관계를 다른 방식으로 이해하게 만들어요.

벤야민이 《역사철학테제》에서 이런 얘기를 합니다. 우리가 어떤 시스템 내에서 그 시스템이 어떠한 성격의 적인가를 알려면 살아 있는 사람들의 문제만을 생각해서는 안 되고, 산 자와 죽은 자들의 관계도 통찰할 수 있어야 한다면서 이렇게 얘기하거든요.

적들이 승리하면 산 자들만이 아니라 죽은 자들도 안전하지 못하다. 그런데 적들은 나날이 승리하고 있다.

적들이 무엇입니까? 우리의 콘텍스트 안에서 보면 죽은 자와 산 자 사이에서 맺어져야 하는 정의로운 관계를 관리 통제하려는 객관적 권력이죠. 이 적들이 승리하면 살아 있는 사람만 위기에 빠지는 것이 아니라 죽은 사람도 위기에 빠지게 되어 있어요. 또한 죽은 사람들이 위기에 빠지면 산 자들이 온전할 수 없어요. 그러나 적들은 오늘날에도 나날이 승리한다고 얘기합니다. 이것을 다른 식으로 얘기하면 우리는 나날이 죽은 자들과 산 자들의 정의로운 관계에 대한 자유를 박탈당하고 있고, 슬퍼할 수 있는 자유를 박탈당하고 있으며, 동시에 이 자유의 박탈은 우리가 당연히 통찰해야 하는 사회적 인식에 대한 기회의 박탈로 이어진다는 거예요. 엉뚱한 인용문일 수 있지만 카프카가 작은 아포리즘에서 얘기하는 것도 한번 읽어볼게요. 왜 이렇게 되었을까 질문을 해보면 카프카가 이런 식으로 얘기하거든요.

우리는 조국을 지키는 일에 너무 소홀했던 것 같다. 우리는 지금까지 거기에는 마음을 쓰지 않고, 우리의 일에만 몰두해왔다. 그러나 최근의 사건들은 우리를 근심스럽게 만들고 있다. (…) 그들은 원하는 걸 언제나 얻는다. 그들이 무력을 사용하는 건 아니다. 그들이 손을 뻗으면, 사람들은 물러나서 모든 것을 그들에게 맡긴다.

결국은 왜 우리가 슬픔의 자유를 박탈당했는가, 왜 우리가 죽어가는 사람들과의 관계를 박탈당하고 있는가, 나아가서는 죽은 자와 산 자의 관계가 정의롭지 못한 관계로 되어버릴 수밖에 없는가, 그 책임 소재가 어디 있는가 하고 물어보면 그것은 우리들 자신에게 있다고 얘기하고 있습니다. 오늘은 이렇게 유령이라는 문제부터 시작해서 죽음의 문제, 슬픔의 문제를 다루어봤습니다.

8강

우둔함과 사치

    오늘은 우둔함이라는 문제를 다뤄보고요, 그다음에 여행의 문제, 또 하나는 사치와 취향의 문제를 얘기해보겠습니다. 지난번 시간에는 영재라는 테마로 얘기를 해봤어요. 사람은 모두 나름대로의 재능을 가지고 태어나지만, 객관적 권력이라는 시스템이 작동하는 사회 속에서는 결국 영재도 바보가 되어갈 수밖에 없다고 이야기했습니다.

    이 우둔함에 대해서 크게 세 부분으로 나눠서 얘기해보겠습니다. 하나는 의학의 문제, 또 하나는 투사의 문제를 얘기해볼 수 있고, 또 하나는 폴리페서(정치에 적극적으로 참여하는 현직 교수를 이르는 말)의 문제입니다. 공부 열심히 한 사람들이 이상하게 때만 되면 정치계로 나와서 바보스러운 행동을 하는 것을 볼 수 있죠. 밖에서 보면 안타까워요. 자기 분야에서 능력 있다고 칭송받던 사람들이 왜 그쪽으로 들어와서 욕을 먹는지 참 의문입니다. 물론 자기 정당성이 있을 거예요. 상아탑에서 나와 배운 것을 실천하겠다는 식으로 다들 자기 정당성이 있으니까 행동을 하겠지요. 그러나 우리에게는 우둔한 행위로 비치는 모습들을 많이 볼 수 있는데 그러한 것들을 함께 다뤄보도록 하겠습니다.

여러분 혹시 첫 번째 기억이 어떤 건지 생각해보셨어요? 사람마다 다 다르겠죠. 어떤 사람은 태어날 때도 기억난다고 하는데 이건 거짓말인 것 같고요. 저 같은 경우에는 초등학교 들어가기 직전이 생각나요. 여섯 살쯤 되려나요? 두 가지가 유년 시절의 강력한 장면으로 남아 있습니다.

하나는 옛날에 찍힌 제 사진을 보면 지금도 그렇지만 되게 비실비실해요. 아마 늦겨울에 막 눈이 녹는 시기였던 것 같은데, 요즘 세대들은 모르겠지만 그때 동상은 누구나 걸리는 거였어요. 날씨가 풀리면 동상 걸린 손이 되게 간지럽거든요. 저희 집 담이 빨간 벽돌로 돼 있었는데 거기에 기대어 있었던 것이 생각나요. 애들은 좀 떨어진 데서 놀았는데 제가 왕따였는지 애들이 안 놀아줬던 것 같아요. 제 식으로 표현하면 저는 목탄으로 사선을 한 번 슥 그어놓은 것처럼 담벼락에 기대어서 두 손을 꼼지락거리고 있었어요. 노란 햇빛 하며 빨간 담벼락에 비실비실 서 있던 내 모습. 그리고 집에 가서 방 안에 들어가니까 아버지가 막 떠난 것 같아요. 추울 때니까 사람이 이불을 덮어쓰고 있다 삭 빠져나가면 자취가 그대로 있잖아요? 제가 그 이불 속으로 들어갔어요. 들어가니까 아버지 냄새가 났어요. 옛날 어른들은 머리에 헤어오일을 발랐어요. 냄새가 진하죠. 이 포마드 냄새와 아버지의 체취, 들어가서 참 안온하게 잠들었던 것이 한 기억으로 남아 있어요.

그다음 빨리 이어지는 또 하나의 장면은 초등학교에 입학하던 제 모습이에요. 옛날에는 교복을 입고 하얀 손수건을 앞에 달았는데 제 모습을 기억해보면 너무 지루한 표정을 짓고 있었던 것 같아요. 내가 여길 왜 왔나, 그런 얼굴요. 이제는 큰일 났다, 이러면서 겁을 먹고 줄에 서 있는 모습. 첫 기억 하면 이런 것들이 떠오릅니다. 글을 쓸 때 자주 모티브가 되기도 해요.

　그리고 여러분들은 첫 번째 했던 질문이 생각납니까? 그 질문 중에서도 거절당했던 질문요. 우리 아이는 그런 걸 안 물어본 것 같은데, 부모님들이 아이를 키우면서 늘 곤란해하는 질문이 있어요. '나 어디서 나왔어?' 그럼 부모님들이 뭐라 그래요? '배꼽에서 나왔다.' 요즘은 성교육이나 이런 걸 통해서 알려주라고 그러잖아요? 그런데 옛날에는 그것이 금기시된 질문이었죠. 대답할 수 없는 질문이에요. 또 아이들 질문의 특징이 뭐죠? 끊임없이 이어지는 거예요. 대답을 하면 또 이어서 질문하고 또 이어서 질문하고. 그러다 나중에 꿀밤 한 대 얻어맞죠.

　어쨌든 첫 번째 질문이라는 것을 화두로 하면, 첫 번째 질문은 어떤 의미에서 보면 언제나 거절당하는 질문이라는 거죠. 부모님들이 알려줄 수 없는 것을 질문합니다. 그중에 하나가 나는 어디서 나왔냐는 거예요. 어디서 나왔습니까? 자궁에서 나온 거죠. 이 질문이 왜 금기시되고 거짓말로 답해질 수밖에 없는가 생각해보면, 물론 성적 금기나 도덕성 같은 것들 때문이기도 해요. 그렇지만 그것보다 앞서서 금기시되는 질문의 요체가 무엇이냐 물어볼 수 있습니다.

이렇게도 생각해볼 수 있을 것 같아요. 아이가 자기가 어디서 왔냐는 기원을 물어보는 것은, 근본적으로 성적인 터부의 영역이 아니라 쾌락의 영역일 수 있다는 거예요. 쾌락의 영역은 우리가 정의 내리기 나름이지만, 프로이트식으로 얘기하면 자아가 없는 곳이죠. 이것은 육체가 그 어떤 터부에 의해서도 구속되지 않았던 상태라고 볼 수 있습니다. 오르기(orgy) 상태, 카프카식으로 얘기하면 혼음 상태죠. 이 영역은 사회적으로나 교육적으로 금기시되는 영역이에요. 그 영역을 허용해버리면 모든 사회적 관계라든가 도덕적 규율 관계가 무효화되거든요. 그래서 아이들이 나는 어디서 왔냐는 기원에 대해 질문을 하면 부모님들은 도저히 대답할 수가 없어요.

그런데 아이들은 왜 그것을 알고 싶어 할까요? 어떤 기억 작용 때문이라 볼 수 있어요. 자궁 속에 들어가 있던 어떤 상태, 모든 구속이나 제도나 규율로부터 해방되었던 상태에 대한 기억이 그 질문을 하게 만들 수 있다는 거죠. 이렇게 보면 아이들의 첫 번째 질문은 호기심보다는 무의지적 기억을 통한 쾌락의 충동이 들어가 있는 거예요. 프로이트식으로 얘기하면 죽음 충동이죠. 죽음은 에고가 없는 영역이기 때문에 그것이 동시에 쾌락 충동이기도 하잖아요? 아이들은 그런 쾌락에 대한 기억이 아직까지 희미하게 남아 있는 상태에서 그 영역에 대한 질문을 하는데, 이것은 부모님이 도저히 대답할 수 없어요. 그래서 아이는 대답을 얻지 못하죠. 자꾸 물어보다 한 대 얻어맞고 그만해야 되겠다고 생각하고 그 질문을 떠나요.

그렇다고 이 거절당한 첫 번째 질문을 완전히 망각하는가? 그건 아니에요. 두 번 다시 묻지는 않지만 무의지적 기억으로 남아 있다는 거죠. 이후 아이는 이 질문이 거절당하는 세계, 부모님이 만들어놓은 세계 쪽으로 건너와서 유능한 아이로 커갈 수도 있어요. 유능함이란 뭘까요? 그런 질문을 안 하는 거예요. 이 질문이 금기로 주어진 삶의 방식을 충실히 수행해나가는 것을 우리는 유능하다고 얘기해요. 이 아이는 한편으로는 최초의 거절당한 질문을 가지고 있으면서 다른 한편으로는 유능하게 커간다는 거죠.

프로이트가 중요하게 얘기하는 개념 중에 반복 강박

이라는 것이 있습니다. 사람은 핵심적인 무엇인가를 계속 추구하게 된다고 얘기해요. 노인이 치매 상태에 빠지면 반복 강박에 시달리죠. 치매라는 게 무엇입니까? 어떤 의미에서 보면 원초적 질문을 방해했던 기억들이 전부 망각된 상태라고 할 수 있어요. 그래서 우리가 치매 상태에 걸리면 가까이 있는 것들은 전부 잊어버리는데, 평소 같으면 기억도 못 할 아주 옛날 일들은 또렷하게 기억한다고 그러잖아요? 이런 치매 상태에 빠지면 사람들은 반복 강박을 보여주는데 그 반복 강박의 대상이 무엇이냐? 거절당할 수밖에 없었던, 한 번도 사실은 잊지 않았던 첫 번째 질문과 관계된다고 볼 수 있죠.

어쨌든 이 아이가 유능하게 큰다면 어떤 사람이 될까요? 그것을 세 가지 타입으로 얘기해보자는 거예요. 하나는 의사가 될 수도 있죠. 공부도 잘하고 머리도 좋아요. 원래 상처 입은 사람들이 머리가 좋아져요. 지나치게 보호받고 자란 사람을 보면 약간 멍청한 데가 있죠. 머리가 좋아질 계기가 필요 없어요. 그러나 난관을 만나고 그것을 돌파하려 하게 되면 자연스럽게 머리가 더 좋아지는 거죠. 그래서 이 의사가 유능하게 컸는데 결과적으로 보면 우둔하단 말입니다. 아주 성실하게 의학을 공부하고 자기 직업에 대한 자부심과 윤리 의식도 가지고 있는 이른바 명의로 불리는 사람이 됐어요. 예컨대 이 사람이 외과의사라고 하면 많은 사람들이 수술을 받으러 와요. 그리고 이 사람은 큰 수술을 어떻게 안전하게 할 수 있을까, 어떻게 효율적으로 할 수 있을까 많은 생각을 하겠죠. 수술을 잘하려고 한 결과로 얻어진 발명품 중에 하나가 마취제예요. 마취 의학이 없었다면 많은 수술이 불가능하겠죠.

그런데 19세기 유명한 생리학자 중에 피에르 플로랑이라는 사람이 있습니다. 이 사람이 마취학으로 성과를 쌓다 나중에 보고문을 하나 만들어내는데, 《계몽의 변증법》에 이에 대한 이야기가 나와요. 보고문이 이렇게 돼 있다는 거죠. "나는 평생 마취의학에 대해 신뢰를 가져왔으나 연구를 해본 바에 의하면 상당히 문제가 많다. 클로로포름으로 마취한다는 것은 인간의 중추신경을 마비시키는 것인데 중추신경은 모든 신경이 모여서 종합되는 장소이고, 뇌가 그 종합된 것을 인지한다." 우리가 고통이 오면 아프다고 하잖아요? 의학은 육체의 계보를 알기 때문에 그 중간 지점을 마비시켜서 신경이 실제 겪고 있는 고통들이 뇌로 올라갈 수 없도록 만들어요. 그러면 우리는 안 아프다고 그래요. 진통제가 그거잖아요? 이 사실이 무엇을 의미하는가 심각하게 생각할 필요가 있습니다.

수술은 무엇이죠? 메스로 육체를 찢는 거예요. 그랬을 때 육체는 온갖 고통을 당하고 비명을 질러요. 그런데 마취를 시키면 육체가 당한 고통들이 기억되지 않습니다. 사람들은 기억되지 않기 때문에 안 아팠다고 얘기한단 말입니다. 그러나 사실 육체는 안 아팠느냐? 육체는 홀로 이 모든 고통들을 당한 거예요. 예전에 한 학생에게 메일을 받은 적이 있는데, 그 친구가 수술받은 얘기를 했어요. 바로 이 문제를 얘기하더라고요. 큰 수술을 받고 깨어나니까 후유증 때문에 몸이 아픈데, 수술 받은 기억은 하나도 없고 그때 자기가 아팠던 기억도 없다고요. 다 끝나고도 좀 아픈데 수술 당시에는 얼마나 아팠을까, 그런데 기억이 없어서 좀 이상하다고 얘기했어요.

우리가 술 마시다 보면 필름 끊어진다고 하잖아요? 이 수술의 상황이 그렇다는 거예요. 이렇게 되면 수술을 받은 사람은 아픔의 기억이 없지만 육체는 어떻죠? 그 고통 때문에 훼손되죠. 그 고통 때문에 어떤 장애를 겪게 되는데 우리는 모릅니다. 멀쩡하게 걸어 다니고 사지를 움직일 수 있으니까요. 이 수술이 몇 번 반복되면 사람이 멀쩡할까요? 좀 이상해져요. 하나의 개인성이 육체와 정신이 매개되어서 만들어지는 것이라면, 한쪽이 완전히 고장 난 상태에서 다른 한쪽이 멀쩡할 수 있을까요? 우리는 수술받는 동안에는 그것을 모르죠. 그러나 오랜 시간 여러 번의 수술을 거쳐서 마지막에 와보면 사람이 좀 이상해진다는 거예요. 실제로 수술을 여러 번 받으면 판단력도 흐려지고 돌발적인 행동들이 나온다고 하죠. 자기가 제어할 수 없는 분노가 일어난다든지요. 육체가 상처받고 고통으로 거의 죽어가는 경험을 했을 때 과연 그 사람의 퍼스낼리티가 정상적인 것이 될까요. 그러나 의사들은 마취에 대한 맹목적인 믿음이 있어요. 이 믿음 때문에 더 큰 수술, 더 큰 수술을 해요. 이것이 유능함인가 우둔함인가 하는 문제를 생각해볼 수 있습니다.

저는 담배를 피우는데, 요즘 보면 담배에 대한 마녀사냥이 이루어지고 있죠? 어떤 사람은 금연 운동 한다면서 끊임없이 담배의 해악에 대해 얘기하고 다니고요. 자기가 태어난 소명이 지상에서 담배를 없애버리는 것처럼요. 물론 정당성을 가지고 있습니다. 담배는 암을 유발하고 간접흡연의 폐해도 있고 다 옳아요. 그렇지만 거기에는 어떤 맹목성이 있어요. 어떠한 사안이 가지고 있는 이중성에 대해서 전혀 고려하지 않는다는 거예요. 그것은 약의 긍정적인 영역만 얘기할 뿐 부작용을 은폐시키는 것과 다르지 않다고 생각해요.

담배의 사회적 성격이 있습니다. 물질적 여건이 되는 사람들은 건강 이데올로기를 지켜갈 수 있는 능력이 있어요. 그러나 노동의 강도가 강하다든지 이러저러한 식으로 힘겨운 일을 겪으면 사람은 기호품을 찾게 되고 위안을 찾게 돼요. 위안을 가져다주는 것 중에 하나가 흡연이라는 것이죠. 저는 이런 일들도 의학자들의 우둔함이라고 생각해요. 담배라는 것이 얼마나 많은 코드와 엉켜있는데, 그 문제를 오로지 하나의 코드 안에서만 문제시하려는가. 제가 볼 때는 그런 것이 바보스러운 일이고 우둔함입니다. 생 자체에 대해서는 전혀 감각이 없어요. 오로지 담배의 해악이다 뭐다 하면서 자기가 알고 있는 분야에서만 모든 것이 결정되는 방식으로 사안을 처리하려할 때 그것이 바로 우둔함이죠. 의사가 큰 수술, 더 큰 수술을 육체에 가하려는 것과 무엇이 다르냐는 말이에요. 유능한 사람이 마지막에 가서 왜 우둔한 사람이 되는가

하는 문제를 이런 식으로 생각해볼 수 있습니다.

아이의 첫 번째 질문으로 돌아가서 보면, 아이가 어떤 쾌락을 알고 싶어서 첫 번째 질문을 했을 때 엄마에게 거절당해요. 거절당하고 나서 아이가 여러 번 얻어맞고 나서 아, 이건 물어보는 게 아닌가 봐, 하고 포기된 부분이 무엇이에요? 이 부분은 사라지는 게 아니라 상처로 남는다는 거죠. 수술 자국처럼 남아요. 근원적인 이 질문은 이후 겉보기에는 교육이나 이런저런 클로로포름을 통해 망각된 것 같지만, 그러나 아이의 육체에는 계속 남아 있어요.

이렇게 되면 이상한 성장 과정이 이루어질 수 있습니다. **원한** 관계라는 게 생겨나요. 원한은 니체에 의하면 두 가지 의미를 가지고 있습니다. 하나는 **복수심**이에요. 질문을 했을 때 타격 당했던 것에 대해서 복수하고 싶습니다. 말하자면 쾌락 충동이라는 것을 다시 추구하고 싶은 거예요. 그런데 또 하나는 무엇이냐 하면, 겁이 많기 때문에 **실천**을 못 해요. 한 사람이 유능해진다는 것은 이 관계에서 얘기되는 거예요. 한편으로는 쾌락 충동을 잊지 않습니다. 무의지적으로 계속 그것을 기억해요. 그러나 외적으로는 잘 커서 유능한 사람이 되어가요. 즉, 유능함 속에는 무엇이 들어가 있을까요? 복수심이 들어가 있다는 것이죠. 상처받은 것에 대한 복수심. 바로 이것이 우둔함을 만들어내요.

앞서 말한 의사의 경우를 다시 얘기하면 이 의사도 유능해졌어요. 그래서 육체가 타격당해서 상처를 가진 것에 대한 원한이 있고, 복수심이 일어나고, 그 복수심이 의학적 맹목성으로 건너가고, 그 맹목성이 우스꽝스럽게도 의학에 대한 자기 신뢰로 변해서 맹목적 행위로 이어질 수 있다는 것이죠. 이렇게 되면 수술받는 사람들이 복수의 대상이 되기도 하지만 동시에 수술하는 사람 역시 자신에게 복수하는 것이죠. 그 결과가 무엇이죠? 수술에 대한, 클로로포름에 대한 우둔한 신뢰입니다. 이런 관계는 한 의사만의 문제가 아니라 객관적 권력의 시스템 내에서 첫 번째 질문을 거절당하고 이후 유능하게 커가도록 되어 있는 모든 사람들이 겪는 일이에요.

또 하나 우리는 이런 사람들을 생각해볼 수 있습니다. 일반적으로 훌륭하다고 일컬어지는 사람들이 있습니다. 열심히 공부를 해온 학자라든가 시민운동을 하는 사람이라든가, 남의 어려운 일을 도와주는 데 자기를 쏟아부은 사람들이요. 이런 사람들은 언제나 중요한 원칙을 가지고 있는데 그것은 정직성과 성실성이죠. 어려움을 겪어도 외부의 유혹에 시달리지 않고 자기 길을 쭉 간단 말입니다. 우리는 그것을 정직성이나 성실성이라고 부르죠. 그런데 이런 사람들이 어떤 경우에 보면 바보처럼 된다는 거예요. 폴리페서가 된다든지 공천을 받는다든지 해서 정치로 건너가서 하는 행위들을 보면, 참으로 우스꽝스럽게도 정직성이나 성실성 같은 자기 원칙을 스스로 배반해버린다는 거죠.

왜 이런 바보가 될까요? 여러 가지 이유로 설명할 수 있습니다. 먼저 뭘 모르고 들어간 경우가 있겠죠. 너무 순진한 탓에 정치라는 영역이 프랑켄슈타인 실험실 같은 곳이라는 걸 몰랐을 수도 있어요. 그러나 또 다른 이유에서 보면 이 사람들이 근본적으로 가지고 있는 원한성과도 연결될 수 있습니다. 이 사람들은 무엇 때문에 성실성과 정직성의 원칙을 배반하게 되었을까요? 그것은 다름 아닌 이러한 관계 속에서 유능함이라는 것을 추구해나가는 하나의 방식일 수 있다는 거예요.

예컨대 이럴 수 있죠. 공부만 하겠다는 것은 진리에

대한 사랑과 자신의 의무를 추구하는 일이기도 하겠지만 어떤 의미에서 보면 세상으로부터 도피하는 것이기도 하죠. 또는 시민운동을 하는 것은 공공의 이익이나 윤리를 추구하는 일이지만, 동시에 자신이 살아오면서 당했던 일들에 대한 저항으로 나타나는 원한 관계일 수 있다는 거예요. 또는 복지사업이란 뭐냐? 센티멘털일 수 있어요. 자신도 가난에 처해왔기 때문에 가난한 사람들을 도와주겠다는 마음속에는 자기의 가난을 위안하고자 하는 마음도 들어가 있을 수 있다는 거예요.

이렇게 봤을 때 그들의 정직성과 성실성은 근본적으로 무엇입니까? 자기 생존법의 하나이고 이 생존법을 통해 자기를 유지해나가는 방식이라는 것이죠. 이렇게 되면 정직성과 성실성 속에는 알게 모르게 사기성이 끼어들게 돼요. 무엇인가를 성실히 하는 것은 그 자체가 목적이 아니라, 또 다른 방식으로 자기를 유지해나가기 위한 원칙을 가면으로 쓰고 있다는 것이죠.

유능함이라는 것의 근본적인 작동 원리가 있어요. 첫 번째 질문을 하지 않는 것이죠. 그리고 이 첫 번째 질문에 대해서 원한 관계를 가지고, 이후에 주어지는 삶의 방식을 따라가는 일일 수도 있다는 거예요. 말하자면 이들이 성실하고 정직하게, 나름의 원칙을 가지고 사는 일은 끊임없이 첫 번째 질문에게 타격을 가하는 일이고 자기를 수술하는 일이라는 것이죠.

이들이 어느 날 갑자기 정치 영역으로 건너가서 바보 같은 행위를 하는 것은 당연해요. 왜냐하면 그들이 살아온 성실성이라는 것이 끊임없이 자신의 육체를 수술하는 일이었기 때문이죠. 육체가 그렇게 수술을 당하게 되면 바보스러워진다는 것을 앞서 말씀드렸습니다.

또 하나 우리는 김 모 선생 같은 경우를 생각해볼 수 있습니다. 비극적이에요. 김 모 선생이 누굽니까? 철저한 자기 이념을 가지고 있었던 사람이죠. 이 이념은 어디서 나왔느냐 하면, 사람을 사람답게 살지 못하도록 만드는 세력과의 투쟁을 통해서 가지게 된 이념이죠. 이 이념을 정직하고 성실하게 지켜온 것이 김 모라는 한 투사의 삶이었다고 볼 수 있습니다.

문제는 이것입니다. 이 이념은 당시의 독재가 가지고 있었던 이념과 충돌해요. 그러니까 독재는 자신의 힘을 통해서 김 모라는 인물을 감금하고 고문하죠. 즉, 이념과 이념의 싸움에서 고통당하는 것은 무엇이죠? 육체예요.

김 모 선생의 육체입니다. 김 모 선생이 무기징역을 받고 감옥에 들어갔습니다. 그러면 어떻게 수난을 이겨냈을까요? 아마 더더욱 이념을 강화했겠죠. 그 이념을 강화하는 일은 동시에 무엇입니까? 육체를 억압하는 일이죠. 육체는 그만두자고 얘기할 수 있어요. '너무 아프니까 그만하자.' 그러나 김 모 선생은 그 이념으로 육체를 계속 마취시키고 수술했다는 거예요. 그리고 시대가 변했습니다. 김 모 선생도 자유로운 사람이 됐어요. 그런데 어떻게 보면 감옥에서 나와서 참담했을 것 같아요. 세상은 변해요. 김 모 선생이 온몸을 바쳤던 이념이 더 이상 유통될 수 없도록 되어 있습니다. 그랬을 때 김 모 선생은 어떻게 자기 생존을 유지할 것인가? 또 하나의 길밖에 없어요. 자기 이념을 더더욱 강화하는 일이에요. 이 이념이 계속 강화, 강화, 강화되어갈 때 이 이념을 짐으로 껴안으면서 거기에서 발생하는 고통을 다 받아들일 수밖에 없는 것이 무엇이죠? 육체입니다.

확고하고 그 무엇으로도 깨뜨릴 수 없을 만큼 딱딱한 이론은 그 과정에서 딱딱해진 육체이기도 해요. 이념과 육체가 만납니다. 그런데 딱딱해진 육체나 딱딱해진 이념은 부드러움을 잃어버린 것이에요. 그렇게 되면 여러 가지 상황들을 부드럽게 판단할 수 있는 능력이 없어져요. 그 능력이 없어지면 이상하게 섬망 상태에 빠져요. 뭐가 뭔지를 모르게 된다는 거죠.

저는 이번에 논란이 된 김 모 선생의 발언이나 이후에 벌어진 일들은 시대의 잘못이라 생각합니다. 시대와 개인이 충돌했을 때 마지막으로 상처 입는 건 개인이에요. 김 모 선생의 경우는 시대에 의해 희생당한 한 육체의 불행한 결과라고 생각합니다.

돌아가신 김근태 선생의 경우도 마찬가지예요. 고문이라는 것이 뭡니까? 클로로포름 없이 이루어지는 수술입니다. 수술은 뭐죠? 클로로포름으로 마취시켜서 이뤄지는 고문이죠. 그런데 김근태 선생은 마취 없이 모든 육체의 고통을 감당해야 했어요.

결국 이념의 이름이든 무엇의 이름이든 육체를 희생물로 삼을 때 결과는 바보스러움입니다. 여러분들도 그 우둔함을 경계해야 돼요. 잘 살아야겠다는 이념의 부담을 자꾸 나의 육체로 떠넘기면 안 돼요. 육체는 순박해서 시키는 대로 해요. 일찍 일어나라 그러면 일찍 일어나고, 빨리 걸어라 그러면 빨리 걷고. 그랬을 때 육체를 계속 희생시키면 그 육체가 나중에 복수해요. 이념을 섬망으로 만들고 유능함을 우둔함으로 만들죠. 우리가 커리어를 쌓는다 뭘 한다 하는 것도 이 불행한 변증법적 굴레에서 일어나는 일인지 몰라요. 그래서 아도르노가 《계몽의 변증법》에서 이렇게 얘기하죠. "이것은 의사나 투사나 폴리페서만의 문제가 아니라 모두의 문제다."

객관적 권력의 시스템은 첫 번째 질문을 금지시켜요. 말하자면 사람답게 사는 것, 생을 충족적으로 사는 것을 금지시키고 그다음부터는 유능하게 살도록 세상을 만들어놨어요. 그런데 유능하게 살려는 사이에 우리는 이렇게 자유를 잃어버리고 딱딱하게 된다는 거죠. 이 불행한 변증법, 강요된 삶의 변증법 안에서 자유로운 사람은 사실 없어요. 멋지게 자기를 유지해나가는 일이 얼마나 힘든 일인가, 그런 것을 한번 생각해보는 시간이 되었으면 좋겠습니다. 다음에는 여행과 사치, 취향의 문제를 건드려보겠습니다.

○

다들 여행 좋아하시죠? 우리에게는 여행의 충동이

있어요. 일상이 빡빡하고 억압적이면 다른 곳에 대한 충동이 생기죠. 이 충동을 간단하게 정리해볼게요. 롤랑 바르트가 《사진론》에서 얘기할 때 여행가고 싶은 충동에는 세 가지 경우가 있다고 얘기해요. 하나는 어디 가서 어떤 것을 보고 싶다는 것, 관광이죠. 또 하나는 거기 가서 머물고 싶다는 것. 또 하나는 거기 가서 살고 싶다, 여기를 아주 떠나고 싶다는 것입니다. 관광이든 머무름이든 돌아옴에 대한 전제가 있다면, 거기 가서 살고 싶다는 것은 여기를 떠나고 싶다는 것이죠. 관광이나 머무름의 여행을 생각하면 기쁜 마음이 되지만, 거기 가서 살고 싶다고 생각하면 어쩐지 불안해진다는 이야기를 합니다. 진정한 여행에의 충동은 기쁘거나 즐거운 것이 아니라 어쩐지 불안하고 두려운 것이라고 얘기를 하는데요, 불안하고 두려운 바로 그곳이 어디냐 묻는다면 바로 거절당한 질문의 장소라고 볼 수 있습니다.

이것은 근본적으로 해방에의 충동이죠. 모든 것을 다 던지고 싶다, 더 이상 이런 삶을 살고 싶지 않다는 충동이에요. 그래서 어디로 떠나갑니다. 우리가 이 과정에서 주목해볼 것은 여행과 숙소의 관계예요. 우리는 여행을 떠나면 어디에 머물러요. 여행과 숙소는 떨어질 수 없는 관계예요. 이것을 한번 생각해봅시다. 고대 로마를 보면 여행지의 숙소는 거의 유곽과 동일한 것이었어요. 로마에서 살듯이 사는 것이 아니라 다른 삶, 다른 생이 열릴 수 있는 영역이었다는 거죠. 이때 유곽은 꼭 매춘이 이뤄지는 장소만이 아니라 어떤 은밀성이 보장되는 장소로서의 의미도 가지고 있어요.

문학적 영역에서 보면 여행과 유곽의 문제가 다루어지는 작품들이 있어요. 대표적인 경우가 제가 볼 때는 《설국》이에요. '국경의 긴 터널을 빠져나가자 설국이었다'라고 얘기할 때 그것이 이미 숙소예요. 도쿄와는 아무 관계가 없는 다른 장소요. 거기서 게이샤를 만나게 되잖아요? 일본 영화를 보면 숙소의 문제가 중요합니다. 온천장이 있는 여관에선 내밀한 연애가 이루어지곤 하는데요. 근본적으로 유곽이라는 곳은 허용되지 않는 사랑과 은밀성이 보장되고 사건으로 열릴 수 있는 공간이죠.

또는 한국 소설가 중에 윤대녕이라는 작가 있잖아요? 맨날 여행 가요. 참 재미있어요. 저는 윤대녕이라는 작가가 좀 아깝게 생각돼요. 상상력이나 감각이 대단한데 그것을 문제시하는 능력이 조금 부족한 듯해서 안타까워요. 개인성 영역에서 벗어나서, 무언가 래디컬한 의미에서의 장소 이동이 이루어질 수 있어야 하는데 그렇지 못해서 아쉬워요. 윤대녕의 소설 세계도 여행과 숙소라는 특별한 테마로 우리가 다루어볼 수 있죠.

또 하나는 뮐러의 〈아름다운 물방앗간 아가씨〉나 〈겨울 나그네〉 같은 시가 있죠. 나중에 슈베르트가 가곡으로 만들었어요. 〈아름다운 물방앗간 아가씨〉의 처음 부분을 보면 '나는 방랑자, 방랑자, 시냇물도 방랑하네' 이렇게 신나게 시작해요. 그러다가 나그네가 물방앗간을 발견하죠. 물방앗간이란 뭘까요? 제가 볼 때는 여행 중에 만나는 숙소의 의미를 지니고 있어요. 거기서 아가씨를 만나서 불행한 사랑으로 끝나요.

〈아름다운 물방앗간 아가씨〉가 사랑을 시작하는 시기에 대한 이야기가 많다면, 〈겨울 나그네〉는 사랑을 잃어버린 후가 얘기돼요. 슈베르트의 가곡을 장소 개념으로 보면, 주인공이 **물방앗간**에서 **보리수 그늘**로 옮겨가는 과정이에요. 물방앗간은 **희망**의 장소죠. '거기에 가면 허락되지 않은 은밀성과 내밀성의 사랑이 있을 거야.' 여행 갈 때 다들 희망을 품고 가잖아요? 그러나 쭉 이어져서 맨 끝에 도달하는 것은 보리수 그늘입니다. 보리수 그늘은 슈베르트나 뮐러에게 **죽음**의 장소예요.

물방앗간에서 보리수 그늘로 건너가는 것, 이 가운데 방랑과 여행과 사랑이 있지만, 결국 이 방랑의 끝에는 좌절이 있고 죽음의 장소가 마련되어 있습니다. 여기서 우리는 여행의 몰락과 숙소의 몰락에 대해 얘기해볼 수 있어요. 슈베르트는 〈겨울 나그네〉에서 '나는 내가 품었던 모든 꿈들을 껴안고 죽음으로 가네'라고 얘기합니다. 이때 죽음은 수많은 꿈들이 함께 있는 곳입니다. 그러나 19세기만 되어도 수많은 꿈들은 운명적으로 이루어질 수 없는 꿈들이 되어버렸습니다. 그래서 숙소를 찾을 수가 없어요. 숙소를 찾아가면 그곳은 수많은 꿈들이 실현되는 장소가 아니라 무덤이 돼요.

오늘날 우리도 여행을 갈 때 수많은 꿈들을 가지고 가죠. 물론 한바탕 잘 놀다 와야겠다 하고 가서 재미있게 지내다 올 수도 있죠. 그러나 슈베르트적인, 금지된 첫 번째 질문과 다시 만나고 떠났을 때 과연 그 꿈이 이루어지는 장소를 발견할 수 있을까요. 이 숙소가 시대가 바뀌면서 점점 변하죠. 우리식으로 보면 숙소는 어떻게 변했습니까? 예전에는 여관이 있었어요. 서정인 선생의 〈강〉이라는 작품을 보면 숙소 문제가 나와요. 한 대학생이 학생 운동 하다가 쫓기고 있는 상황에서 우연히 마을에 도착하고, 낯선 사람들을 만나서 술을 먹다가 여관으로 들어가죠. 여관에서 작부하고 같이 노는데 그 작부가 은근히 대학생에게 마음이 있어요. 대학생이 술에 취해 쓰러지니까 사람들은 작부한테 말해요. "너 쟤가 마음에 들면 하룻밤 지내봐라, 네가 데려가서 자라" 이래요. 작부가 대학생을 방 안에 데리고 가서 재워주죠. 엄마처럼 재워줘요. 서정인 선생의 문장이 수사가 없지만 바로 그렇기 때문에 서정적인데, 대학생이 끙 하고 돌아누우니까 여자가 안됐다는 마음을 품어요. 이미 대학생은 욕망의 대상이 아니라 연민과 사랑의 대상인 거죠. 여자가 대학생한테 이불을 덮어주고 도닥거려주고 밖으로 나왔을 때 첫눈이 내려요. 작부가 얘기하죠. "첫눈 참 곱기도 하다." 그리고 소설이 끝나요. 진짜 멋지죠? 여관이란 무엇이냐 하면, 60년대, 70년대까지만 해도 이런 일이 일어날 수 있는 곳이에요. 여행의 충동이 왜곡되고 비정상적인 형태로 충족되지만 어쨌든 사람들이 있었어요. 요즘은 여관이라는 게 없잖아요? 변두리에 있는 여관도 이미 옛날의 여관이 아니죠.

조선 시대에는 여관 이전에 주막이라는 것이 있었어요. 거기에는 주모라는 사람이 있고요. 우리가 옛날 야담을 보면 대체로 이런 식으로 얘기돼요. 나그네가 어디로 가다 산속에서 길을 잃고 날은 깜깜해져요. 큰일 났다 싶어서 보면 불빛이 하나 보이죠. 저는 한국 야담을 다른 식으로 이해할 필요가 있다고 생각하는데, 예컨대 '은혜 갚은 까치' 이야기 아시죠? 나그네가 가다가 까치를 잡아먹으려는 구렁이를 봐요. 의협심이 생겼는지 활을 쏴서 구렁이를 죽이죠. 그러다가 산속에서 길을 잃고 헤매다 보니 불빛 하나가 보여요. 숙소죠. 찾아갔더니 누가 문을 열어주죠? 하얀 소복을 입은 여자가 나와서 얘기해요. "오늘은 내 남편 제삿날이라 나그네를 재울 수가 없습니다." 나그네가 자꾸 애원해요. 그러니까 여인이 할 수 없이 사랑방 같은 데를 내어줘요. 나그네가 자려고 하는데 곡을 하는 소리가 들립니다. 참 안됐다 생각하며 잠이 들었어요. 자다 보니까 숨이 막혀. 눈을 떠보니까 구렁이가 나그네 몸을 뱅뱅 감고 입을 딱 벌리고 그래요. "이놈아, 내 남편을 네가 오늘 죽였지 않느냐." 나그네가 이제 죽었구나 하는데 풍경 소리가 들려요. 구렁이가 뭐라 그래요? "캄캄한데 벌써 새벽이냐" 하고 가잖아요. 귀신은 빛이 있으면 안 되니까요. 그러고 나서는 아침에 가보니까 까치가 머리로 종을 받고 죽어 있어요. 보통 이 이야기를 어떻게 이해합니까? 사람은 은혜를 잊으면 안 된다 그러죠.

저는 다르게 봐요. 왜냐하면 야담이라는 것은 허락되지 않은 것을 허락된 방식으로 얘기하는 거거든요. 제가 볼 때는 그 구렁이가 어쩌면 진짜 복수를 하고 싶었는지 몰라요. 그런데 구렁이가 막 몸을 감아서 잡아먹으려고 보니까 이 남자가 너무 멋있는 거예요. 말하자면 금지된 질문에서 오는 어떤 은밀성과 만나는 거죠. 구렁이가 이 남자를 칭칭 감았다고 하는데 그것은 일종의 견딜 수 없는 마음의 표현일 수 있죠. 굉장히 에로틱하게 읽을 수도 있어요. 그렇다면 복수에 실패하는 것은 결코 까치 때문이 아니에요. 어쩌면 그 야담이 얘기하고 싶은 것은 '그래서 그날 밤 그 구렁이 여자와 나그네는 하룻밤 잘 지냈다'일지 몰라요. 그런데 그렇게 써지면 안 되죠. 왜냐하면 허락되지 않은 관계이기 때문에. 그러니까 까치가 나오는 거예요. 무슨 까치가 종을 들이받겠어요? 있을 수가 없는 내러티브가 가동되잖아요. 소설 쓸 때 그런 거 조심하셔야 돼요. 이런 거 되도록 빼버려야 한단 말입니다. 그런데 알게 모르게 그렇게 써져요.

숙소의 문제도 야담과 같이 읽어낼 수 있어요. 나그네는 항상 어떤 숙소를 발견하고 숙소 안에서 사건이 일어난단 말입니다. 조선 시대에는 주막이라든가 나그네가 발견하는 외딴 집이 있었어요. 이것이 여관으로 변하고, 여관이라 하면 벌써 교환 관계 속으로 들어오는 것이죠. 그러나 여관도 서정인 선생이 보았던 그러한 사건이 일어날 수 있는 장소인데 90년대쯤 들어오면 무엇이 나타나죠? 모텔이죠. 여러분 외곽으로 나가면 이상하게 지어진 모텔들 보시죠? 성처럼 지어지고 불은 번쩍번쩍해요. 이 모텔들을 보통 뭐라고 부르죠? 러브호텔이라 불러요. 러브호텔은 어떤 숙소예요? 제가 볼 때 여관까지는 있었을지 모르는 그 무엇이 완전히 사라진 장소가, 몰락한 숙소의 모습이 러브호텔입니다.

그 안에서는 당연히 은밀한 성관계가 일어나요. 그렇지만 제가 볼 때 그 성관계는 이미 쾌락과는 아무 관계가 없습니다. 교환 관계에서 이루어지는 것일 수도 있고요, 이미 쾌락을 기억하거나 지키기에는 너무도 지쳐버린 사람들이 서로 만나서 성의 이름으로 자기를 자해하는 절망적인 행위가 이루어지는 곳이다, 저는 그렇게 생각해요.

요즘 모텔도 많이 바뀌어서 새로운 양태의 모텔이 생

겼대요. 무인 모텔이래요. 말하자면 관리하는 사람이 없어요. 적어도 모텔만 해도 말이죠, 아주 억지로 우리가 상상해보면 이런 일이 일어날 수 있죠. 모텔에 들어가면 손님을 받는 주인 여자가 있어요. 내가 불륜의 여자이든 누구든 같이 모텔에 갔는데 구렁이와 똑같은 상황이 일어날 수 있어요. 이 여자보다 저 여자가 마음에 든다. 그래서 사건이 일어날 수도 있고요. 억지로 내러티브를 쓴다고 가정해보면 이 내러티브의 가능성은 뭡니까? 사람이 있기 때문이에요. 그런데 자동화되어버리면 기계만 있어요. 사람이 없어요. 뭘 누르면 키도 나오고 뭐도 나오고 한다고 해요.

이렇게 되면 무인 모텔은 사건이 사라질 뿐 아니라 사람이 사라지는 거예요. 기계가 주인이 된 공간 속에서 이루어지는 성행위라는 건 무엇일까. 쾌락의 행위라는 건 뭘까. 아마 기계들의 쾌락일 수 있다는 거죠. 기계들의 쾌락이란 그야말로 포르노그래피적입니다. 은밀함이나 내밀함이나 해방에의 충동 같은 것이 아무것도 없는 거예요. 포르노그래피가 공인된 에로틱 포인트만을 맹목적으로 보여주고 강요하는 것처럼, 그런 것에 순응하는 에로스만이 가능한 장소가 제가 볼 때는 무인 모텔이라는 것이죠.

또는 고급 호텔도 얘기할 수 있어요. 신혼여행 가면 고급 호텔에 가죠? 첫날밤을 무인 모텔 같은 데서 보내지는 않잖아요? 그러면 고급 호텔은 신혼부부의 첫날밤에 어울리는 장소인가 한번 생각해볼 수 있습니다. 여러분들 결혼이란 뭘까요? 지난번에도 얘기했지만 인간이 만들어낸 축제 중에 가장 훌륭하고 숭고한 축제예요. 축제가 일상으로 빠져나갔던 모든 에너지들이 한 곳으로 모이는 것이라면, 결혼은 그 에너지가 두 사람만의 관계로 집중되는 것이죠. 이 두 사람만의 축제가 결혼의 첫날밤이란 말입니다.

그런데 고급 호텔은 이 두 사람만의 내밀하고 고유한 관계가 대접받을 수 있는 곳일까요? 제가 볼 때는 그렇지 않을 수도 있어요. 고급 호텔은 하나의 시스템입니다. 들어갈 때부터 나올 때까지 정해진 규율이 있단 말이에요. 그리고 그 규율의 수행은 교환 관계를 따라 이루어지게 돼 있어요. 고급 호텔은 결혼으로 도피하고자 했던 바로 그 시스템이 가장 첨예하게 집중되어 있는 장소이기도 하다는 것이죠. 두 사람만의 독자적 관계라는 것이 과연 그 안에서 어떤 대접을 받고 있는가. 그래서 고급 호텔을 가장 몰락한 상태의 숙소의 모습으로 볼 수도 있어요.

　　이렇게 돼서 우리는 여행을 떠나도 숙소를 찾을 수가 없어요. 또는 여행을 떠나려는 충동 자체가 우리에게 없을 수도 있어요. 숙소의 몰락은 곧 여행의 몰락이죠. 그런데 이런 사람을 한번 생각해봅시다. 여전히 여행의 충동이 있는 사람, 여전히 금지된 질문을 기억하고 있는 사람. 해방에의 충동이 있으면서 로마의 숙소와 유곽의 관계를 동경하는 사람이 있다면 그는 어디로 가야 할까요. 그 사람은 다름이 아니라 겨울 나그네예요. 보리수 그늘로 가야 돼요. 보리수 그늘은 내가 모든 꿈들을 꾸었던 곳이에요. 그러나 오늘날 보리수 그늘은 죽음의 장소로 변해버렸죠.

　　버지니아 울프의 《댈러웨이 부인》을 패러디하면서 멋지게 쓰여진 미국 소설 하나가 있어요. 마이클 커닝햄의 《세월》 아시죠? 영화로도 만들어졌고요. 거기에 여러 인물이 나오지만, 저한테는 미세스 로라 브라운이라는 인물이 제일 매력적이었어요. 로라 브라운은 결혼 생활에 지친 여자예요. 집으로부터 탈출을 하죠. 그래서 어디로 갑니까? 다름 아닌 모텔로 갑니다. 《댈러웨이 부인》 한 권만 들고 혼자 호텔에 들어가요.

여기서 그녀는 안전하다. 음탕할 수도 있다. 자신이 원하는 건 무엇이든 할 수 있다. 그녀는 지금 자신이 방 안에 혼자 누워서 누군가를 기다리고 있는, 남편이나 다른 남자가 아닌 그 누군가를, 그 무엇인가를 기다리고 있는 갓 결혼한 신부처럼 여겨진다. (…) 그녀는 죽기로 결정할 수도 있다. 누구든지 여기서, 이 방에서, 자신의 삶을 이 침대 위에서 끝장낼 수도 있다. 호텔로 들어섬과 동시에, 그녀는 알 수 있었다. 지금 자신이 생활의 모든 것을 다 버려두고 중립의 영역으로, 깨끗한 하얀 방으로, 죽음도 그렇게 낯설지 않은 곳으로 들어섰다는 것을. 하지만 절대로 그렇게 하지는 않을 거야, 그녀는 혼자 말했다. 그녀는 자신이 삶을 절망적일 만큼 사랑하고 있다는 걸 알고 있었다.

지금 로라 브라운은 임신을 했습니다. 자기가 여기서 자살을 할 수도 있지만 하지 않겠다고 말해요. 말하자면 슈베르트의 겨울 나그네나 로라 브라운은 숙소를 찾고 있습니다. 그러나 오늘날엔 그 숙소가 모든 꿈들이 실현되는 장소가 아니라, 모든 꿈들이 불가능한 장소로 바뀌어버렸어요. 겨울 나그네가 보리수 그늘로 가려 하고, 로라 브라운이 은밀한 숙소로 찾아가는 것은 이유가 뭡니까? 여기 나와요. 절망적일 만큼 생을 사랑하기 때문이에요.

오늘날 여행과 숙소의 관계를 보면 절망적일 만큼 생을 사랑해도 갈 곳이 없습니다. 그러나 생을 사랑하는 사람은 여전히 그 장소를 찾고 있어요. 오늘날 이런 사람들이 누굴까요? 절망적으로 생을 사랑하지만 그 꿈을 더 이상 실현할 수 없기 때문에 숙소를 찾아가는 겨울 나그네나 로라 브라운 같은 사람이 누구일까요? 다시 말하자면 오늘날 몰락한 숙소는 누구에게 사용될까요? 조심스럽지만 저는 그건 동반자살 하는 사람들 같아요. 너무 낭만적으로만 생각하는 위험한 관점 같지만, 제가 볼 때 그들은 불가능한 숙소를 찾는 사람들이에요. 그곳에서는 무엇만이 가능할까요? 보리수 그늘에서 얘기하는 안식만이 가능해요. 자살이죠. 숙소는 이미 몰락했지만 동시에 숙소가 여전히 남아 있을 수밖에 없다는 것을 무엇이 증명해줘요. 제가 볼 때는 동반자살이라는 거예요. 물론 위험한 이야기입니다. 그들이 반드시 그래서 죽는 건가 물어볼 수도 있죠. 그러나 숙소의 몰락이라는 관점으로 내러티브를 만들자면 말이에요, 오늘날 숙소는 동반자살을 위한 장소가 되어버렸다는 말입니다. 더 이상 옛날처럼 꿈을 안고 찾아가는 장소가 아니에요. 대단히 불행한 일이죠.

○

자, 그다음에 사치와 취향에 대해서 잠깐 얘기를 할 게요. 먼저 아도르노가 취향에 대해 얘기한 두 가지 문장을 봅시다.

그리하여 사치에서는 가장 사치스러운 것이 빠져나간다.

취향은 개인적인 것이다. 그러나 취향은 역사적 경험을 정확하게 기록하는 지진계이다. (…) 후기 시민사회의 소위 세련미는 무자비한 획일성이 강요하는 자족적 심미주의일 뿐이다. 오늘날 취향이 있다면 그건 모든 세련미에 대한 무취향일 것이다.

취향은 양가적인 성격을 지니고 있습니다. 한편으로

는 가장 개인적인 것이에요. 개인성이 보장되지 않으면 취향이 생길 수 없어요. 그러나 동시에 취향은 보편적인 것이에요. 또한 취향은 감각적인 것이지만 동시에 이지적인 것입니다. 그래서 칸트는 이런 식으로 얘기하죠. "우리에게는 개념 없이 소통되는 보편성이 있다. 개념으로 규정하지 않으면서, 다양성을 보장하면서 또 그것이 개인적인 것으로만 머무르는 것이 아니라 함께 소통할 수 있는 무엇이 될 수 있다." 칸트에게는 이것이 굉장히 중요해요. 개념 없이 소통될 수 있다는 것, 그런 것이 바로 취향이에요.

이 취향은 근대의 산물입니다. 개인이라는 존재와 함께 태어난 것이죠. 그래서 취향은 근본적으로 세련성이라는 개념과 만나요. 세련성은 고급하다의 의미가 아닙니다. 세련성은 다름이고 차이예요. 즉, 취향은 다름과 차이에 대한 열정이다라고 얘기할 수 있습니다. 이 열정은 곧 나의 독자성에 대한 열정이에요. 나는 타자와 결코 공유할 수 없는 다름과 차이가 있다는 것이죠. 이것에 대한 열정이 그 사람의 취향을 만들어내는 거예요.

그래서 **취향**은 사치스러운 것입니다. **사치**가 뭡니까? 그 무엇에도 소용되지 않는 거예요. 쓸 데가 없는 거예요. 사치스럽다, 럭셔리하다는 것은 잉여입니다. 가치 범주 외부에 있는 것, 가치 범주로 들어와봤자 가치화되지도 않는 거예요. 거품 같은 거예요. 그러나 동시에 그것은 무엇보다 나에게는 귀중한 것입니다. 이것이 사치예요. 이렇게 되면 사치가 왜 취향과 하나인가 알 수 있죠. 취향은 나에게만 속하는 것입니다. 결코 공공화될 수 없고 다른 가치 체계를 통해서 비교될 수 있는 것도 아니에요. 그것을 시장에 가져가봤자 아무도 안 사요. 쓸모가 없기 때문이죠. 그러나 나에게는 가장 중요하고 결정적인 것이죠.

그러나 우리는 피에르 부르디외를 한번 생각해봅시다. 부르디외는 취향의 타락과 몰락에 대해서 얘기하면서 이런 말을 하죠. "많은 사람들이 오늘날 사회의 자본을 경제 자본으로 생각하는데, 그것만이 아니라 사실은 더 강력한 자본으로 작동하는 것이 있다. 그것이 문화 자본 혹은 문화 권력이다." 취향을 보면 있는 사람인지 없는 사람인지 판단할 수 있어요. 그럼으로 해서 고급한 취향과 저급한 취향이 생겨나고, 상품 시장에서는 고급한 취향을 상징할 수 있는 상품과 저급한 취향을 상징하는 상품이 만들어져요. 그 차이는 당연히 가격 차이예요. 그렇기 때문에 자본주의 사회에서 취향은 더 이상 개인적인 사치가 아니라 계급의식에 소속된다고 얘기합니다. 나의 취향은 내가 어떤 계급에 소속되느냐를 증명해내는 수단이라는 거예요. 그렇게 해서 태어난 것이 사치품이죠. 이때 사치품이나 세련성은 뭘 의미하죠? 차이에의 열정이 아니라 소속에의 열정이에요. 명품 문제 같은 것을 보면 아시잖아요?

자기가 상류계급에 속한다고 생각하는 사람은 자신의 계급을 스스로 드러내기 힘들어요. 그런데 상류성의 본질적 정체성 중에 하나는 무관심이기 때문에 자기를 비교하지 않는 거예요. 타자에 의해서 나를 인정받으려고 하는 게 아니에요. 스스로 자기를 인정하는 것이죠. 이렇게 되면 자연스럽게 자기 인정성이라는 것은 노블리스 오블리제의 성격으로 건너가요. 베풂으로 건너갑니다. 그것도 우월성 없는 베풂이죠. 이것이 우리가 흔히 얘기하는 전통적으로 서구에서 내려오는 상류계급의 자율성이고 취향이죠.

그러나 오늘날 자본주의는 바로 이 취향이라는 것을 시장화해버려요. 이렇게 되면 모두가 하나의 물건을 가지려고 하고 유행에 따르려 하는 현상이 나타납니다. 이러면서 벌어지는 재미있는 사건 중에 하나가 무엇이죠? 짝통이에요. 소위 상류계급들은 진품이라는 것을 통해서 자기를 다른 계급과 구별하려 해요. 이거 되게 피곤한 일이죠. 계속 남들이 뭘 들고 다니나 관찰을 해야 돼요. 진품이 유행한다 그러면 또 하나의 진품을 만들어내고 그걸로 구별을 하려 하죠.

그런 상류계급에 속하지 못한 사람들은 이중 감정이 있어요. 하나는 '너희들이 뭔데'라는 식의 감정이고 또 하나는 선망이에요. 이 결과가 짝퉁이죠. 가짜를 생산해서 차이를 무효화시켜버립니다. 진품 가진 사람들은 정말 약 오를 거예요. 이 차이 때문에 내가 존재하는데 이것이 무효화되면 나는 어떻게 되는 거예요? 내 존재 가치를 어디서도 발견할 수 없어요. 이렇게 되니까 전쟁이 일어나는 겁니다. 공정성이라는 이름으로 법률화 과정을 거치고 짝퉁 만드는 사람을 잡아들이니 어쩌느니……

저는 짝퉁을 대단히 긍정적인 형상으로 봐요. 짝퉁이 계속 나와야 돼요. 그 속 없는 우월성을 끊임없이 피곤하게 만들어야 해요. 물론 부정적 성격도 있죠. 진품에 매달리는 상류계급이나 짝퉁을 들고 다니려는 사람들이나 다 같이 가지고 있는 현상의 본질은 무엇입니까? 자율성이 없다는 거예요. 그것 아니면 자기를 증명해낼 방법이 없다는 거예요. 바로 취향과 사치가 없습니다. 자기만의 다름을 얘기할 수 있는 취향과, 그 무엇과 비교될 수도 없고 어디에도 쓰이지 않고 자기에게만 중요한 사치라는 것이 없어요. 그래서 아도르노가 얘기했어요. "사치에서 사치가 빠져나간다. 취향이라고 하지만 알고 보면 무취향이다." 이것이 오늘날 취향과 사치의 몰락이라 볼 수 있습니다.

저는 취향과 사치의 문제를 두 사람을 통해서 얘기해보고 싶어요. 보들레르의 중요한 캐릭터 중에 하나가 댄디즘입니다. 보들레르는 대단한 댄디죠. 보들레르의 사진들을 보면 특징이 있어요. 엄청나게 멋쟁이입니다. 유행의 첨단을 달리는 옷을 입고 있는데, 보들레르의 얼굴은 어떻습니까? 완전히 멜랑콜리에 빠져 있어요. 참 재미있는 현상이에요. 그것을 보들레르는 댄디즘이라고 불러요. 이런 식으로 얘기하죠. "댄디란 누구냐? 댄디는 유행의 첨단을 한 발 더 나가는 사람이다. 많은 사람들을 놀라게 하지만 자기는 절대로 안 놀라는 사람이다."

보통 댄디들은 어떻습니까? 나 좀 보라고 다니잖아요. 자기도 자기한테 놀라요. 그런데 보들레르의 댄디즘에는 그만이 가지고 있는 **스타일**이 있습니다. 그 스타일이 무엇이에요? 아도르노식으로 얘기하면 **혐오감**이에요. 이 혐오감이 보들레르의 얼굴에서 나타나는 찡그림과 멜랑콜리죠. 웃고 있는 얼굴이 없어요. 그렇다면 무엇에 대한 혐오감이에요? 다름 아닌 첨단을 달리고 있는 자신의 의상에 대한 혐오감이에요. 더 현대적이고 세련되며 사치스러운 것으로 가려 하는데 아직은 못 가고 있다는 결핍감에서 오는 거예요.

랭보가 시인은 가장 아방가르드해야 된다 했을 때 대표적인 예가 보들레르예요. 보들레르는 현대성의 첨단을 달리지만 거기에서 만족하지 않습니다. 더 첨단이 되려고 하는데 지금 자기가 실천할 수 있는 범주는 여기인 거예요. 그렇기 때문에 짜증 나는 거죠. 멋진 첨단의 옷을 입고 있으면서 멜랑콜리한 표정을 짓고 있는 보들레르의 모습, 그것이 스타일입니다. 코디나 잘했다고 스타일이 있는 게 아니에요. 부정적 감각이 있어야 합니다. 여러분들은 어떠세요? 아주 멋있게 옷을 갖춰 입었는데 얼굴이 아주 밝은 사람하고 찡그린 사람 중에 누가 더 매력적이에요? 한번 고백해보세요. 전자예요, 후자예요?

우리는 일전에 이 댄디와 정반대되는 또 하나의 댄디

에 대해서 얘기했습니다. 〈터프 베이비〉라는 장이 있었죠? 제가 정우성이라고 이름 지었던 사람. 그 사람 너무 멋지잖아요? 와이셔츠 소매를 딱 걷고 위스키를 소다수에 부어서, 그 높은 곳에서 밤거리를 내려다보는 사나이. 그 사나이에게는 멜랑콜리가 있습니까? 아니죠. 우월감으로 가득 차 있어요. 스타일이 없어요. 보들레르식으로 얘기하면 댄디가 없어요. 이것이 보들레르가 얘기하는 댄디즘입니다. 그런 의미에서 보들레르는 취향을 가지고 있었던 사람, 대단히 사치스러운 사람이었죠.

그러나 제가 볼 때 보들레르보다 더 멋진 취향과 사치성을 가진 여자가 있습니다. 하인리히 뵐이라는 독일 작가가 쓴 《카타리나 블룸의 잃어버린 명예》라는 소설이 있습니다. 아주 멋진 작품입니다. 여기에 등장하는 카타리나 블룸은 가난한 집안에서 태어나 교육도 못 받고 가정부로 자란 여자예요. 당대 사회의 가장 밑바닥에 있는 여자죠. 그런데 이 가정부가 어떤 테러리스트 사건과 연계돼서 수사를 받게 돼요. 수사 과정에서 행적을 조사하다 보니까 어떤 일이 벌어지느냐 하면, 이 여자가 고급 별장의 열쇠를 하나 가지고 있습니다. 가난한 사람이 왜 그런 고급 별장 열쇠를 가지고 있느냐가 문제가 돼서, 그걸 추적하다가 한 가지 사실이 드러나죠. 당대에 거의 우상화되고 있는 한 남자가 있어요. 돈 많고 잘생기고 교양도 있고 학계든 재계든 정치계든 문화계든 모두 무시할 수 없는 사람인데, 알고 보니 그 남자가 가지고 있는 별장의 열쇠인 거예요. 이게 웬일이냐 하며 추적하죠. 마지막에 드러나는 사실이 이 남자가 카타리나 블룸을 우연히 만나서 계속 추근거렸다는 거예요. 맨날 데려다준다 그러고 집까지 따라오고요. 그 과정에서 이 열쇠를 카타리나 블룸에게 내던지고 갔다는 거죠. 거기서 만나자 이런 식으로요. 다음은 소설의 일부입니다.

그러나 그녀가, 하잘것없는 가정부에 지나지 않는 그녀가, 슈트롭레더 같은 실력자를, 부자일 뿐만 아니라 정계와 재계, 학계에서조차 무시할 수 없는 매력 때문에 영화배우만큼이나 유명하고 선망의 대상이 되는 이 남자를 거부했다고 하면 누가 그 말을 믿어주겠는가? 그것도 윤리적인 이유가 아니라, 다만 취향에 맞지 않는다는 이유로 거절을 했다면 그 누가 그 말을 믿어주겠는가? 그러나 그녀는 슈트롭레더가 정말로 눈곱만큼도 자극을 주지 못했다면서, 그녀는 이 신사의 방문들이 추하게만 여겨졌으며, 자신의 은밀한 영역 안으로 무단 침입하는 것 같아서 도저히 받아들일 수가 없었다고 진술했다.

바로 이것이 취향입니다. 아무것도 아닌 여자예요. 남의 일이나 돌봐주고 사는 여자인데 취향이 있단 말입니다. 테이스트가 있어요. 사치해요. 취향이란 뭐예요? 바로 이런 겁니다. 다름에의 열정이에요. 결코 자기를 그 어떠한 가치에 의해서 비교하려는 게 아닙니다. 정말 멋있는 여자죠. 미디어 비판의 측면에서 이 소설이 많이 얘기되는데요. 여러분 아시잖아요? 장자연 사건만 봐도 미디어 권력을 가진 사람들이 가지고 놀고 어쩌고 하는 일이잖아요. 그들은 취향 없는 사람들이에요.

권력이란 뭐냐? 여러 가지로 정의 내릴 수 있지만 아주 간단하게 말할 수도 있어요. 권력은 무취향이에요. 취향이 없는 거예요. 취향을 가지고 있으면 권력이 형성이 안 돼요. 권력자들은 엄청나게 사치스럽고 고급한 취향을 가지고 있고, 정치적 권력이든 경제적 권력이든 문화 권력이든 그야말로 댄디들로 가득 찼으나 그들은 사실 알고 보면 취향 같은 거 없는 사람들입니다. 취향이 없으면 개인이 아니에요. 개인이 아니면 뭐예요? 노예예요. 그저 어딘가에 소속되어 있는 나사예요. 우리가 그걸 알아야 됩니다. 카타리나 블룸을 기억하세요. '그 사람은 내 취향에 안 맞아서 어떤 매력도 안 느껴졌어. 내 은밀한 영역으로 자꾸 들어오려는 게 추잡하게 여겨졌어. 그러나 동시에 그렇다고 해서 그 사람을 욕하거나 그러진 않아. 너는 그저 그런 인간이니까 내버려두는 거지.' 대단한 인격이죠. 멋있습니다. 이렇게 취향과 사치의 관계에 대해 정리해봤어요. 이제 마지막으로 글쓰기 문제나 프루스트의 오데트 얘기를 하면서 강의를 마무리 지어보도록 하겠습니다.

9강

상처와 허파

    오늘은 열여덟 번에 걸친 《미니마 모랄리아》 강의가 끝이 나는 날입니다. 오늘 전반부에 다룰 주제는 아도르노에게 있어 글을 잘 쓴다는 것은 무엇인가예요. 보편적으로 얘기할 때 글을 잘 쓰고 싶다는 말은 뭘까요? 근본적으로 아름답게 쓰고 싶다는 것이죠. 이때 아름다움이란 미사여구를 잘 사용하고 이런 것만을 얘기하는 게 아니라, 특히 비평적 텍스트의 경우에는 사유를 잘 하고 싶다는 문제로도 얘기될 수 있죠. 사유를 잘 하고 싶다는 것은 또한 삶을 잘 꾸며보고 싶다는 범주와도 만나고요.

    이 강의의 제목이 《상처로 숨 쉬는 법》이죠? 엘리아스 카네티가 아포리즘에서 그런 얘기를 했어요. '상처는 허파다.' 우리가 숨을 쉬려면 틈새가 있어야죠. 그러나 모든 것이 막혀 있다면 유일하게 벌어져 있는 것은 상처입니다. 성찰이라는 것은 이 상처로 어떻게 숨을 쉬게 할까를 고민하는 거예요. 숨을 쉬면 허파가 되는 거죠. 아도르노의 비평 작업이 그런 작업이라 볼 수 있어요.

글을 잘 쓴다는 문제를 오늘 강의의 전반부에 다루어보고, 후반부에는 〈오데트를 위한 진혼곡〉이라는 장을 얘기해보겠습니다. 오데트는 프루스트의 소설 《잃어버린 시간을 찾아서》에 나오는 인물이죠. 1부를 보시면 스완과 오데트 사이에서 이루어지는 사랑과 질투, 정념과 욕망, 허위가 복잡하게 얽혀 있는 이야기가 나옵니다. 정말 이런 게 연애라면 두 번 다시 안 하겠다는 생각이 들어요. 이 장의 이야기를 통해서 강의를 전체적으로 마무리 짓는 작업을 해보도록 하겠습니다.

먼저 글을 잘 쓴다는 문제를 다루어보죠. 글을 잘 쓴다는 건 뭘까요? 아까 말씀드린 것처럼 아름다운 글을 쓴다는 것과 만날 거예요. 아름다움이라는 것은 우리가 흔히 알고 있는 예쁜 글, 미사여구나 수사가 뛰어난 글을 얘기하는 건 아니죠. 아름다운 사유를 한다는 것이라 얘기할 수 있고요, 아름다운 사유를 한다는 것은 궁극적으로 생을 사랑하려는 소망에서 나오는 일이죠. 그러나 문제는 생을 사랑하는 일이 불가능한 상황 속에서는 어떤 글쓰기가 되어야 하는가입니다. 그것을 위해서는 우리가 보편적으로 알고 있는 아름다운 글쓰기와는 전혀 다른 글쓰기에 대한 의식이 필요하다는 것이죠.

아도르노는 사랑이 불가능한 세상에서 생을 사랑하기 위해 글을 잘 쓰려고 하면, 무엇보다 허위와 허영으로서 생을 사랑하는 것에 대한 비판적 작업이 이루어져야 된다고 얘기합니다. 여기에서 아도르노가 이중 감정을 가지고 다루는 작가가 아나톨 프랑스인데요, 재미있는 것은 프루스트 소설에서도 아나톨 프랑스를 모델로 만든 인물이 나와요.

프루스트 소설을 보게 되면 예술 전반에 대한 얘기가 나오면서 각 장르의 대표적인 인물이 등장합니다. 연극의 경우에는 프랑스에서 19세기 말에서 20세기 초로 넘어오는 시기에 슈퍼스타가 있었어요. 사라 베른하르트라는 아름다운 여배우가 있죠. 이 인물을 베르마라라는 소설적 인물로 바꾸어서 연극에 대해 얘기합니다. 음악가로는 포레나 세자르 프랭크 같은 사람들을 모델로 삼았다고 하는 뱅퇴유라는 인물이 등장해요. 소설에서 뱅퇴유의 소나타와 칠중주에 대해서 음악 철학적으로, 미학적으로 대단히 뛰어난 글을 보여주죠. 회화 영역에서는 모네와 렘브란트, 또 여러 사람들을 용광로에 넣어서 한 사람을 빚어내는데 엘스티어라는 화가가 나와요. 문학의 부분에 가면 베르고트라는 인물이 있습니다. 화자인 마르셀이 베르고트를 읽고 자기도 작가가 되겠다는 꿈을 품죠. 이 베르고트의 모델이 아나톨 프랑스예요.

프루스트의 글쓰기 특성이 있잖아요? 심미적이고 이미지 중심적이고 이런 특성들은 아나톨 프랑스로부터 많은 영향을 받았어요. 그렇지만 프루스트 소설은 아나톨 프랑스와는 전혀 다른 경향을 보이는데요, 소설에서 봐도 마르셀이 처음에는 베르고트의 글을 모방하지만 시간이 지나면서 자신을 베르고트와 구분해내죠. '나는 베르고트와는 다른 문학을 지향하는 사람이다'라고요. 훌륭한 제자죠. 훌륭한 제자는 스승 밑에서 공부하면서 스승에게 소속되는 사람이 아니에요. 스승을 떠나는 사람이죠. 아나톨 프랑스는 당대 프랑스 문학계에서는 국민 작가로 받아들여졌던 사람입니다. 나중에 아카데미 프랑세즈(프랑스 학사원) 수장도 하고 그랬어요.

아나톨 프랑스에 대해서 아도르노는 이중적으로 얘기하죠. 아나톨 프랑스는 한편으로는 상당히 계몽주의적 특성이 있어요. 무작정 세상에 대해서 유미적으로 찬양하거나 아름답게 쓰려는 것이 아니라 계몽적 통찰력을 가지고 당대 프랑스의 현실에 일침을 가하기도 하는 합리성을 가진 작가라고 얘기합니다. 그러나 또 한편으로는 아나톨 프랑스에게는 스스로 극복해내지 못한 허영기가 있다고 얘기하죠. 생은 아름답지 않은 것임에도 불구하고 끊임없이 생을 찬양하고 생은 살아볼 만한 것이다, 생 속에는 아름다운 것들이 여전히 있다고 얘기하는 것은 허위와 허영으로서의 아름다운 글쓰기라는 거예요. 이것은 생을 찬양하고 있는 것 같지만 근본적으로 보면 생을 경멸하거나 절망하고 있다는 거죠.

이 말을 정신분석학적으로도 얘기해볼 수 있는데, 일군의 지식인이나 예술가를 한번 상상해봅시다. 그들은 생을 굉장히 아름답다고 얘기하고 찬양하지만, 동시에 그들의 생이나 사유가 근본적으로 좌절감에 빠져 있고 생에 대해서 사실은 기대를 하지 않는 속성을 지닌 모습을 볼 수 있습니다. 또는 이렇게 볼 수도 있습니다. 생에 대해 좌절했지만 생의 불가능성이나 어두움과 맞설 힘이 없는 사람들은 도피처를 마련해내는데, 작가의 경우 오히려 생을 찬양하고 아름답게 보려 하고 희망을 노래하는 글쓰기가 이루어질 수 있다는 것이죠.

우리 사회 속에서도 다들 살기 힘들다 그러는데 자기는 산속으로 들어간다든지 전원으로 내려간다든지 해서 자연의 아름다움, 인간의 아름다움에 대해서 글쓰기를 하는 경우를 볼 수 있습니다. 누구나 살 만하지 못한 세상이고 사랑이 불가능하다 하는데, 작가나 예술가들은 어떠한 사실적 배경을 가지고 생을 찬양하고 있으며 자연의 아름다움을 노래하고 있는가 물어볼 수 있다는 거죠. 보편적 사실과 전혀 다른 예술적 세계를 만들어내려는 이유가 무엇 때문이냐는 거예요. 그것을 아도르노나 니체는 원한 때문이라고 얘기합니다.

원한을 가진 사람들은 적을 확실히 알고 있죠. 때문에 원한을 품게 돼요. 동시에 원한을 가진 사람들은 비겁해요. 왜냐하면 그 적과 맞서 싸울 용기가 없습니다. 이러한 상황에서 원한을 가진 사람들은 특별한 도피처를 필요로 해요. 구체적인 현실이나 사실로부터의 외부 상황을 만들어놓고 거기에서 거주하려 한다는 것이죠. 물론 오늘날 우리 사회 속에서 삶은 살 만하고 자연은 아름답다고 노래하는 작가들이 반드시 다 그렇다는 건 아니에요. 그렇지만 이해되지 않는 서정성이나 송가의 세계에서 살고 있는 사람들을 한편으로는 이런 정신분석학적 관점으로도 볼 수도 있다는 것입니다. 즉, 생을 가장 미워하고 절망하고 있는 사람이 오히려 생을 찬양하고 생의 아름다움을 노래하는 사람이 될 수도 있다는 거예요.

아도르노는 아나톨 프랑스의 문학 세계를 그런 식으로 보고 있습니다. 우리 사회의 시인 중에도 생은 아름답다고 노래하는 사람들이 있잖아요? 그런 것들이 치유와 위안의 의미가 있어서 많은 호응을 받을 수 있습니다. 이런 호응을 통해서 한 작가는 대가로 자리 잡을 수 있을지 모르죠. 그런데 문제는 대가가 되고 나면 이상하게 치매 현상이 일어난다는 거예요. 자신을 대가라고 믿어버리고 나면 자기가 하는 말들에 대해서 스스로 신뢰를 가지게 되고, 그것이 어느 사이엔가 권력으로 작동하는 이런 모습을 볼 수 있어요.

아나톨 프랑스의 단상집 《에피쿠로스의 정원》을 읽는 일은 불편하다. 그 안에는 계몽 정신이 들어 있지만 동시에 허영기가 들어 있기 때문이다. 관조적인 어투, 설교조와 연설조, 어용 교수들이 곧잘 보여주는, 마치 세상을 다 품에 안는다는 제스처, 볼테르를 칭송하면서도 자신이 아카데미 프랑세즈 회원임을 책표지에 적어 넣는 아이러니 등등이 그 허영심이다. 핵심을 찌르는 위트와 휴머니즘에도 불구하고 그의 글들 속에는 어쩐지 폭력적인 면모, 그러니까 자기는 대가이므로 어떤 말이라도 할 수 있으며 아무도 그 말 속으로 끼어들어서는 안 된다는 그런 찬탈적인 태도가 들어 있다. 그런 면모와 태도는 괴롭기 짝이 없는 사안을 다루면서도 너무 많은 여유를 부리는 강연이나 낭독에서도 여실히 드러난다. 하지만 휴머니즘의 변호자로 일컬어지는 이 노작가 안에 잠재되어 있는 인간 경멸은 무엇보다도 진부하기 짝이 없는 주장을 태연하게 내뱉는 어투에서 드러나는데, 예를 들면 이런 문구들이 그렇다: "예술가는 삶을 사랑해야 하며, 삶이 아름답다는 걸 사람들에게 알려주어야 한다. 예술가들이 없다면 우리는 삶이 아름답다는 사실을 잊어버리고 말 것이다."

　우리 사회의 문화적 분야에서도 많은 사람들에게 대가로 인정받는 사람들이 있어요. 때때로 그 사람들이 하는 얘기를 들어보면 철없어 보여요. 넓은 가슴을 얘기하면서 다 용서해야 된다 그러고, 한동안 힘들겠지만 인생에는 아름다움이 있으니까 우리가 그 아름다움을 기억할 필요가 있다 이런 식으로 얘기하는 사람들 있잖아요. 얘기하는 태도를 보면 내가 이렇게 얘기한다고 누가 감히 부정을 하겠는가 하는 자기 권위 의식 같은 것들이 드러나는 사람이 있습니다. 아도르노가 이런 말을 하죠. "지식인은 자기가 힘들 때는 무엇이 잘못되었다고 비판을 하다가 성공하게 되면 자기가 비판했던 바로 그 말들을 세상이라는 하수구로 도로 내려보낸다." 자기가 주변부에 있을 때는 끊임없이 무엇이 잘못됐다 얘기하고 문제라고 얘기하는데, 성공을 하거나 어떤 지위에 오르면 자기가 비판했던 바로 그 말들을 또 쓰기 시작한다는 거예요. 이런 문제가 아도르노가 아나톨 프랑스를 통해서 일차적으로 얘기하려는 허영으로서의 글쓰기의 숨은 내막입니다.

결국은 아도르노에게 글을 잘 쓴다는 것은 다름 아닌 생에 대한 허위적 사랑으로부터 벗어나는 것이에요. 아나톨 프랑스와 같은 작가들이 결코 아름답다고 얘기하지 않는, 세상에 들어 있는 비천하고 병들고 더럽고 버려

720

진 것들에 대해 주목하는 일이죠. 아나톨 프랑스적 생의 찬양자들은 결코 언급하지 않는 이러한 것들에게 시선을 돌리는 일이 그들과 다른 방식으로 아름다운 글을 쓰는, 다른 방식으로 생을 사랑하는 첫 번째 작업이라 얘기합니다.

버려진 것들, 억압된 것들, 추한 것들, 더러운 것들은 한마디로 고통받고 있는 것들이죠. 이것에 주목하게 되면 어떻게 고통받고 있는 것들에 대해서 글을 쓸 것인가 하는 문제가 생깁니다.

예컨대 아우슈비츠에 대해 글을 쓰는 일이 가능한가. 2차 세계대전 후에 이 질문이 굉장히 논란을 불러일으켰어요. 아우슈비츠에서 일어난 일들, 도저히 언어화될 수 없을 정도로 잔악하고 비인간적인 일들에 대해서 글쓰기가 가능한가라는 문제가 글쓰기의 도덕성 문제와 더불어서 많은 담론을 낳았습니다.

지금 우리 사회에서도 고통받는 사람들이 많습니다. 꼭 가난이라는 문제만이 아니라도, 누군가 고통을 안고 있을 때 그 고통은 언제나 당사자에게는 극한치예요. 만일 그러한 고통을 우리가 극한치적인 것으로 받아들이게 되면 그것에 대해서 얘기하는 일이 정당한가라는 문제와 만나게 됩니다. 글을 쓴다는 것은 그 고통을 표현하는 일이고 객관화하는 일이기 때문이죠. 아우슈비츠의 문제를 다룰 때에도 두 가지 주장이 맞선 바가 있어요. 하나는 이 고통은 언어 외부의 영역이기 때문에 감히 언어로 옮기려 해서는 안 된다. 말하자면 침묵주의자들이에요. 이 고통을 언어로 옮긴다는 일이 이미 월권이라는 것이죠. 또 한편으로는 그럼에도 불구하고 이야기해야 된다고 주장하는 사람들이 있어요. 이러한 고통 앞에서 글을 쓰고자 할 때는 누구나 양자택일의 상황에 처하게 된단 말이죠. 그 고통에 대해서 말할 것이냐, 차라리 침묵할 것이냐. 아도르노는 양자 모두 함정이 있다고 얘기합니다.

아도르노가 볼 때 침묵하고자 하는 것은 거짓된 겸손일 수 있어요. 고통에 대한 말하기라는 작가로서의 책임을 회피하는 행위라는 것이죠. 고통이라는 문제를 언어의 외부로 만들면서 슬그머니 피해가려는 거짓된 겸손이고 무책임일 수 있다고 위험성을 지적해요. 또 반대쪽 주장의 경우에는 그 고통이 언제라도 언어화될 수 있는 것처럼 받아들이면서, 그 고통에 대해서 자의적인 해석이나 연민을 드러내려 하는 자기 노출주의의 위험성이 있다는 거죠. '나는 이만큼 슬퍼하고 있어, 이만큼 아파하고 있어'라고 얘기하는 건 대단히 쾌락적인 거예요. 그렇다면 이 양자가 가지고 있는 글쓰기의 위험성으로부터 벗어나면서 어떻게 버려진 것들과 아파하는 것들, 고통당하고 있는 것들에 대해서 말할 수 있을 것인가. 이 문제가 어떻게 글을 잘 쓸 것이냐, 아름답게 쓸 것이냐, 사랑으로 쓸 것이냐 하는 문제와 직결되는 것이죠.

아도르노는 이렇게 생각합니다. 우리가 생으로부터 구출해낼 무엇이 여전히 있다면 그 장소는 아나톨 프랑스가 찬양하는바 그 아름답고 긍정적이고 정상적인 삶 속에는 들어 있지 않다. 그것들은 전부 허위로 만들어진 것이기 때문에. 생의 근원적인 힘은 오히려 더러운 것들, 추한 것들, 고통받는 것들 속에 있다는 것이죠.

그러나 중요한 것은 추하고 더럽고 병든 것 자체가 선인가 하는 문제입니다. 그것들 자체가 우리가 받아들여야 되는 생의 아름다움일까요? 아도르노는 그렇게 생각하지 않습니다. 그런 식으로 받아들이는 것은 추하고 병들고 버려진 것들에게 또 한번 폭력을 가하는 일에 지나지 않는다고 해요. 분명히 생의 요소들이 추하고 병들고 버려진 것들에게 있기는 하지만, 그것들 자체가 온전한 것이 아니라 그것들은 소외되고 왜곡되고 기형화된 것이라는 사실을 우리가 알 필요가 있다는 것입니다.

여러분들 아무리 좋은 것도 상처를 받고 폭력을 당하고 억눌리면 어떻게 되죠? 기형화돼요. 왜곡돼요. 그렇지 않습니까? 그리고 기형화되고 왜곡되면서 아무리 아름다운 것도 미운 것이 돼요. 착한 아이도 계속 구박하면 미움받을 짓만 하는 아이가 되는 것처럼 생도 마찬가지라는 거죠. 생도 억압을 당하고 타격을 당하고 소외를 당하게 되면, 왜곡되고 기형화되고 얼핏 보기에는 사랑할수 없는 것의 모양을 지니게 된다는 거죠. 이러한 상황을 성찰하지 못한 채 그것들 자체를 선으로, 미로 받아들이는 것은 문제가 많다고 아도르노는 얘기하죠.

아도르노가 볼 때 아름다운 글을 쓴다는 것은 일차적으로 흔히 얘기되는 아름답고 건강하고 정상적인 것에 대한 해체 작업이 이루어져야 하며, 그다음에는 버려진 것과 더러운 것들로 시선의 방향 전환이 되어야 하지만, 동시에 그렇게 왜곡되고 기형화된 것들을 어떻게 본래의 모습으로 복원시킬 것인가라는 작업이 이루어져야 된다는 것입니다.

글을 잘 쓴다는 것은 뭘까요?

삭제하는 일에 인색해서는 안 된다. 길이는 아무래도 좋다. 분량이 너무 적지 않을까 하는 두려움은 유치하다. 일단 써졌으니까 존재할 가치가 있다는 생각도 버려야 한다. 몇몇 문장이 동일한 생각을 반복적으로 변주하는 건 생각이 또렷하지 못하기 때문이다. 이 경우에는 최상의 정식화를 선택해야 하고 그것으로 계속 작업해가야 한다. 구성상 필요하다면 버리기 아까운 사유들조차 버려야 한다. 글이 끝났을 때 전체 구성을 완벽하게 만드는 건 다름 아닌 그렇게 버려진 생각들이다. 식탁에서처럼 마지막 한 입은 먹지 말아야 하며 마지막 술잔은 바닥까지 마시면 안 된다. 그렇지 못하면 그만 바닥을 보이고 만다.

글을 잘 쓴다는 것은 무엇을 쓰는가에 달려 있다기보다는 무엇을 생략하는가에 달려 있다는 식으로 아도르노가 얘기하죠. 이 문장은 아도르노가 알고 있는 몇 가지 원칙들과 관련됩니다. 이렇게 얘기하고 있죠.

글 쓰는 사람은 아름다운 표현과 사실적인 표현의 구별에 관여해서는 안 된다. 꼼꼼한 비평가는 그럴 것이라고 믿어서도 안 되며, 자기 자신에 대해서도 이를 허락해서는 안 된다. 자신이 생각한 것을 완전히 말하는 데 성공했다면 그것이 아름다운 것이다. 표현 자체의 아름다움은 결코 '매우 아름다운' 것이 아니라, 장식적이며 인위적이고 추악한 것이다. 그러나 자신을 망각하면서 사태에 기여한다는 구실로 표현의 순수성을 등한시하는 사람 역시 언제나 그 사태를 배반한다.

품위 있게 작업된 텍스트는 거미줄과 같다. 촘촘하고, 집중되어 있으며, 투명하고, 잘 짜여져 있으며, 견고하다. 이는 날고 기는 것들 모두를 자신 안으로 끌어 챈다. 이를 재빨리 빠져나가는 메타포는 거미줄에 영양분을 공급하는 제물이 된다. 질료들이 텍스트로 날아드는 것이다. 자기 것으로 하면서 인용하는가에 따라 관념의 견실함이 판단된다. 사유가 현실의 작은 방을 열어준 곳에서 사유는 주체의 폭력 행동 없이 바로 그다음 방으로 들어가야 한다. 다른 객체들이 수정처럼 결정체를 이루자마자 사유는 객체와 자신의 관계를 입증한다. 자신의 특정한 대상을 향한 빛 속에서 다른 것이 반짝이기 시작한다.

이 문장은 아도르노의 글쓰기뿐 아니라 사유의 방법

론과도 관계되는데요, 아도르노는 아름다운 글을 쓰기 위해서는 글 쓰는 사람이 뒤로 물러나야 된다고 생각해요. 그렇다면 무엇이 아름다운 글쓰기 작업에서 가장 앞서야 되는가? 그걸 객체라고 부릅니다. 객체는 다른 것이 아니라 어떤 사안입니다. 자기가 얘기하려는 테마예요. 자기가 얘기하려는 콘셉트예요. 그 콘셉트나 테마는 나에게서 자발적으로 나온 게 아니라 현실 자체예요. 이 현실 자체가 언제나 앞서야 된다는 것이죠. 그것을 객체의 우위라고 얘기합니다.

또한 이 현실 자체는 나에게 포획되지 않는 대상이기 때문에 그 대상에게 끊임없이 가까이 가는 작업이 필요해요. 바로 그 작업에 **합리적인 것**과 **미메시스적인 것**이 함께 가동되어야 한다고 얘기합니다.

다시 말해 포획되어야 하는 테마가 있으면 두 가지 접근방식을 가져야 한다는 것이죠. 하나는 **객관적인 접근**이 이루어져야 하고, 또한 미메시스적인 것 즉 **감정적인 접근**입니다. 미메시스라는 것이 직접적으로 이 테마로 가고 싶은 충동이라면, 이 충동이 테마와는 상관없는 글 쓰는 사람의 감정일 수 있기 때문에 이 감정을 객관적으로 통제하는 일이 필요하다는 거예요. 적극적으로 테마를 다루면서 동시에 적극성에 대해서 언제나 관리가 필요하다는 것이죠. 미메시스가 테마로 가까이 가려는 충동이라면 아름다운 글, 잘 쓴 글을 위해서는 글 쓰는 사람이 언제나 멂의 위치를 염두에 두고 있어야 한다. 이 이중적인 글쓰기 태도가 필요하다고 아도르노는 얘기합니다.

또 하나 아도르노에게 있어서 글을 잘 쓴다는 것의 원칙이 있습니다. 언어를 사용하는 방식에 대해서도 얘기하는데, 아도르노는 음악의 용어를 빌려서 그것을 **도데카포니**(Dodekaphonie)라고 해요. **12음계법**이죠. 쇤베르크가 창시한 12음계법의 중요한 원칙은 7개의 온음뿐 아니라 반음까지 전부 살려서 12개의 음계로 확장시키는 것이죠. 또한 하나의 음이 사용되면 나머지가 전부 사용되기 전까지 그 음이 다시 등장하면 안 돼요. 이전까지 고전음악에서 통용되었던 주음이라는 개념이 없어지는 겁니다.

이 얘기는 다름이 아니라 우리가 어떤 사유를 하게 되면 그 사유는 늘 중심을 가져요. 사유는 목적성을 지니기 때문에 그 목적성이 중요한 것이 되고 나머지는 부수적인 위치를 차지할 수밖에 없죠. 그림을 그릴 때 나에게 가까운 것을 크고 뚜렷하게 그리고 먼 것을 희미하게 그리면 입체성이 생기는 것처럼, 우리의 사유도 내가 중요하게 생각하는 것이 앞서면서 그것을 드러내기 위해 부수적인 작업이 이루어지게 돼 있습니다. 이것은 이미 권력적 사유예요. 이 권력은 내 의도로부터 나오는 것이죠. 내가 가지고 있는 의도가 중요하기 때문에 그것을 드러내기 위해서 의도에 가까운 것이 중요해지고 의도와 무관한 것들은 중요치 않게 되는 것이죠. 이렇게 해서 의도를 드러내는 글쓰기가 성공한다면, 이 글은 어떤 의미에서의 성공이죠? 나의 성공입니다.

그런데 문제는 내 의도를 분명하게 성공적으로 썼다는 것과, 다루어지는 사안 자체가 정확하게 재현됐느냐는 별개의 문제예요. 내 의도를 분명하게 썼다는 것은 자기만족을 줄 수는 있지만 그 글은 객관적 사실과 전혀 무관한 것이 될 수도 있다는 거예요. 때때로 사회현상에 대해 써진 글을 보면 잘 쓰긴 했는데 뭔가 꼭 맞지는 않는 것 같다는 느낌을 받는 경우가 있잖아요? 그 글은 글 쓰는 사람을 위해서 써진 글이지 글이 되어야 하는 대상을 위해 써진 것은 아니라는 거예요. 그래서 벤야민이 《사유이미지》에서 이렇게 얘기합니다.

훌륭한 작가는 자기가 생각하는 것 이상을 말하지 않는다. 그리고 이 점은 대단히 중요하다. 말한다는 것은 생각하기의 표현인 것만이 아니라 생각하기의 실현이기 때문이다. 이것은 걸어간다는 것이 어떤 목표에 도달하고자 하는 소망의 표현인 것만이 아니라 그 소망의 실현인 것과 마찬가지다. 하지만 그 실현이 어떤 종류의 것인지, 즉 그 실현이 목표에 정확하게 합당한 실현이 되는지, 아니면 탐욕스럽고 흐리멍덩하게 소망에 자신을 탕진하는지는 길을 가고 있는 자의 훈련 여부에 달려 있다. 그가 자신을 절제하면서 불필요하거나 장황하거나 어슬렁거리는 동작들을 피하면 피할수록, 모든 신체의 자세는 자신에게 그만큼 더 족하게 되고, 그 신체를 더욱더 적절하게 운용하게 된다. 열악한 작가는 착상이 많이 떠올라 그 착상들 속에서 기력을 탕진해 버린다. 이것은 제대로 훈련받지 못한 열악한 달리기 선수가 사지를 맥 빠지게 움직이거나 지나치게 활발하게 움직이느라 기력을 탕진하는 것과 마찬가지다. 바로 그렇기 때문이 그 열악한 작가는 자기가 생각하는 바를 냉철하게 말할 줄 모른다. 재기발랄하게 훈련받은 신체가 펼치는 연기를 자신의 스타일에 맞게 사유에 부여하는 것이 바로 훌륭한 작가의 재능이다. 훌륭한 작가는 결코 자신이 생각했던 것 이상을 말하지 않는다. 그래서 그가 쓰는 글은 그 자신에게 도움을 주는 것이 아니라 오로지 그가 말하고자 하는 것에만 도움을 준다.

아도르노가 얘기하는 것도 비슷해요. 글의 테마나 주제가 정확하게 드러나려면 권력적 글쓰기, 자기 위주의 글쓰기로부터 벗어날 필요가 있다는 것이죠. 그러기 위해서는 언어행위 자체가 새로운 운동성을 가져야 되는데 그것을 아도르노는 12음계법으로 설명합니다. 말씀드렸듯이 12음계법에서는 하나의 음이 사용되면 나머지 음들이 모두 사용될 때까지 이것이 반복되면 안 돼요. 그러나 우리가 글을 쓰는 방식이나 써진 글을 분석해보면 주가 되는 어떤 단어가 다른 단어에 비해 자꾸 반복돼요. 이 반복되는 것이 중심이고 나머지는 중심을 설명하기 위해 동원되고 있는 것이죠. 이 중심을 설정한 것이 누구예요? 글 쓰는 사람이에요. 이렇게 되면 중심을 잘 드러낸 글쓰기가 되었다 한들 그것은 자기만족적 글쓰기에 끝날 뿐이라는 것이죠.

아도르노가 12음계법을 예로 들면서 얘기하려는 것은 우리가 **단어들**의 **위계질서**로부터 벗어날 필요가 있다는 것이죠. 그리고 이러한 도데카포니적 글쓰기 방식을 얘기하면서 또 하나의 모델로 드는 것은 콘스텔레이션 (konstellation), **성좌적 글쓰기**예요. 마치 우리가 별자리를 발견하는 방식처럼 글쓰기가 이루어져야 된다고 얘기하죠. 우리가 하늘을 바라보면 반짝이는 별들이 가득하죠. 이것은 무질서한 거예요. 우리가 단어들을 문장론적 체계로부터 해방시켜버리면 어떻게 될까요? 아무런 위계 관계 없이 별들이 흩어져 있는 밤하늘처럼 보이겠죠. 그러나 우리가 무언가를 얘기하려면 이 흩어져 있는 단어들을 어떤 식으로든 조립해야 돼요. 그럴 때에만 우리는 무엇에 대해 말할 수 있죠.

문제는 어떻게 조립을 하느냐입니다. 아까 말씀드린 것처럼 권력적이고 위계적인 글쓰기는 **주체의 생각**이 **중심**을 이루고 이 중심을 위해서 단어들이 선발, 취합, 조직되는 방식이에요. 이렇게 태어난 글은 벤야민식으로 얘기하면 글 쓰는 사람이 자기를 위해서 쓴 글이 될 뿐이라는 거죠. 그 경우에 개개의 단어들은 다 무엇으로 사용된 거예요? 글 쓰는 사람이 말하고 싶어 하는 것을 위해 도구화된 거예요. 그런데 우리가 별자리를 그리는 방식을 보게 되면 이런 식으로는 그려지지 않는다는 거죠.

밤하늘에 별들이 흩어져 있고 나는 그것을 봐요. 그리고 별들을 가지고 어떠한 조형을 만들고 싶어 해요. 그러나 내가 저 별들로 만들고 싶어 하는 어떤 모델이 있다고 하더라도 내가 가서 별들을 옮길 수는 없어요. 다시 말해 밤하늘의 별들로 조형을 만든다는 것은 주체적인 의도가 실제로 행사될 수 있는 가능성이 없습니다. 그러나 우리가 별을 보면서 별자리를 그리고자 할 때, 이렇게 얘기할 수 있습니다. 여러분 도시에서는 별을 볼 일이 없지만 여름에 캠핑 가서 풀밭에 누우면 밤하늘에 찬란한 별들이 있죠? 그러면 자신도 모르게 눈으로 별과 별 사이를 잇게 되죠. 인간의 시선은 무질서한 것들을 그것 자체로 볼 수 없게 돼 있어요. 인간의 시선은 언제나 조형성을 원해요. 밤하늘에 별들이 무질서하게 흩어져 있지만 그것을 본다는 행위 자체가 이미 눈으로 뭔가를 그린다는 것이죠. 그런데 무엇을 그리느냐. 그건 이중적이에요. 하나는 밤하늘을 보면 왜 무언가를 그리게 될까요? 그것은 내 안에 그리고 싶어 하는 어떤 모델이 있는 거예요. 그것을 동경이라 부를 수도 있고 꿈이라 부를 수도 있어요.

이 **주체**가 가지고 있는 어떤 **동경의 모델**이 있습니다. 우리는 밤하늘의 별들을 보고 눈으로 금을 긋지만 한 번 그어본다 해서 만족이 되는 건 아니죠. 그러니까 다시 한 번 그어보고 또 그어봐요. 눈으로 별들을 잇는 작업이 끝나지 않습니다. 이렇게 해봐서 아닌 것 같으면 다시 한번 그려보고, 또다시 그려보고. 밤하늘의 별들을 보면서 금을 긋는 작업은 자기의 동경이나 꿈을 발견하는 과정이에요. 그러나 아도르노가 말하는바 내 맘대로 이것들을 이어서 어떤 형태를 만든다고 한들 이것이 나의 의도에 의해서만 맺어진다면 폭력적인 조형성밖에 안 된다는 거예요. 그러니까 별자리를 그리는 것은 내가 원하는 것만이 아니라, 이 흩어진 별들이 연결되고 싶어 하는 어떤 조형성을 동시에 발견해내는 일이 되어야 한다는 것이죠.

이것을 글쓰기 영역에서 얘기하면 단어는 도구가 아니라 단어 자체가 욕망을 가지고 있다는 거예요. 단어의 욕망과 만나는 일이 중요합니다. 자신의 의도에 의하면 A라는 단어가 B와 연결되어야 하지만, A라는 단어는 어쩌면 F로 가고 싶은지 몰라요. 별자리를 그려볼 때 나는 나의 동경 모델에 의해 A라는 별을 B로 이어보지만 이것이 꼭 마음에 들지 않는 이유는 나와는 무관하게 A라는 별이 가지고 있는 F로 가고자 하는 욕망과 관련된다는 거예요. 이것이 바로 **객체**예요. 밤하늘을 보면서 금을 긋고자 하는 것은 **주체**죠.

예컨대 별과 별을 한번 이어봤는데 이것도 그어보고 저것도 그어보다 마지막에 와서 바로 이거야, 하게 되는 형태를 만나는 순간이 있어요. 어쩌면 별자리는 그렇게 태어났는지 모르죠. 저것이야말로 내가 원하는 별자리야 확신이 드는 순간에요. 프루스트식으로 말하면 '무의지적 기억의 형상'이고 롤랑 바르트식으로 얘기하면 '푼크툼의 순간'이죠. 그렇게 그려진 별자리는 주체의 동경 모델일 뿐만 아니라 객체의 욕망이기도 해요. 아도르노식으로 얘기하면 이 별들 하나하나가 자기들이 이어지고 싶어 하는 방식으로 보는 사람의 시선에 의해 이어졌다는 것이죠. 그 순간 별자리는 태어나는 거죠.

이 얘기를 글쓰기로 옮겨 가면 내가 쓰고 싶어 했던 글인 동시에 그 글이 얘기하고자 했던 진실과 맞아떨어지는 경우예요. 이것이 잘 쓴 글, 아름다운 글이라 얘기해요. 말하자면 객관적 진실이 드러나면서 주관적 진실도 드러나는 글이죠. 벤야민이 《사유이미지》에서 하는 얘기도 같은 맥락이에요.

글을 잘 쓴다는 것은 이지적인 작업만을 해서는 안

되고 표현도 중요한데, 표현은 육체성에서 나온다는 것이죠. 육체적인 것이고 감성적인 것이에요. 이것이 자의적으로 드러나면 사안 자체를 놓쳐버려요. 그러나 사안 자체를 포착하기 위해서는 감성적인 것이 동원되지 않으면 안 된다는 것이죠.

벤야민의 《일방통행로》나 《사유이미지》가 쓰여진 방식이 그것입니다. 벤야민은 길거리를 다니면서 쇼윈도라든지 간판, 내버려진 전단지를 보면서 글을 쓸 때 대상에 즉각적으로 반응하는 신체성을 중요하게 생각해요. 동시에 그 사안이 가지고 있는 객관적 의미를 포착하려 하죠. 그렇게 포착된 이미지를 사유이미지라고 부르거든요.

이 말의 독특한 특성이 있어요. 보통 사람들은 사유와 이미지를 분리합니다. 그러나 벤야민은 사유와 이미지라는 말을 붙여서 생각해요. 어떤 이미지는 단순히 감각적인 것일 뿐 아니라 사유적인 것이라는 얘기예요. 역설적으로 얘기할 수도 있죠. '이미지가 사유적인 것이 되고, 사유적인 것이 이미지적인 것이 되는 일이다.' 이미지를 받아들이는 것은 신체성의 영역이에요. 그러나 그 이미지에 대해서 사유하는 건 지적 능력이거든요.

아도르노에게 신체성은 미메시스적인 것, 지적인 것
은 합리적인 것이죠. 그래서 아도르노에게 글을 잘 쓴다
는 것은 어떻게 미메시스적이면서 합리적인 것을 구현하
는 일인가라는 문제와 걸린다면, 벤야민에게는 어떻게 이
미지적이면서 사유적인 것이 되는가 하는 문제와 걸리
죠. 어떤 사안을 정확하게 포착하기 위해서는 두 가지 운
동성이 함께 있어야 된다는 거예요. 보는 사람의 동경이
없으면 별들이 원하는 것이 드러날 수 없으며, 동시에 별
들이 원하는 것이 드러나지 않으면 주체도 자기 동경 모
델을 발견할 수 없다는 것입니다.

말씀드렸듯이 잘 쓴 글은 아름다운 글이고, 아름다
운 글은 어떻게 사유하는가라는 문제와 만나는 것이며,
이것은 곧 어떻게 생을 사랑할 것인가라는 문제입니다.
이때의 생은 아나톨 프랑스가 허위적이고 허영적이고 위
선적으로 얘기하는 생의 아름다움이 아니라, 아름다운
것이 되어야 함에도 그 권리를 박탈당했기 때문에 추하
게 되어버린 것들에게 생의 권리를 되돌려주는 일입니다.
사유가 생의 권리를 돌려주느냐 못 돌려주느냐에 따라서
대상은 아름다운 것이 될 수도 있고 추한 것으로 전락할

수도 있다는 것입니다. 생을 사랑한다는 것은 왜곡된 생을 그 생이 되고자 했던 바로 그 모습으로 되돌려주는 일입니다. 이것이 성공하면 아름다운 글이 써진다고 아도르노는 얘기합니다. 저는 한국 소설가 중에 손창섭을 대단한 작가라고 생각하는데, 〈미해결의 장〉이란 소설이 오늘 다룬 주제의 한 예가 될 것 같습니다.

5월의 어느 날

오늘도 나는 나 자신을 해결할 아무런 방도도 없이 하여튼 잠시나마 집을 나와본 것이다. (…) 전찻길을 건너고, 국민학교 담장을 끼고 돌아서 육이오 때 파괴된 채로 버려둔 넓은 공터를 가로질러, 나는 또 문 선생네 집을 찾아가는 것이다. 국민학교의 그 콘크리트 담장에는 사변 통에 총탄이 남긴 구멍이 숭숭 뚫려 있었다. 나는 오늘도 걸음을 멈추고 그 구멍 안으로 운동장을 들여다보는 것이다. 마침 쉬는 시간인 모양이다. 어린애들이 넓은 마당에 가득히 들끓고 있다. 나는 언제나처럼 어이없는 공상에 취해보는 것이다. 그 공상에 의하면, 나는 지금 현미경을 들여다보고 있는 병리학자인 것이다. 난치의 피부병에 신음하고 있는 지구덩이의 위촉을 받고 병원체의 발견에 착수한 것이다. 그것이 '인간'이라는 박테리아에 의해서 발생되는 질병이라는 것은 알았지만, 아직도 그 세균이 어떠한 상태로 발생, 번식해나가는지를 밝히지 못하고 있는 것이다. 그러니 치료법에 있어서는 더욱 캄캄할 뿐이다. 나는 지구덩이에 대해서 면목이 없는 것이다. 나는 아이들을 들여다보며 한숨을 쉬는 것이다. 아직은 활동을 못 하지만, 그것들이 완전히 성장하게 되면 지구의 피부에 악착같이 달라붙어 야금야금 갉아먹을 것이다. 인간이라는 병균에게 침범당해, 그 피부가 는적는적 썩어 들어가는 지구덩이를 상상하며, 나는 구멍에서 눈을 떼고 침을 뱉었다. 그것은 단순한 피부병이 아니라 지구에게 있어서는 나병과 같이 불치의 병일지도 모른다는 생각을 안고 나는 발길을 떼어놓는 것이다. (손창섭, 〈미해결의 장〉, 《잉여인간》, 민음사)

이 소설의 주인공은 직업이 없는 사람이죠. 슬쩍 나가서 초등학교에 가서 애들이 운동장에서 깔깔거리며 노는 모습을 보며 이런 글을 씁니다. 저것들이 전부 버러지들이구나. 유충이니까 괜찮지 다 크면 지구를 파먹겠구나, 이런 식으로 얘기하죠. 어떻게 애들을 그런 식으로 얘기합니까? 아나톨 프랑스라면 그렇게 물었을 거예요. '아이들은 순수하고 아름답고 우리가 보호해야 하는 존재인데 지구를 파먹는 벌레로 얘기하는 게 작가가 할 일이오?' 그러겠지만, 제가 볼 때는 바로 아도르노가 얘기하는 것이 그거예요. 거짓된 아름다움의 이데올로기를 해체하는 일이 중요하다는 것이죠. 이 아이들이 자라면 무엇이 되겠습니까? 고통받는 존재가 되지 않겠습니까? 그러한 어린이 이데올로기를 해체시키고 그것들의 허위를 드러내면서 손창섭이 근본적으로 얘기하려는 것은 다른 생에 대한 아름다움이죠.

이런 예를 통해 아름다운 생이란 무엇인가를 우리가 생각해볼 수 있습니다. 온전한 삶, 행복한 삶, 아름다운 삶은 어떤 것인가 더 질문해보면, 아도르노는 '상처 없이 온전한 삶에 대한 비유가 있다면, 그건 죽은 자들 뿐이다'라고 얘기합니다. 아름다운 삶의 모델을 그리는 것이 중요한 게 아니라, 그것은 죽은 사람들의 모습을 통해서만 역설적으로 알 수 있다는 것이죠. 예컨대 인혁당 사건 다 아시잖아요? 거짓된 이데올로기에 의해서 생을 찬탈당한 사람들. 기사를 함께 보시죠.

그래도 여기 거론된 분들은 억울함이라도 밝혀진 분들이다. 박정희 정권하에서 170여 명, 전두환 정권하에서 10명가량이 국가보안법이나 반공법으로 사형을 당했다. 과거사위원회가 미처 조사하지 못한 사건들 중에 억울하게 희생된 이들은 또 얼마일까? 60년대의 희생자들은 그래도 해외 유학도 하고, 나름 인맥도 있고, 또 민주화 운동이라도 했던 분들이다. 하지만 시간이 지날수록 조작간첩 사건의 희생자들은 그야말로 아무것도 하지 않은 억울한 소시민들 속에서 나왔다. 국선변호사조차 귀 기울여주지 않아 혼자서 맞춤법도 맞지 않는 탄원서 한 장을 남겨놓고 형장의 이슬로 사라진 돈도 없고 빽도 없고 배운 것도 없고 증거도 없었던 사람들… (한홍구, 〈권재혁을 아십니까〉, 한겨레, 2009. 11. 4.)

우리가 도대체 상처 없는 삶이란 무엇일까, 그리고 사람답게 사는 사회란 무엇일까 생각해볼 때 그것은 이렇게 억울하게 죽은 사람들의 모습을 통해서만 알 수 있다는 것입니다. 이것은 역으로 무엇을 얘기합니까? 이런 것들이 더 이상 있어서는 안 되고 있을 필요도 없고 있지도 않을 어떠한 세상, 그것을 우리는 거울 그림을 보는 것처럼 거꾸로만 상상할 수 있다는 거예요. 우리가 이념으로 얘기하는 그런 것들이 아니라는 거예요. 이것이 아름다운 삶이야, 온전한 삶이야, 아나톨 프랑스와 같은 생의 찬양자들이 만들어낸 모델이 아니라 이 삶의 모델이 무엇인가를 정확하게 얘기하는 사람들은 이렇게 죽어간 사람들이라는 것이죠. 우리가 그들에 대해서 얼마나 이해하느냐, 얼마나 함께 아파하느냐 그 강도에 따라서 사람다운 삶이라는 것도 비례적으로 또렷하게 그려질 것이라는 말입니다. 이러한 사람들에 대한 주목 없이, 버려진 것들의 고통에 대한 뼈아픈 통찰이 선행되지 않은 채 써지는 글들이 아무리 수사를 잘 사용하고 메타포를 잘 사용해도 실제로는 생을 파괴시킬 뿐이라고 아도르노는 얘기합니다.

○

우리가 처음 수업을 진행하면서 마르셀 프루스트 얘기를 했는데 마지막으로 다시 프루스트로 돌아가보겠습니다. 《잃어버린 시간을 찾아서》는 아주 방대한 작품이긴 하지만 제가 볼 때는 크게 2개의 문제의식으로 진행되고 있습니다. 하나는 몰락이라는 개념입니다. 소설을 보게 되면 그 시대가 몰락하는 길을 그대로 따라가죠. 계급 제도도 무너지고 결혼 제도도 무너지고, 귀족이나 부르 주아로서 찬란한 모습을 지니고 있었던 사람들이 마지막 에 보면 다 세월에 의해서 노쇠한 모습을 보여줍니다. 시 간에 의해서 개인도 몰락하지만 시대도 몰락해요. 그 잘 나가던 부르주아 문화들이 전쟁에 의해 끝장나고 문명의 힘 아래 이름 없는 사람들이 목숨을 잃죠.

정치도 마찬가지예요. 전부 몰락이에요. 파스칼이 얘 기해요. "세월 앞에서 인간사라는 것은 생의 본질적 비참 함을 벗어나지 못한다." 또 한편 프루스트의 모든 얘기는 구원의 계기를 찾으려 하는 것이에요. 무의지적 기억도 그렇죠. 지나간 과거를 다시 붙잡아서 몰락의 영역이 아 니라 구원의 영역으로 끌고나가려는 것이 프루스트의 기 억 작업이에요. 이 몰락과 구원이 2개의 바퀴로 움직이면 서 무수한 일들이 일어나죠. 제가 볼 때 프루스트 소설에 서 이러한 몰락과 구원의 변증법적 관계가 전형적으로 드 러나는 것이 스완과 오데트의 관계예요.

스완이라는 남자는 굉장히 심미적인 감각이 뛰어난 사람입니다. 교양도 충분히 쌓았고요. 사실 어떻게 보면 예술가의 조건을 다 가지고 있는 사람이에요. 그러나 스완은 몰락 과정을 걸어가게 돼요. 자기가 가지고 있는 감각과 교양이 어디에 필요한 것이며, 그것들이 해야만 하는 것이 무엇인지를 알지 못해요. 그래서 결국 스놉이 돼요. 그림에 대한 엄청난 교양이나 감각들이 아무 데도 쓰이지 못하고 결국은 연애에 쓰여요.

이 스완의 짝으로서 오데트라는 여자가 나옵니다. 오데트는 원래 고급 창부예요. 가장 밑바닥 계급이죠. 그런데 상류층 사람들을 계속 손님으로 맞이하다 보니까 그들과 친해지면서 원래는 자기가 끼지도 못할 살롱 같은 곳을 드나들죠. 스완이 오데트를 처음 만난 곳은 마담 베르뒤랭의 살롱이에요. 마담 베르뒤랭은 가진 건 돈밖에 없는 여자죠. 거기서 스완이 오데트를 보는데 처음에는 별로 관심을 두지 않습니다. 스완이 좋아하는 여자는 통통하고 육감적인 스타일인데 오데트는 어떤 여자냐 하면 이렇게 묘사돼요. 얼굴이 창백하고 굴러떨어질 것 같은 커다란 눈의 바싹 마른 여자. 전혀 스완의 타입이 아닙니다. 그런데 오데트가 스완을 끊임없이 유혹하려 하죠. 자꾸 자기 집에 오라고 하고요. 스완은 별로 생각이 없으니까 안 가려고 하죠.

스완은 또 어떤 사람인가 하면 사랑의 주체성을 안 가지고 있습니다. 여자가 자기를 좋다 그러면 이상하게 또 끌려들어가요. 어떻게 보면 되게 착한 사람이죠. 오데트가 오라 그러니까 몇 번 가다가 그만 오데트에게 넘어갑니다. 오데트가 어떤 여자입니까? 남자 다루는 데 능통한 여자예요. 예컨대 스완이 한번은 라이터를 오데트 집에 두고 왔어요. 그러니까 오데트가 편지를 보냈던가, 찾으러 갔던가 하면서 뭐라 그러는 줄 아세요? '라이터가 아니라 마음을 두고 가셨으면 안 드릴 건데.' 여기에 안 녹아날 남자가 어디 있겠어요? 대단한 여자예요.

　　이 마음에 들지도 않는 오데트에게 스완이 완전히 빠지는 사건이 있습니다. 보티첼리의 〈모세의 일생〉이라는 그림에 제포라라는 여인이 등장해요. 이 그림은 모세의 일생을 한 장면에 담은 건데 조그맣게 제포라라는 여인이 그려져 있죠. 제포라는 모세의 부인이 되는 사람이에요. 모세가 애굽에서 사람을 죽이고 도망을 다니다가 한 마을에 도착하게 되는데 우물가를 지나가다 보니 여자 두 명이 남자들에게 시달림을 당하고 있어요. 모세가 워낙 싸움을 잘 하잖아요? 그래서 이놈들을 때려 눕혔어요. 알고 보니까 여자들은 그 마을 족장의 딸들입니다.

족장이 모세를 보니까 사람이 아주 쓸 만한 거예요. 그래서 자기 딸 제포라와 맺어주죠. 그런데 보티첼리가 그린 제포라의 특징이 있습니다. 그림을 보시면 아시겠지만 이중적이에요. 한편으로는 상당히 피곤한 모습으로 나타나요. 머리카락 하나가 귀밑으로 흘러내렸고 눈을 반쯤 감고 있습니다. 얼굴도 창백하고 몸도 가냘프고요. 그러나 제포라가 누굽니까? 나중에 모세의 부인이 되는 사람이에요. 그래서 이중적이죠. 제포라는 한편으로는 피곤하고 연약하고 초췌한 인간의 모습입니다. 구원을 기다려야 하는 허약하기 짝이 없는 피조물에 지나지 않아요. 그러나 제포라는 동시에 선택받은 여자예요. 모세의 부인이 되기 때문에. 그림을 보면 제포라의 눈동자를 까맣게 그리지 않고 희미하게 그린다든지, 시선이 어딘가 먼 곳을 바라본다든지 하는 식으로 신비함이 들어가 있습니다. 이것은 성스러움이에요. 이 두 가지 특성이 보티첼리가 그린 제포라의 화법이거든요. 제포라의 캐릭터를 드러내려 하는 거죠.

어느 날 스완이 오데트를 만났는데 우연히 고개를 돌리니까 오데트가 피곤한 듯이 아래를 바라보고 있어요.

머리카락 몇 올이 흘러내려서 귀밑으로 살짝 감겨 있고요. 이때 스완이 오데트에게 홀딱 빠집니다. '바로 제포라다.' 이후 스완이 오데트에게 빠지는 것은 사실 오데트를 사랑하는 것이 아니라 제포라를 사랑한 거예요. 그런데 본인이 그걸 몰라요. 오데트는 또 누굽니까? 일단 걸렸다 싶으면 이제 끝난 거예요. '넌 이제 날 못 떠난다.' 거미줄에 걸린 거죠. 그러고 나서 오데트가 끊임없이 스완을 막 대하죠. 다른 남자들 만나러 다니고 옛날에는 마음을 두고 가시면 어쩌고 다정한 말도 속삭였는데 이제 전혀 그러지도 않고요. 이것 때문에 스완이 평생 사랑과 질투에 시달리거든요.

사실 사랑도 아니에요. 이 사랑이 왜 시작됐습니까? 스완이 가진 심미적 감각과 교양 때문에 생긴 거예요. 제포라를 알아보는 감각이 없는 사람은 절대로 이런 환영적 사랑에 빠질 리가 없습니다. 제 그물에 자기가 걸린 거예요. 오데트를 제포라로 알아보는 감각과 교양 때문에 이후의 스완의 삶은 완전히 몰락해버리죠. 그러다가 나중에 가서는 자포자기해요. 오데트가 다른 남자를 만나든지 말든지 이런 심정이 돼요. 그러나 자기 곁에는 두려고 결혼까지 하죠.

〈스완네 집 쪽으로〉라는 장의 맨 끝에 가면 이런 장면이 나옵니다. 이때쯤 되면 오데트는 완전히 스완을 버리고 다른 남자와 놀아나고, 스완은 오데트 없이는 못 사니까 자기 곁에만 둘 뿐이에요. 어떻게 관리가 안 되니까 오데트로부터 끊임없이 소외당하면서 지쳐 빠지죠. 옛날에는 이 질투를 이기려고 애를 쓰기도 하고 오데트를 자기에게 되찾아오려고 했지만 이제는 피곤해요. '될 대로 되라. 결혼이라는 조건을 통해서 내 곁에만 있어.' 이것이 사랑의 몰락 과정입니다. 그러면서 제1권이 끝나죠. 스완은 마지막에 가서 오데트를 꿈에서 봐요. 이때 오데트는 죽어가고 있고 누군가가 구원해주기를 기다리는 그런 여인으로 꿈속에 나와요. 더 이상 화류계에서 날리는 사람이 아니에요. 창백하고 붉은 반점이 나 있고 눈언저리에 깊은 그늘이 앉은 모습, 사경으로 들어가는 모습이죠. 그런데 스완은 어떻습니까? 그 오데트를 알아보지 못해요. 그러니까 오데트가 "그만 가봐야겠네요" 하죠. 그 오데트를 그냥 놔두고 스완은 누구를 따라나가요? 마담 베르뒤랭이라는 허위의식으로 가득 찬 살롱의 주인을 따라가죠. 그리고 나서는 이렇게 이어집니다.

잠에서 깨어나서 한 시간쯤 지난 뒤 이발사에게 머리 손질을 시키면서 스완은 그 꿈을 다시 생각해보았다. 오데트의 창백한 얼굴, 지나치게 여윈 뺨, 초췌한 표정, 푹 꺼진 눈이 또다시 떠올랐다. 그런 오데트의 얼굴은 스완이 그녀로부터 받았던 첫인상이었지만, 그동안의 끈질긴 사랑 때문에 망각해버린 얼굴이었다. 그는 오데트와 첫 관계를 맺은 뒤부터 그런 그녀의 모습을 한 번도 주목해본 적이 없었다. 그런데 그 첫 모습을 스완은 이제 다시 보았고, 또 아주 가까이 느꼈다. 아마도 잠을 자는 동안에 그의 기억들이 이 모든 것들에 대한 감각을 다시 찾으려고 과거로 돌아갔던 모양이었다. 그러나 스완은 이제 자기는 불행하지 않다고 생각하면서 슬픔에서 벗어 나왔고, 그러자 윤리의 수준도 낮아졌다. 그래서 그는 예의 비열함으로 돌아와 이렇게 외쳤다: "아아, 저런 여자 때문에 인생을 허비했다니, 내 사랑을 바쳤다니, 죽고 싶어 했다니, 내 마음에 들지도 않고 내 타입도 아닌 여자 때문에!"

이것이 마지막 문장이에요. 우리는 여기서 뭘 읽어야 할까요? 소설을 읽다 보면 이런 장면이 나옵니다. 스완과 오데트가 베르뒤랭 부인의 살롱에 있는데, 이 베르뒤랭이라는 여자는 아주 야비한 여자거든요. 자기 마음에 들지 않는 사람은 살롱에서 잔혹하게 쫓아내요. 그때도 한 사람이 자기 살롱의 규율을 어겼다고 쫓아내면서 이 사람에 대해서 야비한 평가를 내리면서 막 욕을 해요. 그 상황에서 오데트가 마담 베르뒤랭과 눈이 마주칩니다. 그때 오데트가 어떤 표정을 짓느냐 하면, 기실 오데트는 쫓겨난 사람을 전혀 싫어하거나 미워하지 않았는데 베르뒤랭 부인이 자기를 쳐다보니까 자기도 싫은 척해요. 그때의 표정이 무언가를 두려워하는 것 같았다 이렇게 묘사됩니다. 스완이 그 모습을 봤어요.

또 오데트의 특성 중에 하나가 거짓말이에요. 이 거짓말은 사실 어떤 상황에 자기를 맞추려 하다 보니까 나오는 거죠. 오데트는 한편으로는 화려하게 치장을 하고 그러지만, 스완의 눈을 빌려 프루스트가 끊임없이 보는 오데트의 표정은 피곤한 모습이에요. 스완이 첫인상이라고 얘기한 것, 파리하고 초췌하고 그늘이 있고 무언가 몰락해가는 듯한 유약함이 있는 여자. 스완이 제포라라고 한 모습이죠. 제포라에게도 피조물이 가진 유약함이 그대로 나타나잖아요? 그러나 스완은 그 잘난 심미적 교양과 감각을 가지고 오데트를 제포라와 일치시키면서, 제포라의 또 하나의 특성인 신비한 여자로 오데트를 봐버리죠. 이후 피곤하고 무언가를 두려워하고 있으며 끊임없이 위기에 처해 있는 오데트는 어디론가 사라져버리고, 오로지 제포라의 신비한 성스러움과 오데트가 일치돼요. 그 오데트에게 목을 매요. 사랑이 시작된 이후로 오데트는 한 번도 이런 얼굴, 피곤하고 초췌하고 무언가를 두려워하는 모습으로 스완에게 기억되어본 적이 없습니다. 그런데 마지막 꿈을 꾸니까 다시 보인다는 거죠.

또 오데트는 이때 와서 스완에게 무언가를 요청해요. 자신을 데리고 갔으면 좋겠다는 거죠. 그러나 스완은 그런 오데트를 놔두고 베르뒤랭 부인을 따라가고 나중에는 이런 소리나 하고 있어요. "내 타입도 아닌 여자 때문에 내 인생 괜히 망쳤네." 이것이 무엇을 얘기합니까? 오데트는 너무도 가진 것이 없고 비천한 계급이라서 살아남으려면 끊임없이 몸부림을 쳐야 되는 여자예요. 그 몸부림이 스완에게는 교태로 보이겠지만, 그 몸부림을 통해서 겨우 자기를 유지해나갈 수 있는 사람입니다. 오데트의 교태 속에, 아양 속에, 오데트의 타고난 창부성 속에 실제로 들어가 있는 건 뭡니까? 두려움과 그 무엇에 대한 위기의식이고, 자기 힘없음에 대한 절망이 들어가 있는 거예요. 그것이 오데트가 몇 번씩 거듭 보여주는 표정에 다 들어 있음에도 불구하고, 그것이 뭘 원하는지를 몰라요. 오데트가 무엇을 원하는지 몰라요.

스완이 왜 몰락할까를 보면 바로 이것 때문에 몰락하는 거예요. 마르셀도 스완과는 똑같은 인물이지만 나중에는 스완과 달라지죠. 마르셀은 말하자면 침대 속으로 들어간단 말입니다. 즉, 자기가 가지고 있는 교양과 심미적 감각이 무엇을 필요로 하는 것인가, 왜 있는가를 자각한 거예요. 그러니까 마르셀은 오데트나 마담 베르뒤랭으로 상징되는 천박한 세상이나 스노비즘의 세계로부터 완전히 등을 돌려버리죠. 소설의 첫 문장이 그렇잖아요? "나는 오래전부터 일찌감치 침대 속으로 들어갔다." 그것은 다름 아니라 새로운 세계, 아도르노식으로 얘기하면 인간답게 살 수 있는 세계, 오데트가 살고 싶어 하는 세계, 오데트가 나 좀 데려가주세요, 얘기했을 때 데려가야 했을 그 공간을 프루스트는 찾아나간 겁니다. 그러나 스완은 오데트가 갈구하는 것을 다 보고 느끼고, 어쩌면 다 감각하면서도 그것이 무엇인지를 몰라요. 그러면서 마지막에 하는 얘기가 뭐예요? "괜히 내 타입도 아닌 여자 때문에 인생을 망쳤구나"라고 하죠.

　제가 얘기하려는 것은 다른 게 아닙니다. 도대체 상처가 허파가 되기 위해서는 무엇이 필요한가라는 것입니다. 상처가 숨 쉬기 위해서 무엇이 필요한가. 사실 이 자리에 모여서 강의를 하고 듣고, 이런 인문학적인 것에 취향을 가지고 있다는 것이 뭘 얘기합니까? 우리가 스완의 계급 속에 있다는 거예요. 그리고 상처가 있다는 것이죠. 이 상처를 치유하려면, 이 상처가 숨을 쉬게 하려면, 이 상처가 허파가 되어야 한다면 해야 할 일이 뭐냐는 것입니다.

　그것은 오데트를 알아보는 일입니다. 그렇지 않겠습니까? 오데트라는 보잘것없는 한 여자를, 살기 위해서 온갖 몸부림을 쳐야 하는 존재를, 죽음의 세계로 끌려들어가는 마지막 단계에서 스완에게, 우리가 스완이라면 우리에게 '날 좀 데려가주세요'라고 말하고 있는 이 오데트를 알아보느냐 못 알아보느냐가 관건인 것 같습니다. 우리가 상처로 숨 쉴 수 있느냐. 아니면 우리가 내 상처만 껴안고 계속 아프다고 징징거리고 있느냐. 이 문제에 걸려 있어요.

　아도르노가 《미니마 모랄리아》라는 에세이를 통해 궁극적으로 얘기하려는 것은 이거예요. 바로 나의 상처로부터 해방이 되려면 이 사회적인 상처를 볼 줄 알아야 된다는 것이죠. 객관적 권력이 만들어내고 있는 상처를 통해 그 객관적 권력을 알아봐야 하고, 그것이 이루어질 때 나의 상처도 치유될 수 있다는 거예요. 객관적 권력에 대해 성찰하지 않고 사회적인 상처에 민감하지 않으면서 내 상처를 치료할 방법을 찾는다면, 아무리 찾아봐도 상처는 절대로 허파가 되지 않습니다.

이것이 《미니마 모랄리아》가 최종적으로 하려는 얘기예요. 지금까지 제가 계속 얘기한 것이 그것이고요. 그래서 스완과 오데트의 러브스토리를 마지막으로 얘기했습니다. 여러분도 프루스트 소설에서 이 부분을 한번 읽어보세요. 저는 굉장히 충격을 받았어요. 왜냐하면 스완이 꿈을 꾸기 이전에는 오데트에 대해서 독자가 한 번도 이런 기미를 느끼지 못하도록 만들어요. 그런데 마지막에 와서 오데트는 완전히 다른 여인으로 바뀌어버려요. 교활하고 맨날 거짓말만 하고 적응만 하고 화려함만 찾아다니는 이런 여자로 생각됐던 오데트가 마지막 꿈에 오면 전혀 다른 여인이었음을 우리가 발견하게 됩니다.

저도 읽고 나서 왜 그렇게 못 알아봤을까 생각이 들었어요. 오데트를 묘사할 때 오데트가 어떤 여인인가를 알려주는 묘사가 수시로 나오거든요. 그런데 그걸 읽으면서 오데트가 마지막에 이런 모습으로 드러날 것이라고는 짐작도 못했어요. 저는 책만 읽고 사는 사람인데도요. 그것도 소설을 남 못지않게 많이 읽는 사람인데도요. 아, 나는 참 어리석구나, 그런 느낌을 받았습니다. 프루스트에 대해서 여기저기서 많이 얘기하는데 이런 부분에 대해서 언급하는 경우는 전혀 보지 못했어요. 맨날 무의지적 기억이 어쩌고저쩌고 그럽니다. 제 독서 체험에 의하면 프루스트가 정말 무의지적 기억을 가장 중요하게 생각했을까, 아니면 이 마지막 장면에서 얘기하는 이 오데트를 더 중요하게 생각하지 않았을까, 이런 의심마저 들어요.

우리가 미니마 모랄리아적인 의미에서 상처와 허파의 관계를 정리한다면 이 마지막 에피소드가 많은 것을 줄 수 있다는 생각이 듭니다.

우리가 상처를 치유받기보다는 타자의 상처에 대해서 관심을 두어야 할 때인 거 같습니다. 어쩌면 우리는 전부 스완 같은지 모른다는 자책의 심정으로 마지막 강의를 마치겠습니다. 아도르노를 빌미 삼아 제 생각을 풀어놓는 좋은 시간이었습니다. 감사합니다.

상처로 숨 쉬는 법

© 김주영 2021

초판 1쇄 발행 2021년 2월 17일
초판 4쇄 발행 2022년 7월 15일

지은이 김진영
펴낸이 이상훈
편집인 김수영
본부장 정진항
문학팀 최해경 김다인 하상민
디자인 형태와내용사이
마케팅 김한성 조재성 박신영 김효진 김애린 임은비
사업지원 정혜진 엄세영

펴낸곳 (주)한겨레엔 www.hanibook.co.kr
등록 2006년 1월 4일 제313-2006-00003호
주소 서울시 마포구 창전로 70 (신수동) 화수목빌딩 5층
전화 02-6383-1602~3
팩스 02-6383-1610
대표메일 munhak@hanien.co.kr

ISBN 979-11-6040-456-2 03160